Dworetski • Moderne Schachtaktik

PraxisSchach

Band 16

Herausgegeben von
IGM Viktor Kortschnoi,
IGM Helmut Pfleger und
EGM Rudolf Teschner

2014
EDITION OLMS

Mark Dworetski

Moderne Schachtaktik
Lektionen von Rußlands Spitzentrainer

Übersetzung aus dem Russischen
von Bernd Feustel,
durchgesehen von Rudolf Teschner

2014
EDITION OLMS

Von Mark Dworetski ist in der Edition Olms bereits erschienen:

Geheimnisse gezielten Schachtrainings	3-283-00254-1
(Englische Ausgabe:	
School of Chess Excellence 1 Endgame Analysis	3-283-00416-1)
Geheimnisse der Schachstrategie	3-283-00362-9
(Englische Ausgabe:	
School of Chess Excellence 3 Strategic Play	3-283-00418-8)
Theorie und Praxis der Schachpartie	3-283-00379-3
(Englische Ausgabe:	
School of chess Excellence 4 Opening Developments	3-283-00419-6)
Dworetski/Jussupow	
Angriff und Verteidigung	3-283-00356-4
Dworetski/Jussupow	
Positionelles Schach	3-283-00322-X

Bibliografische Information der Deutschen Nationalbibliothek

Die Deutsche Nationalbibliothek verzeichnet diese Publikation
in der Deutschen Nationalbibliografie; detaillierte bibliografische
Daten sind im Internet über http://dnb.dnb.de abrufbar.

© Edition Olms AG
Willikonerstr. 10a
CH – 8618 Oetwil a. S./Zürich
Switzerland
E-Mail: info@edition-olms.com
Internet: www.edition-olms.com

1. Auflage 1994
2. Auflage 1997
3. Auflage 1999
4. Auflage 2002
5. Auflage 2006
6. Auflage 2012
7. Auflage 2014

Alle Rechte, auch die des auszugsweisen Nachdrucks
und der fotomechanischen Wiedergabe, vorbehalten.

Printed in Germany
Gedruckt auf säurefreiem und alterungsbeständigem Papier

Herstellung: bookfactory, Bad Münder
Umschlag: Prof. Paul König, D-31137 Hildesheim

ISBN-13: 978-3-283-00278-7

Inhaltsverzeichnis

Inhaltsverzeichnis	5
Vorwort	7
Teil I	**11**
Kombinationen und die Berechnung von Varianten	11
Kombinatorisches Sehvermögen	12
Sonnenflecken	20
Kombinations-Zwillinge	23
Geschichten vom Vorsagen	26
„Kandidatenzüge"	28
Aufmerksamkeit für die Möglichkeiten des Gegners	37
Die Ausschlußmethode	41
Doppelangriff	46
Die Figur in der Falle	50
Die Kraft des Freibauern	54
König, störe nicht die Kombination!	58
Aus Fehlern soll man lernen!	61
Vorsicht – Falle!	66
Logik oder Intuition	69
Die Überprüfung der Übungen	74
Ist die Aufgabe lösbar?	81
Wie viele Wege führen nach Rom?	84
„Schwierig zu lehren, leicht anzuwenden"	88
Unauffindbare Kombinationen	92
Eine Partie, die einige Male gespielt wurde	98
Praktikum im Weiterspielen	104
Teil II	**112**
Angriff und Verteidigung	112
Opfer oder Irrtum?	113
Es ist nicht alles Gold, was glänzt	116
Zehn Jahre danach	120
Zwanzig Jahre später	122
Der König in der Mitte	126

War der Angriff unwiderstehlich? 128
Der ideale Schachstil, gibt es den eigentlich? 132
Der echte Tal 139
Ein Sieg im romantischen Stil 146
Zwei Angriffe von Rainer Knaak 150
Dzin greift an! 153
Die entscheidende Partie 156
Die Zuschauer waren entzückt 161
Stahl auf Stein gibt Feuer 171
Psychologische Verteidigung 174
Dem Sturm entgegen 180
Bluff! 186
Am Rande des Abgrunds 189
Das positionelle Qualitätsopfer 195
Zwei „französische" Endspiele 198
Besser gibt man gleich einen Bauern her 202
Bilden Sie sich Ihre Meinung! 206
Übungen für die Analyse 216
Lösungen der Übungen 217

Vorwort

Das bereits bei der Edition Olms AG Zürich herausgekommene Werk *Geheimnisse gezielten Schachtrainings* (in Russisch *Die Kunst der Analyse*) und die vorliegende der Taktik und der Analyse gewidmete Abhandlung verdanken ihr Entstehen der Anregung von Freunden. Sie überzeugten mich davon, daß es notwendig sei, wenigstens einen Teil des gewaltigen Materials in Buchform herauszubringen, das ich während meiner jahrelangen Arbeit als Trainer großer Spieler angehäuft habe. Mir war nur nicht klar, in welcher Form ich meine Erfahrungen meinen Lesern vorlegen sollte.

Eine logische Darstellung aller meiner Trainingsideen kam nicht in Frage. Ich wollte keine neue Version der verdienstvollen Werke von Aaron Nimzowitsch *Mein System* und *Die Praxis meines Systems* schreiben. Ebensowenig wollte ich mich aber auf irgendeine kleine Provinz im weiten und fruchtbaren Königreich des Schachs beschränken. Schließlich schälte sich das geeignete Konzept heraus. Aber als ich mich an den Schreibtisch setzte, wurde mir bald klar, daß dieser Plan nicht innerhalb eines einziges Bandes zu verwirklichen war.

Das neue Buch, das ich meinen Lesern hier vorlege, setzt die *Geheimnisse gezielten Schachtrainings* in ähnlicher Weise fort; eine spezielle Kenntnis des Vorgängerbandes ist jedoch nicht erforderlich. Bevor ich auf den Inhalt dieses neuen Buches eingehe, möchte ich den Gesamtplan erläutern, dem streng genommen nicht eine, sondern mehrere Ideen zugrunde liegen.

I. Frisches Material. Ich habe vornehmlich Gebrauch von Partien der von mir geförderten Trainingspartner gemacht (hauptsächlich Artur Jussupows und Sergej Dolmatows, dereinst Teilnehmer von Jugendturnieren, heute Großmeister und Weltmeisterschafts-Kandidaten) und von eigenen Kämpfen. Beispiele aus Partien anderer sind nur in den Fällen zitiert worden, wenn es uns (einem meiner Schutzbefohlenen oder mir) gelungen ist, etwas Neues zu entdecken, ihre Analysen klarer auszudrücken oder zu ergänzen. Ich lade den Leser in unsere schöpferische Analysewerkstatt ein und biete ihm hier originelles und unbekanntes Material an, das in anderen Büchern nicht zu finden ist.

II. Die Kunst der Analyse. Es leuchtet ein, daß bei dieser Art der Materialauswahl großes Gewicht auf die Kunst der Analyse zu legen ist, auf die erforderliche Technik, auf typische Mängel und so fort. Ich brauche nicht zu betonen, welchen Wert analytisches Können für jeden Schachspieler hat. Ein Wort Garri Kasparows, eines der Großen der Schachwelt, möge genügen:

»Ich meine, daß der analytische Weg, die analytische Methode des Schachstudiums, jedem Spieler einen gewaltigen Vorsprung gegenüber denen verschafft, die bei gleichen Voraussetzungen nur Erfahrungen im praktischen Spiel haben und daß im Schach ein Weiterkommen ohne das Analysieren nicht möglich ist.«

III. Übungen für Trainingszwecke. Es genügt einfach nicht nur zu spielen – Sie müssen ständig trainieren, um Eigenschaften und Fähigkeiten zu entwickeln, die Ihnen helfen, Entscheidungen während des Spiels am Brett zu fällen. Für diesen Zweck ist es förderlich, Übungen auszuarbeiten – leichte und schwierige, im Stellungsspiel und in der Taktik. Trainieren kann man auf viele Arten: Aufgaben aus dem Gedächtnis lösen, analysieren und die Steine auf dem Brett bewegen, ausgewählte Stellungen weiterspielen und so fort. Alle diese Trainingsformen behandle ich in diesem Buch und gebe Ihnen auch verschiedenartige Beispiele für eigene Untersuchungen. Eingeteilt sind sie in »*Übungen*«, deren Auflösungen Sie am Ende des Buches finden, und in »*Fragen*«, die gleich anschließend im Text beantwortet werden.

IV. Entschlüsse fassen in den unterschiedlichsten Lagen. Es geht um die »rein« schachliche Methode, aber auch um die Denkweise auf schachpsychologischer Grundlage. Darum geht es natürlich vor allem bei meiner Grundauffassung als Trainer. Meine Ideen, deren Gültigkeit von den Leistungen meiner Schützlinge bestätigt worden ist, stimmen nicht immer vollständig mit den traditionellen Ansichten überein. Ich möchte meine Leser gern mit diesen Ideen bekannt machen. Wenn Sie der einen oder anderen der gezeigten Stellungen auf den Grund gehen, werden Sie die versteckten Quellen entdecken, die den Kampf beherrschen, Wege, um den richtigen Zug zu finden, die Gründe für Fehler und auch die Mittel, sie künftig zu vermeiden. Es war mir eine Freude, die folgenden Worte des Großmeisters Murray Chandler in einer Besprechung der englischen Ausgabe der *Geheimnisse gezielten Schachtrainings* zu finden: »... lesen Sie die Erläuterungen und versuchen Sie einfach zu analysieren, Sie werden auf eine neue Weise zu denken beginnen«. Genau das habe ich angestrebt.

Um meiner Aufgabe so weit wie möglich gerecht zu werden, war es erforderlich, Ereignisse aller Schattierungen einzubeziehen. In meinem oben erwähnten ersten Buch habe ich nur Stellungen mit begrenztem Material berücksichtigt – praktische Endspiele und Endspielstudien. Dieses neue Buch setzt das Thema fort, aber mit Stellungen aus dem Mittelspiel, in denen sich Kombinationen und Opfer in Angriff und Verteidigung ereignen.

Die erste Hälfte des Buches ist der »Kombinationstechnik« gewidmet – falls dies Wort angemessen erscheint – also der Fähigkeit, eine taktische Idee aufzuspüren und sie genau zu berechnen.
Ich habe verschiedenartige Kombinationstypen untersucht, zeige Methoden, die es erleichtern, Varianten zu berechnen und die entsprechenden Fähigkeiten zu entwickeln, die jeder Schachspieler benötigt.

Die in der zweiten Hälfte des Buches analysierten Beispiele sind in der Hauptsache problematischer Natur, der Vernunft und

Logik weniger zugänglich. Opfer ereignen sich, die genauer Berechnung spotten, mit gewollten Wagnissen im Angriff und in der Verteidigung. Wenn ich meinen Plan gänzlich verwirklichen will, muß ich noch ein oder zwei weitere Bücher schreiben. Dabei denke ich an Untersuchungen über die Probleme des Stellungsspiels und der Eröffnungs-Vorbereitung und an die Analyse einiger hochinteressanter wertvoller Partien, in denen viele der bereits studierten Ideen vorkommen. Doch das sind Zukunftspläne. Zuvor gilt meine Haupttätigkeit einem umfassenden Computerprogramm für das individuelle Training von Schachspielern auf der Grundlage meiner Übungskartei. Beginnen wir nun das Studium der Taktik.

Mark Dworetski

Teil I

Kombinationen und die Berechnung von Varianten

Ein mir bekannter Trainer pflegte halb im Spaß, aber auch halb im Ernst zu sagen: »Schach ist nur ein einfaches Brettspiel. Man spielt es, indem man die Steine herumzieht.« Mit diesem »Aphorismus« wollte er wohl die Rolle der Taktik im Schach unterstreichen und den Gedanken ausdrükken, daß keine Wissenschaft, keine tiefen Stellungsbetrachtungen, keine strategischen Feinheiten dem Spieler helfen können, wenn er nicht in der Lage ist, starke Züge zu finden, die bestehenden Möglichkeiten für sich und seinen Gegner zu erkennen und genau durchzurechnen.

Mitunter wird die Meinung geäußert, daß taktische Fähigkeiten angeboren sind – entweder man hat sie oder man hat sie nicht; daran ließe sich nichts ändern. Meine Erfahrungen als Trainer haben mir gezeigt, daß dem nicht so ist. Mit zweckmäßigen und gezielten Trainingsmethoden können die taktischen Fähigkeiten erheblich weiterentwickelt werden (wie übrigens auf jedem anderen Gebiet).

Ich erinnere mich an die Lektion, die Altmeister Ossip Bender, der Held des unsterblichen russischen Romans *Die zwölf Stühle* von Ilja Ilf und Jewgenij Petrow, in dem Ort Wasjuka für die Schachliebhaber abgehalten hat.

»Wie wir sehen, spielt der Blonde gut, der Dunkle miserabel. An dieser Sachlage ändern keine Lehrvorträge etwas, wenn nicht jedes Individuum seine Fähigkeiten im Damespiel trainiert ... das heißt, ich wollte sagen, im Schachspiel ... «

Bender hat freilich nicht erklärt, auf welche Weise trainiert werden soll. Ich war bereits in den drei Teilen meines Buches *Geheimnisse gezielten Schachtrainings* bestrebt, diese Unterlassung wettzumachen, insbesondere im dritten Teil, der den Studien gewidmet war. An dieser Stelle will ich mit diesem Buch den Faden wieder aufnehmen.

Das taktische Vermögen eines Schachspielers besteht aus zwei Eigenschaften – dem kombinatorischen Sehen (dem schachlichen »Gesicht«) und der Technik der Variantenberechnung. Sie zerfallen weiter in einzelne Elemente, verschiedene Methoden der Suche und des Auffindens der richtigen Züge, typischen Schemata in besonderen Lagen. Sogar bei einem tüchtigen Taktiker ist es immer möglich, Aspekte seines kombinatorischen Verständnisses aufzudecken, die weiter verbessert werden können.

Kombinatorisches Sehvermögen

„Eine folgerichtig geführte Partie, die mit einer hübschen Kombination vollendet wird, das ist mein schachliches Ideal."
Wladimir Simagin

Unter dem kombinatorischen Sehvermögen versteht man die Fähigkeit zur schnellen Entdeckung verborgener taktischer Ideen, zur Wahrnehmung nicht in die Augen springender starker Züge, die gewöhnlich mit Opfern verbunden sind.

Für die Entwicklung der schachlichen Phantasie muß man Aufgaben lösen (Studien und Beispiele aus praktischen Partien), deren besondere Schwierigkeit darin liegt, daß man die richtige taktische Idee findet. Ganz einfach findet und nicht etwa schon berechnet oder bewertet. Sie können dazu jedes beliebige der unzähligen Übungsbücher benutzen, die in allen Ländern der Welt erscheinen. In der Regel enthalten sie vergleichsweise einfache Kombinationen, welche ein kundiger Schachspieler sehr schnell durchschaut – selbst dann, wenn er Blitz spielt. Hier sind einige eigene Beispiele aus meinen 5-Minuten-Partien.

Dworetski – Zilverstein, Moskau 1966

Diagramm 1

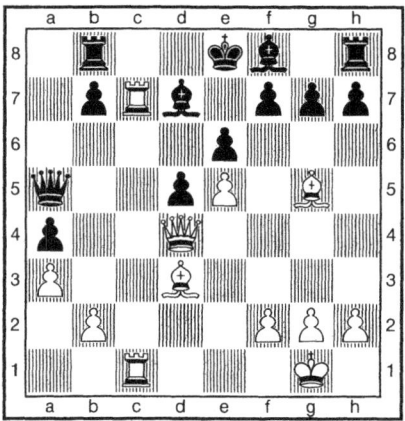

Frage 1–1 Wie soll man mit Weiß fortsetzen?

Weiß besitzt einen erdrückenden Entwicklungsvorsprung, Alle weißen Figuren entfalten maximale Aktivität. Eine Kombination muß unbedingt gefunden werden.
20. Td7:! Kd7: 21. Da7!!
Es gewinnt auch ein anderer taktischer Schlag, nämlich 21. Ld2!.
Schwarz gab auf.

Dworetski – Bogomolow, Moskau 1967
1. e4 c5 2. d4 cd 3. c3 dc 4. Sc3: e6
5. Lc4 d6 6. Sf3 a6 7. 0–0 b5?! 8. Lb3 Se7
9. Sg5! Sg6 10. f4 Le7 11. f5 Lg5: 12. fg hg
13. Lg5: Dg5: 14. Dd6: De7

Diagramm 2

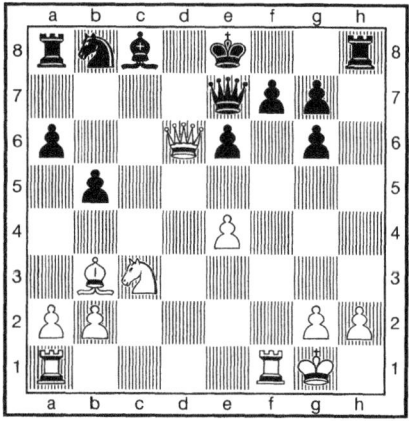

Frage 1–2 Was soll Weiß spielen?

Mit einem Bauern im Nachteil kann man sich hier nur dann mit dem Damentausch anfreunden, wenn er mit einer konkreten kombinatorischen Idee verbunden ist.
15. De7:+ Ke7: 16. Sd5+! Kd6 (16. ... ed 17. Ld5: Ta7 18. Tf7:+ nebst 19. Ta7:)
17. e5+!

Fehlerhaft ist 17. Tf7:? wegen 17. ... ed 18. Ld5: Le6!; nicht überzeugend ist auch 17. Sb6?! Ta7.
17. ... Ke5: 18. Sc7 Ta7 19. Tf7:
Weiß hat einen offensichtlichen Vorteil erreicht und konnte ihn alsbald in einen Sieg ummünzen.

Selbst wenn derartige Beispiele Ihnen keinerlei Mühe bereiten, so ist es dennoch sinnvoll, sich von Zeit zu Zeit an ihrer Lösung zu versuchen. Es ist vergleichbar der Tonleiter, die für das Repetitorium bei Musikern Verwendung findet. Ganz besonders nützlich sind diese Übungen für die Verbesserung der sportlichen Form unmittelbar vor Wettbewerben. Indem Sie schnell die Antworten auf eine ganze Reihe von Kombinationsaufgaben finden, können Sie nicht nur Ihr Wahrnehmungsvermögen schärfen, sondern Sie empfinden auch ein wachsendes Selbstvertrauen im Hinblick auf Ihre eigenen Kräfte.

Nachdem nun einmal die Rede von den Fünf-Minuten Blitzpartien ist, möchte ich die Gelegenheit wahrnehmen, um noch zwei nette Siege gegen starke Gegner vorzustellen. Beide Partien wurden im Rahmen eines Trainingslagers der Moskauer Mannschaft zur Vorbereitung auf die Spartakiade der Völker der UdSSR gespielt. In dieses Trainingslager kam ich unmittelbar von einem anderen Trainingsort, wo ich Waleri Tschechow auf die Teilnahme an der Jugendweltmeisterschaft vorbereitet hatte. Unsere gemeinsame Arbeit erwies sich in jeder Hinsicht als erfolgreich und sehr produktiv: Tschechow wurde Erster bei der Jugendweltmeisterschaft, und ich kam bei der Spartakiade auch nicht schlecht zurecht.

Petrosjan – Dworetski
Liepaja 1975
1. c4 Sf6 2. Sc3 g6 3. g3 Lg7 4. Lg2 0–0 5. Sf3 d6 6. 0–0 e5 7. d3 Sc6 8. Tb1 a5 9. a3 Lf5 10. Sd2?!
Stärker ist 10. b4. Petrosjan, bekannt für seinen prophylaktischen Stil, beugt der Drohung 10. ... e4 vor, aber in Wirklichkeit handelte es sich dabei gar nicht um eine Drohung, denn nach 10. b4 ab 11. ab e4?! 12. Sh4! ed 13. Sf5: de 14. Se2: gf 15. b5 würde Weiß Überlegenheit erlangen.
10. ... Dd7 11. Te1 Lh3 12. Lh1 Sg4!
Wenn der weiße Springer auf f3 stünde, würde man nicht umhin können, ein Tempo für den Zug h7–h6 zu verlieren. Jetzt aber kann Schwarz einen typischen und überaus gefährlichen Angriff in die Wege leiten. Der Springer nimmt auf dem Feld g4 eine bedrohliche Stellung ein, was nach der programmatischen Vorwärtsbewegung des f-Bauern f7–f5–f4 offensichtlich wird. Bedeutend schwächer ist stattdessen 12. ... Sh5? 13. b4 mit weißer Überlegenheit.
13. b4 ab 14. ab f5 15. b5 Sd8 16. Sd5 Tf7 17. Lb2 Se6 18. Ta1 Taf8 19. Ta7 Sc5 20. Sb3 f4 21. Sc5: fg 22. hg dc 23. f3

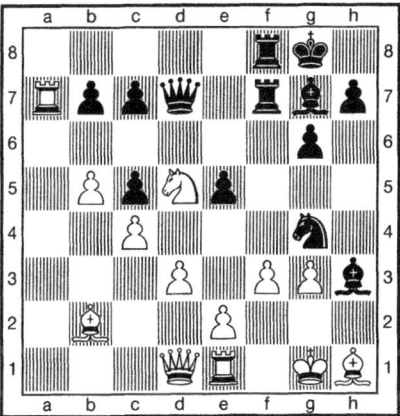

Diagramm 3

13

Die beiden Seiten führten ihren Angriff jeweils auf ihrem Brettabschnitt folgerichtig durch, aber mir scheint, daß Schwarz dabei mehr erreicht hat. Die Stellung des weißen Königs bereitet Sorge, Kombinationsmotive liegen einfach in der Luft, man muß nur darum bemüht sein, das beste auszuwählen. Ich fand eine hübsche Idee, aber zur sorgfältigen Überprüfung konnte ich unter den Bedingungen einer Blitzpartie freilich keine Zeit finden. Es folgte also blitzartig:

23. ... e4 24. Lg7: Dd6 25. f4 Tf4: 26. gf Tf4:

Diagramm 4

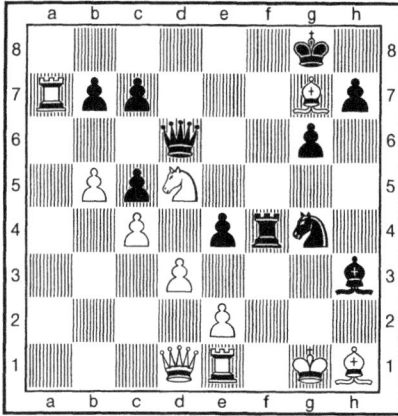

Der Ex-Weltmeister gab die Partie auf, weil er keine Verteidigung fand gegen die Drohung 27. ... Tf1+ 28. Tf1: Dh2 matt.

Übung 1–1   War die Entscheidung Petrosjans gerechtfertigt?

**Dworetski – Gulko
Lepaia 1975**
1. e4 c5 2. Sf3 e6 3. c3 d5 4. ed ed 5. d4 Sc6 6. Le3 Db6?! (besser 6. ... cd) **7. Sa3!**
Eine sehr starke Erwiderung. Bei weitem schwächer wäre 7. dc Db2: oder 7. Db3 c4.

Jetzt folgt auf 7. ... Db2: die Antwort 8. Sb5, und nach 7. ... a6 folgt 8. Db3!, mit einem erzwungenen Übergang in ein günstiges Endspiel. Falls aber 7. ... c4, dann geschieht 8. Sc4:! dc 9. d5 Db2: 10. dc mit weißer Überlegenheit. Daher ist die Antwort Gulkos praktisch erzwungen.
7. ... cd 8. Sd4: La3: 9. Sc6:!?
Möglich ist natürlich auch das einfache 9. ba, aber Weiß will eben mehr erreichen. Auf 9. ... Dc6: beabsichtigt Weiß 10. Db3! (mit der Drohung 11. Lb5) 10. ... Dd6 11. Lb5+ Ld7 12. Ld7:+ Dd7: 13. Da3:.
9. ... Db2:! 10. Ld4! bc.
Vermutlich verdiente 10. ... Sf6 11. Tb1 Da2: 12. Lb5 0–0 13. Ta1 Db2 14. c4 Lg4! den Vorzug. In jedem Falle erschien uns jene Entwicklung der Dinge als hauptsächliche, als ich mit Tschechow bei einer Trainingszusammenkunft diese vorgegebene Variante analysierte.
11. Tb1! (nicht sofort 11. Lg7:? wegen 11. ... f6) **11. ... Da2: 12. Lg7: Lg4.** Hier endete die vorbereitete Analyse, wir betrachteten lediglich 12. ... Lc5 13. De2+.
13. f3 Kd7 (es droht 14. ... Te8+) **14. Tb7+ Kd6.** Auf 14. ... Kc8 folgt 15. La6. Hier bemerkte ich eine effektvolle Kombination und ich konnte der Verlockung nicht widerstehen.

Diagramm 5

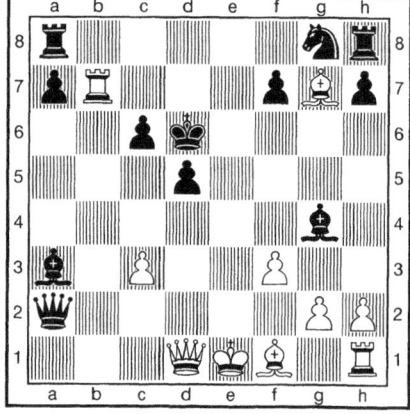

15. Le5+?! Ke5: 16. Dd4+ Kd6? (damit hatte Weiß auch gerechnet) **17. Df4+ Kc5** (17. ... Ke6 18. Df7:+ mit gefährlichem Angriff) **18. Tb5+! cb 19. Dc7 matt.** Somit ist das sogenannte Epaulettenmatt entstanden.

Anstelle von 16. ... Kd6? war es unbedingt erforderlich mit 16. ... Ke6! zu antworten, ohne dabei das Schlagen des Läufers unter Schachgebot zu fürchten: 17. Dg4:+ f5. Nach 17. fg!? mit der Absicht 18. Ld3 behielte Weiß keine schlechten Angriffsmöglichkeiten, aber solche Schwierigkeiten waren natürlich ganz und gar nicht nach seinem Gusto um so mehr, als das grobe Vorgehen 15. fg Te8+ 16. Le2 ohne jede Schwierigkeit gewonnen hätte.

Natürlich wäre es, die Bedingungen einer Blitzpartie in Rechnung stellend, lächerlich, sich die getroffene Entscheidung zum Vorwurf machen zu wollen, aber für eine ernsthafte Turnierpartie ist ein derartiges Spielen nur auf Schönheit keinesfalls annehmbar – stets verdient der einfachste und geradlinigste Weg zum Ziel den Vorzug.

In meiner Kindheit zeigte ich irgendwann einmal eine analoge Kombination dem Großmeister W. P. Simagin, der seinerzeit die Unterweisung der jungen Schachspieler im Moskauer Pionierpalast leitete. Da ich Wladimir Pawlowitsch als Schachspieler eines scharfen, eigenwüchsigen Stils kannte, hoffte ich, daß er „meine schöpferische Entdeckung" beifällig billigen würde, aber ich hatte mich diesbezüglich verrechnet: „Eine Kombination nur um der Kombination willen," – so etwa lautete seine Schlußfolgerung – „ist weder vom sportlichen, noch vom schöpferischen Standpunkt aus zu billigen." Später verstand ich dann auch selbst, daß derartige Partien nur bis zu demjenigen Zeitpunkt reizvoll sind, als man sich in die Stellung tiefer hineinversetzt, bis man anfängt, mit kritischem Verstand die begleitenden Varianten zu untersuchen und zu hinterfragen.

Bei weitem besser sieht eine Kombination aus, mag sie auch verhältnismäßig einfach sein, wenn sie korrekt ist und den kritischen bzw. sogar einzigen Weg zum Erreichen des Ziels darstellt. Besonders schön, wenn sie die vorherige Strategie logisch zu vollenden vermag. Zwei gefällige Beispiele zeige ich Ihnen jetzt:

Muchin – Dolmatow
Puskinskie Gori 1977
1. e4 e5 2. Sf3 Sf6 3. Se5: d6 4. Sf3 Se4: 5. d4 d5 6. Ld3 Le7 7. 0–0 Sc6 8. Te1
In späteren Jahren galt dann der Zug 8. c4 als die grundsätzliche weiße Fortsetzung.
8. ... Lg4 9. c3 f5 10. Sbd2
Beim Turnier in Wjik aan Zee 1975 erprobte B. Enklaar gegen mich den Zug 10. h3. Ich opferte einen Bauern: 10. ... Lf3: (ruhiger ist die Fortsetzung 10. ... Lh5) 11. gf!? Sf6 (11. ... Sd6? 12. Db3) 12. Lf5: 0–0 13. Dd3 Ld6 14. Lg5 Se7. Jetzt wäre offensichtlich fehlerhaft 15. Lf6:? Tf6: 16. Lh7:+ Kf7 mit Fang des Läufers (oder 16. ... Kh8 mit starkem Angriff). Nach 15. Sd2! Sf5: 16. Df5: Dd7 17. Dd7: Sd7: käme es zu einem ziemlich ausgeglichenen Endspiel. Mit dem unvorsichtigen Schachgebot 15. Le6+? überließ er meinem Springer das Feld g6, und folgerichtig büßte er die Kontrolle über das wichtige Feld f4 ein. Es wurde nachfolgend kurzer Prozeß gemacht: 15. ... Kh8 16. Sd2 Sg6 17. Lf5 (17. Ld5: Lf4!; 17. Df5: c6) 17. ... Lf4 18. Lf6: Df6: 19. Lg6: Ld2: 20. Te2? Lf4 21. Lh7: Dg5+ 22. Kh1 Dh5. Weiß gab auf. Es begegnet einem mitunter auch noch die veraltete Fortsetzung 10. c4?!, aber als stärkster gilt laut Theorie der Zug 10. Db3.

10. ... Dd6!? Dolmatow will zur langen Seite hin rochieren. Nach 10. Db3 verfügt Weiß jetzt bekanntlich über die starke Entgegnung 11. Sfd2!.
11. Db3 (11. c4 Sd4: 12. Da4+ Sc6 mit unklarem Spiel) **11. ... 0–0–0 12. Lb5 Lf6** (12. ... Sd2:!?) **13. Da4 Sd2: 14. Ld2:** In der Partie Mestel – Wolff, London 1985, geschah 14. Sd2: The8 15. Tf1 Le2 16. Le2: Te2: 17. b4 Sd4:! mit für Schwarz gar nicht schlechten Verwicklungen.
14. ... Lf3: 15. gf

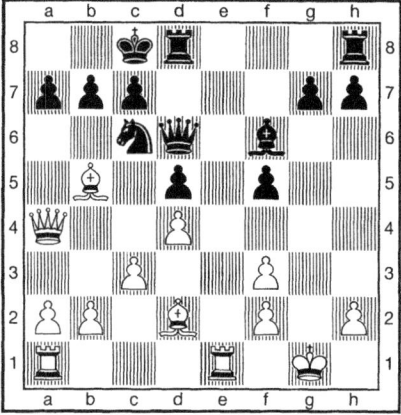

Diagramm 6

15. ... a6
Zuverlässiger ist 15. ... Kb8, um dem Gegner keine Angriffsmarke für einen Bauernsturm auf dem Damenflügel zu geben. Aber Dolmatow will eine günstigere Ausgangsposition für ein Endspiel behalten – bei einem doppelten Abtausch auf dem Felde c6 kann er sofort seinen König auf das Feld d7 bringen – und daher geht er ein gewisses Risiko im Hinblick auf das Mittelspiel ein.
16. Ld3?! (wenn man nicht 16. Lc6: spielen will, dann wäre es am besten, mit dem Läufer nach f1 zurückzugehen) **16. ... Kb8**
17. Lf5:? Folgerichtig, aber trotzdem verkehrt. Bei der Betrachtung der Partie Enklaar – Dworetski haben wir bereits gesehen, daß der Bauer f5 in solchen Stellungen keine besondere Bedeutung hat. Es war unbedingt notwendig, sofort ein Spiel auf dem Damenflügel aufzuziehen mittels 17. b4.
17. ... Lh4! 18. Lh3 Df6 19. Lg2 Se7 (das gleiche Manöver mit dem Springer wie in meiner Partie gegen Enklaar) **20. Te2 Sg6 21. f4** (21. Tae1!?)
21. ... Sf4: 22. Lf4: Df4: 23. Kh1 Thf8 24. Tf1 Tf6 25. Te8 Th6 26. Dd7

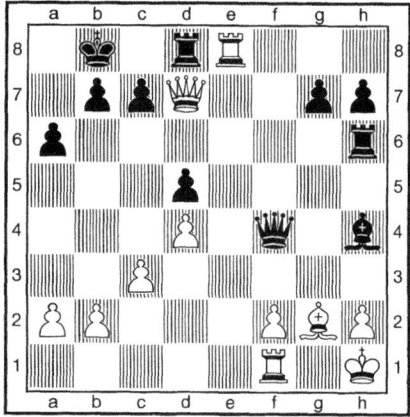

Diagramm 7

Frage 1–3 Wie soll Schwarz fortsetzen?

Weiß rechnete mit 26. ... Te8: 27. De8:+ Ka7 28. De5(e3) mit annäherndem Ausgleich oder 26. ... Ka7 27. Td8: Ld8: 28. h3 mit gleichzeitigem Angriff auf den Bauern d5 durch die weiße Dame und den Läufer.
26. ... Ka7! 27. Td8: Le7!! 28. h3 Ld6 29. Dd6: (erzwungen) **29. ... Td6:.**
Dolmatow hat damit seine positionelle Überlegenheit in eine materielle umgewandelt und im weiteren Spiel diese zuverlässig in einen Sieg umgemünzt.
30. Td6: Dd6: 31. Te1 (hartnäckiger ist 31. f4) **31. ... c6 32. Te2 Df4 33. Lf1 Dc1**

34. Kg2 g5 35. Kg1 Db1! 36. a3 Dc1 37. f3 Df4 38. Kf2 h5 39. Kg2 h4 40. Kf2 Dg3+ 41. Ke3 Df4+ 42. Kf2 Dc1 43. Lg2 Kb6 (jetzt ist der Gedanke des 35. Zuges von Schwarz klar – sein König erhielt Einbruchsfelder auf dem Damenflügel) **44. Lf1 Ka5 45. Kg1 Ka4 46. Tf2 Kb3.**
Der Plan von Schwarz ist klar: nachdem er die Bauern auf dem Damenflügel vorbereitend nach vorne bewegt hat, opfert er nachfolgend die Dame auf dem Punkt b2. Weiß gab auf.

Sokolow – Jussupow
3. Partie im Kandidatenmatch, Riga 1986
1. e4 e6 2. d4 d5 3. Sc3 Lb4 4. e5 c5 5. a3 Lc3:+ 6. bc Se7 7. Sf3 b6
Schwarz möchte seinen „schlechten" Läufer abtauschen. Dieses System, welches die Theorie nicht allzu hochschätzt (und möglicherweise zu Recht), hat Jussupow speziell für seinen Zweikampf gegen Sokolow vorbereitet und dann erfolgreich angewandt. In der ersten Partie des Wettkampfes wählte der Gegner die Fortsetzung 8. Lb5+ Ld7 9. Ld3, und für die dreizehnte erarbeitete er die vollkommen neue Idee 8. Sg5!?.
8. a4 La6 9. La6: (eine andere Möglichkeit ist 9. Lb5+ Lb5: 10. ab)
9. ... Sa6: 10. 0–0 Sb8 11. dc bc 12. c4 0–0 13. cd Sd5:
In der fünften Partie des Kandidatenmatchs Geller – Spasski (Suchumi 1968) hat Schwarz auf dem Feld d5 mit der Dame geschlagen. Jussupow nutzt die erste günstige Gelegenheit, um sich aus der Theoriefortsetzung zu entfernen, um damit den Gegner zum eigenständigen Nachdenken zu zwingen.
14. Dd3 h6 15. c4?!
Stärker ist 15. Td1 oder 15. De4.

15. ... Se7 Es bot sich zwar der Zug 15. ... Sb4 an, aber dort wäre für den Springer keine Beschäftigung zu finden. Das Feld e7 ist bedeutend wichtiger: von hier aus bewacht der Springer das Feld c6 und kann sich gelegentlich nach f5 oder g6 orientieren.
16. De4 Sd7!. Wo ist der schwarze Damenspringer besser plaziert, auf c6 oder auf d7? Jussupow trifft neuerlich die richtige Entscheidung. Es ist wichtig, daß der Bauer c5 zuverlässig verteidigt wird.
17. Tb1? Es war nicht notwendig, den Bauern a4 zu schwächen. Nach 17. Td1 Dc7 wäre die Stellung nahezu gleichstehend.
17. ... Da5! 18. Td1?! (besser wäre es, seinen Fehler einzugestehen: 18. Ta1 mit nachfolgendem Ld2) **18. ... Tad8!** Schwächer ist 18. ... Da4:?! wegen 19. Lh6: (aber nicht 19. Lg5 Dc6!) 19. ... gh 20. Ta1 Dc6 21. Dc6: Sc6: 22. Td7: mit ausgeglichenem Endspiel.
19. Dc2

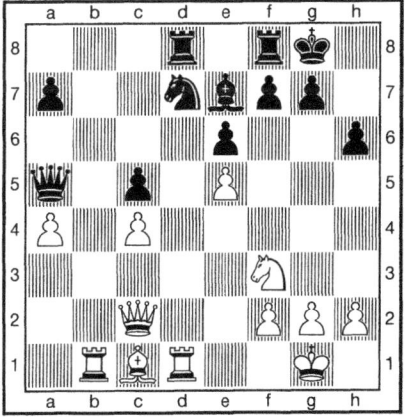

Diagramm 8

Frage 1–4   Was würden Sie jetzt spielen?

Dem Schwarzen stand ein einfacher und guter Zug zur Verfügung: 19. ... Sb6!?, aber Jussupow fand einen anderen Entscheidungszug, der stärker und bei weitem hübscher war.

19. ... Se5:!! 20. Se5: Dc3! 21. De2 De5:
Eine bilderbuchmäßige Ausnutzung der Schwäche der weißen Grundreihe. Schwarz hat dadurch einen Bauern gewonnen und damit auch die Partie für sich entschieden.
22. Le3 Sf5 23. Df3 Td1:+ 24. Td1: Sd4 25. Ld4:?! (hartnäckiger ist 25. Db7)
25. ... cd 26. Dd3 Td8 27. g3 Dc5 28. f4 Db4! 29. Ta1 (29. Dc2 d3! 30. Td3: De1+)
29. ... a5 30. h4 h5 31. Tb1 Da4: 32. Tb5 g6 33. Kf2 Da2+ 34. Kf3 a4 35. Tb6 Kg7 36. Tb1 Kg8 37. Tb6 Da1 38. Ke2.
Es hätte sich noch gelohnt, eine letzte Falle zu stellen: 38. Te6: und falls dann 38. ... Dc3?, so folgt 39. Te3!. Aber Jussupow war dazu entschlossen, mit 38. ... Tb8! zu antworten mit der Folge 39. Tg6:+ Kf8 und Gewinn.
38. ... a3 39. Ta6 Db2+ 40. Dd2 d3+.
Weiß gab auf.
Falls 41. Ke3, so 41. ... Dd4+ 42. Kf3 Dc4: (43. Ta3: Dc6+ 44. Ke3 Dc5+ mit Turmgewinn).

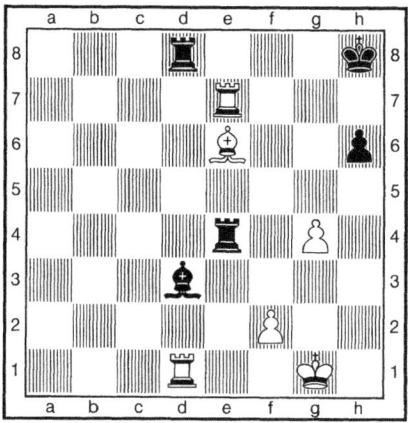

Übung 1 – 2
Weiß am Zug

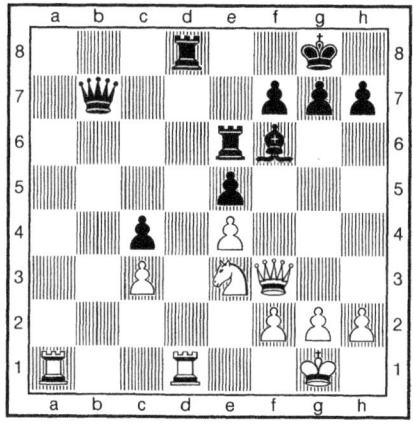

Übung 1 – 3
Weiß am Zug

Nachfolgend lege ich Ihnen eine Reihe einfacher Übungsaufgaben zur Lösung vor.

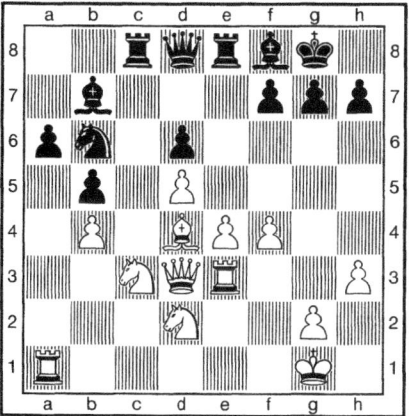

Übung 1–4
Weiß am Zug

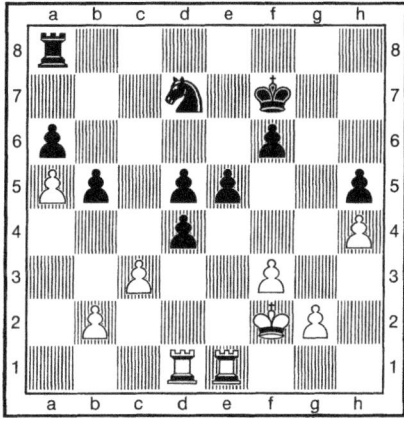

Übung 1–6
Schwarz am Zug

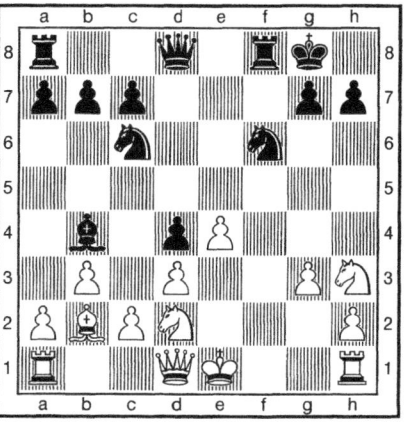

Übung 1–5
Schwarz am Zug

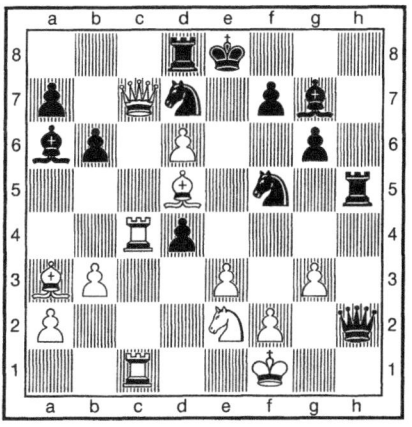

Übung 1–7
Weiß am Zug

Sonnenflecken

„Nur ein starker Schachspieler weiß, wie schwach er wirklich ist"
Savielly Tartakower

Auch in der Sonne gibt es gewöhnlich Flecken – so etwa lautet ein Sprichwort. Sogar in den Wettbewerben auf der höchsten Ebene, so etwa in den Weltmeisterschaftskämpfen, gehen die Spielpartner mitunter achtlos an günstigen Kombinationsmöglichkeiten vorbei. Dies ist gar nicht erstaunlich – eine verborgene Kombination zu finden, unter den Bedingungen der nervlichen Anspannung beim Match, beim Ticken der Uhr – ist gar nicht einfach selbst für Weltmeister oder für Kandidaten, die um diesem Titel spielen möchten.

**Tschiburdanidse – Lewitina
4. Partie des Wettkampfes,
Wolgograd 1984**

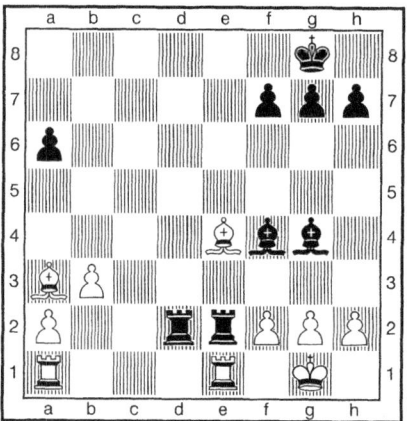

Diagramm 15

Frage 1–5 Bewerten Sie den Zug 26. Lb4.

Weiß hat eindeutig einen Bauern mehr. Die Weltmeisterin spielte einfach 26. Te2: Le2: (26. ... Te2: 27. Ld3) 27. g3 Le5 28. Tc1 g5?? 29. Tc8+ Kg7 30. Lf8+. Schwarz gab auf.
Aber auch bei einer normalen Entwicklung der Ereignisse: 28. ... Lg4 29. Tc2 behält Weiß weiterhin guten Grund auf Sieg zu rechnen. Um den gewonnenen Bauern zu verwerten, wäre allerdings ein geduldiges Vorgehen erforderlich gewesen.
Zu einem schnellen und forcierten Gewinn für Weiß führte aber eine hübsche Kombination:
26. Lb4!! Ta2: Nichts ändert 26. ... Te1:+ 27. Te1: Ta2:. **27. Ta2: Ta2: 28. Lf5!** Der thematische Grundgedanke der Kombination beruht auf der Schwäche der 8. Reihe. Es geht natürlich weder 28. Lf3? Le6 noch 28. Lb1? Te2.
28. ... Le2! 29. Lb1!! Ein unverzichtbarer Zwischenzug. Fehlerhaft ist 29. Lg4? Lb5, und auf das unmittelbare 29. Ld3? antwortet Schwarz mit 29. ... a5! mit der effektvollen Idee 30. Lc3 Le5!!. Auf 30. g3 folgt ebenfalls 30. ... Le5!, und falls 30. Lc5, dann geschieht 30. ... Ld2!. Es bleibt lediglich 30. La5: Ta5 31. Le2:, aber um eines solchen Bauerngewinns willen lohnte es sich bei ungleichfarbigen Läufern natürlich nicht, eine Kombination auszuführen.
29. ... Tb2 (29. ... Ta1 30. Lh7:+ oder 30. Lc3) **30. Ld3.** Jetzt wäre 30. ... a5 31. La5: schon nutzlos; es verliert auch 30. ... Tb3: 31. Te2: g5 32. Te8+ Lg7 33. Lf8+. Also haben wir uns davon überzeugen können, daß der Zug 26. Lb4! objektiv der stärkste ist. Aber nichtsdestotrotz verdient die von Tschiburdanidse gewählte Fortsetzung vom praktischen Standpunkt aus keinen Tadel. Denn bei der Berechnung einer Kombination verrechnet man sich leicht, während der einfache Weg den Vorteil ohne besondere Mühe festhielt.

Kasparow – Karpow
1. Partie des zweiten WM-Wettkampfes, Moskau 1985

Diagramm 16

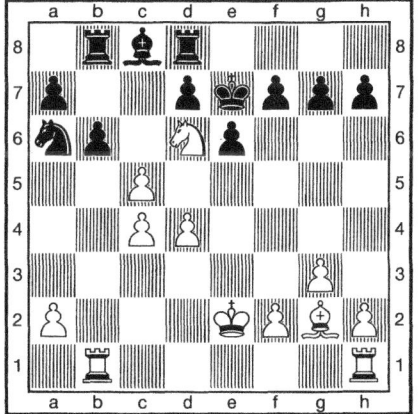

Frage 1–6 Was soll Schwarz spielen?

Beim Beobachten der Partie im Saal dachte ich in dieser Partiestellung selbstverständlich vor allem an den Zug 18. ... bc. Aber so spielen wird man kaum dürfen, denn Weiß hat sofort zwei Widerlegungen zur Hand:
1) Sc8:+ Tdc8: 20. Lb7; bzw.
2) 19. Tb8: Sb8: 20. dc (mit der Absicht 21. Tb1) 20. ... Sa6 21. Sc8:+ Tc8: 22. Lb7.
„Falls man etwas nicht darf, aber man möchte es dennoch so sehr, dann ..., nun ja, vielleicht darf man dann doch!" so oder so ähnlich lautete ein Aphorismus auf der letzten Seite der *Literaturnaja gazeta* (namhafte russische Literaturzeitung).

Offensichtlich wird sich Schwarz bei ruhiger Entwicklung der Dinge schwer tun, sich zu retten – allzusehr ist er bereits eingeengt. Wenn es nicht gelingt die Probleme der Stellung mit „normalen Mitteln" zu lösen, dann muß man eben auch über Gewaltmaßnahmen nachdenken, und daher setzte ich die Überprüfung des Zuges 18. ... bc fort. Sogleich stellte ich fest, daß nach 19. Sc8:+ Tdc8: 20. Lb7 Tb7: 21. Tb7: cd 22. Ta7: Sc5 23. Tb1 e5 Schwarz eine hervorragende Kompensation für die geopferte Qualität erhält. Falls Weiß sofort seinen a-Bauern nach vorne schiebt, dann kann sein Turm den Punkt a7 schon nicht mehr verlassen.

In der zweiten Variante muß sich Schwarz von einer Figur trennen, man sehe:
18. ... bc!! 19. Tb8: Sb8: 20. dc Sa6! 21. Sc8:+ Tc8: 22. Lb7 Tc5:! (hoffnungslos ist 22. ... Tc6? 23. Lc6: dc 24. Tb1) 23. La6: Ta5 24. Lc8! (dies ist genauer als 24. Lb7) 24. ... Ta2:+ 25. Ke3 Kd8 (25. ... Tc2? 26. Td1) 26. Lb7 Tc2 27. Ta1 (27. La6 Ta2 28. Lb5? a6) 27. ... Tc4: 28. Ta7:. Nach 24. Lb7?! befände sich der schwarze König auf e7 und der Bauer a7 wäre unverwundbar wegen der Fesselung Tc7. Aber auch jetzt trägt das Endspiel remislichen Charakter.

Ein gutes Beispiel für eine Rettungskombination. Ich zweifle nicht daran, daß Karpow sie in seinen besten Zeiten ohne Mühe entdeckt hätte, war er doch verdientermaßen berühmt für seine Kunst in der Verteidigung schwieriger Stellungen. Aber mit dem Lebensalter vermindert sich fast bei jedem Schachspieler der Vorrat an Energie, es tritt die Tendenz auf, von der Berechnung schwieriger Varianten Abstand zu nehmen, die Schärfe des kombinatorischen Sehvermögens läßt langsam etwas nach. Offenbar zeigte Karpow während dieser Partie schon einen Anflug dieser Tendenz, denn er machte den passiven Zug **18. ... Sc7?**, der mit der Idee des Abtausches des gefährlichen Springers d6 verbunden war. Ich erinnere mich, daß ich dies bereits als schlechtes Omen für den Weltmeister deutete, und wirklich: der höchste Schachtitel ging mit dem Ende des Wettkampfes an Herausforderer Garry Kasparow über.

19. Tb4! Se8 20. Se8:?
Wie Kasparow zeigte, führte 20. Sc8:+! Tbc8: (20. ... Tdc8: 22. Thb1 nebst 23. Kd3) 21. cb ab 22. Kd3 Sd6 23. Tc1 Tb8 24. Tcb1 zu entscheidender weißer Überlegenheit. Aber nach dem Zug in der Partie kann Karpow wiederum bestimmte Aussichten auf Rettung erlangen, wenn er 20. ... Te8:! 21. Thb1 Lb7 22. d5 ed 23. cd Kf8+ (in diesem Schachgebot liegt der Kerngedanke) 24. Kd2 Ta8! gespielt hätte.
20. ... Ke8:? 21. Thb1 La6 22. Ke3 d5 23. cd6 Tbc8 (23. ... Td6: 24. c5 Tdd8 25. c6 Tbc8 26. Ta4).

Diagramm 17

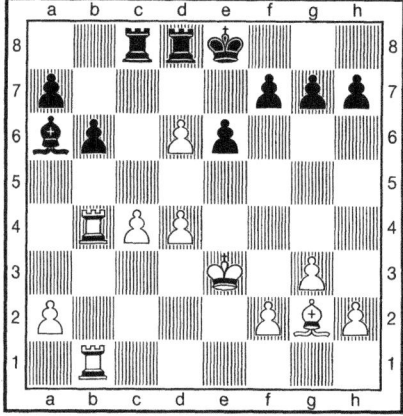

Frage 1–7 Bewerten Sie den Zug **24. Ta4!**

Zum zweiten Mal gelang es mir als Zuschauer im Saal eine Kombination zu finden, welche von den Akteuren auf der Bühne nicht entdeckt wurde. Offensichtlich wird dem Versuch, die Ereignisse sofort mittels 24. Ta4 Lc4: 25. Lb7 zu forcieren, mit dem Gegenschlag 25. ... b5! begegnet werden müssen. Allerdings führt nun der neuerliche Gegenschlag 26. d7+!! zu einem schnellen Sieg für Weiß.

Kasparow spielte weniger energisch und der weitere Kampf zog sich noch etwas in die Länge.
24. Kd3?! Td6: 25. Ta4 b5 26. cb Tb8 27. Tab4 Lb7 28. Lb7: Tb7: 29. a4 Ke7 30. h4 h6 31. f3 Td5 32. Tc1 Tbd7 33. a5 g5 34. hg Tg5: 35. g4 h5 36. b6 ab 37. ab Tb7 38. Tc5 f5 39. gh Th5: 40. Kc4 Th8 41. Kb5 Ta8 42. Tbc4 Schwarz gab auf.

Als ich am folgenden Morgen die Zeitungen mit den Berichten über die erste Partie des WM-Wettkampfes aufschlug, fand ich darin kein einziges Wort über diese von den Wettkämpfern ausgelassenen kombinatorischen Möglichkeiten. Danach wollte ich meine Priorität feststellen und geltendmachen und publizierte in der nächstfolgenden Nummer der Zeitschrift *64 – Schachrundschau* einen kleinen Artikel über dieses Thema. Aber nichts kam dabei heraus, denn die Autoren von Büchern über das WM-Match brachten beide Kombinationen ohne irgendeine Erwähnung oder Bezugnahme auf die Quelle.

Diagramm 18

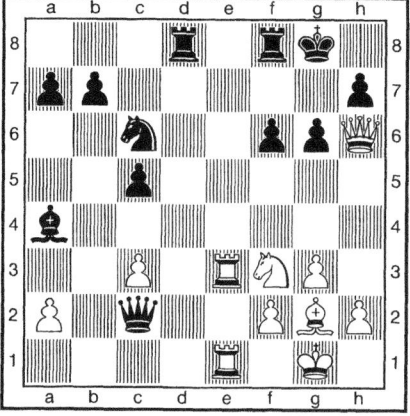

**Übung 1–8
Weiß am Zug**

Kombinations-Zwillinge

„Die Männer spielen deshalb stärker Schach als die Frauen, weil sie bei weitem mehr schachliche Kombinationen kennen, welche man endlos wiederholen kann in der einen oder anderen Partie, aber die Frauen wollen immer selbständig spielen, sie verlassen sich einzig auf die Schönheit, auf ihre Phantasie und ihr Temperament, das heißt sie stützen sich nicht auf das wirkliche essentielle Leben der Schachfiguren."

David Bronstein

Seit jener Zeit, als David Bronstein diese Zeilen niederschrieb, sind zahlreiche Jahre vergangen, vieles hat sich in der Schachwelt verändert. Die beeindruckenden Erfolge der jungen Polgar-Schwestern waren in nicht geringem Umfang Folgeerscheinungen ihrer durchaus professionellen Arbeit beim Schachtraining. Aber ein grundlegender Gedanke, der den Worten Bronsteins innewohnt, hat mit der Zeit seine Gültigkeit natürlich nicht eingebüßt. Ideen, technische Hilfsmittel, Kniffe und Kombinationsmotive wiederholen sich ständig, man soll und muß sie studieren. Ihre künftigen Erfolge sind abhängig von der geleisteten Arbeit, von dem Umfang Ihres Wissensgepäcks.

Der Schachspieler stützt sich erfahrungsgemäß auf seine eigenen Entdeckungen in größerem Umfang als auf fremde. Sie sind ihm näher, haben sich besser ins Gedächtnis eingegraben, denn sie wurden von ihm bereits einmal tiefgründig durchdacht, emotional durchfühlt. Seine eigenen Partien muß man lebendig halten, sie mitunter erneut nachspielen. Sobald ich nach der Beendigung eines Turniers nach Hause zurückgekehrt war, schrieb ich gewöhnlich meine Partien, die ich gespielt hatte, in ein spezielles Notizbuch, machte dabei Anmerkungen zu den Varianten, die ich am Brett ausgerechnet hatte, zeichnete meine Gedanken auf, die ich mir während des Verlaufes des Kampfes gemacht hatte. Ich ließ dabei Raum für zukünftige Ergänzungen und Präzisierungen. Die auf diese Art und Weise erhaltenen Informationen nutze ich in vielfältigster Weise aus, sowohl für die Vorbereitung auf neue eigne Partien als auch als Übungsmaterial für die Beschäftigung mit meinen jungen Schachschützlingen. Genau das gleiche System anzuwenden, empfehle ich auch allen meinen Schülern: Die gespielten Partien in Verbindung mit den Ideen, die sie in ihnen entwickelt haben, das ist das wirkliche, theoretische Hauptresultat unserer schachlichen Tätigkeit, sie verdienen es, daß man sie behütet und in ihrer Gesamtheit in der vorgeschlagenen Form bewahrt.

Ich empfehle Ihrer Aufmerksamkeit zwei ganze – miteinander in Beziehung stehende – Partien von Sergej Dolmatow, in welchen er sehr ähnliche Kombinationen ausführte. Vermutlich ergab sich für ihn die zweite Kombination ohne jede Mühe, es half ihm dabei die bereits früher gewonnene Erfahrung aus der ersten Partie.

**Dolmatow – Botto
Europameister der Junioren,
Groningen 1977/78**
1. e4 e6 2. d4 d5 3. Sd2 c5 4. ed ed 5. Sgf3 Sc6 6. Lb5 Ld6 7. dc Lc5: 8. 0–0 Sge7 9. Sb3 Ld6 10. Lg5 0–0 11. Te1

In der zweiten Hälfte der 70er Jahre war diese Position quasi eine Eröffnungstabije, d.h. eine Stellung, die in einer Vielzahl von Partien vorkam. Schwarz erprobte verschiedenartige Verteidigungssysteme, aber die Züge, die Botto wählte, konnte ich in der „Enzyklopädie der Schacheröffnungen" nicht ausfindig machen.

11. ... Te8 12. c3 a6 13. Le2 f6!?
Schwarz will seine Widerstandslinie aufbauen, indem er mit dem Springer den Stützpunkt e5 einnimmt. Dies ist eine interessante Idee, die vermutlich mit der Partie Gipslis – Kortschnoj, Amsterdam 1976 verknüpft ist, in der von der Eröffnungstabije (nach dem 11. Zug von Weiß ausgehend) Schwarz den nämlichen Plan mit folgenden Zügen verfolgte: 11. ... f6 12. Lh4 Db6?! 13. Le2 Le6 14. Lg3 Se5! mit annehmbarem Spiel.
14. Lh4 Dc7 15. Lg3 Se5!
Natürlich vermeidet der junge Schachmeister aus Wales den für ihn ungünstigen Abtausch der schwarzfeldrigen Läufer.
16. Sfd4
Es ist nützlich, der Überführung des Läufers nach f7 vorbeugend zu begegnen, weil sonst der schwache Bauer d5 gestärkt werden könnte.
16. ... Ld7

er günstige Abtauschmöglichkeiten erhält. Ich möchte anmerken, daß die Kraft der Springerüberführung nach e3 in derartigen Stellungen Sergej schon vertraut war. Unsere Eröffnungsvorbereitung beschränkte sich nämlich selbstverständlich nicht auf das Erlernen und Einprägen bestimmter Zugfolgen und Varianten, sondern wir analysierten charakteristische Partien und waren darum bemüht, uns so tief wie möglich in den Ideengehalt einer Eröffnung einzuarbeiten, typische Strategeme auszuarbeiten, d.h. genau so zu handeln, wie es Bronstein empfohlen hat.
17. ... Tad8 18. Sc2 Lc6?
Ein positioneller Fehler. Der Läufer steht hier ungünstig. Besser war es 18. ... Le6 zu spielen, zum Beispiel 19. Sbd4 Lf7 20. Se3 g6.
19. Sbd4 Dc8 (19. ... Sg6 20. Lh5 mit der Absicht Sf5 oder f2–f4–f5) **20. Se3 Lc5** (20. ... Sf3:+ 21. Df3: Lc5 22. Tad1 mit weißem Übergewicht)

Diagramm 19

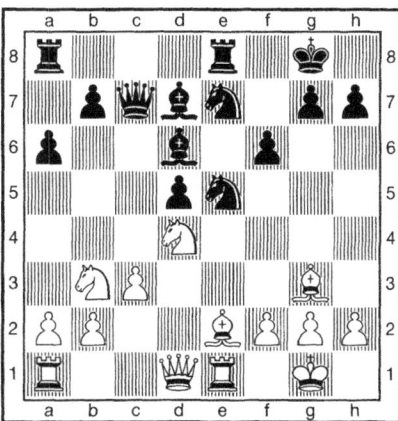

Diagramm 20

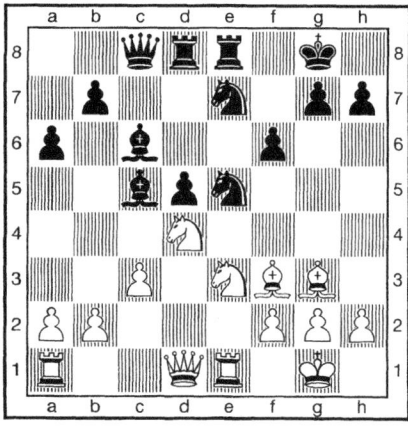

17. Lf3! Ein guter Plan: Weiß stellt seinen Läufer nach f3 und überführt den Springer nach e3. Indem er Druck gegen den Bauern d5 ausübt, hofft Dolmatow darauf, daß

21. Lh5! g6 22. Sg4! Sg4: (erzwungen)
23. Lg4: Ld7 (23. ... f5 24. Lf3 mit klarer positioneller Überlegenheit) Seine grundlegende Aufgabe – den Abtausch des

Springers e5 – hat Dolmatow erfolgreich bewältigt.

Frage 1–8 Wie soll Weiß weiter vorgehen?

Es folgt eine weitere kleine Kombination (wie J. R. Capablanca zu sagen pflegte: „une petite combinasion"):
24. Se6! f5 25. Sd8: fg 26. Te7:! Te7: (26. ... Le7: 27. Dd5:+ mit schnellem Matt) **27. Dd5:+ Le6** (27. ... Kf8 28. Lh4 oder 28. Lf4) **28. Se6: De6: 29. De6:+ Te6: 30. Kf1** Die Kombination brachte dem Weißen einen Bauern ein, den er rasch und präzise in einen Partiegewinn umzumünzen versteht.
30. ... Kf7 31. Td1 h6 32. Td5 Lb6 33. c4 Kf6 34. b3 Te4 35. a4 Te6 36. a5 La7 37. b4 Te4 38. b5 Schwarz gab auf.

Die folgende Partie wurde ein halbes Jahr später gespielt.
Dolmatow – Mokry
Juniorenweltmeisterschaft, Graz 1978
1. e4 c5 2. Sf3 d6 3. d4 cd 4. Sd4: Sf6 5. Sc3 a6 6. f4 e6 7. Le2 Le7 8. 0–0 0–0 9. a4 Sc6 10. Le3 Dc7 11. Kh1 Ld7 12. Sb3
Die Hauptvarianten der Sizilianischen Verteidigung studierte Dolmatow bei einem Trainingslager vor der Weltmeisterschaft mit Hilfe und unter der Anleitung eines großen Kenners dieser Eröffnung, Großmeister Tukmakow. Die vorliegende Partie ist die erste Kraftprobe in einem für ihn selbst neuen Eröffnungssystem. Ungeachtet des Mangels an praktischer Erfahrung findet sich Dolmatow zuverlässig durch die Feinheiten der Stellungen. Hier beispielsweise hat er den Springer erst nach b3 gezogen, nachdem der Läufer nach d7 gezogen ist, ansonsten hätte Schwarz seinen Läufer wesentlich aktiver entwickeln können mittels b6 nebst Lb7.

Anstelle von 11. ... Ld7 wird heutzutage häufiger 11. ... Te8 gezogen.
12. ... Sb4 (auf 12. ... Sa5 ist 13. e5! unangenehm) **13. a5 Lc6 14. Lf3 d5 15. e5 Sd7 16. De2 b5?!**
Weiß besitzt die Überlegenheit auf dem Königsflügel und im Zentrum; der Gegner mußte sein Gegenspiel auf dem Damenflügel suchen und hätte dies mittels 16. ... b6 tun sollen.
17. Sd1 Lb7 18. c3 Sc6
Schwarz verfährt viel zu passiv. Besser ist jedenfalls 18. ... Dc4, worauf Dolmatow mittels 19. Sd4! zu antworten beabsichtigte.
19. Sf2 Lc8 20. Sd3 Tb8 21. Tfc1 f6 22. ef Tf6: 23. Lf2 Sf8 24. Lb6 Dd7 25. Sd4 Ld6 26. g3 Lb7 27. Te1 Tc8 28. Lg4 Te8 29. Sc6: Lc6: 30. Ld4 Tf7

Diagramm 21

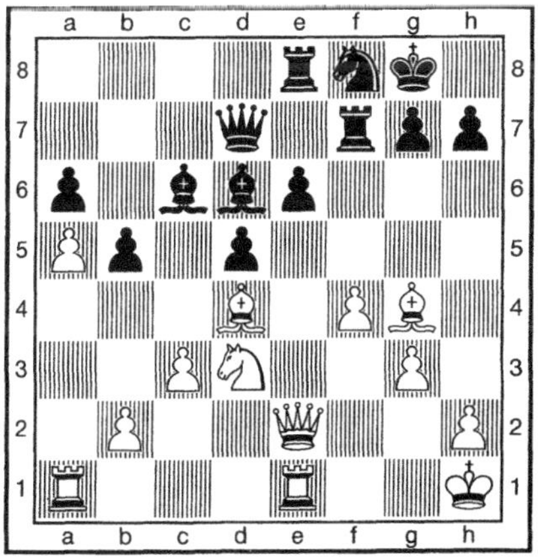

Frage 1–9 Wie soll Weiß weiterspielen?

Bis zu diesem Zeitpunkt hat Dolmatow seine Stellung folgerichtig und zielstrebig verstärkt. Jetzt ist der Augenblick gekommen, den positionellen Vorteil in materiellen zu verwandeln. Wenn man sich an die vorausgehende Partie erinnert, kann man die Lösung leicht finden.

31. Lh5! g6 32. Se5! Dc7 33. Sg4! (es versteht sich, daß auch 33. Sf7: ausreichend wäre, aber der von Dolmatow gewählte Partiezug ist noch genauer) **33. ... Sd7 34. Sh6+ Kf8 35. Sf7: Kf7: 36. Lg4**
Die Gewinnführung ist mit dem erzielten Qualitätsvorteil nicht mehr schwer. Dolmatow verstärkt zunächst seine Stellung maximal, und dann .... hat er die Partie abgebrochen. Bei der Hausanalyse fanden wir die angemessenen Mittel, um den gegnerischen Widerstand zu brechen.
36. ... Sf8 37. b4 De7 38. Ta2 Sd7 39. Dg2 Sf8 40. Tae2 Ld7 41. Dh3 Kg8 42. Dh6 Df7 43. Dg5 De7 44. Dh6 (der Abgabezug) **44. ... Df7 45. f5! ef 46. Te8: Le8: 47. Lf5:! Ld7 48. Ld7: Sd7: 49. De3.** Schwarz gab auf.

Geschichten vom Vorsagen

„Unser Glück oder Unglück hängt nur von uns selbst ab"
Michel Eyquem de Montaigne

Ein Meisterkandidat war fest entschlossen beim nächsten Turnier gleich welchen Niveaus unbedingt seine Meisternorm erfüllen zu wollen. Er überredete seinen Freund, einen starken Meister, daß er ihm helfe und zwar nicht nur bei der Vorbereitung auf die Partien, sondern auch während der Partien. Zusammen arbeiteten sie sich ein System von Zeichen aus, mit deren Hilfe der Meister in den entscheidenden Augenblicken des Kampfes seinem Freund die jeweils besten Züge anzeigen könnte.

In einer der ersten Runden des Turniers „empfahl" der Meister eine in den Augen des Spielers außerordentlich seltsame Fortsetzung. Der Kandidat konnte den Sinn des Vorschlags nicht enträtseln und spielte daher aus eigenem Antrieb anders. Und doch – der angezeigte Zug war sehr stark. Nach diesem Vorfall wurde im Kriegsrat entschieden, daß alle angezeigten Züge ohne Widerspruch ausgeführt werden müssen. In der darauffolgenden Runde empfahl der Meister ein Bauernopfer. Der Kandidat verstand den Sinn des Zuges nicht, trotzdem opferte er den Bauern, erhielt aber keinerlei Kompensation dafür. Nachdem er die Partie verloren hatte, fragte er den Meister voller Empörung, worin der Sinn der Sache lag. „Mag sein, daß ich mich geirrt habe" zuckte jener mit den Achseln.
Ich mißbilligte stets derartige unsportliche Schliche, betrachte sie als kläglige Versuche, eigene Mängel zu verdecken und in jedem Falle als ein Zeichen von Charakterschwäche. Die hochgradige moralische Autorität, die in Schachkreisen Artur Jussupow, Sergej Dolmatow, Nana Alexandrija erworben haben, ist die logische Folge der Tatsache, daß sie, wie natürlich auch ihr Trainer, immer bestrebt waren, den Gesetzen eines ehrlichen sportlichen Kampfes zu gehorchen und immer Fair Play zu üben.

Ich erinnere mich übrigens, wie einmal in meinen Kindertagen jemand versucht hat, mir etwas vorzusagen. Aber, wie auch in der schon oben berichteten Geschichte, führte auch dies zu nichts Gutem.
In einer Partie – gespielt im Finale einer Jugendmannschaftsmeisterschaft – ging ich nach Abtausch sämtlicher Figuren in ein recht günstiges Bauernendspiel über.

Ich sitze gerade darüber, ziemlich schwierige Varianten zu berechnen, um den Weg zum Sieg zu finden. Da plötzlich kommt der Trainer der Mannschaft und zugleich mein persönlicher Trainer, A. Roschal, und flüstert „Remis! Remis!" Ich wundere mich darüber, dachte jedoch, daß dieses Ergebnis dem Team nützlich sein müßte. Ich wartete noch einige Zeit und unterbreitete meinem Gegner ein Remisangebot. Der Partner stimmte selbstverständlich zu.

Ich ging vom Brett weg, und gleich fragte mich der Trainer: „Warum hast du die Partie remis gegeben, du standest doch besser?"

„Aber Sie haben mir doch selbst zugeflüstert: 'Remis, Remis' " wunderte ich mich.

„Nichts dergleichen habe ich getan, ich flüsterte dir zu: c4, c4"

Ein halbes Jahr verging. Das erste Mal in meinem Leben kam ich in ein Turnier, in dem die Möglichkeit bestand, die Meisternorm zu erfüllen, und sofort übertraf ich die geforderte Norm um einen halben Zähler. Als entscheidend erwies sich dabei die folgende Partie, in welcher ich beträchtliche Unannehmlichkeiten durchstehen mußte. Und am Ende half mir tatsächlich eine Art von Vorsagen, aber kein regelwidriges, sondern ein indirektes.

Bobolowitsch – Dworetski
Halbfinale der Meisterschaft von Moskau, 1966
1. Sf3 Sf6 2. c4 g6 3. g3 Lg7 4. Lg2 0–0 5. 0–0 c5 6. d4 d6 7. Sc3 Sc6 8. dc dc 9. Le3 Le6 10. Da4 Da5?
Ein Fehler, der Schwarz sofort in eine schwierige Lage bringt. Laut Theorie war 10. ... Sd4 der gegebene Zug.
11. Sd2 (es droht 12. Lc6:) **11. ... Da4: 12. Sa4: Sd7 13. Lc5: Tac8 14. Le3 Lc4:**
Mit einem Bauern im Rückstand verblieben, versuchte ich verzweifelt den ungünstigen Verlauf der Partie zu ändern.
15. Sc4: b5 16. Tad1?
Beträchtlich stärker war 16. Tfd1 Scb8 17. Tac1 bc 18. La7:.
16. ... Scb8 17. Sc3 Lc3: 18. bc Tc4: 19. La7: Tc3:
Den Bauern hat Schwarz zurück. Weiß hat „nur" die Überlegenheit des Läuferpaares, freilich eine merkliche zumal in einer geöffneten Stellung.
20. Td2 Tfc8 21. Tb2?
Nicht schlecht war das einfache 21. Tfd1, aber ernsthafte Beachtung verdiente auch 21. Lb8!? (ein bekannter Merksatz besagt, ein Hauptvorteil des Läuferpaares liege darin, daß man einen von ihnen jederzeit nach Belieben abtauschen kann) 21. ... Sb8: 22. Lb7! Tc2 23. Tfd1 Td2: 24. Td2: Tc1+ 25. Kg2 Sc6 26. Td7.
21. ... Tc2 22. Tfb1 Tb2: 23. Tb2: Tc1+ 24. Lf1 Sc6 25. Le3 Ta1 26. f4? Sf6 27. Kg2 b4 28. Ld2 Se4 29. e3

Diagramm 22

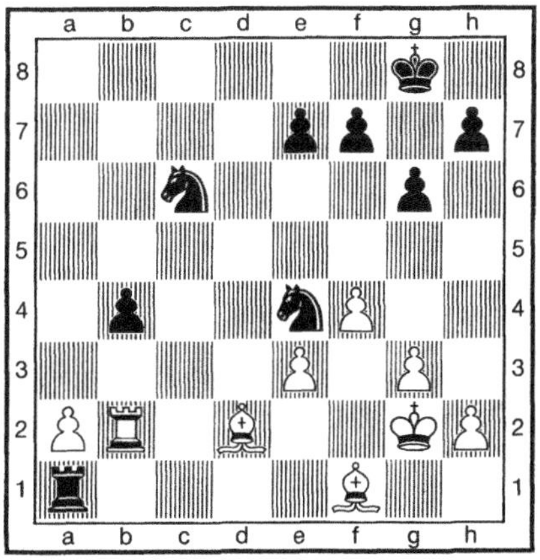

Frage 1–10 Wie soll Schwarz fortsetzen?

In diesem Augenblick erschien im Turniersaal mein Freund und Kollege aus der Schule und dem Pionierpalast, der Meisterkandidat Sascha Karassew. Wir begrüßten uns und ich setzte sogleich meine Überlegungen fort.

Es ist klar, daß das Schlimmste für Schwarz bereits überstanden war, man muß sicher nicht mehr verlieren. Ich überlegte mir, wie ich das Remis am zuverlässigsten sicherstellen konnte. Falls zum Beispiel 29. ... Sc3, dann folgt 30. Lc4 und es geht nicht 30. ... Sa5? 31. Tb4:. Man könnte evtl. auch einfach auf d2 tauschen, aber dann wird der Bauer b4 schwach, sobald der gegnerische König auf den Damenflügel wandert und ganz besonders im Falle eines Turmtausches.

Da plötzlich fühlte ich irgendeine Winzigkeit um mich herum; ich erhob meinen Kopf vom Brett und empfand, daß mein Freund stark erregt war. Sein Gesichtsausdruck hatte sich verändert, er begann auf dem Stuhl herumzurutschen. Das beschäftigte mich und sofort verstand ich: Sascha sah irgendetwas. Das veranlaßte mich, die Stellung mit anderen Augen neu anzusehen. Ich hörte damit auf, nach einem sicheren Remisweg zu suchen und dachte nach, was ihm aufgefallen sein könnte. Und schließlich war die Lösung von einem Moment zum anderen gefunden.

29. ... b3!! 30. ab Td1
Der Läufer ist gefangen. Falls Weiß 31. Lb5 spielt, dann folgt 31. ... Sa7.
31. Lc3 Sc3: 32. Tc2 Sd5
Und jetzt erweist sich die Stellung des anderen Läufers als ungeschickt.
33. Tc6: Se3:+ 34. Kf2 Sf1: 35. Ke2 Tb1 36. b4 Sh2:
Weiß gab auf.

Warum eigentlich erzähle ich Ihnen diese Geschichte? Nach diesem Erlebnis verstand ich, wie wichtig es mitunter ist, eine Stellung mit frischem, unvoreingenommenem Blick zu betrachten.
Dies ist eine Form des Vorsagens, welche Sie stets für sich selbst organisieren können.

Tigran Petrosjan vertrat die Ansicht, daß ein Schachspieler gewöhnlich eine unerwartete kombinatorische Idee entweder sofort findet oder sie gar nicht sieht. Das erklärt sich daraus, daß er, sobald er sich ganz vereinnahmen läßt von der Überprüfung und Präzisierung von Varianten, die Ausgangsstellung nahezu vergißt und sich nicht mehr aus dem Kreis seiner Gedankenwege zu befreien vermag. Sobald dies geschieht, wird die Suche nach neuen Ideen eingestellt. Gegen diesen aufgezeigten verderblichen psychologischen Effekt kann man aber ankämpfen und soll dies unbedingt tun.

Sobald sich Ihnen während einer Partie ein schwieriges Problem stellt, so unterbrechen Sie für eine Zeit die Berechnung und gehen Sie über zur erneuten Suche, indem Sie sich selbst die Frage vorlegen: „Was sonst könnte denn in der Stellung noch verborgen sein, was ich vielleicht bislang noch nicht wahrgenommen habe?" Natürlich nicht immer, aber zumindest in einer ziemlich großen Anzahl von Fällen wird diese Form der Gedankenablenkung zu unerwartet guten Ergebnissen führen.

„Kandidatenzüge"

Die Kandidatenzüge (die in Betracht kommenden Züge) muß man sofort ermitteln und sie genau durchrechnen. Man darf diese Arbeit nicht nur teilweise machen: nur einen Zug anschauen und beim nächsten abschweifen.

Alexander Kotow

Es genügt nicht, eine Kombination zu finden, man muß sie auch noch genau ausrechnen im Hinblick auf alle ihre Folgen. Um die Fähigkeit der Variantenberechnung zu trainieren, muß man Übungsaufgaben lösen, deren grundlegende Schwierigkeit nicht im Auffinden einer verborgenen schönen Idee liegt, sondern darin, daß es unbedingt notwendig ist, eine große Anzahl verschiedener Entwicklungslinien auf viele Züge im voraus zu berechnen.

Vor vielen Jahren war A. Kotow nur ein Schachspieler der ersten Kategorie. Durch zweckmäßiges Training verbesserte er seine Fähigkeit, Varianten zu berechnen, und wurde Großmeister. In den Büchern, die er schrieb, teilte Kotow die Erfahrungen seiner Arbeit mit, gab Beispiele und eine Menge nützlicher Ratschläge. Einer dieser Ratschläge steht diesem Kapitel als Merksatz voraus.

Im ersten Teil des Buches haben wir uns nicht nur einmal davon überzeugt, wie wertvoll dieser Ratschlag ist für den Kampf am Schachbrett. Ein Schlüsselerlebnis zu diesem Thema will ich ihnen jetzt vorführen.

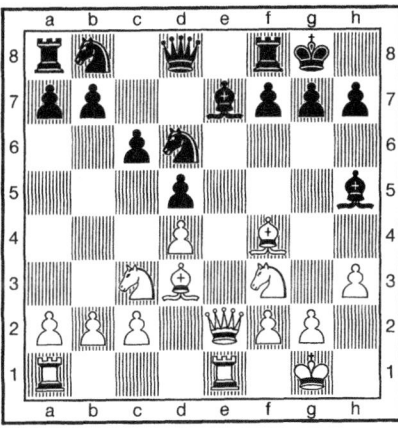

Diagramm 23

Frage 1–11 Was würde als Antwort auf 12. ... Te8 folgen?

12. ... Te8 ist schlecht wegen 13. Lh7:+! Kh7: 14. Sg5+ Lg5: 15. Dh5:+ Lh6 16. Te8: Se8: 17. Lh6: gh 18. Df7:+ Sg7 19. Te1 oder 19. Db7:.

Frage 1–12 Und wie wird 12. ... Sc8 widerlegt?

Auch 12. ... Sc8 geht nicht gut wegen 13. Lb8: Lf3: (13. ... Tb8: 14. De5!) 14. De5!! Lf6 15. Df4 Lg5 (15. ... Lh5 16. Lc7 Dd7 17. Lf5) 16. Df5! g6 17 De5 Lf6 18. Dc7!, und der Läufer vom Feld f3 aus kann nur nach e4 wegziehen.

Schließlich gab S. Makaritschew auf 12. ... Lf6 folgende Variante an 13. De3! Te8 (13. ... Lf3: 14. Df3: Ld4: 15. Sd5:!!) 14. Le5 Sd7 15. g4 Lg6 16. Df4 mit überlegenem Spiel für Weiß.

9. ... 0–0 10. Te1 Sd7

Diese Stellung ist mir bereits sieben Jahre früher einmal begegnet in einer Partie gegen Chatschaturow (Moskau, 1973). Damals spielte ich oberflächlich 11. c3, und Schwarz gelang es, den Chancenausgleich herzustellen mittels 11. ... Te8 12. Db3 Sb6 13. Dc2 g6 14. Se5 Lf5 15. Te2 Lg5! 16. Lg5: Dg5: 17. Tae1 f6.

Dworetski – Schüssler
Tiflis 1980

1. e4 e5 2. Sf3 Sf6 3. Se5: d6 4. Sf3 Se4: 5. d4 d5 6. Ld3 Le7 7. 0–0 Sd6?!

Schwarz verteidigt sich gegen c2–c4, aber dazu führt er schon den dritten Zug mit dem Springer aus. In der Eröffnung ist es nicht ratsam mit Zügen verschwenderisch umzugehen; daher ist es nicht erstaunlich, daß Weiß nun auf verschiedene Weise die bessere Stellung erlangen kann. Nicht schlecht wäre beispielsweise 8. Sc3 c6 9. Se2 Lf5 10. Sg3.

8. Lf4 (jetzt darf 8. ... Lf5 nicht geschehen wegen 9. Ld6:) **8. ... Lg4 9. Sbd2** Einen interessanten Plan arbeitete S. Makaritschew aus: 9. Te1 0–0 10. h3 Lh5 11. Sc3! c6 12. De2.

Dieses Mal wählte ich einen logischeren Plan. Nutzlos wäre vorerst 11. h3 Lh5, und für Schwarz würde die Möglichkeit zum Abtausch der weißfeldrigen Läufer auftauchen mittels Lh5–g6. Aber wenn man zunächst den Springer nach g3 überführt und dann h2–h3 folgen läßt, dann muß Schwarz mit seinem Läufer auf f3 schlagen, wonach meine Figuren einen unangenehmen Druck gegen den gegnerischen Königsflügel ausüben.

11. Sf1 Sf6

Alles klar: auf 12. Sg3 ist die Antwort 12. ... Sh5 beabsichtigt. Aber der Gedanke des Gegners hat einen ernsthaften Defekt.

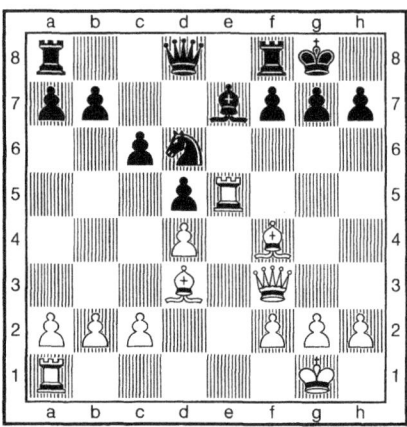

Diagramm 24

Frage 1–14 Wie soll Weiß fortsetzen?

Frage 1–13 Worin liegt dieser Nachteil verborgen?

12. Sg3 Sh5 13. Sh5: Lh5: 14. Te5!

Ein äußerst unangenehmer Doppelangriff. Wenn Schwarz jetzt auf f3 tauscht und anschließend c7–c6 spielt (und eine andere Möglichkeit zur Abwendung des Bauernverlusts ist nicht zu entdecken), kann Weiß das Läuferopfer auf h7 durchführen. Nach der Partie zeigte mir mein Gegner den Zug, welchen er hier aus Verzweiflung studierte, nämlich 14. ... g5?!, aber natürlich kann man ihn sich nicht ernsthaft vornehmen.

Schüssler versank in Nachdenken. Seine Antwort folgte erst nach anderthalb Stunden(!). In diesem Moment empfand ich nahezu Mitleid mit ihm: was soll man machen, wenn alle Züge gleichermaßen schlecht sind, man überlegt hin, man überlegt her, aber die Lage ist schon nicht mehr zu retten...

14. ... Lf3: 15. Df3: c6

Ich zweifelte nicht daran, daß das Läuferopfer korrekt ist. Daher war mein erster Wunschgedanke, einfach auf h7 zu schlagen, ohne darüber nachzudenken bzw. durchzurechnen, welche Verteidigung der Gegner nach 16. Lh7:+ Kh7: 17. Th5+ Kg8 18. Dh3 wählen würde – 18. ... f6 oder 18. ... f5 – und erst dann die Varianten durchzurechnen. Aber zum Glück besann ich mich eines Besseren und nahm von dieser Dummheit Abstand. Ich begann mich der Korrektheit des Opfers zu vergewissern und erkannte, daß sich die Sache ganz und gar nicht so einfach gestaltet, wie es mir zuerst schien.

Die Variante 18. ... f6 19. Te1 Sf7 20. Df5 gefiel mir in Verbindung mit der Möglichkeit nach 20. ... Sg5 (20. ... Sh8 21. De6+; 20. ... Sd6 21. De6+ Tf7 22. Dh3) 21. Lg5: fg 22. De6+ Tf7 23. Dh3 Tf8 nun 24. Th7! zu spielen mit der schrecklichen Drohung 25. Dh5. (Freilich übersah ich dabei die beste, und offensichtlich vollkommen ausreichende Verteidigung 20. ... Te8!).

Aber nichts gelang mir zu finden als Antwort auf 18. ... f5 19. Te1 (19. Th7 Sf7; 19. Th8+ Kf7 20. Dh5+ Ke6) 19. ... Se4!

20. Th8+ Kf7 21. Df5:+ Lf6 oder 21. ... Sf6 (aber nicht 21. ... Ke8? 22. Tf8:+ Lf8: 23. f3). Zwei oder drei Mal riß ich mich von der Opferidee los und erwog andere natürliche Züge, zum Beispiel 16. Tae1. Aber als ich in ihrer Folge keine Überlegenheit fand, kehrte ich wieder zur Überprüfung der Folgen des Zuges 16. Lh7:+ zurück, womit ich damit noch ein Prinzip verletzte, das Kotow aufgestellt hatte:
„Wenn man schwierige Varianten ausrechnet, so darf man bei der Berechnung jeden der zahlreichen Äste des Variantenbaumes nur ein einziges Mal durchlaufen!"
Nachdem ich eine ganze Stunde nachgedacht hatte, der Sache ordentlich überdrüssig war, müde und ungläubig, je einen Gewinnweg finden zu können, bemerkte ich ganz plötzlich eine Möglichkeit, die ich zuvor noch nicht entdeckt hatte; ich prüfte sie kurz, und letztlich machte ich diesen Zug tatsächlich.

16. Dg3!
Es droht 17. Te7:. Im Falle von 16. ... Lf6 17. Lh7:+ Kh7: 18. Th5+ Kg8 19. Ld6: Te8 20. Le5 hat Schwarz keinerlei Kompensation für den verlorenen Bauern.
Es ist allerdings bemerkenswert, daß ich nicht die beste Möglichkeit der Verteidigung – 16. ... Se8 – sah. Wenn der Gegner diese Fortsetzung gewählt hätte, bin ich mir nicht sicher, ob meine Kräfte gereicht hätten, um die richtige Weiterführung des weißen Angriffs zu entdecken: 17. Tae1 Lf6 18. Th5 g6 19. Dh3! Ld4: 20. Th7:. Objektiv gesehen ist die Stellung, die man dann erreicht hat, für Weiß günstig, zum Beispiel 20. ... Df6 21. g3 Lb2: 22. Dh6 (droht 23. Lg5) 22. ... Ld4 23. Te2 oder auch 23. c3.
Ich hatte aber Glück: Schüssler übersah nicht weniger als ich und erleichterte mir meine Aufgabe.

16. ... Lh4? 17. Lh7:+ Kh7: 18. Th5+ Kg8 19. Dh3! (natürlich nicht 19. Th4:? Sf5 und auch nicht 19. Dh4:? Dh4: 20. Th4: Sf5) **19. ... g5 20. g3** (stark ist auch 20. Le5, aber der Zug in der Partie ist einfacher) **20. ... Dc8 21. Dc8: Sc8: 22. Ld2 Se7 23. gh gh 24. Kh1!.** Schwarz gab auf, zumal jetzt nach 24. ... Sg6 schon der Zug 25. f4 spielentscheidend ist.

Ich tadele mich nicht, daß ich mich nicht umgehend von der Berechnung des Opfers losreißen konnte, allzu verführerisch ist es eben erschienen. Aber als dann klar wurde, daß das Opfer nicht zu einem forcierten Gewinn führt, war es unbedingt notwendig, eine vollständige Liste der verfügbaren „Kandidatenzüge" aufzustellen und durchzurechnen.
Hätte ich mich dieser Aufgabe unterzogen, so hätte ich vermutlich sehr schnell den Zug 16. Dg3 gesehen und nach einer kurzen Überprüfung begriffen, daß man ganz genau so spielen muß. Als Ergebnis dessen konnte man eine ganze Menge Zeit und Kraft sparen.

Großmeister Jussupow legt ausgesprochen großes Gewicht auf die Ermittlung aller Kandidatenzüge. Diese Gewohnheit hat ihm öfter als einmal geholfen im Wettkampf verborgene Ausfluchtsmittel aufzufinden und für sich nutzbar zu machen. Eine besonders gute Illustration dessen bietet uns die folgende Partie:

**Jussupow – Nogueiras
Kandidatenturnier,
Montpellier 1985**
1. d4 d5 2. c4 e6 3. Sc3 c6 4. Sf3 Sf6 5. Lg5 Sbd7 6. cd ed 7. e3 Ld6 8. Ld3 Sf8
Schwarz möchte sich desselben taktischen Mittels bedienen, welches ich in der vorangegangenen Partie benutzt habe:

Sg6 mit nachfolgendem h7–h6. Infolgedessen macht er, genau wie Schüssler, einige Züge mit ein und derselben Figur. Diesen zweifelhaften Plan wandte Nogueiras auch früher schon an, so daß ich mit Artur die Gelegenheit zur Vorbereitung nutzte und somit die weitere Entwicklung der Geschehnisse vorausplanen konnte.

9. Se5!? Db6

Im Falle von 9. ... Sg6 befestigt Weiß seinen Springer im Zentrum mittels 10. f4. Weiter folgte in der Partie Tschernin – Cvetkovic (Belgrad, 1988) 10. ... 0–0 11. Dc2 De8 12. 0–0 Lb4 13. Kh1 Lc3: 14. bc mit überlegenem Spiel für Weiß.

10. 0–0 Le5:

(äußerst gefährlich ist 10. ... Db2: 11. Tc1)

11. de Sg4?

Besser war 11. ... S6d7, wonach Jussupow folgende Variante im Auge hatte: 12. Lf4 Db2: 13. Tc1 Sg6 14. Lg6:! hg 15. e4, die ihm Vorteil versprach. Anstelle des Schlagens des Bauern wäre es für Schwarz besser 12. ... Lc5 zu spielen, wie es in der Partie Gulko – Smagin (Meisterschaft von Moskau 1984) geschah.

Frage 1–15 Wie soll Weiß fortsetzen?

Auch diese Stellung, wie sie hier vorliegt, hatten wir bei der Vorbereitung auf die Partie erreicht und waren bei flüchtiger Betrachtung zu dem Schluß gekommen, daß sie günstig für Weiß ist im Zusammenhang mit der Variante 12. Lf4 Sg6 13. Lg6: hg 14. h3 Sh6 15. e4!. Aber am Turnierbrett pflegt Jussupow gewöhnlich die Ergebnisse der Hausanalysen nochmals sorgfältig zu überprüfen, insbesondere, wenn diese in Eile entstanden waren.

Er überlegte, ob es nicht auch noch andere Möglichkeiten als 12. Lf4 gibt und fand eine ganz erstaunliche Idee. Nachdem er zu der Schlußfolgerung gelangt, war, daß sich Schwarz in der von uns vorbereiteten Hausvariante mittels 15. ... Db2: 16. Tc1 0–0! sehr gut verteidigen kann, wählte er den selbst am Brett gefundenen Zug.

12. Da4! Db2:?!

Jetzt wird der weiße Entwicklungsvorsprung erdrückend, aber für Schwarz war guter Rat ohnehin schon teuer. Im Falle des sich anbietenden 12. ... Ld7 konnte Weiß zwischen zwei sehr angenehmen Möglichkeiten wählen: 13. Da3!? f6 14. ef gf 15. Lh4 oder 13. e6!? Le6: 14. Sd5: Ld5: 15. Dg4: – in beiden Fällen mit ganz offensichtlichem Übergewicht für Weiß.

13. Tac1 Ld7

Auf 13. ... Se5: gewinnt sowohl 14. Tc2 Db6 15. Sd5: als auch 14. Sd5: Sd3: 15. Tc6:!.

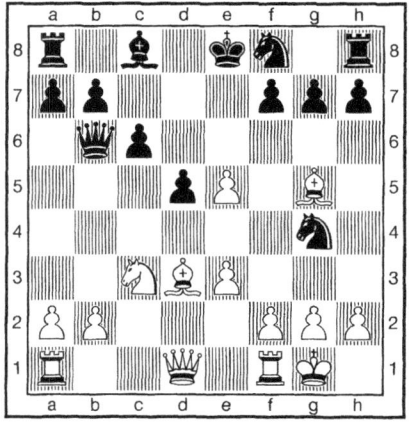

Diagramm 25

Diagramm 26

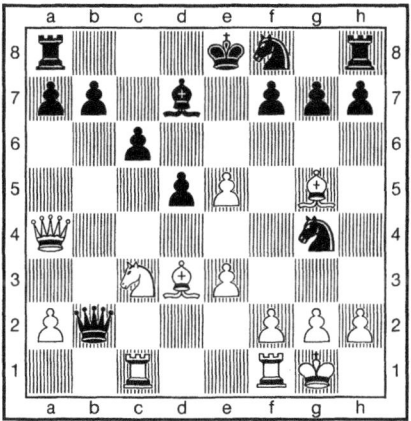

Frage 1–16 Wie kann Weiß seinen Vorteil am schnellsten ausnutzen?

Der erste Wunschgedanke lautet: alle Figuren in den Kampf zu führen mittels 14. Tc2 Db6 15. Tb1. Allerdings kann sich Schwarz dann nach 15. ... Dc7 16. Sd5: De5: oder 16. Lf4 Se6 noch irgendwie behaupten.

Erneut ging Jussupow an diese Frage heran, indem er sich alle verfügbaren Kandidatenzüge vornahm. Im Ergebnis fand er eine Lösung, die den Gegner sofort niederstreckte.

14. Dd4!!

Weiß stellt damit nicht weniger als fünf (!) Drohungen gleichzeitig auf: 15. Sd5:, 15. Sb5, 15. Se4, 15. Tb1 und 15. e6 Le6: 16. Dg7:. Sich gleichzeitig gegen alle zu verteidigen, gelingt Schwarz selbstverständlich nicht. Falls beispielsweise 14. ... Db6, so folgt 15. e6! mit Figurengewinn.

14. ... f6 15. ef gf 16. Lf6: Tg8

(16. ... Sf6: 17. Df6: Tg8 18. Sd5:!)

17. Sb5! Db5: 18. Lb5: Se6 19. Db2 cb 20. Lh4. Schwarz gab auf.

**Nunn – Miles
Baden, 1980**

1. e4 c5 2. Sf3 d6 3. d4 cd 4. Sd4: Sf6 5. Sc3 g6 6. g3 Sc6 7. Sde2 Lg7 8. Lg2 Tb8!? 9. a4 a6 10. 0–0 b5 11. ab ab 12. Sd5 0–0

Der Abtausch auf d5 ist für Schwarz ungünstig wegen der Schwäche des Punktes c6 (12. ... Sd5:? 13. ed Se5 14. Sd4). Im Falle von 12. ... e6 13. Sf6:+ Lf6: erreicht Weiß nichts durch 14. c3 0–0 oder 14. Lf4 Se5, aber er kann ein Bauernopfer bringen, um den gegnerischen König der Möglichkeit der Rochade zu berauben: 14. Lh6! Lb2:

Diagramm 27

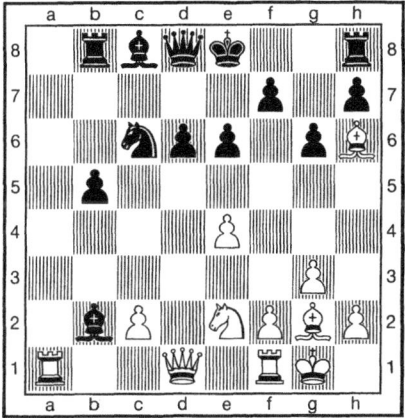

Analyse

Frage 1–17 Wie soll Weiß seinen Angriff fortsetzen?

Im Buch von John Nunn und P. Griffiths *Secrets of Grandmaster Play* (Geheimnisse des Großmeisterspiels) wird als Fortsetzung 15. e5! vorgeschlagen (das Ausrufezeichen stammt vom Buchautor) 15. ... Se5: 16. Ta2 Sg4 (16. ... Sc4? 17. Tb2: Sb2: 18. Dd4) 17. Sd4 Sh6: (17. ... Ld4: 18. Dd4: e5 19. Lc6+) 18. Sc6 Dc7 19. Sb8: Lg7 20. Sc6, und die sich ergebende Stellung wird zugunsten von Weiß eingeschätzt.

Dolmatow zeigte sich nicht einverstanden mit dieser Bewertung und er schlug vor die Variante folgendermaßen fortzusetzen: 20. ... d5! (schwach ist 20. ... Sf5 21. Ta7 Db6 22. g4! Sd4 23. Ta8 Sc6: 24. Dd6: oder 22. ... d5 23. Ld5:! ed 24. Te1+ Kf8 25. Dd5:) 21. Ld5: ed 22. Te1+ Kf8 23. Dd5: Lf6, und es ist nicht ersichtlich, wie es für Weiß möglich sein soll, seinen Angriff zu verstärken.

Offensichtlich hat Sergej durchaus recht, allerdings fand Jussupow noch eine überzeugendere Erwiderung gegen die Empfehlung Nunns (hier und im folgenden benutze ich nur einen der Namen der zwei Co-Autoren, denn im Vorwort zu seinem Buch wird von Nunn ausgeführt: „Die Zugfolgen sind in der Regel von mir, die Texte von Peter.").

Seine Gewohnheit zur Ermittlung aller Kandidatenzüge half Artur dabei, nach 15. e5? (diesmal ist das Fragezeichen, das den Zug ziert, von mir) die ausgezeichnete Antwort 15. ... d5! wahrzunehmen, die er nach weiteren übermäßig schwierigen Berechnungen fand.

Nach der Überzeugung Jussupows muß Weiß einfach 15. Tb1! Lf6 16. Tb3! (schlechter ist 16. f4 Se7!? mit der Drohung 17. ... Sg8) 16. ... e5 (16. ... De7 17. f4; 16. ... Se5 17. h3 oder 17. Sd4) 17. Td3 De7 18. Sc3! Le6 19. Sd5 Ld5: 20. Td5: spielen, und Weiß erhielt einen unangenehmen Druck auf die gegnerische Stellung.

13. Lg5 Sd7 14. Dc1 Sc5 15. b4?!
Das einfache 15. Td1 versprach für Weiß die besseren Chancen. Statt dessen entschloß sich Nunn zu einem Qualitätsopfer, dessen Folgen gar nicht leicht einzuschätzen sind. Miles riskierte es nicht, den Turm zu schlagen, sondern bevorzugte den Gewinn eines Bauern mittels 15. ... Se6 16. Lh6 Sed4 17. Sd4: Sd4: 18. Kh1 Lh6: 19. Dh6: Sc2:, aber nach 20. Tac1 Sd4 21. Tc7 erhielt Weiß dafür mehr als ausreichende positionelle Kompensation. Die Partie endete mit einem Sieg für Weiß.

Wollen wir jetzt untersuchen, was dabei herausgekommen wäre, wenn Miles die Herausforderung angenommen hätte.

15. ... La1:! 16. Da1: Se6 17. Lh6 (nicht in Frage kommt 17. Le7:? Se7: 18. Sf6+ Kh8 19. Sd7+ f6 20. Sb8: Db6) **17. ... Te8 18. f4 f6 19. f5**

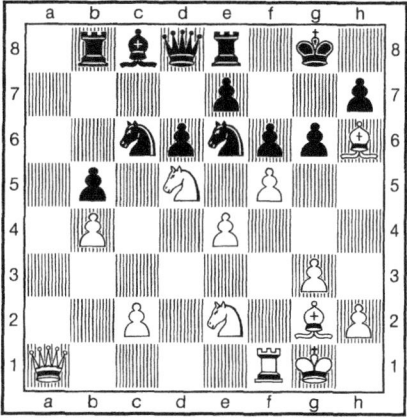

Diagramm 28

Frage 1–18 Wohin zieht man den Springer besser nach c7 oder nach g7?

Versuchen Sie zunächst die Antwort zu erraten, und erst danach vertiefen Sie sich in die Varianten. Die Wahl zu treffen ist sehr schwer, zumal es ernsthafte Argumente zum Vorteil jeder der beiden Möglichkeiten gibt.

A) Im Falle von 19. ... Sg7 kann Weiß den Bauernsturm mittels 20. g4 nebst nachfolgendem g4–g5 fortsetzen, während ihm nach 19. ... Sc7 dafür einfach keine Zeit bleibt, da Schwarz sofort den starken Springer d5 abtauschen könnte.

B) Nach 19. ... Sg7 20. Da2 kann Schwarz die gegnerischen Drohungen mit dem stillen Zug 20. ... Kh8 abweisen, ohne die Fortsetzung 21. fg hg 22. Sdf4 zu fürchten wegen 22. ... Se5! 23. Sg6:+ Kh7! (23. ... Sg6:? 24. Df7 Tg8 25. Dg6: Ld7 26. Le3) 24. Se5: Le6!, und der Angriff ist abgeschlagen und der Qualitätsvorteil ist Schwarz geblieben.

Im Falle von 19. ... Sc7 20. Da2 verliert der Zug 20. ... Kh8 dagegen schon: 21. Sc7: Dc7: 22. fg hg 23. Df7 Tg8 24. Tf4! g5 25. Lg5: fg 26. Dh5+.

Reicht aber dieser Umstand bereits aus, dem Wegzug des Springers nach g7 den Vorzug zu geben? Nein, er reicht natürlich nicht dazu aus: anstelle von 20. ... Kh8? steht Schwarz noch ein weiterer auf den ersten Blick riskant wirkender Zug zur Verfügung: 20. ... e6!, der auch von Nunn angegeben wurde. Nach 21. Sc7: Dc7: 22. fg hg 23. Tf6: Kh7 mit nachfolgendem Se5 bewahrt die starke Stellung des Springer im Zentrum des Brettes Schwarz vor dem Angriff. Ungefährlich ist ferner 21. fe Le6: 22. Sef4 Kf7, als auch 21. Sdf4 Kh8! (schlechter ist 21. ... Se5 22. Sd4) 22. fg hg 23. Sg6:+ Kh7.

Letztlich gibt Nunn noch folgende interessante Variante an: 20. ... e6 21. e5, und nun: 21. ... Sd5: (schlecht ist 21. ... ed? 22. Ld5:+ Sd5: 23. Dd5:+ Kh8 24. Df7 Tg8 25. ef, aber durchaus möglich ist offensichtlich 21. ... Se5:) 22. Ld5: Sb4: 23. fe (23. ef Df6:!, aber nicht 23. ... Sa2:? 24. f7+ Kh8 25. f6! oder 24. ... Kf7: 25. fe+ Kg8 26. e7+) 23. ... Sd5:! (23. ... Db6+? 24. Tf2 Sa2: 25. e7+ Kh8 26. ef) 24. ef Le6: 25. f7+ Lf7: 26. Tf7: Kf7: 27. Dd5:+ Te6 28. Sf4 Df6, und die Ressourcen des Angriffs sind ausgeschöpft.

C) Bleibt uns noch der Versuch des Springeropfers auf f6 zu untersuchen. Nunn berechnet diese Idee nicht korrekt und gibt folgende Variante an 19. ... Sc7 (den Zug 19. ... Sg7 hat er überhaupt nicht betrachtet) 20. fg hg 21. Tf6: ef 22. Sf6:+ Kf7 23. Se8: Se8: und jetzt lautet sein Resümee: „Schwarz steht auf Gewinn".

Diagramm 29

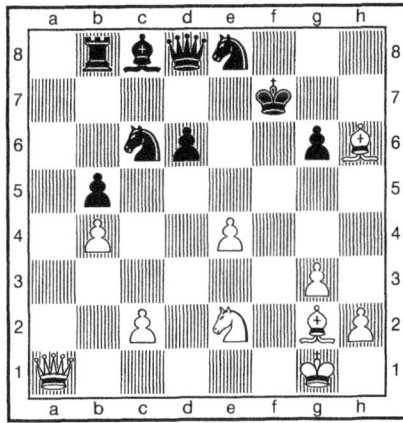

Diese Stellung kann erreicht werden nach beiden Wegzügen des Springers im 19. Zuge, aber auf Gewinn steht Schwarz in dieser Stellung in gar keinem Falle. Nach 24. Dh8! hat er jedenfalls, ungeachtet seines Turmübergewichts, kein zuverlässiges Verteidigungsmittel gegen die Drohungen 25. Df8+ und 25. Dh7+. Ganz schlecht ist beispielsweise 24. ... Df6? 25. Df8+. Auf 24. ... Lg4 folgt 25. Dh7+ Ke6 (25. ... Kf6 26. Lg5+!) 26. Sf4+ Ke5 27. Df7!?, Und nach 24. ... Sf6 25. Dg7+ Ke8 spielt Weiß nicht 26. Lg5? Tb7!, sondern 26. Dg6:+ Kd7 27. Lg5 wobei er zwei bis drei Bauern für die Qualität besitzt und seinen Angriff ebenfalls behält.

Suchen wir jetzt, wie sich Schwarz diesen für ihn unerquicklichen Varianten entziehen kann. Nach 19. ... Sg7 20. fg hg (20. ... Se5!? 21. gh+ Kh7: 22. Dc1, und Weiß hat gute positionelle Kompensation für die geopferte Qualität) 21. Tf6:! ef 22. Sf6:+ Kf7

23. Se8: (23. Lg7:? Te5!) muß man die Fortsetzung 23. .. Sh5!? prüfen (schlechter ist 23. ... Se6 wegen des nämlichen Zuges 24. Dh8!). Aber danach ergibt 24. Sg7 Se5 (24. ... Df6 25. e5!?) 25. Da2+ für Weiß ein vollwertiges Spiel. Wenn ihm das nicht ausreicht, dann kann er es zudem probieren mit 24. Dh8!? De8: 25. Dh7+ Kf6 26. Sf4! (schlechter ist 26. h4 Lg4 oder 26. Sc3 Sb4:) mit den Drohungen 27. Sd5+ und 27. Sh5:+. Nach 26. ...Tb7 (26 ... Sf4: 27. Dg7+ Ke6 28. gf) 27. Sd5+ Ke6! (27. ... Ke5 28. Lf4+ Kd4 29. Ld2!) 28. Sc7+ (28. Lh3+ Ke5 29. Lf4+ Ke4:) 28. ... Tc7: 29. Dc7: Se7 30. Lg5 erhält Weiß eine gefährliche Initiative, die die fehlende Figur aufwiegt.

Aber nach **19. ... Sc7 20. fg hg 21. Tf6: ef 22. Sf6:+ Kf7 23.Se8:** schlägt Schwarz den Angriff ab mittels **23. ... Ke8!,** zum Beispiel 24. Dh8+ Kd7 25. Lh3+ Se6. (Anm. des Bearbeiters: Zu prüfen ist auch 24. Dg7.)

Also können wir jetzt letztendlich berechtigt feststellen: der Zug 19. ... Sc7! ist beträchtlich stärker als 19. ... Sg7, was sich vor allem im Falle des Turmopfers auf f6 gezeigt hat. Diese Umstände zu erraten, indem man sich von allgemeinen Überlegungen leiten läßt, ist praktisch unmöglich. Unbedingt erforderlich ist eine genaue und tiefe Variantenberechnung, wobei man in jedem Einzelfall für sich selbst und für den Gegner stets alle Kandidatenzüge berücksichtigen muß. Erinnern Sie sich, wie leicht es war, zu einer fehlerhaften Schlußfolgerung zu gelangen bei der Untersuchung der Variante 20. Da2, man brauchte nur einen auf den ersten Blick versteckten schwarzen Verteidigungsplan außer acht zu lassen.

Vielleicht der einzige rein positionelle Gedanke, der hilfreich sein konnte, um gerade den Zug 19. ... Sc7! zu finden, ist die durch ihn geschaffene Drohung des Springerabtausches, der Weiß dazu zwingt, die Ereignisse zu forcieren und der die ruhigen Züge wie 20. g4 ausschließt. Aber das war nur ein ganz kleiner Hinweis – in derartigen Fällen kann man ohne sorgfältigste Variantenuntersuchung einfach nicht auskommen.

Iwantschuk – Dolmatow
Interzonenturnier, Manila 1990
1. e4 e6 2. d4 d5 3. Sd2 c5 4. ed ed 5. Lb5+ Sc6 6. Sgf3 cd 7. De2+ De7
So spielte mit Schwarz Viktor Kortschnoj dreimal gegen Robert Hübner im Kandidatenmatch (Meran 1981). In allen drei Partien wurde nach 8. Sd4: De2:+ ein Endspiel erreicht, das ein wenig angenehmer ist für Weiß. Iwantschuk hatte eine schärfere Fortsetzung vorbereitet.
8. Se5!? Ld7 9. Lc6: bc 10. 0–0

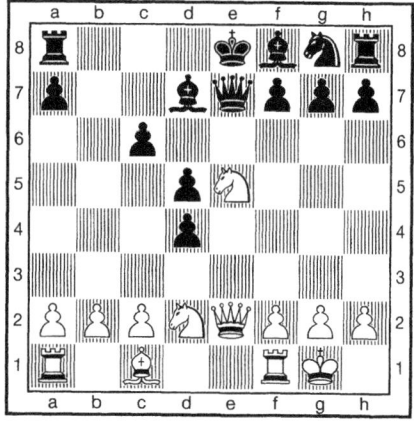

Diagramm 30

Übung 1–9 Wie soll sich Schwarz in dieser Stellung am besten verteidigen?

Aufmerksamkeit für die Möglichkeiten des Gegners

"Der Partner hat auch seine Existenzberechtigung"
Savielly Tartakower

Jussupow – Fries-Nielsen
Weltmeisterschaft der Junioren, Skien 1979
1. d4 e6 2. Sf3 Sf6 3. Lg5 c5 4. e3 b6?
Eine Eröffnungsungenauigkeit, die bereits seit der Partie Petrosjan – Kozma (XIII. Olympiade, München 1958) bekannt ist. In jener Partie erreichte Weiß klaren Vorteil mittels 5. d5! ed 6. Sc3 Lb7 7. Sd5: Ld5: 8. Lf6: Df6: 9. Dd5: Sc6 (9. ... Db2: 10. Td1 Db4+ 11. c3! Dc3:+ 12. Td2 Dc1+ 13. Ke2 mit Gewinn) 10. Lc4.

Den gleichen Fehler beging Karpow in der 5. Partie im Kandidatenhalbfinale (London 1989). Anstelle von 6. ... Lb7 spielte Karpow 6. ... Le7, aber nach 7. Sd5: Lb7 8. Lf6: Lf6: 9. c3 0–0 10. Lc4 verblieb er ebenfalls in der schlechteren Stellung. Jussupow errang einen effektvollen Sieg; die Partie wurde ausgezeichnet als die beste der Kandidaten-Halbfinalwettkämpfe und als eine der besten des 48. Bandes des Schach-Informators.

5. d5! d6 6. de Le6: (6. ... fe 7. e4!) **7. Lb5+ Sbd7 8. Sc3 a6**

Diagramm 31

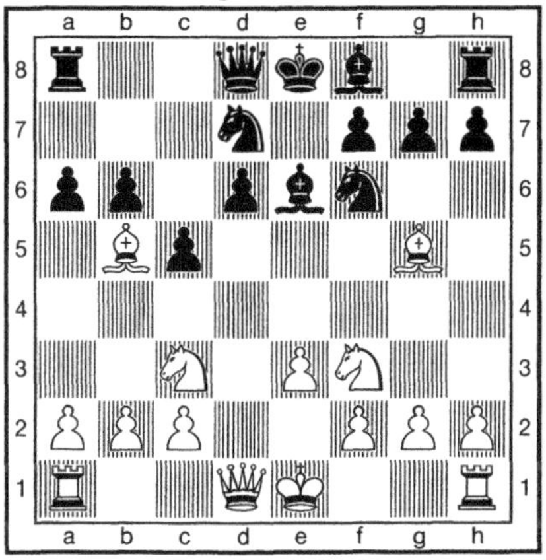

Artur dachte lange nach, aber dann erzwang er eine Serie von Abtauschaktionen:
9. Ld7:+ Ld7: 10. Sd5 Le7 11. Lf6: Lf6: 12. Sf6:+ Df6: 13. Dd5 Ke7 (erzwungen: nach 13. ... 0–0 14. 0–0–0 geht der Bauer auf d6 verloren) **14. 0–0–0.** Indem er den gegnerischen König im Zentrum festgehalten hat, hat Weiß einen gewissen (aber nicht allzu großen) Vorteil erreicht. Der Gegner beging alsbald eine weitere Ungenauigkeit und Jussupow gewann.

– „Warum hast Du Dir so viel Zeit genommen für die Überlegung des neunten Zuges?" – fragte ich Artur nach der Partie.
– „Ich suchte, ob man nicht mehr erreichen kann als nach 9. Ld7:+, ich prüfte den Zug 9. Lc6." – erklärte er mir und zeigte mir folgende hübsche Variante:
9. Lc6 Ta7 (9. ... Tc8? 10. Lb7) **10. Se4**

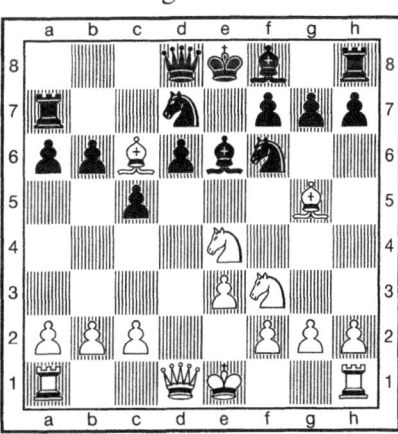

Diagramm 32

Frage 1–19 Wie soll Schwarz fortsetzen?

Der Bauer d6 steht unter doppelter Bedrohung. Das passive 10. ... De7 11. 0–0 führt zu einer für Schwarz äußerst traurigen Stellung. Man muß zur Hergabe eines Bauern bereit sein.
10. ... Dc7! 11. Sf6:+ gf 12. Lf6: Tg8

Inkorrekt ist das Qualitätsopfer 12. ... Dc6: 13. Lh8: f6 14. Dd3 oder 13. ... Lc4 14. b3.
13. Ld7:+ Dd7: 14. 0–0 Fehlerhaft ist 14. Lh4 Tg2: 15. Lg3 Dc6, und Weiß kann dem gegnerischen Turm nichts anhaben. Aufmerksamkeit verdient 14. Sh4, aber es ist klar, daß Schwarz angesichts des am Brettrand stehenden Springers beträchtliche Kompensation für den geopferten Bauern hat.

Und nach der Rochade beabsichtigt Weiß seine Position zuverlässig zu verstärken, indem er den Läufer nach g3 überführt. Es würde auch die Zugfolge 14. ... Lh3 15. Se1 Lg2:? 16. Sg2: Dh3 nicht zum Ziel führen wegen 17. Dd5!

14. ... Tg2:+!! 15. Kg2: Lh3+ 16. Kh1 Lf1: 17. Df1: Df5

Schwarz erobert eine Figur zurück und nimmt danach eine annähernd gleichwertige Stellung ein.

Eine großartige Berechnung!

Um am Brett derartige Feinheiten zu entdecken, ist es wichtig, sich nicht nur auf die eigenen Gedanken zu beschränken und sie sorgfältig zu überprüfen; das Aufsuchen verborgener gegnerischer Ressourcen ist nicht minder wichtig als das der eigenen. Die Kandidatenzüge müssen unbedingt nicht nur für die eigene Partie festgestellt werden, sondern auch die gegnerischen müssen ermittelt werden.

Das folgende Beispiel, in dem ein mehrmaliges Auf und Ab zu beobachten ist, zeigt deutlich, welche verhängnisvollen Folgen es haben kann, wenn die gegnerischen Absichten unerkannt bleiben.

**Sax – Kovačević
Sarajewo 1982**

Diagramm 33

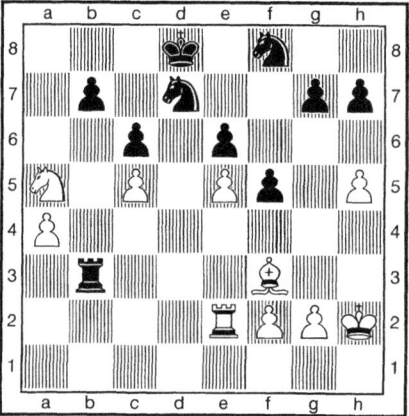

Frage 1–20 Wohin soll der Turm ziehen?

Die weißen Bauern sind schwach. Schwarz sollte ganz einfach 32. ... Tb1! ziehen mit der Absicht 33. ... Sc5: mit großem Vorteil.

Kovačević entschied sich für das verlockende 32. ... Tb4?!, womit er eine kleine Falle stellt: falls 33. Lc6:?, dann folgt 33. ... Th4+! 34. Kg3 Tg4+ 35. Kh3 bc.

Aber gleichzeitig hat er dabei den Gegenschlag **33. g4!** übersehen (mit der Idee 33. ... fg 34. Lc6:), welcher zu einer Verschärfung des Kampfes führt.

33. ... Kc7! 34. gf Sc5:

Zuverlässiger war, wie V. Kovačević aufzeigte, 34. ... Ta4: 35. Sb3 Tb4 36. fe Se6: 37. Te3 Sdc5: 38. Sc5: Sc5: 39. Kg3 h6 mit Überlegenheit für Schwarz.

35. Tc2!

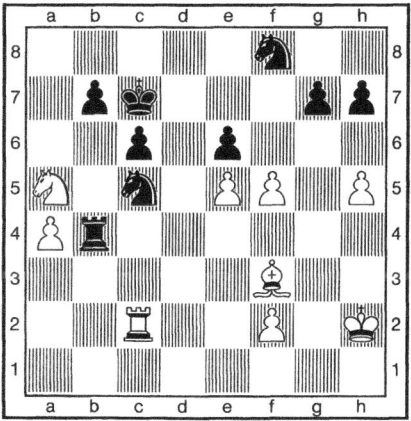

Diagramm 34

Frage 1–21 Wie soll Schwarz jetzt fortsetzen?

Nach Ansicht von Kovačević mußte er sich jetzt mit einer ausgeglichenen Stellung nach 35. ... b6 36. Sc6: Ta4: abfinden. In der Tat erlaubte der in der Partie geschehene Zug 35. ... Sa4:? seinem Gegner, auf taktischem Wege die Initiative zu ergreifen. Fehlerhaft ist auch 35. ... Sfd7? 36. Lc6:!? (möglich ist auch 36. fe Se6: 37. Sc6:, aber nicht 37. Lc6:? Sd4) 36. ... bc 37. fe Ta4:? 38. e7!.

Aber Kovačević hat nicht alle vorhandenen Kandidatenzüge geprüft. Es gab nämlich noch eine weitere Möglichkeit – 35. ... Se4!. Indem er die Linie des gefährlichen gegnerischen Läufers unterbricht, schützt sich Schwarz vor taktischen Schlägen im Bereich der Felder c6 und b7. Offensichtlich würde Weiß dann am besten noch mit 36. h6! gh 37. f6 Ta4: 38. Sc4 fortsetzen, aber dann folgt 38. ... Sc5! (schwächer ist 38. ... Sg5 39. Lg2 nebst 40. f4) 39. Kg3 Sg6 mit der Drohung 40. ... b5, oder 39. Lg2 Sd3 40. Lf1 Tc4:! 41. Tc4: Se5, und Schwarz behält seinen Vorteil.

35. ... Sa4:? 36. Sb7:?!

Zu Unrecht würdigte Kovačević im 33. Band des Schach-Informator diesen Zug mit zwei Ausrufezeichen. Nach 36. ... Tb7:! 37. Lc6: (37. fe Kd8 38. Lc6: Tb4) ist zwar 37. ... Sb6? 38. fe! Se6: 39. Ld5+ nicht gut, aber die einfache Antwort 37. ... ef! verspricht Schwarz Chancenausgleich.

Das andere Kombinationsmotiv: 36. Lc6:! bc 37. fe Se6: (37. ... c5 38. e7 Tb8 39. Tc4!) 38. Tc6:+ Kd7 39. Td6+ Kc8 40. Te6: Th4+ 41. Kg3 Th5: 42. Te7 brachte für Weiß einige Gewinnchancen.

36. ... Kb7:? 37. Tc6: Tf4 38. fe! Se6: 39. Lg2 Tf2: (39. ... Th4+ 40. Kg3 Th5: 41. Te6:+ Kc7 42. f4, und die schwarze Stellung ist verloren) **40. Te6:+ Kc8 41. Kg3 Tc2** (schlecht ist 41. ... Tf7? 42. Ta6) **42. Td6 Sc5 43. e6 Kc7 44. e7 Te2 45. Tc6+ Kd7 46. Tc5: Ke7:.** Also hat Weiß eine Figur gewonnen und kann jetzt berechtigterweise auf einen Erfolg hoffen. Aber die Abenteuer in dieser Partie waren noch nicht zu Ende.

47. Lf3 Te1 48. Kf4 Tf1 49. Tc8 Kf7 50. Th8 Tf2 51. Kg3 Tb2 52. Kf4 (52. Ld5+ Kf6 53. Th7:? Tb8! mit Remis) **52. ... Tf2 53. Kg4 Td2 54. Le4 Td4 55. Kf4 Td1**

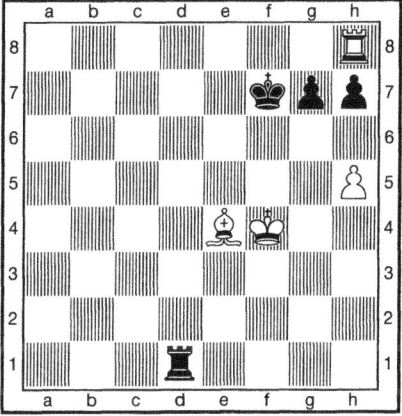

Diagramm 35

Frage 1–22 Ist es jetzt nicht an der Zeit, den Bauern h7 zu schlagen?

Die Stellung ist für Weiß gewonnen. Am einfachsten geschieht 56. Kg3 mit nachfolgendem Lh7:; stark ist auch 56. Ke5 Te1 57. Tc8 Te2 58. Tc7+ Kf8 59. Kd5. Selbstverständlich wäre 56. Th7:? Kg8 fehlerhaft, aber warum kann man den Bauern nicht mit dem Läufer schlagen? Genau dies hat Sax auch getan, wobei er offensichtlich die scharfsinnige Verteidigung seinen Gegners außer acht ließ.

56. Lh7:? g5+!! 57. hg+ (57. Kg5: Kg7) **57. ... Kg7 58. Tg8+ Kh6.** Die Partie endete sehr bald mit Remis. Aufgrund der außerordentlich ungünstigen Lage des weißen Läufers ist der Anziehende nicht in der Lage, seinen gewaltigen materiellen Vorteil zum Sieg zu führen. Im Falle eines Turmtausches entsteht eine elementare theoretische Festung. Eine derartige Stellung ist im 2. Kapitel des Bandes *Geheimnisse gezielten Schachtrainings*, im Abschnitt „Festung" (S. 113) zu finden.

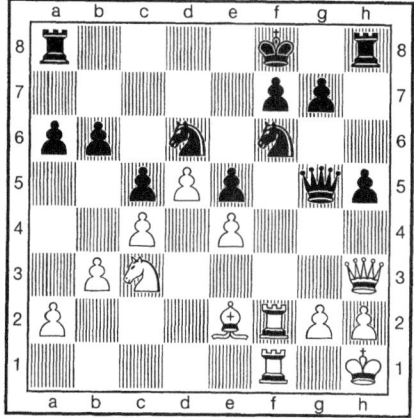

Diagramm 36

**Übung 1–10
Schwarz am Zug**

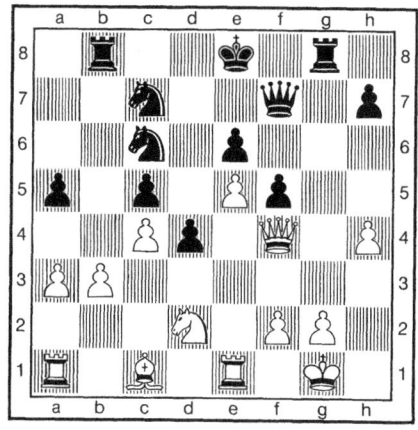

Diagramm 37

**Übung 1–11
Schwarz am Zug**

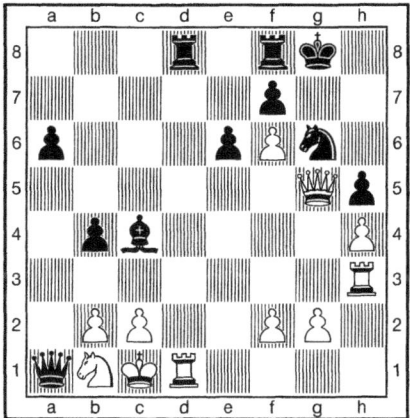

Diagramm 38

**Übung 1-12
Weiß am Zug**

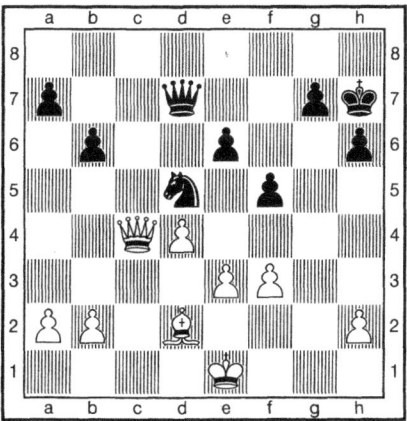

Diagramm 39

**Übung 1-13
Bewerten Sie 26. ... Dd6.**

Die Ausschlußmethode

Im dritten Teil des Bandes *Geheimnisse gezielten Schachtrainings* im Kapitel, das dem Weiterspielen von Studien gewidmet ist, habe ich bereits die Wichtigkeit der Ausschlußmethode im Hinblick auf die Zeit- und Kraftökonomie bei der Vornahme von Entscheidungen betont und unterstrichen.

Im allgemeinen ist es ziemlich schwierig, die Auswirkungen des stärksten Zuges genau auszurechnen – einfacher ist es, sich lediglich davon zu überzeugen, daß alle anderen Züge schlecht oder zumindest in jedem Falle deutlich schwächer sind. Als Ergebnis einer solchen Untersuchung erhalten wir die zuverlässige Gewißheit, daß genau dieser Zug ausgeführt werden muß.

Für die fehlerfreie Anwendung der Ausschlußmethode ist es unbedingt notwendig, sich die Gewohnheiten anzueignen, von denen in den vorausgegangenen Kapiteln die Rede war. Zunächst ermitteln wir sämtliche Kandidatenzüge, die einen Sinn ergeben, dann suchen wir jeweils gewissenhaft nach den stärksten Erwiderungen des Gegners, was uns dazu führen kann, daß wir die große Mehrheit der Kandidatenzüge verwerfen müssen, und falls im Ergebnis nur eine einzige nicht widerlegbare Möglichkeit übrigbleibt, dann müssen wir diese auch wählen.

Daher sind die Trainingsübungen zum Thema Ausschlußmethode gleichzeitig auch dazu dienlich, die zwei oben genannten Befähigungen zu trainieren.

Archipkin – Dworetski
UdSSR-Cup 1978

Diagramm 40

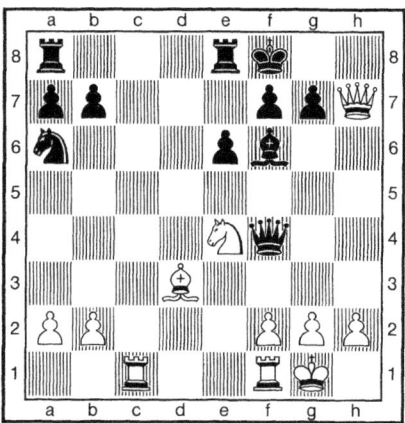

Diagramm 41

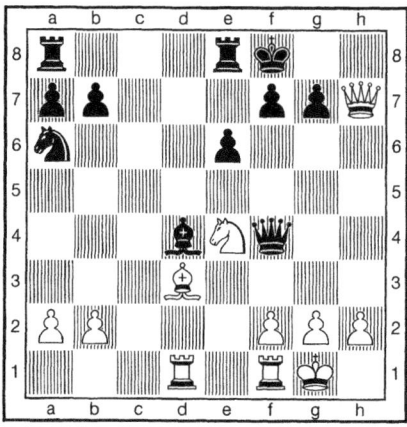

Frage 1–23 Was soll Schwarz spielen?

Da ich den Angriff gegen meinen König fürchtete, wollte ich den Abtausch des schwarzfeldrigen Läufers, der meinen Königsflügel schützt, nicht zulassen. Daher begann ich damit, den Zug **21. ... Ld4!** durchzurechnen, und letztendlich entschloß ich mich auch dazu ihn auszuführen. Nach 22. Sg3 Ted8! 23. La6:?! ba 24. Se2 Dh6 25. De4?! (es war notwendig in ein annähernd gleichstehendes Doppelturmendspiel überzugehen) 25. ... Lf6 26. Tc7 Kg8! 27. b4 Dd2 konnte Schwarz die Initiative übernehmen und schließlich die Partie für sich entscheiden.

Als ich meinen 21. Zug überlegte, war ich dazu verpflichtet, die wirksamsten weißen Fortsetzungen zu untersuchen, insbesonders auch diejenigen, die mit einem Angriff auf den Läufer d4 verbunden waren. Es ist leicht, sich davon zu überzeugen, daß 22. Tc4 Tad8! keine Gefahr darstellt ebensowenig wie 22. Tfd1 Ted8. Schwierig liegen die Dinge im Falle von **22. Tcd1!?**.

Weiß verfügt über zwei Drohungen: 23. La6: und 23. Lb5 Ted8 24. Td4:. Zunächst überzeugte ich mich davon, daß der Versuch, den Läufer mit einem der Türme zu decken, leicht widerlegt werden kann.
– 22. ... Tad8? 23. Lb5 mit Qualitätsgewinn;
– 22. ... Ted8? 23. La6: ba 24. Td4:! Td4: 25. Dh8+ Ke7 26. Da8: De4: 27. Da7:+ nebst 28. Da6: und Weiß hat zwei Bauern mehr.

Dann wurden die Springerzüge einer Untersuchung unterzogen. Nach 22. ... Sb4? 23. Lb5 Ted8 24. Td4:! Td4: 25. Dh8+ Ke7 26. Da8: De4: 27. Da7: hat Weiß einen Bauern erobert. Noch schlechter ist 22. ... Sc5? 23. Lb5 Ted8 24. Td4:!.

Aber es gelang nicht, den Zug **22. ... Sc7** zu widerlegen, und dieser Umstand lieferte mir eine hinreichende Grundlage, mich für den Zug 21. ... Ld4! zu entscheiden.

Die Liste der Kandidatenzüge, die ich betrachtete, war nicht vollständig. Im Stadium der vorbereitenden Berechnung mußte ich mir nicht die Mühe machen, alle denkbaren Möglichkeiten vollkommen auszuarbeiten, es reichte durchaus, daß ich eine zuverlässige Methode der Verteidigung gefunden hatte. Erst danach prüfte ich die verbliebenen offenen Möglichkeiten und vergewisserte mich, daß sie alle bedeutend schwächer waren als 22. ... Sc7!. Schlecht ist 22. ... Lf6? 23. La6: ba 24. Td7, und die einzige Verteidigung gegen die Mattdrohung 24. ... Dh6/h4 führt zum Figurenverlust. Auf 22. ... Le5? ist 23. La6: ba 24. Sc5 stark. Im Falle von 22. ... e5? folgt am einfachsten 23. Sd6.

Gefährlich wäre es auch, den Bauern auf b2 zu schlagen: 22. ... Lb2:?! 23. Tb1 De5 (23. ... Sb4 24. Lb5) 24. Sd2! mit der Drohung 25. Sc4 (aber 24. ... g6 25. Sc4 Dh8 rettet, der Bearbeiter), oder einfach 25. La6: ba 26. Sc5.

Was haben wir noch nicht untersucht? Es ist der Zug 22. ... De5?!, aber dann ist 23. Dh8+ Ke7 24. Dh4+ unangenehm, und falls 24. ... Kf8, dann folgt 25. La6: ba 26. Sg5. Der allerletzte Versuch wäre noch 22. ... Lb6?!, wonach 23. Sd6!? Dd6: 24. La6: Lf2:+ 25. Kh1 (aber nicht 25. Kf2:?! Dc5+!) 25. ... Da6: 26. Tf2: oder 24. ... Dc7 25. Tc1 Df4 26. Lb7: Tab8 27. Lc6 mit weißer Überlegenheit Aufmerksamkeit verdient.

Interessant ist die zu treffende Schlußfolgerung: Insgesamt 11 (!) Möglichkeiten standen Schwarz zur Verfügung, aber davon war nur eine einzige annehmbar. Die beste Fortsetzung mußte man auch noch unter den anderen suchen, sodaß dieses Beispiel nicht nur zur Veranschaulichung der Ausschlußmethode geeignet war, sondern auch zum Thema der Kandidatenzüge beitrug.

Eine etwas andere Situation, freilich eine außerordentlich typische und lehrreiche, hätte in folgender Partie eintreten können.

Jussupow – Timman
3. Partie im Halbfinale des Kandidatenturniers, Tilburg 1986

1. d4 Sf6 2. c4 e6 3. Sf3 b6 4. a3 c5 5. d5 La6 6. Dc2 ed 7. cd g6 8. Sc3 Lg7 9. g3 0–0 10. Lg2 d6 11. 0–0 Te8 12. Lf4

In der 5. Partie des Wettkampfes verstärkte Jussupow das weiße Spiel: 12. Te1 Sbd7 13. h3! (aber nicht 13. e4? wegen 13. ... Sg4!) 13. ... Se5 14. Se5: Te5: 15. e4 Te8 16. Le3 Sd7 17. f4 c4, und jetzt verhalf das standardgemäße positionelles Bauernopfer 18. e5! de 19. d6 Tc8 20. f5 ihm zur Initiative.

12. ... De7 13. Tfe1 Sbd7.

Fehlerhaft 14. e4? Sg4! – und sobald er auf dem Feld e5 eingefallen ist, wird der schwarze Springer den schwachen Punkt d3 beäugen. Es folgte 14. Tad1 Se4!? 15. Da4 Lc3: (offensichtlich stärker als 15. ... Sc3: 16. bc Lb7 17. Td3) 16. bc Lb7 17. Td3 f5 18. Sd2 Sd2:! 19. Ld2: Se5 mit ungefähr gleichen Chancen.

Jussupow konnte hier **14. Da4!? Lb7 15. Sb5** spielen. In diesem Fall hätte Timman unter Anwendung der Ausschlußmethode eine sehr schwierige Aufgabe lösen müssen.

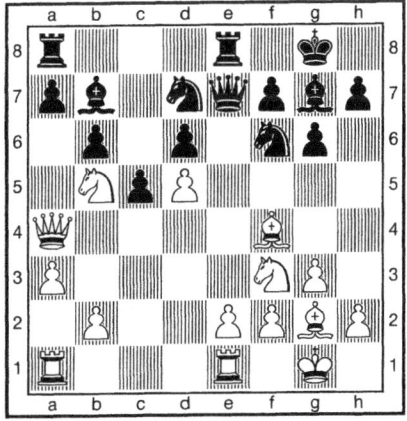

Diagramm 42

Frage 1–24 Wie soll Schwarz fortsetzen?

Der Bauer d6 ist angegriffen, es droht aber auch 16. Sc7. Am einfachsten

werden diese beiden Drohungen pariert durch den Zug 15. ... Se5, aber man möchte diesen Zug nicht gerne ausführen, denn nach einem Abtausch auf e5 sieht die Stellung für Schwarz unerfreulich aus. Welche Möglichkeiten gibt es dann noch? Das Nehmen des Bauern d5 mit dem Springer und das Qualitätsopfer mittels 15. ... Se4.

Zunächst prüfen wir den Zug 15. ... Sd5:. Die Variante 16. Sd6: Sf4: 17. Df4: Lf3: scheint für Schwarz ganz annehmbar (18. ef De1:+; 18. Se8: Lg2: 19. Sg7: Lb7 20. Dc7 De4 21. f3 Dc6). Aber, wenn man die Ressourcen des Gegners aufmerksam untersucht, dann kann man auch eine Widerlegung finden: 18. Lf3:!! Le5 19. Dd2 Ld6: 20. La8: Ta8: 21. Tad1, und Weiß behält eine Qualität mehr. Es gibt für ihn sogar noch eine weitere Lösung: 16. Ld6: Df6 17. e4, und falls 17. ... a6, dann 18. Sc7! Sc7: 19. Dd7: Tac8 20. Lc7: Te7 21. e5!.

Verlockend sieht das positionelle Qualitätsopfer 15. ... Se4 aus, das sich auf folgende Variante stützt: 16. Sc7 Lb2: 17. Se8: De8:! (schwächer ist 17. ... La1: 18. Sd6:! Sd6: 19. Ta1: mit weißem Vorteil) 18. Tab1 Lg7 mit unklarer Stellung. Die Widerlegung dieser Idee liegt nicht nahe, aber es gibt sie: 16. Sd2!! Sd2: (16. ... Sdf6 17. Se4: Se4: 18. Le4: De4: 19. De4: Te4: 20. Sd6:) 17. Sd6:!

Folglich bleibt doch nur der bescheidene Zug **15. ... Se5!** übrig, den wir ursprünglich nicht gern machen wollten. Aber er verliert zumindest nicht forciert. Hier hat also die Ausschlußmethode in reiner Form funktioniert. Übrigens wird bei der weiteren Untersuchung deutlich, daß der erste Eindruck von den positionellen Unzulänglichkeiten dieses Zuges erheblich übertrieben war. Es ist kein Weg zu einem klaren weißen Vorteil zu sehen. Hier eine Beispielsvariante: **16. Se5: de 17. d6 Dd7 18. Lb7: Db7: 19. Lg5 Dc6! 20. Dc4** (20. Tad1 a6 21. Sc3 Da4: 22. Sa4: Sd7) **20. ... Ted8! 21. Tad1 a6 22. Sc7 Ta7,** und der weiße Angriff führt offensichtlich in eine Sackgasse.

Jussupow nahm Abstand von 14. Da4 ausdrücklich in Zusammenhang mit der beschriebenen Möglichkeit 15. ... Se5!. Man kann die Tiefgründigkeit und Genauigkeit seiner Stellungsbewertung bewundern, aber vom praktischen Standpunkt aus gesehen glaube ich doch, daß er nicht recht hatte. Schwarz wäre vor eine außerordentlich schwierige Aufgabe gestellt worden und Timman konnte leicht von rechtem Weg abkommen. Nach 14. Tad1 war der Weg zum Ausgleich wesentlich offensichtlicher.

Das folgende Beispiel zeigt, wie schwierig es in der Praxis mitunter sein kann, sich der Ausschlußmethode zu bedienen.

Furman – Dworetski
Meisterschaft der UdSSR,
1. Liga, Tiflis 1973

Diagramm 43

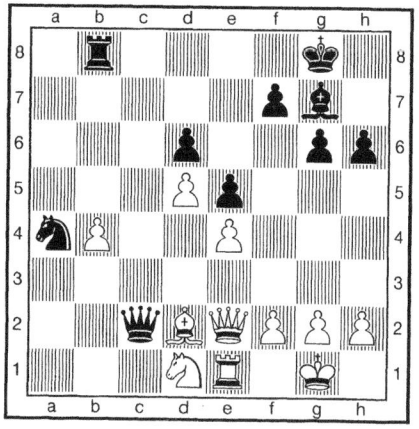

Frage 1–25 Wie soll sich Schwarz verteidigen?

Mit einem Bauern im Rückstand und dazu noch mit dem schlechten Läufer g7 ist dies eine für Schwarz ziemlich hoffnungslose Aufgabe. Chancen auf Rettung verspricht nur der Partiezug **28. ... Lf6!**, verbunden mit der Absicht, den Läufer mittels 29. ... Lg5 abzutauschen.

Frage 1-26 Und wie antwortet Weiß jetzt auf den schwarzen Plan?

In dieser Situation dachte Furman lange nach. Im Falle von 29. Lh6: De2: 30. Te2: Tb4: werden die schwarzen Figuren aktiviert, man müßte zudem mit der Überführung des Läufers nach b6 (Lf6–d8–b6) rechnen und mit dem Bauernvorstoß f7–f5. Es ist verständlich, daß Weiß etwas Überzeugenderes finden wollte.

Eine taktische Idee war es, die Furmans Aufmerksamkeit erregte: 29. Se3 De4: 30. Da6 (ohne Nutzen wäre 30. Sg4 De2: 31. Sf6:+ Kg7). Es ist dann sowohl der Springer auf a4 als auch der Bauer d6 angegriffen; schlecht ist 30. ... Sb6? 31. Da7. Aber Schwarz bedient sich des Zwischenzuges 30. ... Dd4!, und jetzt geht 31. Dd6:?? nicht wegen 31. Tb6!

Wenn man den Bauern e4 mittels 29. f3 verteidigt, so antwortet Schwarz mit 29. ... Lg5 30. Se3 (30. Lg5: De2: 31. Te2: hg nebst 32. ... Tb4:) 30. ... Db2 und erhält vollkommen ausreichendes Gegenspiel.

Letztendlich spielte Furman **29. g3** (offensichtlich hatte er als Antwort auf 29. ... Lg5 die Entgegnung 30. f4 im Auge). Vermutlich überlegte er diesen Zug nicht ernsthaft, sondern wählte ihn nach der Ausschlußmethode, nachdem er in seiner Vorausberechnung die anderen Möglichkeiten – 29. Lh6:, 29. Se3 bzw. 29. f3 verworfen hatte. Auf alle Fälle war auch der gewählte Zug bei weitem nicht der beste. Nach **29. ... Lg5** begriff Furman, daß die Öffnung des Spiels mittels 30. f4? ef 31. gf Lh4 für ihn allzu gefährlich wäre. Es folgte noch **30. Lg5: De2: 31. Te2: hg 32. f3 Tb4:**, und die Partner vereinbarten Remis.

Nachdem man sich davon überzeugt hat, daß alle anderen Fortsetzungen für Weiß keinerlei Vorteil ergeben, so hätte man das Endspiel mit einem Bauern mehr nach 29. Lh6:! De2: 30. De2: Tb4: 31. Ld2 wählen müssen. Schwarz hätte das Remis nicht leicht erreichen können, man sehe z.B.: 31. ... Tb1 32. Te1 Ld8 (32. ... Sc5 33. Sc3) 33. Se3 Tb2 34. Lc1 usw.

Diagramm 44

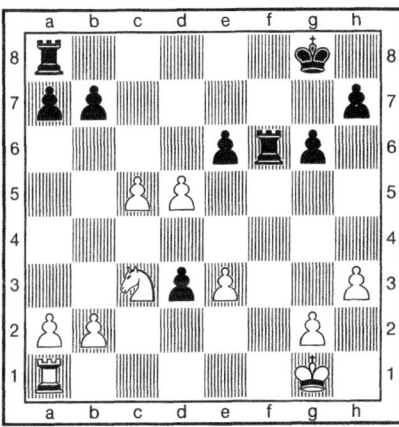

Übung 1–14 · Weiß am Zug

Diagramm 45

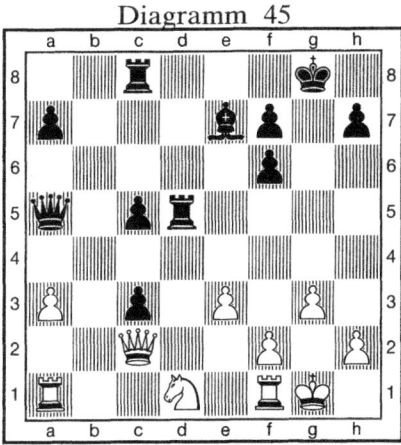

Übung 1–15 · Weiß am Zug

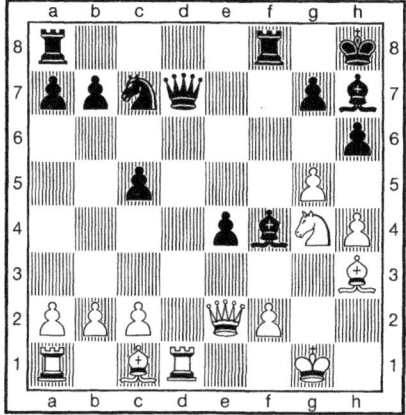

Übung 1–16
Schwarz am Zug

Doppelangriff

„Wenn Du hinter zwei Hasen herjagst, dann wirst du nicht einmal einen fangen"
Bestimmt keine Schachweisheit

Ein Doppelangriff, oder wie man es in besonderen Fällen auch gerne nennt, eine Gabel, ist eine der mächtigsten taktischen Waffen. Das ist auch verständlich: eine einzelne Drohung kann der Gegner in der Regel leicht abwenden, gleichzeitig aber zwei schwerlich, und solche Drohungen treten oft an verschiedenen Frontabschnitten auf.

Dworetski – Saizew
Halbfinale der UdSSR-Meisterschaft, Odessa 1972

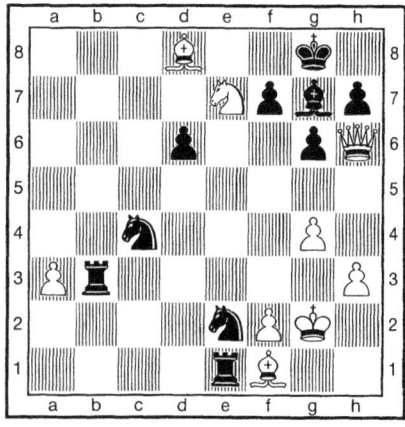

Übung 1–17
Schwarz am Zug

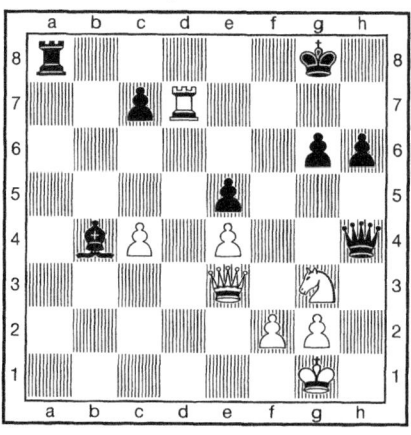

Frage 1–27 Bewerten Sie den Zug 47. Tc7:.

Übermäßige Gier hätte sich als ernsthafter Fehler erwiesen. Auf 47. Tc7:? antwortet

Schwarz mit 47. ... Ta1+ 48. Sf1 Dd8! mit der Doppeldrohung 49. ... Dc7: und 49. ... Tf1:+ 50. Kf1: Dd1+. Nach dem daher erzwungenen 49. Db3 Dc7: 50. Db4: Tc1 hätte Schwarz keine schlechten Gewinnchancen. In der Partie folgte **47. Dd3!** (es droht der Doppelangriff mittels 48. Dd5+) **47. ... c6 48. c5!**, und erneut ist der weiße Zug mit der Drohung eines Doppelangriffs verbunden: 49. Db3(c4)+. Schwarz gab auf.

Kirpitschnikow – Dworetski
Mannschaftsmeisterschaft der UdSSR, Moskau 1966

1. e4 e6 2. d4 d5 3. Sc3 Lb4 4. Ld3 de 5. Le4: Sf6 6. Ld3 c5 7. dc Sbd7 8. Ld2

Interessant entwickelte sich die Partie Schechtmann – Dworetski (Turnier mit 30 Minuten Bedenkzeit pro Partie, Moskau 1984) 8. c6 Sc5!? 9. cb Lb7: 10. Lb5+ Ke7 11. Dd8:+ Thd8: 12. Sf3 Sce4 13. 0–0 Sc3: 14. bc Lc5 15. Se5 Tac8 16. Tb1 Se4 17. Ld3 La8 18. c4 f6 mit ausgezeichnetem Spiel für Schwarz.

8. ... Sc5: 9. Lc4

Zum Ausgleich führte 9. Lb5+ Scd7 10. Sf3 a6 11. Ld3 0–0 12. 0–0 b6 13. Se4 Le7 14. De2 Lb7, Awerbach – Botwinnik, (Meisterschaft der UdSSR, 1955).

9. ... 0–0 10. Sf3

Diagramm 49

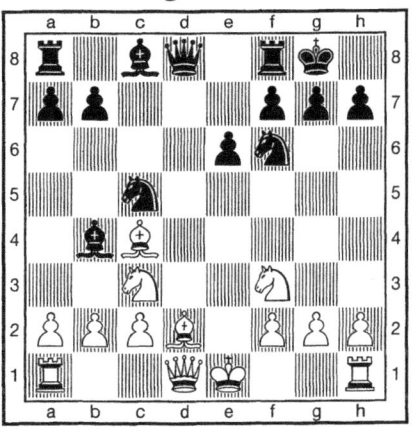

Frage 1–28 Wie kann Schwarz das Spiel vereinfachen?

Ich fürchtete, daß nach der natürlichen Fortsetzung 10. ... Dc7 11. De2 mit nachfolgenden Rochaden auf die gleiche oder auf verschiedene Seiten, gefolgt von a2–a3, Weiß das Läuferpaar und damit die besseren Chancen erhält. Als ich bemerkte, daß eine kleine Kombination mit dem Motiv des Doppelangriffs möglich ist, die die Gelegenheit zum Abtausch einiger Figuren bietet, nutzte ich diese Chance, ohne zu zögern.

10. ... Sce4! 11. Se4: Se4: 12. Lb4: Db6 13. 0–0 Der Versuch, die Kombination zu widerlegen, würde Unheil heraufbeschwören: 13. Dd4 Db4:+ 14. c3 Db2: oder 13. De2 Db4:+ 14. c3 Sc3:!

13. ... Db4: 14. Dd4 Sd6!

Das Spiel ist in ein annähernd gleichstehendes Endspiel übergegangen.

15. Lb3 Dd4: 16. Sd4: Td8 17. Tfd1 Kf8 18. f4 Ld7 19. Sf3 Le8 20. Se5. Remis

Das folgende Beispiel, ein schwieriges Mittelspiel, zeigt einmal mehr, daß Doppelangriffe beträchtlich stärker sind als einfache.

Jussupow – Agsamow
Meisterschaft der UdSSR unter jungen Meistern, Baku 1979

Diagramm 50

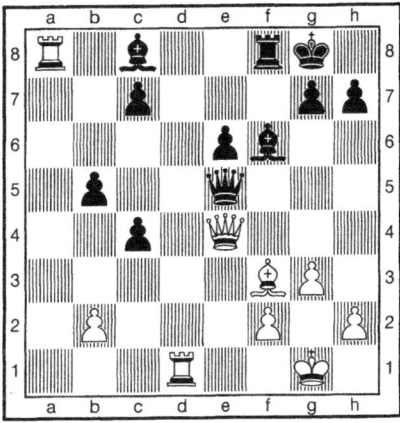

Frage 1-29 Wie soll Weiß fortsetzen?

Indem er **23. De5:?! Le5: 24. Lg4** spielte, schuf Weiß die Drohung 25. Tc8:. Sie zu bekämpfen, ist nicht so einfach: es verliert zum Beispiel 24. ... Kh8? 25. Le6: oder 24. ... Kf7? 25. Te1 Kf6 26. Le6:! Ke6: 27. f4. Aus der Misere heraus hilft lediglich der Gegenschlag **24. ... h5! 25. Lh3** (25. Tc8: hg) **25. ... Kh7**. Jetzt führt 26. Le6: Le6: 27. Tf8: Lb2: zu einer nicht standardgemäßen Stellung, in welcher zwei Läufer nebst Freibauern kaum schwächer sind als die beiden weißen Türme.

Mit dem Zug **26. Td2** erneuerte Jussupow die Drohung 27. Le6:. Diese Drohung mußte man mit dem standhaften Zug 26. ... Tg8! parieren (oder 26. ... Th8!), wonach auf Seiten von Weiß offensichtlich kein Vorteil zu erkennen ist. Allerdings hielt Agsamow der Belastung des Turnierkampfs nicht stand, spielte **26. ... c5?**, und nach **27. Le6: Le6: 28. Tf8: c3 29. bc Lc3: 30. Tc2 Ld4** (30. ... b4 31. Tc3:) **31. Tb8 Lc4** (31. ... b4 32. Tb5 nebst 33. Tc5:) **32. Kg2** konnte Weiß seinen materiellen Vorteil zum Sieg ummünzen.

Kehren wir zur Diagrammstellung, d.h. zur Stellung vor dem Abtausch der Damen zurück und probieren den Zug 23. Dc6! aus, welcher von Jussupow unmittelbar nach Ende der Partie gezeigt wurde. Es sind damit gleichzeitig zwei Drohungen geschaffen, wenngleich längerzügige: a) 24. Lg4 mit nachfolgenden Tc8:; bzw. b) 24. Tb8 mit nachfolgendem Tb5: oder Da8.

Die Hauptvariante lautet: 23. ... Le7 24. Lg4 (aber nicht 24. Tb8 Df5 25. Da8 e5 mit unklarem Spiel) 24. ... Ld6 (auf 24. ... Kh8 ist 25. Tb8 Df6 26. Tf1 stark, aber nicht 26. Td2? wegen des Doppelangriffs 26. ... Dg5!) 25. Tb8 (28. Td6:? De1+) 25. ... Df6 26. Tf1, und Weiß steht auf Gewinn.

Gleichermaßen häufig wie der taktische Doppelangriff und ebenso effektiv sind oft auch andere Züge mit doppelter Zielsetzung, wobei jedes dieser Ziele strategischer Natur sein und nicht mit dem unmittelbaren Angriff auf eine gegnerische Figur verbunden sein muß.

**Dworetski – Schamkowitsch
Halbfinale in der UdSSR-Meisterschaft,
Woronesch 1973**

Diagramm 51

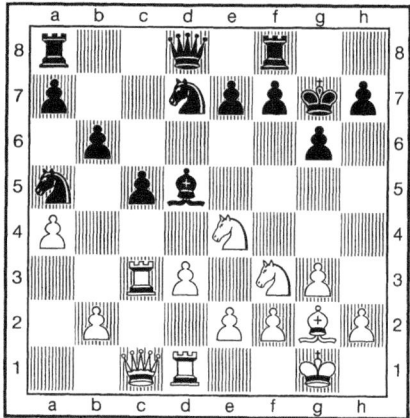

Frage 1-30 Wie soll Weiß fortsetzen?

Schwarz möchte das Zentrum in Besitz nehmen – mit den Zügen e7–e5, Sa5–c6 und so fort. Um nicht unter positionellen Druck zu geraten, mußte ich unbedingt mein eigenes Spiel aufziehen. Ich wollte den Bauernzug d3–d4 durchsetzen, doch wie kann man das erreichen? Auf 17. Sed2 folgt 17. ... e5 18. Sc4 Sc6, und im Falle von 17. Df4 verfügt der Gegner über die ausgezeichnete Antwort 17. ... f6!
17. Db1!
Mit diesem (scheinbar) bescheidenen Zug schafft Weiß gleich zwei positionelle Drohungen auf einmal: 18. d4 (der Springer e4 ist nun durch die Dame gedeckt) und 18. b4.

17. ... e5 (falls 17. ... Sc6, dann 18. d4, aber Aufmerksamkeit verdiente 17. ... Le4:)
18. b4 cb 19. Db4: Sb7 20. Sd6! a5 21. Da3 Sdc5 (21. ... Sbc3 22. d4!). Wenn er jetzt mit 22. d4! ed 23. Sb7: Lb7: 24. Td4: fortsetzt, konnte Weiß positionelle Überlegenheit in Verbindung mit der Möglichkeit eines Angriffs auf dem Königsflügel erringen (24. ... Df6 25. Tf4; 24. ... De7 25. Te3). Leider spielte ich schwächer, und die Partie endete mit einem Remis.

Lange in Erinnerung geblieben ist mir ein Fall, in dem ich bereits eine erdrückende Stellungsüberlegenheit erreicht hatte, nachlässig weiterspielte und dem Gegner gestattete, buchstäblich aus dem Nichts heraus zwei ernsthafte Drohungen aufzustellen:

Dworetski – Anikajew
Junioren-Meisterschaft der UdSSR, Batumi 1969

Diagramm 52

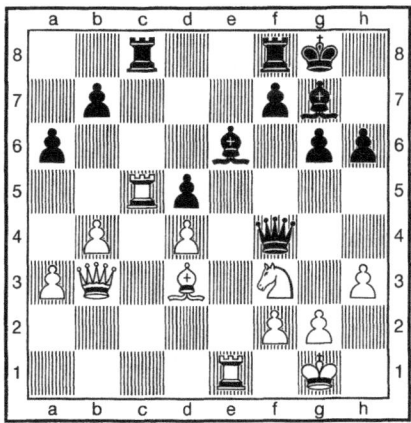

27. Lg6:! Ld4:
Nach 27. ... Lh3: hat Weiß die angenehme Wahl zwischen 28. Tc8: Tc8: 29. Dd5: und 28. gh fg 29. Dd5:+.

28. Sd4: Dd4: 29. Lb1 b6?! 30. Dc2 Tfd8
Erst jetzt nahm Anikajew wahr, daß 30. ... Dg7 sofort verliert wegen 31. Tc8: Tc8: (Lc8: 32. Te3) 32. Te6:!.

31. Dh7+ Kf8 32. Tc8: Tc8: 33. Dh6:+ Dg7 34. Df4?
Natürlich muß Weiß auf Angriff spielen. Im Falle des Damentausches würde der Freibauer in der d-Linie und die offenen Linien für die Türme dem Gegner bestimmte Gegenchancen versprechen trotz des Minderbesitzes eines Bauern. Allerdings verdient der einfache Zug 34. Dh4! mit der Absicht Kh2 nebst Te3 den Vorzug (34. ... Dc3 35. Te3 Dc1+ 36. Kh2 Db1:? 37. Dh8+). Ich dachte, daß das Verschwinden der Bauern h3 und d5 den Gegner jeglicher Hoffnung auf Gegenspiel berauben würde, aber ich unterschätzte, daß dabei meine eigene offene Königsstellung geschwächt werden würde.

34. ... Lh3: 35. Dd6+ Kg8 36. Dd5: Le6 37. Dd6?!

Diagramm 53

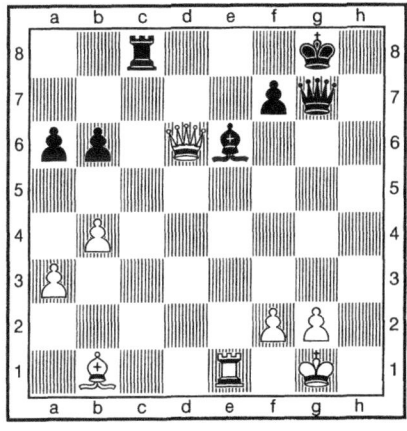

Frage 1–31 Wie soll Schwarz fortsetzen?

Die schwarze Stellung sieht zunächst vollkommen hoffnungslos aus, aber Anikajew, der seine Kaltblütigkeit nicht eingebüßt hat, fand eine glänzende Replik.

37. ... Dg5!!
Hiermit sind sogleich zwei gefährliche Drohungen geschaffen: 38. ... Tc1 und 38. ... Ld5, und es erweist sich als außerordentlich schwierig, diese Drohungen zu parieren. Vermutlich wäre es am besten gewesen, eine ganz passive Antwort zu wählen: 38. Dd1 Ld5 39. f3, aber auch dann gab die Schwächung der dunklen Felder im Umkreis um meinen König dem Gegner gute Gegenspielchancen.
38. Le4? Tc1 39. Td1

Diagramm 54

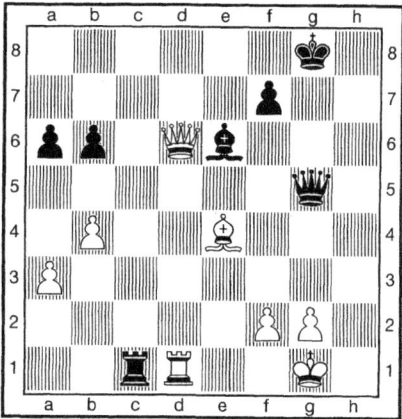

Frage 1–32 Wie setzte Anikajew jetzt fort?

Es folgte nun ein effektvoller taktischer Schlag mit dem Thema der Liniensperrung: **39. ... Ld5!!**.
Ich konnte von Glück sagen, daß ich eine Rettung fand, die ebenfalls auf einem Doppelangriff beruhte:
40. Db8+! Kg7 41. Tc1: Dc1:+ 42. Kh2 Dh6+ (42. ... Le4:? 43. De5+) **43. Kg1 Dc1+ 44. Kh2 Dh6+ 45. Kg1 Dc1+**, und die beiden Kontrahenten unterzeichneten den Friedensvertrag. – Remis.

**Gutman – Razuwajew
UdSSR-Pokal, Tiflis 1967**
1. d4 d5 2. c4 e6 3. Sc3 Sf6 4. cd ed 5. Lg5 Le7 6. e3 0–0 7. Ld3 Sbd7 8. Sge2 Te8
Schwarz unterläßt den Zug c7–c6 und wartet lieber ab, wohin der weiße König rochiert. Im Falle der langen weißen Rochade lautet der gewöhnliche schwarze Plan – Sf8, Se6 nebst c5 (möglicherweise nach vorbereitendem a6 und Tc8). In diesem Falle erwiese sich der Zug c7–c6 als verlorenes Tempo.
9. 0–0 Sf8
Weiß hat nun nach der kurzen Seite hin rochiert, so daß es an der Zeit gewesen wäre den Zug c7–c6 sofort folgen zu lassen.
10. b4!?

Diagramm 55

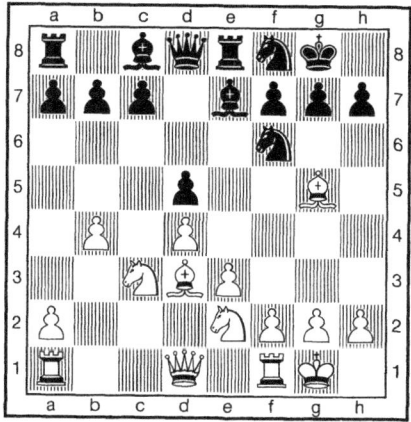

Übung 1–18 Ist es in dieser Situation sinnvoll, den Bauern b4 zu schlagen?

Die Figur in der Falle

Eine der wichtigsten Quellen für Eröffnungsinformationen sind aktuelle Partien, die mit einer Eröffnung aus dem eigenen Repertoire gespielt wurden. In Publikationen wie dem *Schach-Informator* oder

New in Chess werden sie abgedruckt – versehen mit Kommentaren, manchmal mit kurzen, aber mitunter auch recht detaillierten. Die Anmerkungen können tatsächlich die Eröffnungsarbeit wesentlich erleichtern, irgendwelche wichtige Einzelheiten aufzuklären helfen. Aber sie können im Gegensatz dazu auch in die Irre führen, denn die Partien werden in aller Regel in Eile hastig kommentiert und unausweichlich deshalb auch mit Fehlern. Man muß also nach dem alten Prinzip verfahren: „Vertrauen ist gut, aber Kontrolle ist besser", das heißt, man muß eigenverantwortlich die Korrektheit der Buchempfehlungen überprüfen.

Einmal untersuchte Großmeister Jussupow anhand des Informator-Bandes die folgende Partie.

**Taimanow – Borkowski
Wroclaw, 1979**
**1. Sf3 d5 2. b3 Lg4 3. e3 e5 4. h3 Lf3:
5. Df3: Sf6 6. Lb2 Sbd7 7. c4**

Diagramm 56

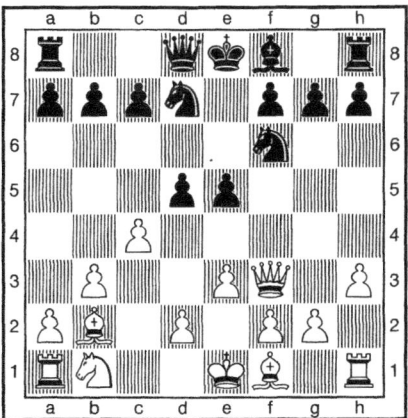

Schwarz spielte 7. ... e4 und nach 8. Dd1 Sc5?! (stärker ist 8. .. dc) 9. b4! Sd3+ 10. Ld3: ed 11. cd Sd5: 12. a3 befand er sich in einer etwas schlechteren Stellung.

Konnte man nicht 7. ... c6 spielen, um das Zentrum zu verstärken? Taimanow beantwortete diese Frage in seinen Kommentaren abschlägig und führt diese Variante an:
**7. ... c6? 8. cd cd 9. Lb5! Ld6 10. Sc3 e4
11. Df5** ± (alles dies sind die Zeichen, die Taimanow setzte).

Frage 1–33 Finden Sie den Fehler in der Analyse des Großmeisters!

Jussupow entdeckte, daß die abschließende Stellung der Variante, die nach Meinung von Taimanow weißen Vorteil verspricht, in Wirklichkeit gerade ganz entgegengesetzt bewertet werden muß.
11. ... g6!! 12. Ld7:+ (es hilft auch nicht 12. Sd5: gf 13. Sf6:+ Ke7 oder 13. Lf6: Da5)
12. ... Kf8! 13. Dg5 h6 14. Dh4 g5.
Ein vortrefflicher Beitrag zum Thema Damenfang.

Es ist sehr wichtig, daß man nicht dem Banne einer eigenen Entdeckung erliegt. Nachdem er die Diagrammstellung mit Sorgfalt untersucht hatte, kam Artur zu der Schlußfolgerung, daß Weiß nach 7. ... c6 8. cd cd trotzdem zurecht auf einen gewissen Vorteil rechnen darf, indem er anstelle von 9. Lb5?! mit 9. Sc3 zurückhaltender fortsetzt.

Es versteht sich von selbst, daß man nicht nur fremden Analysen kritisch begegnen muß, sondern auch seinen eigenen.

**Alterman – Dworetski
Halbfinale der UdSSR-Meisterschaft,
Woronesch 1973**

Diagramm 57

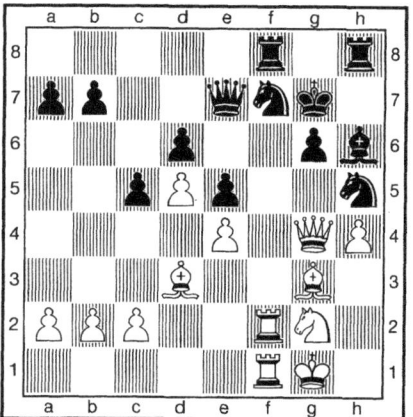

Diagramm 58

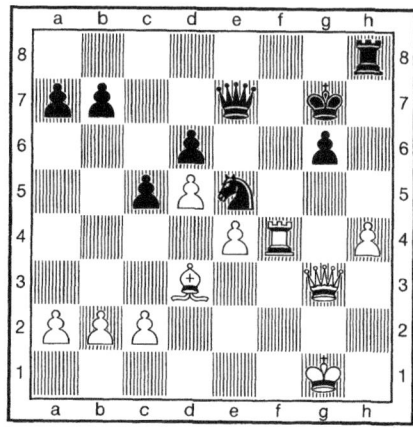

Frage 1-34   Wie soll Schwarz fortsetzen?

Es bietet sich das positionelle Bauernopfer 25. ... Lf4 an, in dessen Konsequenz Schwarz das ausgezeichnete Feld e5 für seinen Springer erhält. Etwas besseres gab es für mich ohnehin nicht, daher war es möglich, daß man ohne jede tiefere Berechnung so spielt. Gleichwohl vertiefte ich mich in die Stellung und entdeckte eine taktische Möglichkeit zum Übergang in ein – wie mir schien – gewonnenes Leichtfigurenendspiel.
25. ... Lf4!? 26. Lf4: ef 27. Sf4: Sf4: 28. Tf4: Se5 29. Dg3 Tf4: 30. Tf4:

Jetzt war der angezeigte Augenblick, um innezuhalten und sich in aller Ruhe von der Richtigkeit der vorgesehenen Wendung zu überzeugen. Es ist klar, daß Schwarz nach 30. ... Tf8!? nicht schlechter steht. Allerdings auch nicht besser: er hat ganz exakt ausreichende Kompensation für den geopferten Bauern, aber eben auch nicht mehr. Nachdem mir das klargeworden war, brachte ich es nicht fertig die Überlegungen sorgfältig fortzusetzen, sondern spielte nahezu ohne Anzuhalten die weiteren Züge einer zwangsläufigen Variante herunter.

Ich bin nicht der erste und, wie ich fürchte, auch nicht der letzte, der einen derartigen Fehler begangen hat. Hier folgt der Wortlaut, wie M.Botwinnik eine Episode aus einer seiner Partien gegen W. Smyslow beim Turnier in Groningen im Jahre 1946 beschrieben hat:

„Hier kam ich bei der Berechnung der folgenden Variante zu der Schlußfolgerung, daß sie zu einem gewonnenen Endspiel mit einem Mehrbauern führt, und, ohne diese Variante weiter zu überprüfen (nach jedem folgenden Zuge von Schwarz) – mit unverzeihlicher Nachlässigkeit machte ich schnell die beabsichtigten Züge."

30. ... Th4:? 31. Th4: Dh4: 32. Dh4: Sf3+ 33. Kf2 Sh4: 34. Kg3 g5 35. e5 de 36. d6 Kf6

Ich erwartete jetzt nur 37. Kg4 Sg2. Der folgende Zug scheint angesichts des am Brettrand befindlichen Springers ganz naheliegend, dennoch war er meiner Aufmerksamkeit entgangen.

37. Le4!

Alles ist damit zu Ende. Für den Springer gibt es jetzt keine Rettung mehr.

37. ... Ke6 38. Kg4 Kd6: 39. Kg5: und Schwarz gab alsbald auf.

**Tukmakow – Dolmatow
Meisterschaft der UdSSR,
Erste Liga, Odessa 1989**

Diagramm 59

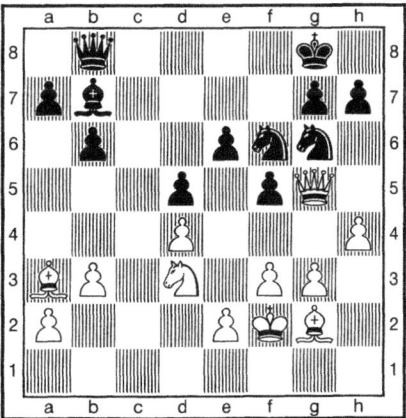

Frage 1–35 Wie soll Schwarz fortsetzen?

Die Drohung h4–h5–h6 sieht außerordentlich gefährlich aus. Um sie zu parieren, entschloß sich Dolmatow übereilt mit dem Springer von g6 wegzuziehen, aber damit gab er dem gegnerischen Springer den wichtigen Punkt e5 preis. Nach **27. ... Sf8? 28. Se5 Dc7 29. Dd2 Sg6 30. Db4 Dd8** (30. ... a5 31. Dd6) **31. Da4 a5 32. b4 f4! 33. g4! ab 34. Db4: Sh4: 35. Lh3! g5 36. De7** hat Tukmakow großen Vorteil erreicht (freilich konnte er diesen im weiteren Spielverlauf nicht zum Gewinn realisieren).

Ganz kategorisch widerlegt der effektvolle Zug 27. ... h6!! die gegnerische Drohung. Es geht dann nicht 28. Dg6:? wegen 28. ... Lc6 und nachfolgendes 29. ... Le8 gewinnt die Dame, d.h. Weiß muß die Dame gegen zwei Leichtfiguren hergeben. Auf 28. De3 folgt 28. ... Kf7 (oder 28. ... Lc8!? nebst 29. ... Ld7) mit der Absicht 29. ... Dc7, und bei Gelegenheit Sh5. Offensichtlich konnte Schwarz auf diese Art und Weise das Gleichgewicht aufrechterhalten.

Nachdem man die Idee h7–h6 gefunden hat, muß man sich natürlich fragen, zu welchem Zeitpunkt man diesen Zug am besten ausführt – man kann nämlich zuerst auch den gegnerischen Zug h4–h5 zulassen. Aber, wie ich meine, hat das Aufschieben des Zuges keinen Sinn, wie die folgenden Beispielvarianten zeigen:

27. ... Lc6: 28. h5 h6 29. De3+– (aber nicht 29. Dc1? Sh5: 30. Dc6: Dg3:+ 31. Kf1 Shf4;
27. ... Dc8?! (in Erwartung von 28. h5? h6!) 28. Se5! ±;
27. Lc8?! 28. De3 (28. h5? h6) 28. ... Dc7? (hier ist bereits der Zug 28. ... h6! unumgänglich notwendig) 29. Se5 Se5: 30. de Sd7 31. Ld6 Dc2 32. Dg5.

Leider ist dieses Beispiel nicht der einzige Fall, in welchem Dolmatow übersah, daß er gegnerische Figuren fangen konnte. Noch zwei weitere Beispiele dieser Art befinden sich unter den Übungen.

Diagramm 60

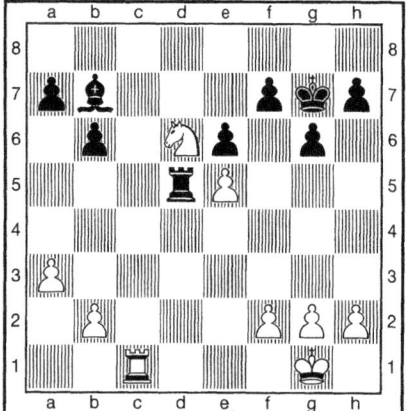

Übung 1 – 19

Schwarz am Zug

Diagramm 62

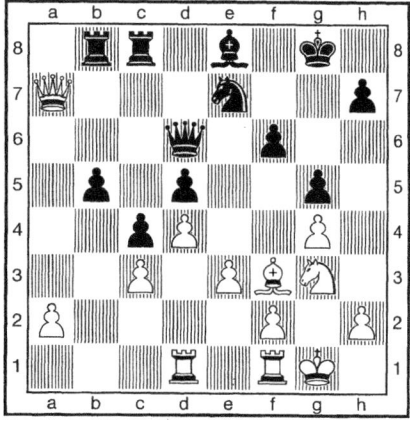

Übung 1 – 21

Schwarz am Zug

Diagramm 61

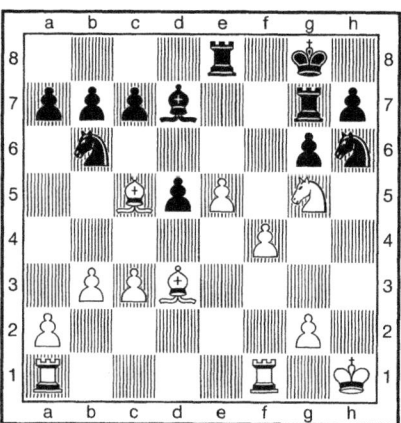

Übung 1 – 20

Weiß am Zug

Die Kraft des Freibauern

Sobald eine Partie in ein Endspiel mit einer geringen Anzahl von Figuren übergeht, bleiben fast keine Aussichten mehr auf einen Mattangriff. Das grundlegende Thema des Endspiels ist dann vielmehr das Motiv der Bauernumwandlung. Die Kraft der Bauern steigt im Endspiel beträchtlich an, insbesondere gilt das dann, wenn es sich um Freibauern handelt.

**Dworetski – Rusakow
Moskau, 1964**

Diagramm 63

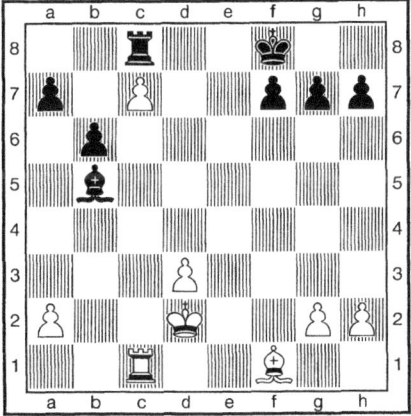

Frage 1–36 Wie soll Weiß fortsetzen?

Der Bauer c7 – ist er stark oder schwach? Die Antwort darauf ist abhängig davon, ob es dem schwarzen König gelingt, zu ihm vorzustoßen. Beispielsweise würde der Bauer in der Variante 31. g3? Ke7 32. Lh3 Ld7 endgültig verlorengehen. Es ist also unbedingt notwendig, daß man ihn auf taktischem Wege mit taktischen Mitteln am Leben erhält.

31. a4! La6 Falls 31. ... La4:, dann folgt 32. d4 (mit der Drohung 33. La6) 32. ... b5 33. g3, mit der Absicht Lh3 oder Lg2–b7. Auf 31. ... Ld7 entscheidet 32. d4 Ta8 (32. ... Te8 33. Lb5 Ke7 34. Te1+) 33. La6 Lc8 34. Lb5 a6 (34. ... Lb7 35. Ld7 Lc8 36. Lc6) 35. Lc6 Ta7 36. Te1!.
32. g3 Te8 Nach 32. ... f5 33. Lh3 g6 34. g4 Te8 35. gf Lc8 36. Tf1! kann sich Schwarz mit dem König nicht zurückziehen (36. ... Kg8 37. f6!).
33. d4! Lc8 34. Lb5
Jetzt ist es offensichtlich, daß die Initiative vollkommen in der Hand von Weiß liegt.
34. ... Te4 35. Kd3 f5 36. Lc6 Te7

Diagramm 64

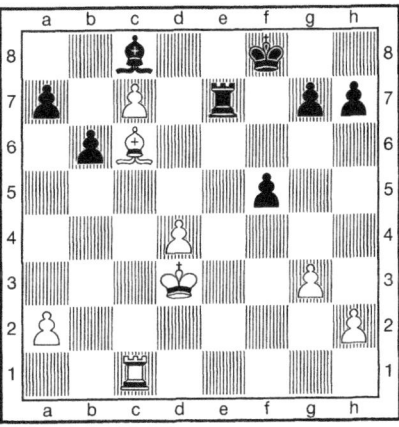

37. d5!!
„Warum aber hast Du diesen Bauern hergegeben?" rief Großmeister Simagin verwundert aus, als ich ihm dieses Endspiel zeigte. Natürlich hat er nach einem kurzem Augenblick alles verstanden. An der Stelle des dahinscheidenden entsteht ein neuer Freibauer, der auf das Feld d6 gelangt, welcher zusammen mit dem Läufer auf c6 den gegnerischen Figuren alle Felder der siebenten Reihe streitig macht. Möglicherweise sind zwei Ausrufezeichen für den geschehenen Zug etwas großsprecherisch, um so mehr, als es wohl auch andere Wege zum Sieg gegeben hätte. Aber der Autor dieser Zeilen war zu jener Zeit lediglich ein Spieler der 1. Klasse, und bei einer solchen Klassifikation ist es nicht leicht, aus rein positionellen Erwägungen heraus den ganzen Stolz und die Schönheit seiner Stellung, den Bauern c7, aufzuopfern.
37. ... Tc7: 38. d6 Tf7 39. Kd4 (stark ist auch 39. Ld5) **39. ... Ld7 40. Kd5 Ke8 41. Ld7:+ Td7: 42. Tc8+ Td8 43. Tc7**
Die entstandene Stellung illustriert vortrefflich die These von Nimzowitsch (dessen Buch ich damals noch nicht zu lesen

Gelegenheit hatte – es handelte sich um eine echte bibliophile Seltenheit): „Die absolute Beherrschung der 7. Reihe führt in Verbindung mit dem Besitz eines weit vorgerückten Freibauern in der Regel zum Gewinn."
43. ... a6 (43. ... Td7 44. Ke6) **44. Ke6 Tb8 45. Tg7: Kf8 46. Th7:** Schwarz gab auf.

Kombinationen, die auf der Stärke eines Freibauern beruhen, begegnet man aber nicht nur im Endspiel.

**Panczyk – Jussupow
Warschau 1985**

Diagramm 65

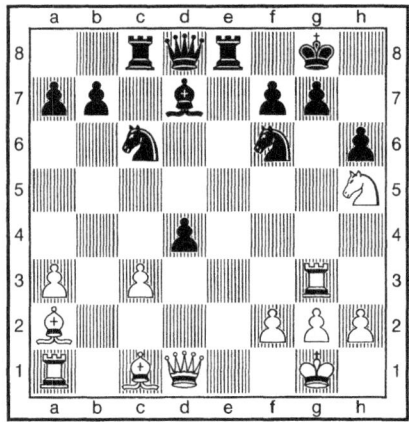

Frage 1–37 Wie soll Schwarz fortsetzen?

Weiß hat sich voll in einen tollkühnen Angriff auf den gegnerischen König geworfen. Auf 17. ... Sh5:? beabsichtigte er 18. Lf7:+! Kf7: (oder 18. ... Kh8 19. Lh5: Te5 20. cd Sd4: 21. Lb2) 19. Dh5:+ Kg8 (19. ... Kf8 20. Lh6:!) 20. Tg7:+! Kg7: 21. Lh6:+ Kf6 22. Lg5+ mit Gewinn. Es funktioniert auch nicht 17. ... Sg4? wegen der einfachen Entgegnung 18. h3!.
Jussupow widerlegt den Ansturm des Gegners durch das Opfer einer Figur gegen zwei Bauern, wovon einer ein gefährlicher Freibauer sein wird.
17. ... Lg4! 18. Sf6:+ (18. Tg4: Sg4: –+)
18. ... Df6: 19. Tg4: dc 20. Le3 (20. Tf4 c2)
20. ... c2

Diagramm 66

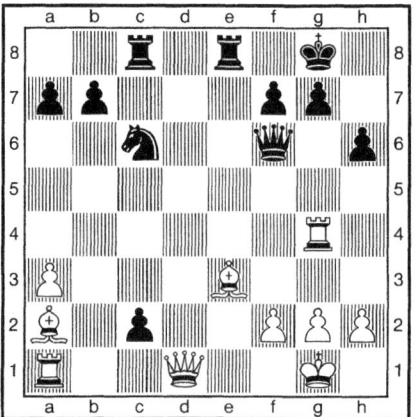

21. Df1

Frage 1–38 Wie antwortet Schwarz auf den Partiezug und wie würde er auf 21. De1 entgegnen?

Im Falle von 21. De1 wäre das sich anbietende 21. ... Se5?! nicht überzeugend. Weiß hätte dann zwei gute Möglichkeiten der Erwiderung: 22. Tf4 Df4: 23. Lf4: Sd3 24. De8:+ Te8: 25. g3! und 22. Td4 Sf3+ (22. ... Sd3 23. Td3: Da1: 24. Da1: c1D+ 25. Td1) 23. gf Dd4: 24. Ld4: Te1:+ 25. Te1: c1D 26. Tc1: Tc1:+ 27. Kg2 – die Konsequenzen all dieser Varianten sind vollkommen unklar.
Es gewinnt aber 21. ... Tcd8! (es droht 22. ... Da1:! 23. Da1: Td1+) 22. Lb3 (22. Tc1 Db2 –+) 22. ... Db2 23. La4 b5 24. Lc2: Dc2: 25. Tc1 Db3 oder 25. ... Df5.
Die effektvolle Widerlegung des Partiezuges sah Artur aber bereits voraus, als er seine Kombination begonnen hat.

21. ... Te3:!! 22. fe Df1:+ 23. Tf1: Se5
Es droht nun sowohl 24. ... c1D als auch 24. ... Sg4:. Ungeachtet des Mehrbesitzes eines Turmes ist Weiß ohne Verteidigung. Wenn zum Beispiel 24. Lf7:+, dann folgt einfach 24. ... Kh8! 25. Tgf4 c1D 26. Tc1: Tc1:+ 27. Kf2 Sd3+.
24. Tgf4 c1D 25. Tc1: Tc1:+ 26. Tf1 Tf1:+ 27. Kf1: Sg4!.
Weiß gab auf, weil er noch eine zweiten Bauern einbüßt.

Die folgende klassische Kombination ist ein häufiger Gast in vielen Schachbüchern.

Teichmann – N.N.
Zürich 1921

Diagramm 67

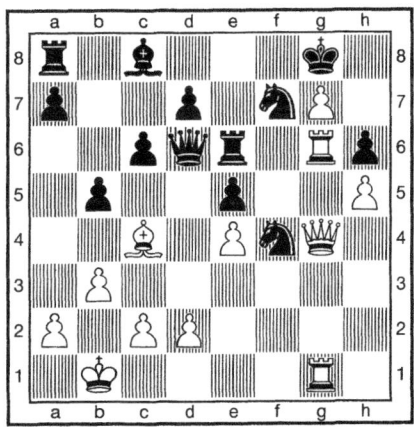

Frage 1–39 Wie soll Weiß fortsetzen?

Zwecklos ist 1. Df5? (mit der Drohung 2. Df7:+) wegen 1. ... La6(b7)!. Mit einem materiellen Defizit von zwei Figuren ist Teichmann zu kompromißlosem Vorgehen gezwungen.
1. Th6:! Sh6:
Nicht spielbar ist 1. ... Th6:? 2. Lf7:+ oder 1. ... bc 2. Th8+!.

2. Dg5 Sf7 3. Dd8+!! Sd8: 4. h6.
Im Hinblick auf die Drohung 5. h7+ scheint Schwarz beinahe schon zur Aufgabe gezwungen zu sein (gemäß einigen Quellen tat er dies auch tatsächlich).

Frage 1–40 Ist die Stellung von Schwarz aber tatsächlich schon verloren?

Auf jeden Fall war es noch zu früh, das Handtuch zu werfen. Freilich wäre 4. ... Df8 unzulänglich wegen 5. h7+ Kf7 (5. ... Kh7: 6. gfD) 6. gfD+ Kf8: 7. h8D+ Ke7 8. Le6: Sde6: 9. De5:. Hingegen ist die Fortsetzung **4. ... Dd4!!** (um das wichtige Fluchtfeld d6 für den schwarzen König freizumachen) **5. h7+ Kf7 6. g8D+ Ke7 7. h8D Kd6!** noch durchaus spielbar.

Diagramm 68

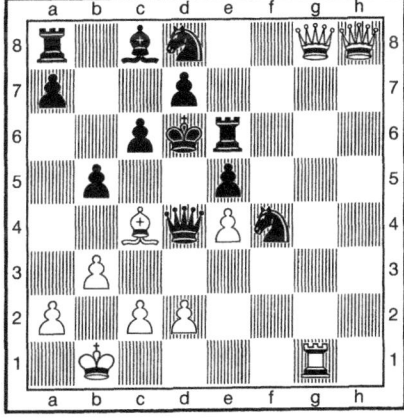

Wie ist die entstandene Stellung einzuschätzen? Nach 8. Le6: Sde6: oder 8. Df8+ Kc7 9. Dd8:+ Kb7 geht die Überlegenheit offensichtlich an Schwarz über. Nachdem ich in einer meiner Publikationen meine Analyse bekanntgemacht hatte, schrieb mir ein Schachtrainer aus Barnaul, der Meisterkandidat J. Nikonow, daß dieses

überaus scharfe Handgemenge objektiv einem friedlichem Ende entgegengehen muß: **8. Tg7! Dd2:!** (8. ... Sb7? 9. Le6: Se6: 10. De6:+!!; 8. ... Lb7? 9. Dd8:! Td8: 10. Dd8:; 8. ... bc? 9. Dd8:) **9. Df8+ Kc7 10. Dd8:+ Kb7,** und Weiß wird ein Dauerschach zulassen müssen, zum Beispiel 11. Ld5 Dd1+ 12. Kb2 Dd4+.

Diagramm 69

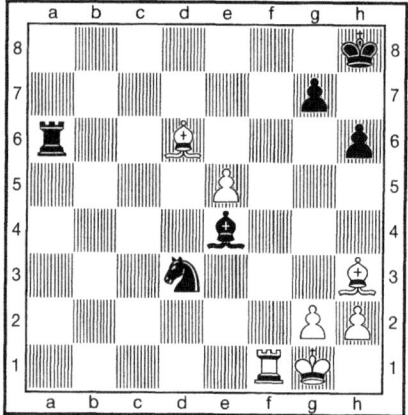

**Übung 1 – 22
Weiß am Zug**

König, störe nicht die Kombination!

Großmeister Jussupow hat bei einer unserer Trainingszusammenkünfte der Schachschule für begabte junge Schachspieler geäußert, daß er beim Studium der Partien von Kasparow seine Aufmerksamkeit auf ein spezielles Mittel gelenkt habe, das nicht selten in den Partien des Weltmeisters Anwendung findet. Im hitzigsten Angriffseifer macht er plötzlich einen stillen Zug mit dem König, und danach wird klar, daß dieser Zug den Angriff in entscheidender Weise verstärkt hat. Auf seinem ursprünglichen Platz hat ihn der König bei der Angriffsdurchführung gestört, etwa indem er in einigen Varianten zum Zielobjekt eines gegnerischen Schachgebots wurde. Eine ausgezeichnete Illustration für das Gesagte dürfte etwa die 16. Partie des dritten Wettkampfs gegen Anatoli Karpow bieten (Leningrad 1986).
Aber Beispiele für dieses Thema konnte uns auch Artur selbst aus seiner eigenen Spielpraxis liefern,

**Jussupow – Magerramow
Ausscheidungsturnier um die
Teilnahme an der Jugendweltmeisterschaft, Leningrad 1977**

Diagramm 70

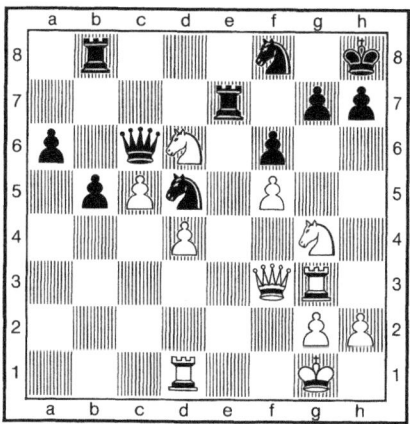

Die weißen Freibauern im Zentrum sind zuverlässig blockiert, dagegen können sich die schwarzen Freibauern auf dem Damenflügel frei nach vorne bewegen. Objektiv sollte man daher vielleicht die Gunst des Augenblicks nutzen und das Remis auf folgende Art und Weise erzwingen: 30. Se3!? Te3: (als zweifelhaft würde sich 30. ... Sb4 erweisen wegen der Möglichkeit 31. Dh5) 31. Sf7+ Kg8 32. Sh6+ mit Dauerschach. Jussupow aber war darauf

eingestellt, auf Sieg zu spielen und entschloß sich, sein Glück in einem Angriff am Königsflügel zu suchen.
30. h4!? b4 31. Kh2!?

Frage 1–41 Welchem Zweck dienten diese beiden Züge Jussupows?

Es bot sich das Figurenopfer 30. Sf6: gf 31. Dg4 an. Aber wie soll man dann den Angriff nach 31. ... Sd7 fortsetzen? Der taktische Schlag 32. Te1 würde Schwarz nur dann vor unlösbare Probleme stellen, wenn der Turm nicht vom Gegner mit Schachgebot geschlagen werden könnte. Das ist der Grund! Nach dem Wegzug des Königs nach h2 muß Schwarz jederzeit mit dem sofortigen Auftauchen des weißen Turms auf e1 rechnen (auch ohne das Opfer auf f6). Der Turm ist unantastbar aufgrund des zweizügigen Matts.
31. ... a5?
Eine verwunderliche Sorglosigkeit. E. Magerramow hat den Sinn der weißen Aktion nicht einmal zu erraten versucht, sondern bewegt in aller Gemütsruhe seine Bauern vorwärts.
Auf der Grundlage dieser Episode kann man mit einem hinreichenden Grad an Wahrscheinlichkeit die Hypothese wagen, daß der Schachspieler, der die schwarzen Steinen führt, an einer außerordentlich ernsthaften Krankheit leidet: ständige Unterschätzung der gegnerischen Ressourcen. Man mußte nämlich unbedingt die feindlichen Drohungen wahrnehmen und parieren mittels 31. ... h6 (um das Feld h7 für den Springer freizumachen) oder etwa 31. ... Sd7.
32. Sf6:! gf 33. Dg4 Sg6
Sofort verliert 33. ... Sd7 34. Te1!.
34. fg Dd7 35. Df3 De6 36. Sf7+?
Ein typischer Fehler, wie er in vergleichbaren Situationen häufig passiert (richtig war 36. Sf5! mit außerordentlich gefährlichen Drohungen).

Sobald der Angriff auf den König gefährlich wird, versucht sich der Verteidiger häufig durch Hergabe von Material loszukaufen. Und dabei ist es dann wichtig, sich nicht zu billig abspeisen zu lassen. Der Gewinn von Material ist häufig das natürliche Ergebnis unseres eigenen Angriffs, aber wer zu habgierig ist, gibt dem Gegner das Ruder in die Hand. Der Angriff ist zu Ende, aber die eigenen Figuren, die vortreffliche Angriffsstellungen einnehmen, erweisen sich als nicht gerüstet für die Erfordernisse des dann einsetzenden positionellen Kampfes.

36. ... Tf7: 37. gf Df7: 38. h5
Weiß muß seinen Sturmangriff weiterführen. Er wäre sonst nicht in der Lage, sich der gegnerischen Freibauern auf dem Damenflügel zu erwehren. Aber nach dem Verschwinden des gewaltigen Springers vom Brett ist der Erfolg des Angriffs in Frage gestellt.
38. ... b3
(38. .... a4!?)
39. h6 a4??
Noch eine weitere Bestätigung der Diagnose, die wir schon bei den Bemerkungen zum 31. Zug von Schwarz gestellt haben – Magerramow richtet wiederum nicht die geringste Aufmerksamkeit auf die gegnerischen Drohungen. Man mußte wählen zwischen 39. ... De6 40. Tg7 f5 oder unmittelbarem 39. ... f5.
40. Tg7 De6 41. Dg3
Es droht 42. Th7:+; auf 41. ... Tg8 entscheidet 42. Te1 Dc8 43. Tg8:+ Dg8: 44. Te8.
Schwarz gab auf.

Diagramm 71

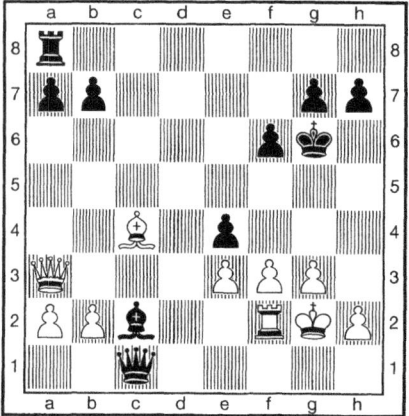

Diese Stellung konnte erreicht werden in der Partie **Chalifman – Oll**, Kiew 1984. Weiß hat einen eindeutigen positionellen Vorteil, aber er kann ihn verspielen durch das ruhige ängstliche 1. f4?! Ld1. Nach 2. Dc5 wäre 2. ... Lf3+? fehlerhaft wegen 3. Tf3:! ef+ 4. Kh3 Kh6 (4. ... Dd2 5. Kg4! Dd7+ 6. Le6! De6:+ 7. f5+) 5. g4 g6 6. g5+ fg 7. fg+ Kh5 8. Dd4. Möglich ist aber 2. ... Kh6 mit nachfolgendem 3. ... g6.

Frage 1–42 Was läßt sich mit 1. Dc3 erreichen?

Die Antwort auf diese Frage erfordert langwierige und sorgfältigste Berechnung der Varianten.
1. Dc3!? ef+ **2. Kh3** (nicht überzeugend ist 2. Tf3: Dd1) **2. ... Lf5+ 3. g4 Dg1!**. Hoffnungslos ist sowohl 3. ... Lg4:+ 4. Kg4: Dg1+ 5. Kf3: als auch 3. ... Dc3: 4. gf+ Kf5: 5. bc Ke4 6. Lb3 oder 6. Le6 mit nachfolgendem 7. Kg3 (weniger genau ist 6. Kg3?! Tc8).
4. gf+ Kh5!? Ein Doppelangriff – es droht sowohl 5. ... Df2: als auch 5. ... Dg4 matt. Ganz schlecht ist 4. ... Kh6 5. Tf3:, und auf

4. ... Kg5 entscheidet 5. Dd4! Df2: 5. Df4+ Kh5 6. Lf7+ g6 7. Lg6:+! hg 8. Dg4+ Kh6 9. Dg6: matt.
5. Lf7+!
Es geht nicht 5. Dd4? Df2: 6. Lf7+ (6. Dg4+ Kh6 7. Df4+ g5!) 6. ... Kh6! 7. Df4+ g5 8. fg+ Kg7.
5. ... g6 6. Dd4 Df2: 7. Lg6:+! Kh6 8. Df4+ Kg7 9. Dc7+! mit unausweichlichem Matt. Folglich führt der Zug 1. Dc3 forciert zum Gewinn. Warum aber wird er dann nicht mit zwei Ausrufezeichen gewürdigt, sondern bei weitem bescheidener mit einem Ausrufezeichen zusammen mit einem Fragezeichen, was einen gewissen Zweifel ausdrückt?
Die Sache ist die, daß es für Weiß eine bei weitem einfachere Lösung gibt. Das frühzeitige Ausweichen des Königs vor möglichen Schachgeboten mittels **1. Kh3!**, womit Weiß seinen Gegner unmittelbar in eine ausweglose Lage bringt. Schlecht ist dann zum Beispiel 1. ... ef wegen 2. Tc2:!, auf 1. ... Kh6 entscheidet 2. Dc3, auf 1. ... Ld1 2. Dc5!

Diagramm 72

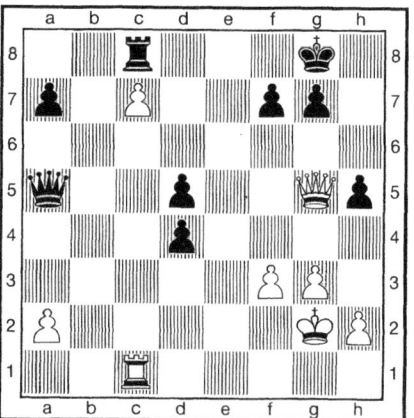

Übung 1–23
Weiß am Zug

Diagramm 73

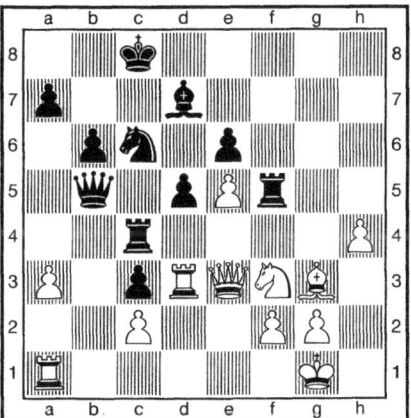

Übung 1-24
Weiß am Zug

Aus Fehlern soll man lernen!

Was schiel' ich mit der Zeit nicht auch umher
Nach neuer Art und seltner Fertigung?
Shakespeare (Deutsch von Stefan George)

**Alterman – Dworetski
Halbfinale der UdSSR Meisterschaft,
Woronesch 1973**
Diagramm 74

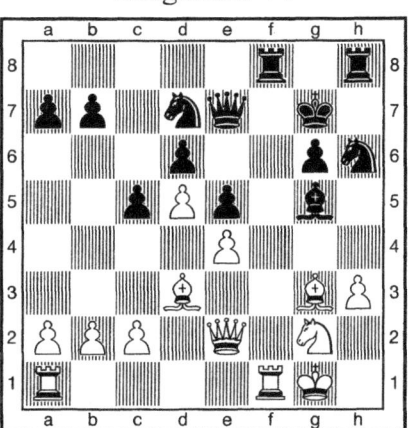

Als auf dem Brett diese Stellung entstanden war, dachte ich lange nach. Schwarz steht offensichtlich gut, aber ein einfacher Weg zur Entwicklung einer Initiative war nicht zu sehen.

Frage 1–43 Was würde Weiß als Antwort auf 21. ... Lf4 spielen?

Das Bauernopfer erschien mir zunächst verlockend im Zusammenhang mit der Variante 22. Sf4: ef 23. Lf4: Tf4:! 24. Tf4: Dg5+ 25. Tg4 Sg4: 26. Dg4: De3+ nebst 27. ... Se5. Aber ich verwarf es wieder wegen der Möglichkeit des gegnerischen Qualitätsopfers 22. Tf4:! ef 23. Sf4:.

Vom positionellen Standpunkt aus wäre es nützlich, den Springer von d7 nach h5 zu überführen, um die Drohung mit dem Eindringen auf dem Feld f4 zu verstärken. Allerdings muß man im Falle von 21. ... Sf6 mit der Erwiderung 22. h4 rechnen. Kann man dieses Problem nicht auf kombinatorischem Wege lösen?

21. ... Sf6 22. h4 Sh5 23. hg (ich berechnete auch 23. Tf8: Sg3: 24. De1 Tf8: 25. Dg3: Lf4 26. Dh3 – Schwarz steht nicht schlecht, obgleich besondere Errungenschaften vorerst nicht ersichtlich sind. Übrigens ist es nur dann sinnvoll, sich in derartige Weiterentwicklungen zu vertiefen, wenn in der Hauptvariante 23. hg ein schwarzer Vorteil gefunden wird).

23. ... Sg3: Jetzt verliert 24. gh+?! Th6:, aber sehr stark ist 24. De3!. Unter Bedrohung stehen dann gleichzeitig beide Springer; 24. ... Sf1: 25. gh+ Th6: 26. Tf1: ergibt für Schwarz einen Turm und einen Bauern für zwei Leichtfiguren.

Ich wollte sehr gerne 21. ... Sf6 spielen, daher studierte ich die Stellung nach 24. De3 sehr lange, aber nachdem ich nichts fand, machte ich den passiven Zug 21. ... Sf7, der dem Läufer das Feld h6 frei gibt, aber

nur zu ausgeglichenem Spiel führte. Nach 22. h4 Lh6 23. Tf2 (23. h5!?) 23. ... Sf6 24. Taf1 Sh5 25. Dg4! entstand die Stellung, welche wir bereits im Kapitel „Figuren in der Falle" untersucht haben.

Einer der erfindungsreichsten Analytiker, Igor Saizew, der beim Turnier mitspielte, interessierte sich für die Stellung. Er fand eine erstaunliche Möglichkeit zur Vorbereitung der Springerüberführung nach h5.
21. ... c4!! 22. Lc4: Sf6 23. h4 Sh5 24. hg Sg3: 25. De3 Shf5! 26. ef Th1+ 27. Kf2 Sf5: 28. Dd2

Mit dem Läufer auf dem Feld d3 gäbe es jetzt die einfache Erwiderung 28. Lf5:.

28. ... Se3+! 29. Ke3: Dg5:+ 30. Kd3 e4+ 31. Kc3 Th3+ 32. Ld3 Tc8+, und Weiß verliert die Dame.

Diese Entdeckung von Saizew machte auf mich einen starken Eindruck. Die Verknüpfung der Kombination auf dem Königsflügel mit einem vorbereitenden Schlag auf dem Damenflügel ist absolut nicht offensichtlich. Sehr feinsinnig ist die Motivation für das Bauernopfer – die Ablenkung des Läufers vom Feld f5, das ohnehin noch vom weißen Bauern kontrolliert wird.

Die weitere Analyse der Stellung erlaubt noch eine weitere nützliche Schlußfolgerung zu ziehen: **Gute Züge bewähren sich nicht nur in den Varianten, um deretwillen sie geschehen sind.**

21. ... c4!! 22. Lc4: Sf6 23. h4 Sh5 24. Tf8: Sg3: 25. De1 Tf8: 26. Dg3: Lf4 27. Dh3.

Wir haben uns eine solche Stellung bereits angesehen (aber mit dem Bauern auf c5) und waren im Zweifel über ihre Bewertung. Es zeigt sich, daß das Bauernopfer auch hier weiterhilft: Nach 27. ... Dc7! bricht die Dame auf den dunklen Feldern ins gegnerische Lager ein.

Für Weiß ist es am besten, wenn er von der Fortsetzung 23. h4 Abstand nimmt, aber auch nach 23. Lh2! Sh5 24. Tf8: Tf8: 25. Tf1

Lf4! hat Schwarz hervorragende Kompensation für den geopferten Bauern.

Die grundlegende Schlußfolgerung, die nach der Partie zu treffen war: **viele verlockende, aber unvollkommene Ideen lassen sich verwirklichen, wenn man einen Weg findet, sie vorzubereiten. Man muß immer nach Zwischenzügen suchen, welche die beabsichtigte Idee zusätzlich verstärken könnten.**

Ich wollte mich nach dem unglücklichen Verlauf der Partie gegen Alterman rehabilitieren, indem ich eine ähnliche wie die hier vergebene Chance wahrnahm. Lange ergab sich keine passende Gelegenheit, aber am Ende hatte ich Glück und konnte mit diesem Motiv zweimal innerhalb kurzer Zeit aufwarten.

**Dorfman – Dworetski
Wilnius 1978**

Diagramm 75

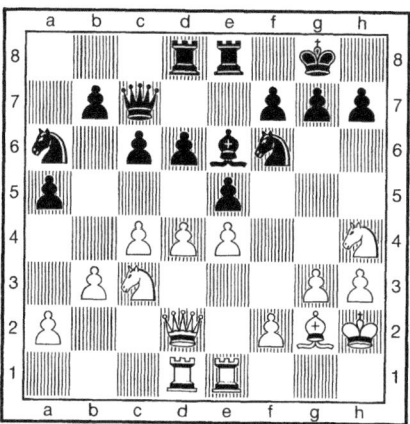

16. ... Sb4 17. a3 ed 18. ab (schlecht ist 18. Dd4: wegen 18. ... Sc2) **18. ... dc 19. Dc3: ab 20. Db4: Te7!**

Schwarz bereitet damit gleichzeitig zwei Umgruppierungspläne für seine Streitkräfte vor: 21. ... Se8 nebst nachfolgendem Ta8, oder 21. ... Lc8 nebst Tde8.

21. e5 de 22. Td8:+ Dd8: 23. Te5: Dc7 24. f4 Te8 25. Sf3 h6 26. Sd4 Lc8 27. Dc5 Td8! 28. Sb5 Db8! (28. ... Dd7?! 29. Sa7!; 28. ... Da5?! 29. b4 Da2 30. Sd6) **29. Sc3** (29. Db6? Le6 30. Sd4 Sd7) **29. ... Le6 30. De3** Remis.

Oberflächlich betrachtet scheint alles, was in der Partie geschehen ist, einfach und wenig interessant zu sein. Aber die Schönheit im Schachspiel offenbart sich nicht nur in den Zügen, sondern auch in den Ideen. Auf den ersten Blick ruhige Züge können tiefgründige und feine Gedanken in sich verbergen. Wollen wir zusammen untersuchen, warum Dorfman, der die Partie im *Schach-Informator* kommentiert hat, den Zug 16. ... Sb4 zweier Ausrufezeichen für würdig befand.

Die Diagrammstellung ist für Weiß aussichtsreich. Die grundlegende positionelle Drohung lautet 17. f4!. Auf der Suche nach Gegenmaßnahmen richtete ich meine Aufmerksamkeit auf den interessanten Zug 16. ... Sh5?! mit der Idee, dem Zug 17. f4 mit einem Gegenschlag im Zentrum zu begegnen 17. ... ef 18. gf d5. Schwarz fürchtet dann 17. Lf3 Sf6 nicht, weil der Läufer auf f3 ungünstig plaziert ist. Und im Falle von anderen Fortsetzungen kann man die Stellung zum Beispiel mittels g7–g6 oder f7–f6 verstärken.

Nachdem ich die Sache so beurteilt hatte, entschloß ich mich, die kritische Variante unbedingt noch einmal zu überprüfen: 16. ... Sh5 17. f4 ef 18. gf d5 19. e5!. Weiß droht damit 20. Lf3 zu spielen, und auf 19. ... De7 folgt 20. Df2 mit der Absicht f4–f5–f6. Auf der Seite von Weiß befindet sich dann ein offensichtliches Übergewicht.

Ich war es leid, von der verlockenden Idee Abstand zu nehmen und letztendlich fand ich ein probates Mittel, um die Idee mit einem Zwischenzug auf dem anderen Flügel zu verstärken (wie im vorherigen Beispiel). Nach **16. ... Sb4!!** droht 17. ... ed 18. Dd4: Sc2. Ich fühlte, daß Dorfman die Abriegelung des Zentrums mittels 17. d5 nicht behagt. Das in der Partie gefolgte 17. a3 führte zu Vereinfachungen, die im Prinzip für Schwarz, der eine beengte Stellung innehat, günstig sind. Ich rechnete grundsätzlich eher mit den Antworten 17. Tf1 und 17. Te2. Im Falle von 17. Tf1 erhält Schwarz ausgezeichnetes Spiel, indem er einen Bauerndurchbruch im Zentrum vornimmt: 17. ... ed 18. Dd4: d5!.

Aber so darf man nach 17. Te2 nicht spielen, denn nach einer Schlagserie auf d5 hängt der Turm e8.

Auf **17. Te2** wollte Schwarz seinen ursprünglichen Hauptplan verwirklichen – **17. ... Sh5!!** Jetzt würde im Falle von **18. f4 ef 19. gf d5 20. e5 De7!** der Turm die zweite Reihe blockieren und Weiß hätte den sehr wichtigen Zug 21. Df2 nicht mehr zu seiner Verfügung.

Gljanez – Dworetski
Tbilissi, 1979
1. d4 d5 2. c4 c6 3. Sc3 Sf6 4. cd cd 5. Sf3 Sc6 6. Lf4 Lf5 7. e3 e6 8. Lb5 Sd7 9. Da4 Db6 (9. ... Tc8?!) **10. Sh4**

Diagramm 76

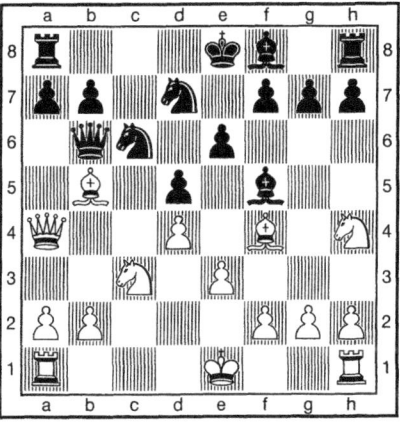

Im Falle eines „normalen" Rückzugs des Läufers würde Weiß die Initiative ergreifen, indem er einen Zentrumdurchbruch startet: 10. ... Lg6 11. Sg6: hg 12. e4 (und falls 12. ... de, dann folgt 13. d5 Sc5 14. dc bc 15. Lc6:+ Ke7 16. 0-0-0! Sa4: 17. Td7+ Ke8 18. La4: mit entscheidendem Angriff, wie es in der Partie Andrijanow – Imanalijew, Sotschi 1980 geschah), oder 10. ... Lg4 11. h3 Lh5 12. e4.

Der taktische Schlag 10. ... Ld3? funktioniert nicht wegen 11. Sd5:! (11. Ld3:? Db2:) 11. ... ed (11. ... Lb5: 12. Sb6: La4: 13. Sa8:, und Schwarz hat für die verlorene Qualität keinen Gegenwert) 12. Ld3: mit offensichtlicher weißer Überlegenheit.

10. ... Le4! 11. f3?

Auf 11. 0-0 oder 11. Tc1 antwortet Schwarz mit 11. ... Le7. Am stärksten soll nach dem Kenntnisstand der Theorie die Fortsetzung 11. 0-0-0 Tc8 (11. ... Le7 11. f3) 12. f3 Lg6 13. Sg6: hg 14. Kb1 aus der Partie Jussupow – Beljawski (Meisterschaft der UdSSR, höchste Liga, Minsk 1979) sein.

11. ... Ld3! 12. Sd5: Lb5: 13. Sb6: La4: 14. Sa8:

Im Vergleich zum sofortigen 10. ... Ld3? hat sich die Lage auf dem Brett kategorisch verändert. Durch den Zwischenzug 10. ... Le4! provozierte ich beim Gegner den Zug des Bauern nach f3. Im Ergebnis dessen hat jetzt der weiße Randspringer auf h4 kein Rückzugsfeld.

14. ... Sb4! 15. g4

Nach der Fortsetzung 15. Kd2 Le7 16. Sc7+ Kd8 17. Thc1 g5! erhielt Schwarz in der Partie Magerramow – Kosikow (Daugavpils, 1978) entscheidenden Vorteil.

15. ... Sd3+! 16. Ke2 Sf4:+ 17. ef

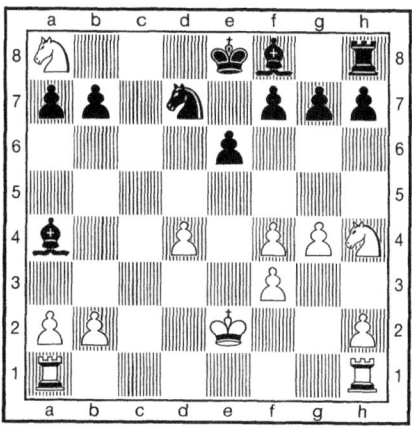

Diagramm 77

17. ... Le7!!

Frage 1–44 Erklären Sie den Sinn des in der Partie geschehenen Zuges!

Natürlich begann ich die Berechnung der Varianten mit dem offensichtlichen Zug 17. ... Ld6, welcher dem gegnerischen Springer das Feld c7 nimmt. Weiß antwortet dann mit 18. Tac1. Probieren wir danach einige Versuche, die Figur einzufangen: Nicht gut ist 18. ... Ke7? 19. Sc7 Tc8 20. Sd5+ oder 19. ... Lc6 20. d5 ed 21. Sf5+. Auf 18. ... 0-0 folgt 19. Sc7 Lc6 (19. ... Tc8 20. b3 Lc6 21. d5 ed 22. Sd5:) 20. Tc6:! bc 21. Sa6 Lf4: 22. Sg2, und Schwarz hat nichts Besonderes erreicht.

Im Falle von 18. ... Lc6 19. d5! ed 20. Sf5 spitzt sich das Spiel scharf zu.

Jetzt können wir den in der Partie geschehenen Zwischenzug bereits hinreichend wertschätzen. Weiß hat jetzt zwei mögliche Antworten: 18. Sg2 und 18. g5 (schlecht ist 18. Tac1 0-0). Auf 18. g5 war folgendes beabsichtigt: 18. ... Ld6 19. Tac1 0-0! 20. Sc7 Lc6 21. Tc6: (21. Sa6 Lb5+; 21. d5 ed) 21. ... bc 22. Sa6 Lf4:, und der Bauer, den Weiß im 17. Zug nach g5 gezogen hat, geht verloren (23. Tg1 Lh2:).

18. Sg2 Ld6 19. Tac1 Lc6! 20. Se3 (jetzt ist d4–d5 bereits zu spät, denn der weiße Springer ist aus dem Bereich des Feldes f5 verjagt) **20. ... 0–0**, und Schwarz verblieb mit materiellen Vorteil, der erfolgreich zum Gewinn umgemünzt wurde.

Diagramm 78

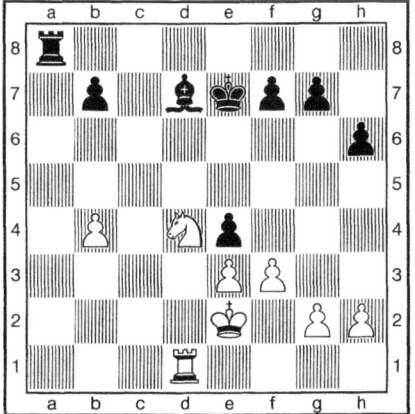

**Übung 1–25
Schwarz am Zug**

Diagramm 79

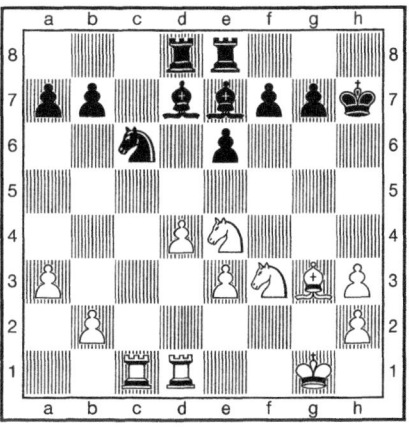

**Übung 1–26
Schwarz am Zug**

Diagramm 80

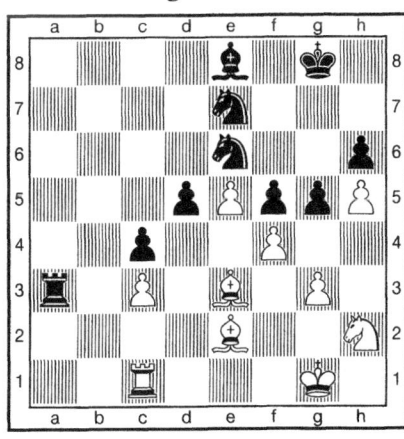

**Übung 1–27
Schwarz am Zug**

Diagramm 81

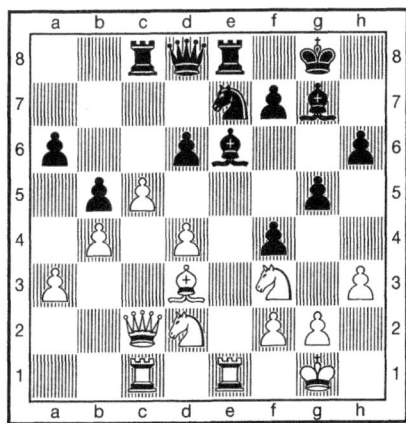

**Übung 1–28
Weiß am Zug**

Vorsicht – Falle!

„Fallen sollten polizeilich verboten werden"
Sav. Tartakower

Nach der Definition von Michail Botwinnik ist eine Kombination eine erzwungene Zugfolge mit einem Opfer. Als Ergebnis einer Kombination erhalten wir auf jeden Fall (natürlich nur dann, wenn wir uns nicht verrechnet haben) diejenige Stellung, die wir von Anfang an angestrebt hatten.

Anders stellt sich die Sache dar, wenn wir dem Gegner eine Falle stellen. Er ist absolut nicht gezwungen in die ausgelegte Falle zu gehen. Damit er in die Falle geht, ist ein Köder unbedingt notwendig. Man muß den Gegner mit einer leichten Beute verführen, die ihm Material- oder Stellungsvorteil zu versprechen scheint (ihm also etwas vorgaukeln), und als Antwort darauf müssen wir über eine gut versteckte Widerlegung verfügen.

Wie denkt man sich Fallen aus? Wir denken an irgendeinen eigenen Zug und finden eine für uns unangenehme Erwiderung seitens des Gegners. Trotzdem setzen wir die Überprüfung der Variante fort, ohne uns von dieser Erwiderung erschrecken zu lassen, und plötzlich bemerken wir, daß es darauf unsererseits eine Widerlegung gibt. Um eine derartige Widerlegung zu finden, braucht man mitunter außergewöhnliche Phantasie. Gerade in solchen Fällen hat eine Falle realistische Aussichten auf Erfolg; wenn die Widerlegung aber ganz offensichtlich ist, dann wird sie der Gegner seinerseits vermutlich auch finden.

In ersten Kapitel des Bandes *Geheimnisse gezielten Schachtrainings* haben wir uns schon mit einigen Fallen vertraut gemacht, wobei es darum ging, daß eine Falle auch die allerletzte Chance sein kann. Betrachten wir noch ein Beispiel einer wundersamen Rettung aufgrund einer Falle.

A. Iwanow – Dolmatow
Nowosibirsk, 1976

Diagramm 82

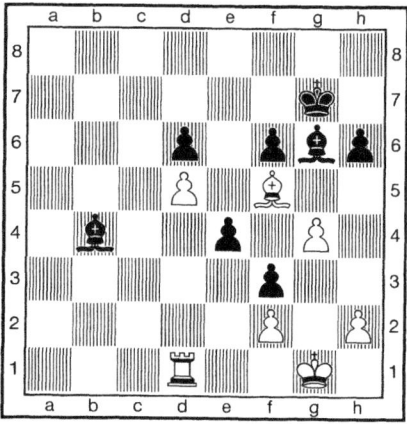

Schwarz muß die Partie natürlich abschreiben, zumal unweigerlich der Bauer e4 verloren geht. Dolmatow versuchte sein Glück mit der letzten Chance:
38. ... h5! 39. Td4 e3! 40. Tb4:??
Die Verlockung hat funktioniert. Das einfache 40. fe hätte zum Gewinn geführt, aber Iwanow, der sich in allerhöchster Zeitnot befand, konnte einfach nicht wahrnehmen, wie ihm mitgespielt wird.
40. ... e2
Die Zeitnot war vorbei und die Partner einigten sich auf Remis, denn nach 41. Te4 Lf5: 42. gh4! entsteht auf dem Brett eine Festung. Der weiße Turm ist an die Bewachung der e-Linie gebunden, und der weiße König kann auf keine Art und Weise mehr aus seiner Ecke heraus.

In einer verzweifelten Lage soll man sich nicht scheuen, jedwede beliebige Falle auszuprobieren, selbst wenn damit objektiv der eigene Untergang beschleunigt werden kann, solange nur eine praktische Chance auf Erfolg damit verbunden ist. Anders aber in ganz normalen Stellungen. Hier ist das Spiel auf Fallen unter Verschlechterung der eigenen Stellung absolut unangebracht. Am besten ist es, wenn eine Falle mit einem Zug verbunden ist, welcher in unseren eigentlichen Spielplan ohnehin gut hineinpaßt.

**Jussupow – Agsamow
Junioren-Meisterschaft der UdSSR,
Baku, 1979**

Diagramm 83

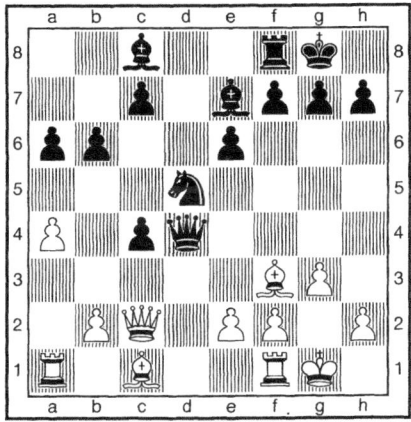

Frage 1–45 Was soll Weiß spielen?

Artur wählte die Fortsetzung 14. Ld2. Der Gegner hätte nun mit 14. ... Sb4!? antworten können und nach 15. Lb4: Lb4: wäre der weiße Vorteil vollkommen unbedeutend gewesen. Allerdings folgte in der Partie 14. ... b5?! 15. ab ab 16. Tfd1 Dc5 17. e4 Sb4 18. Lb4: Db4: 19. e5! (jetzt hat Weiß bereits einen ernsthaften Vorteil errungen) 19. ... f6 20. Ta8 Dc5 (20. ... fe 21. Le4) 21. ef Lf6: 22. De4 De5, und wir haben damit diejenige Position erreicht, die wir bereits im Kapitel über den Doppelangriff betrachtet haben.

Warum aber hat Jussupow nicht 14. Td1 gespielt? Wäre es etwa nicht günstig und wünschenswert, die gegnerische Dame aus dem Zentrum des Brettes zu vertreiben? Vermutlich fürchtete er sich vor dem Gegenschlag 14. ... Sb4, dies aber ganz zu Unrecht –, denn gerade dieses Motiv konnte sich als ausgezeichnete Falle erweisen, man sehe:

14. Td1! Sb4? 15. Dh7:+!! Kh7: 16. Td4:, und Weiß hätte einen Bauern gewonnen (es geht nicht 16. ... Sc2? wegen 17. Le4+).

Es kommt gelegentlich vor, daß sich eine Falle quasi von selbst ergibt, einfach als Folge einer sorgfältigen Variantenberechnung. Nachdem wir alle Möglichkeiten berechnet und abgewogen haben, wählen wir (unter gleichwertigen Zügen) am besten diejenige Fortsetzung, welche uns am meisten Chancen auf einen gegnerischen Fehler verspricht.

**Dworetski – Chatschaturow
Moskau, 1973**

Diagramm 84

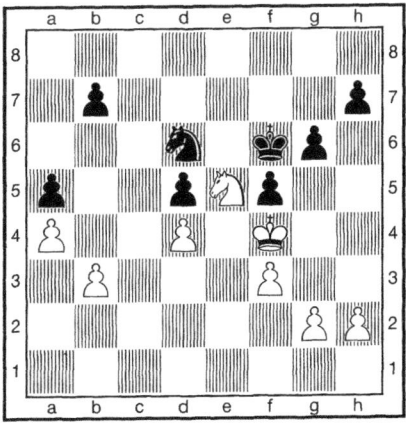

Frage 1–46 Wie soll Weiß sein Spiel am besten fortsetzen?

Nachdem ich mir darüber klar geworden war, daß die Stellung objektiv remis ist, begann ich mit der Suche nach Möglichkeiten, die meinen Gegner vor irgendwelche Probleme stellen könnten.

36. Sd7+ Ke7 (36. ... Ke6? 37. Sf8+) **37. Sb6! Ke6 38. Sa8!**

Einfacher ist die Aufgabe für Schwarz nach 38. h4 h6 39. Sa8 (ansonsten 39. ... Sf7 nebst 40. ... g5+) 39. ... Se8!.

38. ... Kd7? Der Springer, der sich in die Brettecke verkrochen hat, spielte die Rolle des Köders mit Erfolg – A. Chatschurow konnte sich nicht gegen die Versuchung wehren, diesen Springer erobern zu wollen. Genau darauf aber hatte ich gerechnet. Unbedingt notwendig war 38. ... Sf7!. Mir wäre dann noch die Hoffnung verblieben, daß sich der Gegner nach 39. Sc7+! (39. h4? Kd6, und der Springer geht tatsächlich verloren) 39. ... Kd6 40. Sb5+ Ke6 41. h4 hastig damit beeilt, den weißen König aus dem Zentrum zu verjagen und zu diesem Zwecke 41. ... h6? spielt – dann könnte man einen Bauerndurchbruch vornehmen mittels 42. Sc7+ Kd6 43. h5! g5+ (43. ... gh 44. Se8+ nebst 45. Sg7) 44. Kf5: Kc7: 45. Kg6 Sd6 46. Kh6: Sf5+ 47. Kg6 Sd4: 48. h6 Se5 49. Kf7. Aber das abwartende 41. ... Kd7(e7) oder 41. ... Sd8 führen zum Remis. Was soll's, in jedem Falle hätte ich zu recht und mit reinem Gewissen von mir sagen können: „Ich habe alles versucht, was ich nach Lage der Dinge tun konnte!".

39. Ke5 Kc6 40. Sb6!

Jetzt steht es schlecht um die schwarze Sache. Falls 40. ... Sf7+, dann 41. Kf6 (41. Ke6? Sg5+ 42. Kf6 Se4+! und Schwarz gewinnt!)

40. ... f4 41. h4 (aber nicht 41. Sd5:? Sf7+ 42. Kf6 Kd5: oder 41. Ke6? Sf5) **41. ... h5** (hartnäckiger ist 41. ... Sf5 42. Sd5: Sh4:) **42. Sd5: Sf5 43. Sf4: Sh4: 44. Ke6 g5**

45. d5+ Kc7 46. Sh5:, und Schwarz gab alsbald auf.

In der folgenden Partie ist es mir gelungen die vermutlich beste Falle meines Schachlebens zu stellen.

Lukin – Dworetski
Ausscheidungsturnier zur Jugendweltmeisterschaft Moskau, 1967

Diagramm 85

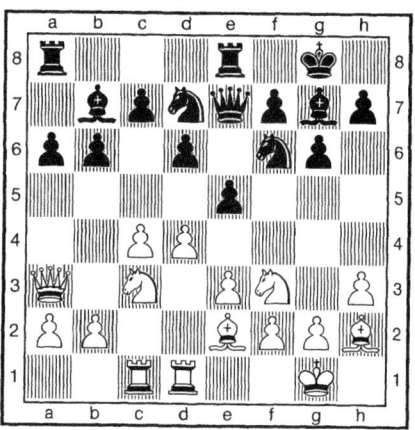

Frage 1– 47 Bewerten Sie den Zug 14. ... Se4!

Weiß hat die freiere Stellung, und daher wäre es für mich günstig, den Springer abzutauschen und damit gleichzeitig die Diagonale für meinen schwarzfeldrigen Läufer zu öffnen. Aber, sobald man den Springer nach e4 spielt, gibt Schwarz doch dem gegnerischen Springer Zutritt zum Feld d5. Allein dieser Umstand scheint auf den ersten Blick vollkommen ausreichend, den Zug 14. ... Se4 zu verwerfen. Ich kann aber stolz darauf sein, daß ich nicht auf das Offensichtliche hereinfiel, sondern wesentlich tiefer in den Stellungscharakter eindrang.

14. ... Se4!! 15. Sd5?! Ld5: 16. cd ed 17. Sd4:?!

Vermutlich ist 17. Tc7: de 18. De3: mit kompliziertem Spiel besser, aber mein Gegner merkt immer noch nicht, was Sache ist.
17. ... Dh4!
Die Idee der Falle erhellt wie ein Blitz die Szene: es ist für Weiß schwierig, den Punkt f2 zu verteidigen.
18. Tf1 Ld4: 19. ed Sd2 20. Tfe1
Jetzt versprach das einfache **20. ... Dd4:** eine Stellungsüberlegenheit für Schwarz. Schlecht wäre darauf sowohl die Antwort 21. Tcd1 Te2:! 22. Te2: Sf3+, als auch 21. Tc7: Sc5 mit der unabweislichen Drohung 22. ... Sd3.
Mich verdrießt es bis zum heutigen Tag, daß ich damals das Ganze verdorben habe, indem ich blitzartig, fast ohne zu überlegen, 20. ... Sf6? spielte, wodurch – nach 21. Tc7: – die Stellung erneut unklar wurde.

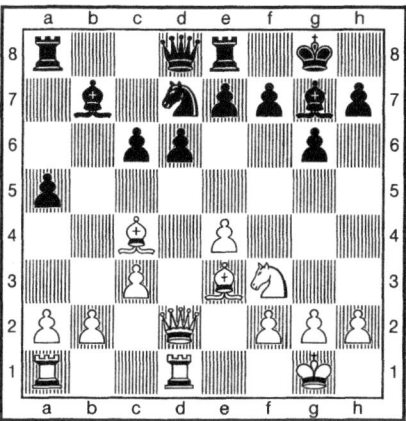

Diagramm 86

**Übung 1 – 29
Schwarz am Zug**

Logik oder Intuition

„Charakteristisch für die Jugend ist es, besonders stolz zu sein auf die weite, genaue und schnelle Berechnung von Varianten. Tal war schon damals berühmt für diese seine Begabung, ich aber wollte nicht zurückstehen."

Lew Polugajewski

Außerordentlich selten begegnet man einem Schachspieler mit einem universellen Spielstil, der gleich erfolgreich in jedem beliebigen Stellungstypus agiert.
Ein solcher Ausnahmespieler war Robert Fischer und – in seinen allerbesten Jahren – auch Boris Spasski. In aller Regel hat jeder Schachspieler, einschließlich führender Großmeister der Welt, die eine oder andere Unzulänglichkeit im Spielstil. In der einen oder anderen Spielsituation fühlt er sich nicht richtig wohl, mangelt ihm das nötige Selbstvertrauen. Ich war immer darum bemüht, den Schachspielern, die ich trainierte, zu helfen, ihre herausragenden Seiten weiterzuentwickeln und sich von ihren spezifischen Schwächen zu befreien (selbstverständlich, ohne dabei die ihnen eigene schöpferische Handschrift zu verleugnen).
Traditionell unterteilt man die Schachmeister in Kombinations- und Positionsspieler. Irgendwann einmal war es vielleicht relativ leicht, die Spieler nach diesem Kriterium zu unterscheiden, aber heute stellt sich die Sache vollkommen anders dar. Den reinen Positionsspieler oder reinen Kombinationsspieler gibt es nahezu nicht mehr. Darüber hinaus spricht diese Einteilung nur von den eigentlichen Spielhandlungen, sagt aber nichts über die Besonderheiten des individuellen Denkens aus.

Die Einteilung ist wenig informativ vom Gesichtspunkt der Auswahl der für den Schachspieler nötigen Trainingseinteilung und Trainingsinhalte. Außerordentlich groß sind schon die unterschiedlichen Vorgaben von Fall zu Fall, weitauseinanderliegend die Gewohnheiten, die entwickelt werden müssen, wenn es sich beispielsweise um zu erreichende Fortschritte auf dem Gebiete der Taktik handelt (Sie haben sich davon, wie ich hoffe, bereits überzeugen können). Genau so ist es aber auch, wenn Sie Ihre Fähigkeiten im Stellungsspiel verbessern wollen.

Produktiver erscheint es mir, die Unterschiede in der Art des Denkens zu untersuchen, auf welchem Weg der Spieler zu Entschlüssen gelangt – auf eine mehr intuitive oder eine logische Denkweise.

Großmeister mit intuitiver Einstellung wie etwa J. R. Capablanca, M. Tal, T. Petrosjan und A. Karpow fühlen ganz genau die allerkleinsten Nuancen einer Stellung, sie verfügen über allerschärfstes kombinatorisches Sehvermögen. Eher schwächer sind sie in der szenischen Ausgestaltung einer Partie, in der Strategie also; sie lieben es nicht allzusehr, Varianten exakt zu berechnen, und begehen mitunter Fehler, sobald es auf die Variantenberechnung ankommt. Die entgegengesetzten Pluspunkte finden sich zum Beispiel bei A. Rubinstein, M. Botwinnik, G. Kasparow. Sie finden tiefsinnige Pläne in der Eröffnung und in den nachfolgenden Stadien der Partien, sie denken diszipliniert, berechnen ihre Varianten korrekt. Aber mitunter verpassen sie unerwartete taktische Ideen, mitunter ist ihre übermäßige Geradlinigkeit unzulänglich für die Wahrnehmung der Wendepunkte des Kampfes.

Es versteht sich von selbst, daß das ganze nur ein sehr grobes Schema ist. Gewöhnlich ist die Diagnose, die ich für einen Schachspieler stelle, mit dem ich mich beschäftige (ganz egal, ob es sich um einen jungen Meisterkandidaten oder um einen Großmeister handelt) wesentlich vielschichtiger, beinhaltet mehr an verschiedenen Parametern. Nichtsdestotrotz stellt die angegebene Klassifikation eine ganz wichtige und nützliche Grundlage dar.

Es ist klar, daß es für den Schachspieler des intuitiven Typs beispielsweise zweckmäßig ist, wenn man für ihn Übungen vorbereitet, die mit schwieriger Berechnung von Varianten verbunden sind, ihm also unbedingt Ausdauer, Geduld und konzentrierte Aufmerksamkeit abverlangen (eine Trainingszusammenstellung nach dieser Art half etwa A. Tschernin einen beträchtlichen Fortschritt zu erreichen, schnell den Weg von einem durchschnittlichen Meister hin zum Großmeister und zum Teilnehmer an Turnieren um die Kandidatur zur Weltmeisterschaft zu durchlaufen). Und für solche logisch denkenden Schachspieler wie zum Beispiel A. Jussupow kann man die Lösung von Beispielen empfehlen, die schnelles Auffassen der taktischen oder der positionellen Besonderheiten der Stellung erfordern.

Ich bin nicht überzeugt, daß Sie, verehrter Leser, sofort einverstanden sind mit allen oben angeführten Schlußfolgerungen und Bewertungen. Und zumindest wird Sie auf jeden Fall verwundert haben, welche Zuordnung Michail Tal zuteil wurde, daß er der Gruppe der Großmeister zugehören soll, bei denen es Probleme mit der Variantenberechnung gibt. Ich erinnere nur an das Markenzeichen, welches man in seiner Jugend dem Rigaer Großmeister oft zuerkannte: „Das Elektronengehirn Tal". Hier jedenfalls bedarf es der Erklärung.

Tal war ein genialer Schachspieler, der nach meiner Überzeugung alle seine Zeitgenossen an unerschöpflicher Phantasie, Erfindungsgabe und auch kollossaler Kühnheit, vollkommener Risikobereitschaft, innerer Freiheit in der Vornahme von Entscheidungen überragte. Es versteht sich, daß er befähigt war zur blitzartigen Aufspürung nicht nur verborgener Möglichkeiten, sondern auch aller dahinterstehender Varianten. Wenn er sie in Sekundenbruchteilen auf viele Züge vorausberechnete, machte er dies aber nicht immer mit der nötigen Akkuratesse. Indem er seinen intuitiven Eindrücken vertraute, hat Tal sich gewöhnlich losgesagt von der sorgfältigen und gewissenhaften Überprüfung der von ihm ausgedachten kombinatorischen Verwicklungen. Da sie genau dies wußten, haben solche Schachmeister wie etwa – nennen wir beispielsweise Viktor Kortschnoj oder Lew Polugajewski – nicht blindlings den Talschen Berechnungen geglaubt, sondern suchten in ihnen nach dem wunden Punkt und fanden dabei häufig genug erfolgreiche Widerlegungen Talscher Geniestreiche.

Die folgende Partie ist gewiß keine schlechte Illustration für die soeben getroffenen Feststellungen.

Polugajewski – Tal
Halbfinale der UdSSR-Meisterschaft, Tiflis 1956

1. d4 d5 2. c4 e6 3. Sc3 c5 4. e3 Sf6 5. Sf3 Sc6 6. a3 cd
(6. ... a6!?)
7. ed Le7 8. Ld3
Laut Theorie ist 8. c5 Se4 9. Lb5 stärker.
8. ... dc 9. Lc4: 0–0 10. 0–0 b6?!
(10. ... a6! nebst 11. ... b5)
11. Dd3 Lb7 12. Td1 Tc8 13. La2 Dc7 14. Lg5 Tfd8 15. De2

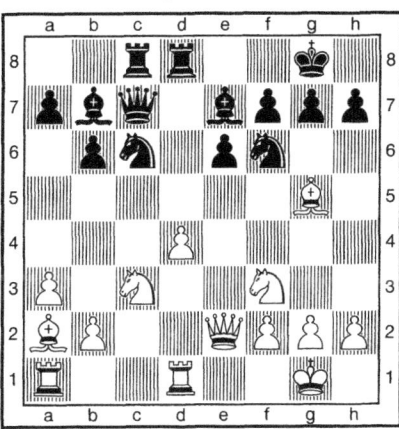

Diagramm 87

Zehn Jahre später bekam Tal die nämliche Stellung aufs Brett, aber diesmal mit den weißen Steinen gegen Brinck-Claussen bei der XVII. Schacholympiade in Havanna 1966. Sein Gegner antwortete passiv mit 15. ... Sd5?!, und nach 16. Sd5: ed 17. Dd3! Dd6 18. Le7: Se7: 19. Te1 Sg6 20. g3 Te8 21. h4! erreichte Weiß eine fühlbare positionelle Überlegenheit.

15. ... Sg4!
Im Vertrauen auf seinen Stil nutzt Tal die erste sich bietende Gelegenheit sich in kombinatorische Verwicklungen hineinzustürzen. Er stellt die konkrete Drohung 16. ... Sd4: 17. Td4: Lf3: auf, die als Antwort auf 16. Le6:? oder 16. h3? zur Ausführung gebracht wird. Im Falle von 16. Le7:? hat Schwarz die angenehme Wahl zwischen 16. ... Sd4: und 16. ... Se7:.

Frage 1–48 Welche aussichtsreichen Fortsetzungen hat Weiß zur Verfügung?

Aus den Kommentaren von Tal und Polugajewsky läßt sich schlußfolgern, daß nach ihrer Ansicht der in der Partie geschehene Zug 16. Sb5! der einzige war. Auf jeden Fall gibt es aber doch noch eine weitere interessante Idee: 16. d5!? Lg5:

17. h3!. Als Antwort kommt jetzt weder 17. ... Sce5? 18. Sg5: noch 17. ... Sf2:? 18. Kf2: in Frage. Richtig ist allein das kaltblütige 17. ... ed! 18. Sd5: Db8! (18. ... Sd4? 19. Td4: Ld5: 20. Ld5: Sf6 21. Lf7:+) 19. hg Te8. Weiß gelingt es nicht, einen konkreten Nutzen aus der aktiven Aufstellung seiner Figuren zu ziehen und das Spiel gestaltet sich demnach ausgeglichen (zum Beispiel 20. Dd3 Se5!).

16. Sb5!

Diagramm 88

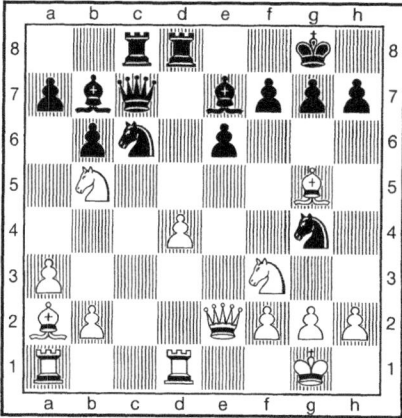

Jetzt ist 16. ... Db8? 17. Le6: schlecht. Schwarz stehen aber zwei taktische Möglichkeiten zur Verfügung: 16. ... La6 und 16. ... Sd4:.

Frage 1–49 Versuchen Sie beide Möglichkeiten zu berechnen oder zu analysieren.

Zunächst betrachten wir uns den Fortgang der Partie:
16. ... La6?! 17. De6: Lb5: (erzwungen) **18. Dg4: Le2 19. Le7: De7: 20. Te1**
Schwächer ist 20. Td2?! Lf3: 21. gf (21. Df3:? Sd4: 22. Dd1 Sf3+!) 21. ... h5.
20. ... Lf3: (20. ... Sd4: 21. Dd4:!) **21. Df3: Dd7 22. d5! Sd4 23. Dd3 Sc2 24. Lb1! Se1: 25. Dh7:+ Kf8 26. Lf5 Dd5:**

Bis jetzt entwickelten sich die Dinge forciert. Tal schreibt, daß er, als er die ganze Variante bis zum Ende durchgegangen war, damit rechnete, den Angriff des Gegners mittels 26. ... De8 27. Dh8+ Ke7 28. Te1:+ Kd6 abschlagen zu können, wonach Weiß an der Schwäche seiner Grundreihe zugrunde ginge. Ein wirklich sehr scharfsinniger Gedankengang, der aber leicht widerlegt wird durch das prosaische 27. Lc8:!. Als ich die Partien Tals studierte, merkte ich bald, daß sich ein derartiges Bild bei ihm oft wiederfindet. Er rechnet eine sehr lange Variante durch, findet in ihr glänzende Pointen, läßt sich davon in Begeisterung versetzen, und macht sofort ohne Zögern den ausgedachten Zug. Freilich beinhaltet eine solche unzulänglich ausgearbeitete Variante gewöhnlich ein „Loch", und zwar mitunter ein ziemlich primitives.

27. Te1: f6 28. Lc8: Tc8: 29. h4
Als Ergebnis der hübschen Verwicklungen hat Weiß einen Bauern mehr und damit ausgezeichnete Gewinnchancen. Allerdings begeht Polugajewski bereits im nächsten Zug einen Fehler und vergibt damit den verdienten Gewinn.

29. ... Td8 30. h5? (30. Te3! war richtig) **30. ... Dd3** Schwarz erzwingt den Abtausch der Damen. Es gibt einen pointierten Ausspruch von S. Tarrasch: „Turmendspiele sind immer remis."
31. Dd3: Td3: 32. Tc1 Tb3 33. Tc2 Kg8 34. g4 Kh7 35. Kg2 Kh6 36. f3 a5 37. Kg3 a4 38. Tc4 Tb2: 39. Ta4: Tb3 40. Ta8 Kh7 41. Kf4 b5 42. Ke4 Tc3 43. Ta5 b4 44. ab Tc4+ 45. Kf5 Tb4: 46. Ta7 Tb3 47. f4 Tb5+ 48. Ke6 Tb4 Remis.

Und jetzt wollen wir betrachten, was folgen konnte, wenn Tal im 16. Zug anders gespielt hätte. Machen wir uns zunächst mit seinem eigenen Originalkommentar vertraut:

„Hier gab es eine interessante Variante 16. ... Sd4: 17. Td4:! Lf3: 18. Td8:+ Ld8: 19. Sc7: Le2: 20. Se6: Lg5: 21. Sg5: Se5 22. f4 h6 23. fe hg 24. e6 Lc4 25. e7 La2: 26. Td1 (in unserer Jugend rechneten wir nicht schlecht, und diese Variante sahen wir beide)."

Zweifellos eine weite, tiefschürfende und hübsche Berechnung. Aber ich schlage vor, daß wir sie Zug um Zug nachprüfen, inwieweit sie auch korrekt ist.

Am Anfang freilich verläuft das Spiel forciert:

16. ... Sd4:! 17. Td4:! (17. Sbd4:? Td4: oder 17. ... Lg5: 18. Le6: Te8) **17. ... Lf3: 18. Td8:+.** Fehlerhaft ist 18. Df3:? Dh2:+ 19. Kf1 Tc2. Zu einer Zugumstellung führt 18. Sc7: Le2: 19. Td8:+ (19. Se6:? Lg5:! 20. Sd8: Td8:! 21. Td8:+ Ld8: 22. Te1 Lb5) 19. ... Ld8:.

Aber jetzt besteht erstmals die Möglichkeit, von der von Tal angegebenen Variante abzuweichen: 18. ... Td8:!? 19. Sc7: Le2: 20. Le7: (20. Se6: Td7) 20. ... Td7, und Schwarz gewinnt die Figur zurück.

18. ... Ld8: 19. Sc7: Le2: 20. Se6:!

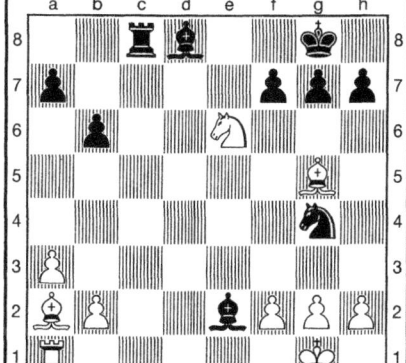

Diagramm 89

Von diesem Zeitpunkt an müssen wir alle Kandidatenzüge ganz besonders aufmerksam untersuchen. Natürlich ist 20. ... fe? 21. Le6:+ Kf8 22. Lc8: Lg5: 23. Te1 schlecht. Aber neben 20. ... Lg5: kann Schwarz auch 20. ... Lf6! spielen. Ungefährlich ist dann 21. Lf6: Sf6: 22. Sg5 Lh5 oder 21. Te1 Lc4. Auf den ersten Blick scheint 21. h3 stark im Hinblick auf die Fortsetzung 21. ... Se5? 22. Lf6: gf 23. Sd4 mit weißer Überlegenheit. Aber es findet sich ein rettender Zwischenzug für Schwarz 21. ... h6!, nach welchem Weiß gar nichts Zählbares hat.

Mittels der aufgefundenen Verteidigung ist es durchaus berechtigt, daß man bereits eine positive Schlußfolgerung hinsichtlich der Widerstandsfähigkeit der schwarzen Stellung nach 16. ... Sd4:! zieht. Aber nichtsdestotrotz, allein schon aus sportlichem Interesse, setzen wir unsere Analyse fort und betrachten, ob die Lage für Schwarz nach 20. ... Lg5: tatsächlich so schlecht aussieht.

20. ... Lg5: 21. Sg5: Se5

Im Falle des passiven 21. ... Sh6? 22. Te1 ist das weiße Stellungsübergewicht augenscheinlich. Allerdings verdient eine andere Fortsetzung Aufmerksamkeit: 21. ... Lc4!? 22. Tc1 b5 23. b3! Le6 24. Tc8:+ Lc8: 25. b4 Se5 (aber nicht 25. ... Sh6? 26. f3 nebst 27. Kf2) 26. f4 Sc4 (26. ... h6? 27. Se4, mit der Absicht Sd6) 27. Lc4: (schwächer ist 27. a4 Sd6!) 27. ... bc. Die Stellung von Weiß ist zu bevorzugen, aber ich meine, daß Schwarz durchaus noch berechtigterweise auf Rettung hoffen darf.

Aber ist es denn überhaupt notwendig, daß man den Bauern f7 verteidigt? Außerordentlich verlockend sieht 21. ... Tc2!? aus.

22. f4 h6 (22. ... Sc4? 23. Te1) **23. fe hg 24. e6.** Selbst hier ist noch nicht alles klar. Man darf sich lediglich nicht auf die von Tal angegebene Kombination verlas-

sen: 24. ... Lc4? 25. e7 La2: 26. Td1. Fehlerhaft sind auch die Fortsetzungen 24. ... f6? 25. e7+ Kh7 26. Le6! Te8 27. Te1 oder 26. ... Tb8 27. Lf7 Lb5 28. Td1 nebst 29. Td8. Richtig ist jedoch **24. ... Kf8! 25. ef** (25. e7+ Ke8) **25. ... Tc2**, mit der Absicht 26. ... Tb2: oder 26. ... Lc4. Möglich ist desweiteren auch 25. ... Lh5 26. Tf1 Tc7.

Erinnern Sie sich bitte nun an die Frage, wie Tal seine Varianten berechnet. Kann man also sagen, daß er dies grundsätzlich schlecht macht? Nein, natürlich kann man dies in so einfachen Worten nicht sagen. Kennen Sie etwa viele Schachspieler, die fähig sind, so viele Züge vorauszurechnen? Man kann aber auch nicht sagen, daß er es immer und uneingeschränkt gut macht – allzu unzuverlässig erweisen sich bei genauer und gewissenhafter Untersuchung seine langen und hübschen Varianten.
Überhaupt wollen wir keine vorschnellen Schlußfolgerungen anstellen.
Um objektiv über das Spiel eines der größten Meister in der Geschichte des Schachs, und ein solcher war Michail Tal ohne Frage, urteilen zu können, ist ein einziges Beispiel natürlich nicht genug. Ich hoffe, nochmals auf die Untersuchung von Partien Tals zurückkehren zu können, wenn ich ein Buch über Angriffe, das Risiko und problematische Opfer schreiben werde.

Die Überprüfung der Übungen

„Wenn man einem Schachspieler einen Zug zeigt, der gewaltig aussieht, in Wirklichkeit aber nur ein Bluff ist, und wenn er unter dem ersten Eindruck dem Zug ernstlich glaubt, dann wird er sich tief verletzt fühlen, wenn der Bluff aufgeklärt ist, und es wird lange dauern, bis dieses Gefühl abebbt."

Emanuel Lasker

Es sind jetzt schon viele Jahre, daß ich mir eine Kartei an Übungen ansammele in der Absicht, bestimmte Gewohnheiten des Denkens zu entwickeln und Methoden der Kampfführung zu entfalten, die für den Schachpraktiker unverzichtbar sind. Die Beispiele, die in die Kartei aufgenommen werden sollen, müssen ganz speziellen, ziemlich hohen methodischen und ästhetischen Ansprüchen genügen.
Wenn ich die Schachliteratur durchsehe, Zeitschriften, Bücher, *Informatoren* (vor allem gut kommentierte Partien und Partieabschnitte), so halte ich inne bei interessanten und gehaltvollen Situationen, die in Partien oder in Übungsbeispielen auftauchen können. Ich denke dann darüber nach, für welchen speziellen Zweck dieses oder jenes Stellungsbild mir dienen könnte, in welchen Teil meiner Kartothek ich es einordnen soll. Danach beginnt eine sorgfältige, gewissenhafte Überprüfung, in derem Verlauf es vorkommt, daß zumindest in etwa der Hälfte der Fälle ein Beispiel aus irgendeinem Grunde aus der Sammlung ausgesondert werden muß. Falls aber alles in Ordnung ist, findet das

Beispiel Eingang in meine Kartothek und wird für eine Zeit Verwendung finden als Übung. Dort aber unterliegt es einer neuerlichen Überprüfung, manchmal einer noch strengeren. In einer Vielzahl an Fällen haben meine Schutzbefohlenenen, indem sie die Aufgaben lösten, in ihnen bestimmte Defekte gefunden, von denen ich zuvor keine Ahnung hatte. Im Ergebnis mußte man dann entweder das Beispiel aus der Kartothek ausschließen oder es im Hinblick auf seine Aufgabenstellung wesentlich umarbeiten.

Einige Beispiele zur Verdeutlichung.

Bartrina – Ghitescu
Olot, 1974

Diagramm 90

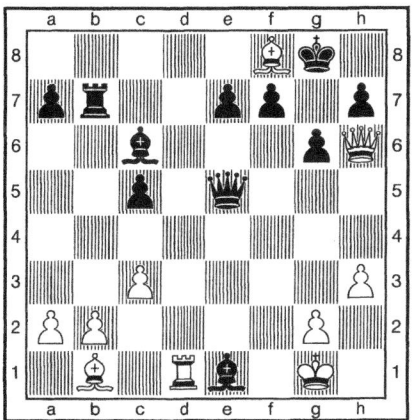

Frage 1–50 Wie sollte die Partie enden?

Fehlerhaft ist 1. Td8? Lf2+! 2. Kf2: Tb2:+ und gewinnt. Weiß machte eine Kombination, die sich gleich mehrerer taktischer Motive bediente.

1. Lg7! Lf2+ 2. Kf1!
Es geht weder 2. Kf2:? Tb2:+, noch 2. Kh1? Lg2:+! 3. Kg2: Dg3+ 4. Kf1 Dg1+ 5. Ke2 Tb2:+.
2. ... Lb5+ (2. ... Lg2:+ 3. Kf2:! Tb2:+ 4. Kg1)
3. Kf2: De2+ 4. Kg3 Dd1: 5. Lh8! Dd6+ 6. Kf2. Schwarz gab auf.

Allerdings konnte Schwarz dem Untergang entgehen, wenn er die kaltblütige Verteidigung 1. ... f6! gewählt bzw. gefunden hätte. Jetzt führt 2. Lh8 zu ewigem Schach nach 2. ... Lf2+ 3. Kf1 Lb5+ 4. Kf2: De2+ 5. Kg3 De5+, denn Weiß hat nichts anderes. Möglich ist auch die Zugumstellung: 1. ... Lf2+ 2. Kf1 f6!

Die Widerlegung muß nicht unbedingt einen konkreten, taktischen Charakter haben – manchmal reicht es einfach aus, wenn man eine Stellung vernünftig betrachtet und sorgfältig beurteilt.

Stein – Bronstein
Moskau 1971

Diagramm 91

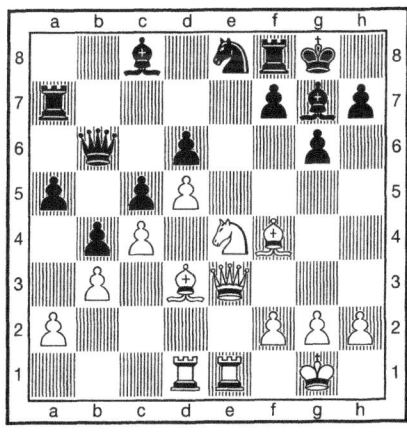

Frage 1–51 Wie soll Weiß fortsetzen?

Leonid Stein führte eine Kombination aus, die auf der Schwäche der gegnerischen Grundreihe beruhen sollte.
22. Sc5:
Großmeister R. Keene, der in seinem Buch, das dem schöpferischen Schaffen Steins gewidmet ist, diese Partie anführt, versieht

diesen Zug mit zwei Ausrufezeichen. Ich würde das erste davon lieber durch ein Fragezeichen ersetzen.

22. ... dc (Anm. d. Bearbeiters: Nach 22. ... Dc5: 23. De8: Le5 müßte Weiß, um den Läufer zu retten, 24. De5: spielen und die Dame gegen 2 leichte Figuren plus 2 Bauern geben.) **23. De8: Lg4!.** Zum Matt führte 23. ... Te8:? 24. Te8:+ Lf8 25. Lh6. Hoffnungslos wäre die Lage von Schwarz auch nach 23. ... g5? 24. Lg5: (24. De4? f5) 24. ... Te8: 25. Te8:+ Lf8 26. Tc8: Kg7 27. Te1. Der Zwischenzug, der den Läufer aus dem Schlagbereich entfernt, verändert die Situation grundlegend. Bei einem Wegzug des Turms folgt 24. ... g5 25. Lg5: Te8:. Falls 24. f3, dann geschieht 24. ... Ld4+ 25. Kh1 Te8: 26. Te8:+ Kg7 27. fg h6 oder 27. ... a4. Folglich ist Stein gezwungen, in ein schwieriges Endspiel überzugehen.

24. Db5! Db5: 25. cb Ld1: 26. Td1: (es droht 27. b6) **26. ... Tb7!**

Diagramm 92

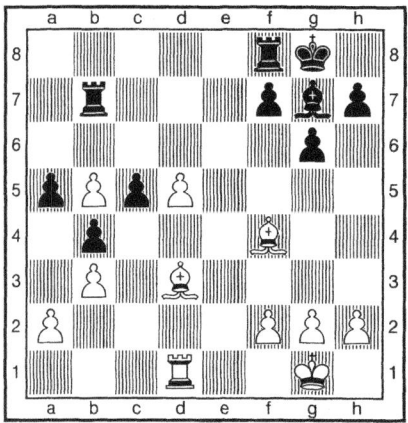

Obgleich Weiß nur einen einzigen Bauern für die Qualität hat, liegt die Initiative dennoch auf seiner Seite, in nicht geringem Umfang aufgrund des starken Läuferpaars. Die gegnerischen Türme sind verpflichtet, die weißen Freibauern unbedingt unter Kontrolle zu halten.

Im weiteren Kampfverlauf errang Stein den Sieg. Unsere Einschätzungen werden häufig stark durch das Endresultat einer Partie vorgeprägt, daher ist es nicht so sehr verwunderlich, daß – oberflächlich betrachtet – das Endspiel für Weiß gewonnen erscheint. Aber das ist eine stark übertriebene Einschätzung. Großmeister Dolmatow gab eine wesentlich differenziertere Beurteilung zur Stellung ab: auf jeden Fall hat die Kombination Stein keinen Vorteil beschert, Schwarz verlor nur aufgrund nachfolgender Fehler.

27. Te1 Td8 28. Lc4 Lf8 29. Kf1 Kg7 30. a3 ba

Eine umstrittene, wenngleich vollkommen mögliche Entscheidung. Einfacher hat es Schwarz nach 30. ... Ld6.

31. Ta1 Ld6 32. Ld2 Lc7 (Beachtung verdiente 32. ... Tdb8 33. Ta3: Tb5:) **33. Ta3: Ta7 34. Le3 Lb6?!** Stärker war 34. ... Ld6, selbstverständlich ohne 35. b4? zu fürchten wegen 35. ... cb.

35. Ke2 Kf6 36. Kd3 Ke5?
In solchen Stellungen muß man unbedingt h7–h5 spielen, um die Einschnürung am Königsflügel zu verhindern.

37. Ta1 Kf6 38. g4! Kg7 39. g5! Tad7 40. h4 Kf8 41. h5!

Nachdem sich nun für Weiß aktive Möglichkeiten auf beiden Seiten des Brettes aufgetan haben, wurde die Verteidigung für Schwarz außerordentlich schwierig.

41. ... Td6 42. Th1 T6d7 43. Th4! Ta8 44. hg fg 45. Tf4+ Tf7 46. Tf7:+ Kf7: 47. d6+ Ke8 48. Ld5 Tc8 49. Lc6+ Kf7 50. Kc4 Ke6 51. Lc5: Lc5: 52. Kc5: Tf8 53. Ld5+ Kd7 54. f3 Th8 55. Lc6+ Ke6 56. b6 Td8 57. b7 Tb8 58. f4

Schwarz gab auf.

Aber jetzt kehren wir wieder zu der Stellung zurück, mit der wir begonnen haben. Es ist ganz offensichtlich, daß Weiß einen

beträchtlichen positionellen Vorteil hat. Weiß könnte etwa fortsetzen mit 22. Dg3! (der Angriff auf den Bauern d6 verhindert den Zug 22. ... Lf5 und zwingt den gegnerischen Turm eine ungünstige Stellung auf d7 oder a6 einzunehmen) 22. ... Td7 23. h4. Indem Stein die Verwicklungen herbeiführte, verspielte er einen beträchtlichen Teil seines Vorteils. Er machte also eine typische Kombination um der Kombination willen (ein Ausdruck Simagins, den ich bereits im ersten Kapitel des Buches erwähnt habe). Übrigens ist es gut möglich, daß Großmeister Stein lediglich die starke Replik 23. ... Lg4!, die Bronstein auf Lager hatte, übersehen bzw. unterschätzt hatte.

Sie sollen nicht glauben, daß mich bei der Betrachtung einer fremden Analyse sofort der Jagdinstinkt packt, daß ich den unbedingten Wunsch hege, diese zu widerlegen. Einfach deshalb, damit die Übung einwandfrei ist, so daß sie bei der Lösung einen starken Eindruck hinterläßt, muß sie im voraus auf die Korrektheit hin genau untersucht sein. Und ich bin nur froh, wenn ein Beispiel der Prüfung standhält.

Keres – Benkö
Kandidatenturnier, Jugoslawien 1959

Diagramm 93

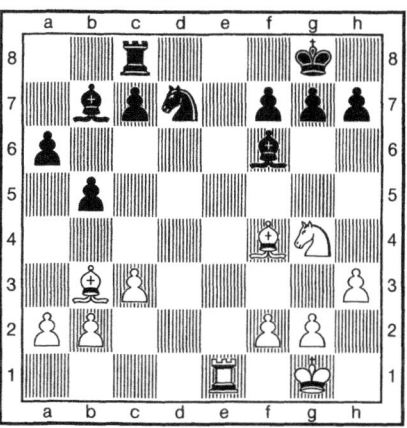

Frage 1–52 Wie soll Weiß hier fortsetzen?

Paul Keres fand einen stillen Zug von furchtbarer Kraft: **20. Lc2!!**. Wie soll sich Schwarz gegen die Drohung 21. Lf5 verteidigen? In allen Varianten verliert Schwarz zumindest einen Bauern, man sehe zum Beispiel: 20. ... h5 21. Lf5 (gut ist auch 21. Sf6:+ Sf6: 22. Lf5) 21. ... hg 22. Ld7: Td8 23. Lg4: oder 20. ... Ld5 21. Lf5 Le6 22. Te6:!. In der Partie folgte **20. ... g6 21. Td1**, und Schwarz gab auf.

Vollkommen überzeugend, dieser Partieschluß, nicht wahr? Trotzdem war es notwendig festzustellen, ob Weiß nicht auch noch einen anderen, vielleicht noch effektvolleren Weg zur Erlangung eines entscheidenden Vorteils hat. Das Vorhandensein einer zweiten Lösung würde den ästhetischen Eindruck, den die Übung macht, natürlich wesentlich beeinträchtigen.

Nach 20. Sf6:+ Sf6: 21. Te7 Sd5 gleichen sich die Chancen aus, zumal die Kombination 22. Td7 Sf4: 23. Tf7: nur zu einem Remis führt: 23. ... Se2+ 24. Kf1 Sc1 25. Le6 Te8 26. Te7+ Kf8.

Stärker sieht 20. Td1 aus. Auf 20. ... Lc6 wäre dann 21. Lc2 h5 22. Sf6:+ gf 23. Lf5 möglich. Schwarz muß also antworten mit 20. ... Sc5 21. Lc2 Le4 22. Sf6:+ gf 23. Le4: Se4:. Es versteht sich, daß die Stellung für Weiß günstig ist, aber das Erreichen eines konkreten Vorteils ist gar nicht leicht: 24. Td7 Sc5 25. Tc7: Tc7: 26. Lc7: Sa4 oder 24. Lh6 Sd6 25. g4 (um dem Zug 25. ... Sf5 zu vorzubeugen) 25. ... f5 mit nachfolgendem f7–f6 nebst Kf7 usw.

Die ausgeführte Analyse zeigt uns, daß der Zug, den Keres gewählt hat, wirklich der allerstärkste war, das heißt, die Übung ist in vollem Umfang korrekt.

**Browne – Ljubojevic
Tilburg, 1978**

Diagramm 94

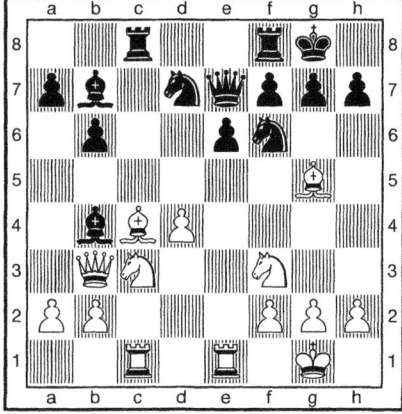

Frage 1–53 Finden Sie die stärkste Fortsetzung für Weiß und berechnen Sie diese exakt!

Es bietet sich 14. d5 an, aber L. Ljubojevic hatte sich darauf eine starke Antwort – 14. ... Dc5! – zurechtgelegt. Nach 15. de (15. Sa4 Da5 16. de Le1: 17. ed Sd7:, und die weißen Figuren hängen in der Luft) 15. ... Dc4: 16. ed Sd7: ist die schwarze Stellung vorzuziehen.
Im Falle eines anderen Standardzuges – 14. Se5 – sieht 14. ... Se5: 15. de Dc5 zweifelhaft aus, aber gut spielbar wäre das einfache 14. ... Lc3: nebst 15. ... Dd6.
Browne fand eine vortreffliche Lösung:
14. Ld5!! La6
Ganz schlecht ist 14. ... Ld5: 15. Sd5:, aber auf den Zug 14. ... Lc3:!? werden wir noch einmal zurückkommen.
15. Da4 Lc3:
Annähernd zu dem selben Ergebnis führte auch 15. ... La5 16. a3 Lc3: 17. bc Sb8 18. La2 Dd7 19. Dc2.
16. bc Sb8 17. Lb3

Weiß hat ein klares Stellungsübergewicht erreicht. Seine Figuren stehen beträchtlich aktiver, der Läufer a6 ist nicht leicht wieder ins Spiel zu bringen angesichts der Schwäche des Bauern a7.
17. ... b5 (17. ... Dd7 18. Da3) **18. Da5 Db7?** (besser ist 18. ... Dc7) **19. Lf6: gf 20. d5.** Jetzt ist der Zeitpunkt gekommen für den programmgemäßen thematischen Bauerndurchbruch im Zentrum.
20. ... ed 21. Db4 Dd7 22. Dh4 Kg7 23. Sd4 Es droht 24. Lc2. Schwarz gab auf.

Nach den Anmerkungen im *Schach-Informator* zu urteilen hat Ljubojević von 14. ... Lc3: (als Antwort auf 14. Ld5!!) Abstand genommen wegen der möglichen Fortsetzung 15. Lb7: Le1: 16. Lc8: La5 17. Ld7: Dd7: 18. Lf6:, und Weiß steht überlegen.
Aber ihm stand eine interessante taktische Möglichkeit zur Verfügung 16. ... Lf2:+!? 17. Kf1! (17. Kf2:? Se4+) 17. ... Ld4:! 18. Sd4: Sc5.
Schwarz gewinnt zwar eine Figur zurück, aber verliert sie sofort wieder: 19. Df3 Tc8 20. b4 Dd7 21. Lf6: gf 22. Dg4+ Kh8 (oder 22. ... Kf8) 23. bc.

Diagramm 95

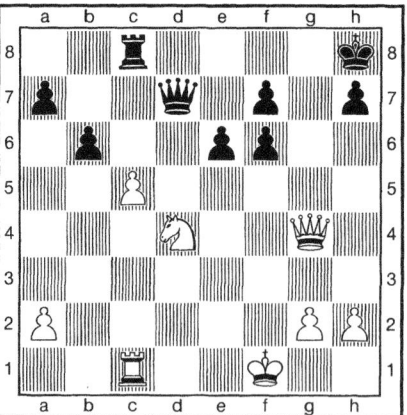

Diese Stellung wird ziemlich zwangsläufig erreicht. Nach 23. ... Tc5: hat Weiß die Auswahl zwischen 24. Tc5: bc 25. Sb3 und 24. Td1 Td5 25. Td3. Obgleich auf dem Brett rein rechnerisch ein materielles Gleichgewicht existiert (drei Bauern für die Figur), sind die weißen Chancen, wie mir scheint, höher einzuschätzen. Das bedeutet, daß es uns nicht gelungen ist, den Gedanken Brownes zu widerlegen.

Wenn man in Rechnung stellt, daß in der Ausgangsstellung normale Wege Weiß keinen Vorteil gebracht hätten, muß man anerkennen, daß die von ihm vorgenommene Aktion vollkommen berechtigt war.

Ein ganz und gar ungewöhnlicher taktischer Schlagabtausch fand in der folgenden Partie statt.

**Nowikow – Nikolajew
Charkow, 1968**
1. d4 d5 2. c4 dc 3. Sf3 Sf6 4. e3 Lg4 5. Lc4: e6 6. Sc3 a6 7. a4? Sc6 8. h3 Lh5 9. g4?! Lg6 10. Sh4 Lb4 11. Sg6: hg 12. Df3

Diagramm 96

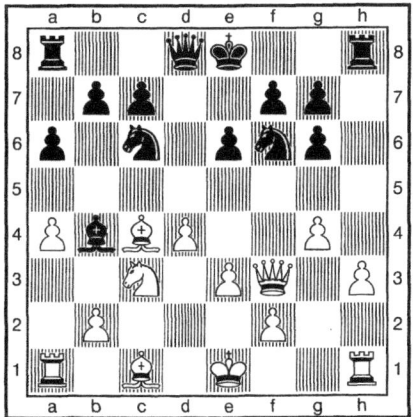

Frage 1–54 Berechnen Sie den Zug **12. ... e5.**

Weiß hat die Eröffnung ungenau behandelt, seine Stellung ist bereits etwas gelockert. Um diesen Umstand zu unterstreichen, war es möglich, einfach 12. ... Sa5 13. La2 c5 zu spielen. Aber die Aufmerksamkeit von Schwarz fiel auf einen energischeren, wenngleich auch zweischneidigen Plan **12. ... e5!?**. Indem er unmittelbar das weiße Zentrum angreift, erweitert Schwarz gleichzeitig den Aktionsradius des Läufers c4 und schwächt seinen neuralgischen Punkt f7. Es bedarf folglich einer ganz genauen Berechnung.

Das vorsichtige 13. d5? führt nach 13. ... e4! 14. De2 Se5 zu einem klaren Übergewicht von Schwarz. Im Falle von 13. de?! Se5: 14. Db7: Tb8 (natürlich nicht 14. ... Lc3:+ 15. bc Sc4:? 16. Dc6+ nebst 17. Dc4:) geht 15. Da6:? Tb6 16. Lb5+ c6 nicht, aber nach 15. Dg2 ist die Kompensation für den geopferten Bauern mehr als ausreichend, zum Beispiel 15. ... Tb6 (stark ist auch 15. ... 0–0) 16. Le2 Sd3+ 17. Kf1 (17. Ld3: Dd3: 18. Da8+ Ke7 19. Dh8: Td6) 17. ... Te6 18. g5 Lc3: 19. bc Se4 mit Überlegenheit für Schwarz.

13. g5! ed! 14. gf (auf 14. ed ist sowohl 14. ... Sd4: als auch 14. ... Dd4: gut) **14. ... dc 15. fg cb+.**

Diagramm 97

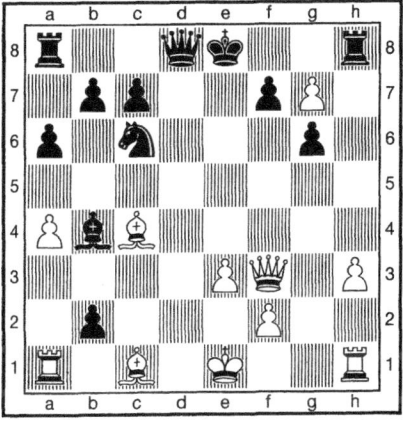

Die Situation entwickelte sich nahezu irrational: Schwarz sieht sich einer einzügigen Mattdrohung ausgesetzt, und jeweils ein Bauer beider Seiten steht an der Schwelle zur Umwandlung in die Dame.

16. Ke2 Die Sache scheint für Schwarz schlecht zu stehen: wie wendet man die Drohung 17. Df7 matt und gleichzeitig 17. ghD+ ab. Es hilft auch nicht 16. ... Sd4+ 17. ed De7+ wegen 18. Le3.

16. ... Dd3+!!
Diese bemerkenswerte Ressource mußte Schwarz unbedingt schon ganz am Anfang voraussehen, als er seinen 12. Zug ausführte.

Als ich den schwarzen Plan überprüfte, wendete ich meine Aufmerksamkeit auch dem Zug 16. Kf1 zu (anstelle von 16. Ke2) und entdeckte, daß der Gegenschlag 16. ... Dd3+ jetzt seine Kraft verliert: 17. Kg2! baD 18. Df7:+ Kd8 19. g8D+ Tg8: 20. Dg8:+ Kd7 21. De6+ Kd8 22. Ld3: mit weißer Überlegenheit. Allerdings fand sich ein anderes glänzendes Damenopfer: 16. ... Dd1+!! 17. Dd1: baD 18. ghD+ Dh8: und Schwarz verbleibt mit einem Mehrbauern. Ein unikaler Fall: zwei Damenopfer auf zwei verschiedenen Feldern gleich nach dem Ausgang der Eröffnung.

17. Ld3: (schlechter ist 17. Kd3: 0-0-0+ nebst 18. ... baD) **17. ... baD 18. ghD+ Dh8:.** Schwarz ist mit einem Bauern mehr aus den Verwicklungen hervorgegangen. Freilich hat der Gegner dafür in einem gewissen Grad positionelle Kompensation erhalten.

19. Le4 Dc3 20. Lc6:+ Dc6: 21. Dc6:+ bc
Indem er jetzt mit 22. h4! fortsetzt, um seinen isolierten h-Bauern abzutauschen, erhält Weiß realistische Remischancen.

Die glänzende Kombination von Schwarz war vollkommen korrekt, aber ich bin nicht davon überzeugt, daß es sich auch um die objektiv stärkste Fortsetzung handelte.

Daher stellte ich die Stellung als eine Art Übung zum Training der Phantasie und zur Vervollkommnung der Variantenberechnung vor. Zweckmäßig und folgerichtig verwende ich also die Fragestellung in der Form, wie sie Ihnen auch hier zu Beginn der Kombination aufgegeben war.

Diagramm 97

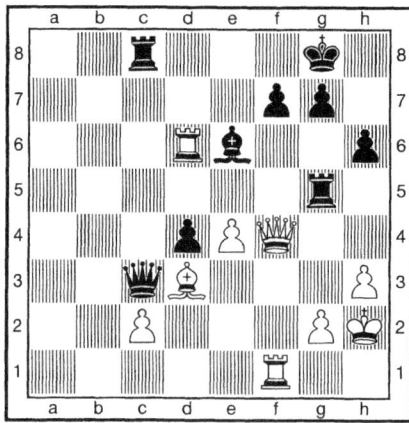

Übung 1-30
Weiß am Zug. Was würden Sie spielen?

Diagramm 99

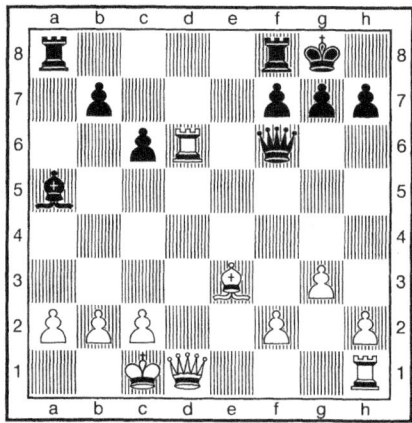

Übung 1-31
Schwarz am Zug. Nach Prüfung der Varianten bewerten Sie die Stellung!

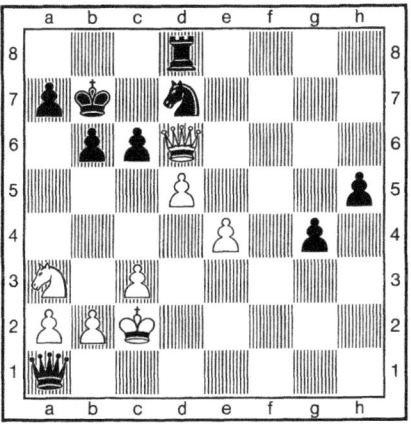

Diagramm 100

In der Partie folgte 31. ... Tf8? 32. dc+ Ka8 33. cd Tf2+ 34. Kb3 Db2+ 35. Ka4 Schwarz gab auf.
Beträchtlich stärker ist **31. ... Sc5!**, wonach 32. dc+? Kc8 ein Fehler wäre.

Übung 1–32 Berechnen Sie die Fortsetzungen 32. Dc6:+ und 32. Dd8:.

Ist die Aufgabe lösbar?

Das folgende Schlußspiel einer alten Partie kommt in zahlreichen Schachbüchern vor:

Über der Stellung des schwarzen Königs ziehen sich dicke Gewitterwolken zusammen. Der von Schwarz gewählte Zug **1. ... Db2:!!** sieht wie ein reiner Verzweiflungszug aus – welche Bedeutung sollte in der gegebenen Situation denn dem Bauern b2 zukommen?
Aber die Sache ist ganz und gar nicht so einfach wie es auf den ersten Blick scheint. Die schwarze Dame arbeitet vom Feld b2 aus nicht schlecht mit den anderen Figuren zusammen, sie hilft dabei, die unmittelbaren Drohungen auf der 8. Reihe und gegen die schwachen dunklen Felder auf dem Königsflügel abzuwehren. Zum Beispiel führt das geradlinige 2. Te5:? Te5: 3. Df6 nicht zum gewünschten Ziel wegen 3. ... Db1+ 4. Kg2 De4+ mit Dauerschach (nach dem erzwungenen 5. Kg1).
Im Falle von 2. c4? ist der Läufer auf e5 von der Dame gedeckt, daher gibt es für Schwarz nun die Antwort 2. ... Td8 (droht 3. ... Lg7) 3. De4(e3) f6, und für Schwarz ist die Welt wieder in Ordnung.

Frage 1–55 Kann Weiß aber nicht mittels 2. Df6 gewinnen?

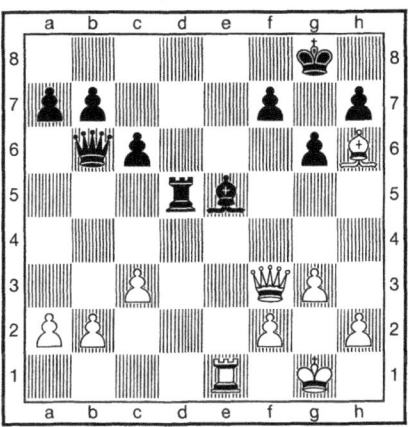

Diagramm 101

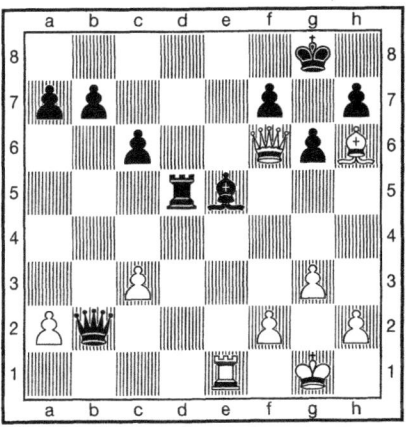

Diagramm 102

Genau diese verlockende Fortsetzung wählte Weiß in der Partie und nach **2. Df6?! Dc3:? 3. Dg7+! Lg7: 4. Te8+** konnte er dem Gegner bereits das Matt ankündigen. Später jedoch wurde eine glänzende Verteidigung für Schwarz gefunden: 2. ... Dc1!! 3. De5:! Dh6:! 4. Db8+ Kg7 5. Db7: Dd2 mit annähernd gleichen Chancen, weil jetzt etwa 6. Te7? nicht gut ist wegen 6. ... Tf5 7. Da7: c5!.

Nachdem ich mich mit diesem Schlußspiel vertraut gemacht hatte, begann ich, mir zu überlegen, welche Aufgabenstellung ich daraus ableiten könnte. Eine der denkbaren Aufgaben steht im Zusammenhang mit der Entwicklung der Phantasie und der Aufmerksamkeit für Gegenchancen des Partners, wie Sie sie gerade eben gelöst haben. Eine Übung, die in der Formulierung der Fragestellung aber bereits darauf hinweist, daß man nach Ressourcen bei Schwarz suchen soll, erleichtert die Lösung der Aufgabe.

Gelänge es für Weiß nach 1. ... Db2: einen klaren und eindeutigen, einzigen Weg zum Gewinn zu finden, so wäre es möglich, ohne die Einführungsfrage auszukommen, und die Stellung ganz einfach vorzulegen zur Lösung der Aufgabe mit Weiß am Zug. In diesem Falle erhält man eine extrem schwierige Aufgabe zum Thema des Erkennens gegnerischer Ressourcen.

Ohne speziellen Hinweis zu vermuten, daß es eine effektvolle Widerlegung des Zuges 2. Df6?! gibt, diese Fortsetzung zu entdecken, die den Zug widerlegt und dann einen andren Zug zu wählen, der stärker ist, dazu wäre wohl bei weitem nicht jeder Großmeister fähig.

Das ist eine Aufgabe, die man nicht allein im Kopf lösen bzw. bewältigen kann, sondern sie erfordert eine ganz ernsthafte Analyse, daher empfehle ich, daß Sie die Figuren auf dem Schachbrett bewegen sollen. Sie müssen Ihre Aufmerksamkeit konzentriert auf die Kandidatenzüge beider Seiten richten!

Wenn wir uns an das Kapitel mit der Überschrift „König, störe nicht den Angriff!" erinnern, beginnen wir die Überprüfung der Stellung mit dem Zug 2. Kg2, der die Drohungen Df3–f6 und Te1×e5 erneuert. Schlecht ist darauf natürlich 2. ... f6? 3. Te5:. Die einzige Verteidigung lautet: 2. ... f5! Weiterhin sind dann folgende Varianten möglich:

a) 3. c4 Ta5! (schwächer ist 3. ... Td7 oder 3. ... Td8 wegen 4. De3) 4. Td1 (4. Dd3 Dd4; 4. Lf4 Dd4, aber nicht 4. ... Kf7? 5. De3 Kf6 6. c5 mit Gewinn) 4. ... Dc2! mit der Drohung De4. Hätte er habgierig 4. ... Ta2: gespielt, würde Schwarz verlieren 5. Td2 Db1 6. Ta2: Da2: 7. Dd3.

b) 3. Lf4 Lf4:! (3. ... Dc3:? 4. Te5:; auf 3. ... Lc3: oder 3. ... Lf6 entscheidet 4. Te8+ Kf7 5. De3) 4. Df4: Dd2! 5. Te8+ (5. Te3 Td8 mit nachfolgendem Dd7) 5. ... Kf7 6. Db8 Td7!, und falls 7. Th8, dann 7. ... Kf6 oder 7. ... Dd5+ 8. Kh3 Kf6.

Offengestanden hat mich die Schlußfolgerung, daß der Zug 2. Kg2?! unzureichend für den Gewinn ist, zunächst gefreut, weil ich bereits eine andere – wie mir schien – sehr starke Möglichkeit für Weiß sah: 2. De3.

Frage 1–56 Finden Sie in der Diagrammstellung die stärkste Fortsetzung für Weiß!

Diagramm 103

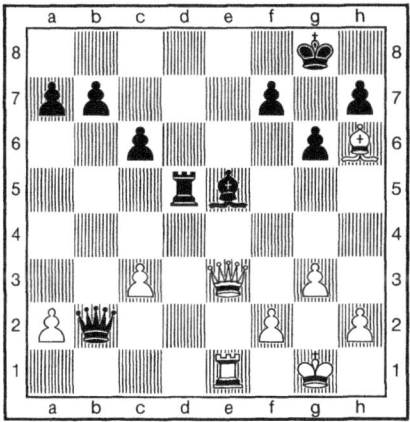

Weiß stellt damit gleichzeitig drei Drohungen auf: 3. f4, 3. c4 und 3. Da7:. Nach 2. ... f6 wäre 3. f4? Td2! 4. fe Th2: 5. Df3 Th6: fehlerhaft, aber das einfache 3. Da7: hält die weiße Übermacht fest.

Zumindest ein ganzes Jahr lang glaubte ich, daß die Lösung damit gefunden sei, und stets verwendete ich diese Aufgabe bei den Schulungs- und Trainingseinheiten. Aber eines Tages lenkte einer der Studenten des auf Schach spezialisierten Instituts der Sporthochschule (wo ich damals unterrichtete) meine Aufmerksamkeit auf die feinsinnige Verteidigungsidee 2. ... Da3!!, welche alle unmittelbaren weißen Drohungen pariert, man sehe zum Beispiel 3. f4 Lg7 4. De8+ Df8 oder 3. c4 De3: 4. Te3: Ta5 5. f4?! Ld4.

Als gefährlicher erweist sich der Vorbereitungszug 3. Kg2!, wonach man folgende Varianten im Auge hat 3. ... b5? 4. c4! De3: 5. Te3: bc 6. f4 mit Gewinn oder 3. ... Lg7? 4. Da7:! Df8 5. Lg7: Kg7: 6. Db7: mit Bauerngewinn für Weiß.

Aber Schwarz kann sich mit 3. ... f6! unter Figurenopfer verteidigen: 4. f4 Kf7 (auch sofortiges 4. ... Da2:+ verdient Aufmerksamkeit) 5. fe Te5: 6. Dd2 Te1: 7. De1: Da2:+.

Die Situation begann mich an einige alte Mathematikaufgaben zu erinnern, in denen der Schüler nach langem erfolglosem Nachdenken letztendlich bei den Lösungen nachgesehen hat und dort mit Verwunderung las: „Die Aufgabe ist nicht lösbar."

Trotzdem – bevor ich aufgab, begann ich nachzudenken, ob wir nicht doch einen der Kandidatenzüge ausgelassen haben. Es gibt zum Beispiel noch die Möglichkeit 2. h4 mit der Drohung 3. Te5:. Freilich würde man dann nach 2. ... f5! nahezu die gleichen Varianten erhalten, wie nach 2. Kg2 und nichts weiter erreicht haben.

Es blieb nun noch eine Möglichkeit, die wohl auch die stärkste ist – der Versuch, dem Zug f7–f5 vorzubeugen mittels **2. g4!!**. Es droht 3. Te5: Te5: 4. Df6 Db1+ 5. Kg2 De4+ 6. Kg3 Dd3+ 7. f3. Falls 2. ... Dc2, dann ist die Antwort 3. De3! äußerst unangenehm. Die beste Verteidigung ist gleichwohl **2. ...f5!**, und das geradlinige 3. gf brächte Weiß jetzt nichts ein wegen 2. ... Dc3: 3. Te3 Dc2!, aber der Zwischenzug **3. c4!** versetzt Schwarz in eine schwierige Lage.

Also, es existiert doch eine Lösung für die Aufgabe. Aber letztlich ist ein solcher Zug wie 2. g4!! in einer gespielten Partie praktisch nicht zu finden – er taucht allenfalls als Ergebnis einer langwierigen Analyse auf (wie es in der Tat der Fall war). Aber die Aufgaben, die man den Schachspielern als Training vorlegt, müssen dem entsprechen, womit man am Brett tatsächlich konfrontiert wird (wenn irgend möglich freilich etwas schwieriger und hübscher sein). So daß es letztlich nicht gut gelingt, eine optimale praktische Aufgabe zu entwickeln.

Übrigens ist die Ausgangsstellung zu Beginn als Aufgabe ganz günstig. Schwarz muß keinem Phantom nachjagen, sondern die gegnerischen Hauptdrohungen widerlegen und kühn den Bauern b2 schlagen.

Wieviele Wege führen nach Rom?

**Dworetski – Motschalow
Minsk 1962**

Diagramm 104

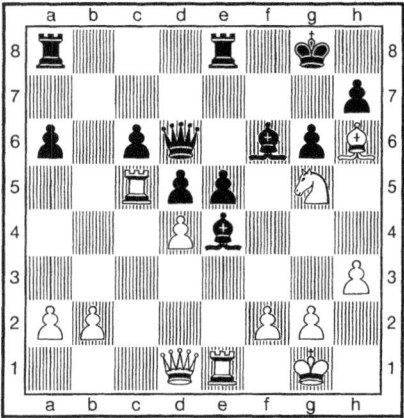

Weiß kam in entscheidenden Vorteil, indem er jetzt eine gefällige Kombination durchführte.
20. de! Te5: (20. ... Le5:? 21. Se4:; 20. ... Dc5: 21. ef+−) **21. Se4: Te4: 22. Te4: Dc5: 23. Dg4!**
Nur dieser Zug führt zum Gewinn. Jetzt darf Schwarz weder 23. ... de 24. De6+, noch 23. ... Lb2: 24. De6+ Kh8 25. De8+! spielen. Falls 23. ... Lg7, dann folgt 24. De6+ Kh8 25. De8+ Df8 26. Lg7:+ Kg7: 27. Te7+ Kg8 28. Dd7 und gewinnt leicht.
In der Partie folgte **23. ... Dd6 24. Te6 Dd8 25. Tc6: Lb2: 26. De6+ Kh8 27. Ta6: Ta6: 28. Da6: Lg7** (28. ... d4 29. Db5!) **29. Lg5! De8 30. Da5! d4 31. Dd8 Dd8: 32. Ld8: d3 33. Kf1 Kg8 34. a4 Kf8 35. a5 Ke8 36. a6 Ld4 37. Lg5 d2 38. Ld2:** Schwarz gab auf.

Als ich mich einmal dieses Kombinationsbeispiels erinnerte, fragte ich mich, ob man es nicht als Übungsaufgabe verwenden kann. Die Kombination ist vollkommen korrekt, aber konnte Weiß nicht auch auf irgendeinem anderen, einfacheren Wege zum Erfolg gelangen?
Zum Zeitpunkt der Partie sah ich, daß 20. Te4:? nicht geht wegen 20. ... Lg5:, und die Variante 20. Se4: de 21. Dc2 ed 22. Tc6: De7! schien mir nicht überzeugend. Aber bei der Überprüfung wurde mir klar, daß nach 20. Se4: de 21. Db3+! Kh8 22. de Le5: (22. ... Dc5: 23. ef; 22. ... Te5: 23. Db7) 23. Dc2 mit den Drohungen 24. Tc6: und 24. Tc4 Schwarz seine Stellung kaum noch wird behaupten können. Ziemlich unangenehm für Schwarz ist auch der Zug 29. Dc1!?.
Es versteht sich, daß ich diese Stellung nicht in meine Übungskartei aufnahm. Warum soll man denn eine Kombination durchrechnen, wenn man einen wesentlich einfacheren Weg zum Ziel zur Verfügung hat. Emanuel Lasker schrieb: „Man soll sich keinen ernsthaften Anstrengungen unterziehen, wo es nicht notwendig ist. Es sollte möglich sein, mit einem einzigen Zug ans Ziel zu gelangen, Alternativen sind unzulässig."

**Polugajewski – Torre
Interzonenturnier, Toluca 1982**

Diagramm 105

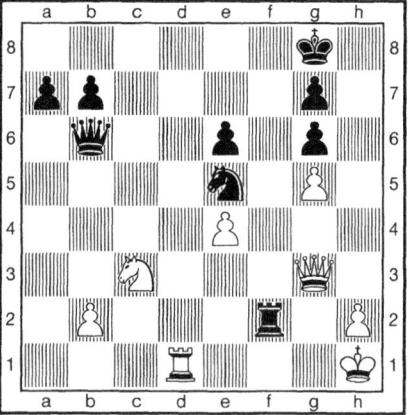

Frage 1–57 Was soll Schwarz spielen?

Torre hat einen Bauern mehr, aber sein Springer ist bedroht, und falls er ihn wegzieht, ist 38. Sa4 für Schwarz sehr unangenehm. Zum Beispiel 37. ... Sf3? 38. Sa4 De3 39. Td8+, und Weiß trägt den Sieg davon. Gibt es für Schwarz irgendetwas Besseres als das Qualitätsopfer mittels 37. ... Sf7 38. Sa4 Dc6 zu versuchen?

37. ... Sc4!! 38. Sa4 Dc6! (fehlerhaft ist 38. ... De3? 39. Td8+ Tf8 40. Tf8:+ Kf8: 41. Db8+ Kf7 42. Dc7+ nebst 43. Dc4:) **39. Df2: De4:+ 40. Dg2** (40. Kg1 Dg4+ nebst 41. ... Dd1+) **40. ... Dg2:+ 41. Kg2: Se3+ 42. Kf3 Sd1:**. Falls jetzt 43. Ke2, dann folgt 43. ... b5. Die Kombination führte zu einem gewonnenen Springerendspiel. Im weiteren Verlauf konnte Torre sein materielles Übergewicht zur Geltung bringen.

Diese gesamte Variante dürfte wohl einige Leser verwundert haben, diejenigen nämlich, die eine einfachere Lösung des Problems entdeckt haben: 37. ... Dc5! 38. b4 (38. Sa4 Dc2 39. Td8+ Kf7) 38. ... Df8! mit schwarzer Gewinnstellung. Ich nehme an, daß Torre nur deshalb nicht so gespielt hat, weil er die Möglichkeit 38. ... Df8! nicht wahrnahm. Es ist bekannt, daß lange Figurenrückzüge nicht selten unserem Wahrnehmungsvermögen entgehen.

Obgleich ich in der Regel Aufgabenstellungen, die mehr als eine richtige Lösung haben, zu vermeiden suche, habe ich doch eine Reihe derartiger Beispiele ganz bewußt in meiner Übungskartei belassen. In jedem dieser Fälle ist die Nebenlösung ebenso prägnant und interessant wie die Hauptlösung. Indem man feststellt, welchen Weg der Löser einer Aufgabe einschlägt, kann man sich mitunter ein Urteil über seine schachlichen Neigungen und die Besonderheiten seines Denkens bilden.

Tal – N.N.
Uhren-Simultanvorstellung, Riga 1958

Diagramm 106

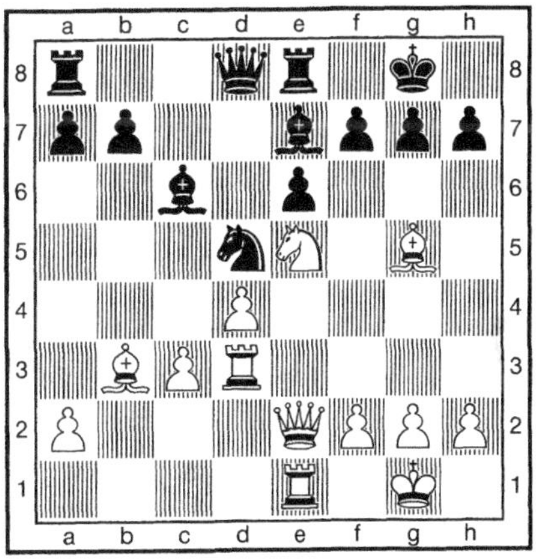

Frage 1–58 Berechnen Sie die Folgen von 18. Sf7:!

Natürlich bietet sich das Opfer auf f7 an, aber wie soll man den Angriff nach **18. Sf7:! Df7: 19. De6:+ Kf8** fortsetzen? Zu nichts führt zum Beispiel 20. Tf3+? Lf6 21. Tf6:+ (21. Lf6: gf) 21. ... Df6:!.

Einige Kapitel zuvor habe ich schon betont, daß die bewunderswerte Phantasie Michail Tal bei der Ausrechnung von Varianten oft hilfreich war, wenn es galt, vollkommen unerwartete Angriffsressourcen zu finden. So war es auch hier: nicht einmal der Umstand, daß er gleichzeitig eine Reihe von Partien spielen mußte, hinderte ihn daran, von Anfang an einen glänzenden stillen Zug vorauszusehen **20. Lc1!!**, der eine unabweisbare Drohung 21. Tf3+ Lf6 22. La3+ aufstellt. Weiter geschah in der Partie **20. ... Lf6 21. La3+ Te7 22. Te4 Ke8 23. Le7: Se7: 24. d5 Lb5 25. d6 Ld3:**

85

26. d7+, und das Matt im folgenden Zug ist nicht mehr abzuwenden.
Als Artur Jussupow die Aufgabe löste, betrachtete er zunächst die forcierten, mit Schachgeboten verbundenen Fortsetzungen (ein vollkommen richtiges Vorgehen bei derartigen und ähnlichen Positionen). Eine davon führte zwangsläufig zu Materialgewinn oder Matt, wie er zeigte.
20. Le7:+! Te7: 21. Tf3+ Ke8 22. Df7+! Kd7 23. Te7:+ Se7: (23. ... De7: 24. Ld5:) **24. De6+** (stark ist auch 24. d5) **24. ... Ke8** (24. ... Kc7 25. Tf7) **25. Tf8+! Kf8: 26. Df7#.**

**Taimanow – Gufeld
Tscheljabinsk, 1959**

Diagramm 107

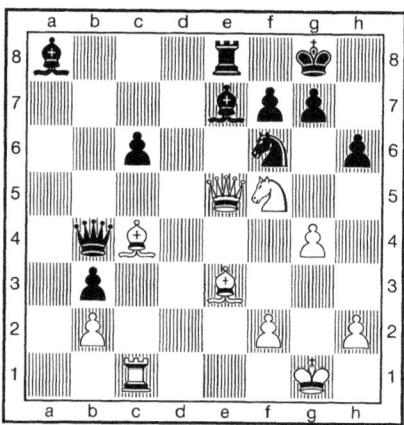

Frage 1–59 Wie soll Weiß fortsetzen?

Es ist klar, daß die aktive Aufstellung der weißen Figuren den fehlenden Bauern überreichlich kompensiert, aber energisch muß man schon handeln. Taimanow aber zögerte: **28. h4?,** und nach **28. ... Db7!** hatte Schwarz plötzlich die Drohung 29. ... c5 in der Hinterhand. Die Sache endete jetzt unerwartet schnell in einem Remis durch Zugwiederholung: 29. La6 Db4 30. Lc4 Db7 31. La6 usw.
Als Lösung des Stellungsproblems wollte ich empfehlen **28. g5! hg** (28. ... Ld8 29. Dd6!; 28. ... Lf8 29. Sh6:+) **29. Lg5:** mit der Drohung 30. Lf6:. Die folgenden Varianten überzeugen davon, daß Weiß einen großen Vorteil besitzt:
– 29. ... Db7 30. Lf6: c5 31. Ld5 Dd5: 32. Se7:+ Te7: 33. Dd5: Ld5: 34. Le7:;
– 29. ... Kf8 30. Sg7:!;
– 29. ... Ld8 30. Lf7:+! Kf7: 31. Sd6+ Kf8 32. Se8 Dg4+ 33. Kf1;
– 29. ... Lf8 30. Sh6+ Kh7 (30. ... gh 31. Df6: Te1+ 32. Kg2 c5+ 33. Kh3) 31. Df5+ g6 32. Df6: Te1+ 33. Kg2 c5+ 34. Kh3.

Jussupow fand eine andere, kombinatorische Methode der Angriffsführung.
28. Sg7:! Kg7: 29. Lh6:+! Kh7 (ganz schlecht ist 29. ... Kh6: 30. g5+ nebst 31. gf) **30. g5!** Schwächer ist 30. Lg5 Ld6 oder 30. Tc3 Dd6.
30. ... Dd2 (30. ... Dd6 31. Df5+ Kh8 32. Lf7:) **31. Te1 Dc2.** Falls 31. ... Ld8, dann folgt 32. Df5+ Kh8 33. Te8:+ Se8: 34. De5+ Sf6 35. gf Dd1+ 36. Lf1 Dg4+ 37. Dg3 Dg3:+ 38. hg Lf6: 39. Lc1 mit nachfolgendem 40. Lc4, und Weiß behält einen Bauern mehr in einem Vierläufer-Endspiel. Aller Voraussicht nach wird er dieses gewinnen können.
32. gf Lc5 33. Ld3+! Dd3: 34. De8: Dg6+ 35. Kh1! Lf2: 36. Lg7!, und die kombinatorischen Verwicklungen endeten zugunsten von Weiß.
Der zweite Weg ist bedeutend interessanter als der erste. Dafür ist der erste einfacher und objektiv stärker, und daher verdient er vom spielpraktischen Standpunkt aus gesehen den Vorzug.
In allen nachfolgenden Übungen gibt es je zwei annähernd gleichwertige Lösungen. Versuchen Sie jeweils beide zu finden!

Diagramm 108

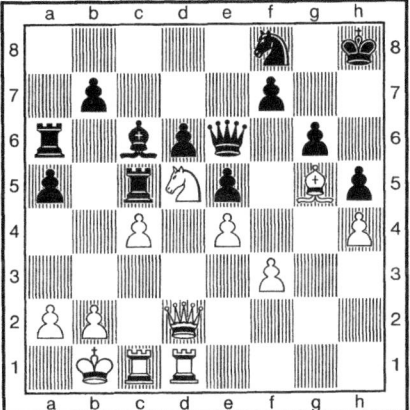

Übung 1–33

Weiß am Zug

Diagramm 109

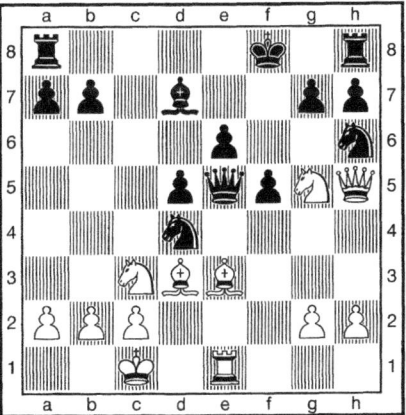

Übung 1–34

Weiß am Zug

Diagramm 110

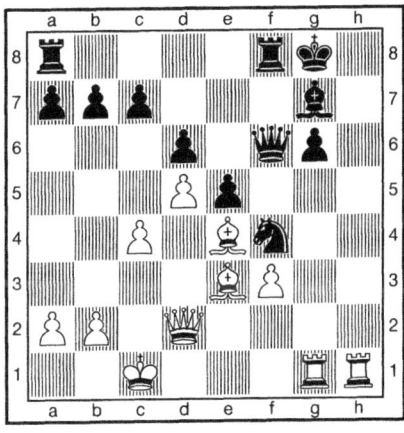

Übung 1–35

Weiß am Zug

Diagramm 111

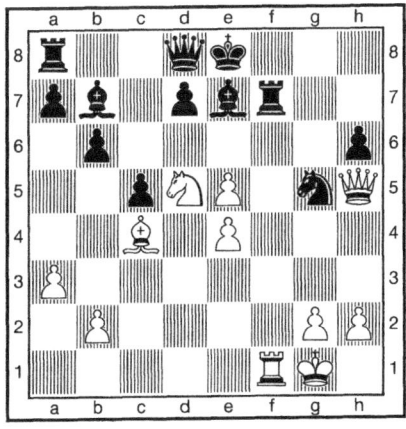

Übung 1–36

Schwarz am Zug

„Schwierig zu lehren, leicht anzuwenden."

Das dritte Kapitel des Bandes *Geheimnisse gezielten Schachtrainings*, das den Studien gewidmet war, handelte von einer außerordentlich effektiven Methode des Trainings: dem eigenständigen Weiterspielen von Studien und Positionen, die aus ausgewählten praktischen Partien stammen.

Ich erinnere daran, daß für diesen Zweck Beispiele verwendet wurden, in denen einer der Parteien (in den Beispielen für das gegenseitige Weiterspielen beiden Partnern) zur Aufgabe gemacht war, während einer begrenzten Zeit mittels Überlegung am Brett eine Reihe jeweils optimaler Züge zu finden. Damit wird im Unterschied zu den gewöhnlichen Aufgaben, in denen die Vornahme einer einzigen Entscheidung, wenngleich einer sehr schwierigen, verlangt wird, hier in einer solchen Übung zum Weiterspielen eine ganze Serie von aufeinanderfolgenden Problemlösungen zur Aufgabe gestellt. Wenn man die ersten Züge macht, ist es in aller Regel noch unmöglich (und auf alle Fälle auch nicht notwendig) vorherzusehen, wie das Spiel zu Ende gehen wird, welche weiteren Probleme es im weiteren Verlauf zu lösen gilt.

Die Übungen, die Beispiele aus praktischen Partien nutzen, sind mitunter nicht ganz so effektvoll wie Studien, dafür aber gewöhnlich gehaltvoller und zweckmäßiger. In den Studien ist alles nur auf die Suche nach kombinatorischen Möglichkeiten und auf die Berechnung der Varianten angelegt. Wenn er eine Studie weiterspielt, muß der Schachspieler aber die von ihm gewählte Fortsetzung genau bis zum Ende ausrechnen bzw., sofern er die Zugentscheidung mit der Ausschlußmethode trifft, alle anderen Möglichkeiten, welche er verworfen hat, dementsprechend prüfen. Anders stellt sich die Sache dar beim Weiterspielen einer spielpraktischen Position – dort können viele Entscheidungen getroffen werden auf der Grundlage einer allgemeinen Stellungsbewertung (gewöhnlich wird diese sich trotzdem auf Berechnungen stützen müssen).

Das Weiterspielen einer praktischen Position ist diejenige Trainingsform, die die Gegebenheiten einer Turnierpartie am allerbesten nachahmt. Bei der Vorbereitung meiner Schützlinge für Turnierveranstaltungen habe ich häufig die Methode des Weiterspielens von praktischen Positionen anstelle der traditionellen Trainingsmethode (d.h. Trainingspartien zu spielen) genutzt. Während einer Trainingseinheit gelang es mitunter, zwei oder drei Stellungen zu Ende zu spielen, während man für die üblichen Trainingspartien beträchtlich mehr an Zeit benötigt hätte. Der Charakter des Kampfes ist bei Trainingspartien zudem nicht vorhersehbar, ein interessantes Spiel kann dabei erreicht werden oder auch nicht; beim Weiterspielen spezifischer Stellungen kann indessen mit absoluter Sicherheit davon ausgegangen werden, daß schwierige Probleme gelöst werden müssen. Dazu kann der Trainer gezielt diejenigen Übungsstellungen auswählen, die zu einem Thema passen, welches im gegebenen Moment für seinen Schützling bzw. Schüler ganz besonders nützlich ist. Zudem wird der Trainer die weiterzuspielende Stellung zuvor mit großer Sorgfalt und Gewissenhaftigkeit vorausanalysieren und danach leicht feststellen können, welche konkreten oder typischen Fehler seinem Schützling unterlaufen.

Ich will damit keineswegs für ein generelles Lossagen von den Trainingspartien plädieren – für diese gibt es eine eigene Existenzberechtigung. Es ist einfach so, daß in jedem Einzelfall die sinnvollste geeignetste Form des Trainings ausgewählt werden muß.

In diesem und in den weiteren Kapiteln stelle ich Ihnen einige Beispiele vor, welche ich in den Trainingseinheiten mit meinen Schützlingen gespielt habe: ich will dabei von interessanten Entdeckungen berichten, die dabei im Prozeß des Weiterspielens gemacht wurden.

Die nachfolgende Stellung habe ich zunächst selbst gespielt im Rahmen einer Turnierpartie.

**Balaschow – Dworetski
Meisterschaft der UdSSR, Erewan 1975**

Diagramm 112

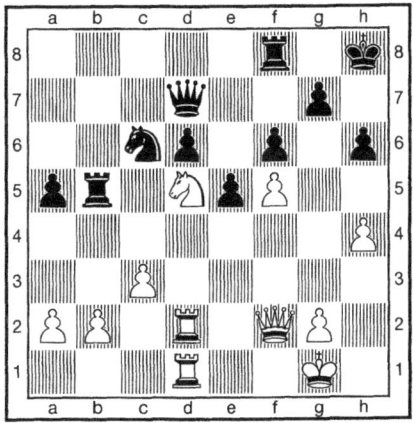

25. ... Td8 (es drohte 26. Se3 oder 26. Sb6 mit Gewinn eines Bauern) **26. a4 Tbb8** (26. ... Tc5? 27. Sf6: gf 28. Dc5:) **27. Sb6**
Der nächste Zug von Weiß wird jetzt 28. Sc4 sein, wonach der Bauer d6 nicht mehr zu verteidigen ist. Wie soll man mit Schwarz ein Gegenspiel aufziehen?
27. ... Dc7 28. Sc4 d5!
Im Falle von 28. ... Sd4? ist sowohl 29. Se5: de 30. cd, als auch 29. cd Dc4: 30. de stark.

29. Td5: Td5: 30. Td5: Se7 31. Tc5 Dd7
Jetzt ist klar, worauf die schwarze Idee beruhte. Die weißen Bauern a4 und f5 sind bedroht; falls 32. Ta5: geschieht, folgt 32. ... Sf5: (mit der Absicht 33. ... Dd3) mit ausreichenden Gegenspielchancen.
Offengestanden habe ich weiterführende Varianten während der Partie nicht berechnet, da ich genau wußte, daß Dame und Springer zusammen ein ganz gefährliches Tandem bilden, sobald sie in der Nähe des feindlichen Königs auftauchen. Weiß hätte jetzt am besten das Remis erzwingen sollen mittels 33. Df3 Sh4: 34. De4 Dd1+ 35. Kh2 Dh5 36. g4 Sf3+ 37. Kg3 Dh2+ 38. Kf3: Dh1+ 39. Ke3 De1+ mit ewigem Schach.
Juri Balaschow hat, was vollauf verständlich ist, auf seinen Mehrbauern vertraut.
32. Se3!? Da4: 33. Tc7
Und jetzt stellt sich für Schwarz eine Aufgabe zum Thema Figurentausch. Der Zug 33. ... Sd5?! ist zwar verlockend, er führt aber nach 34. Sd5: Dd1+ 35. Kh2 Dd5: 36. Dg3 zu einer für Weiß klar besseren Stellung. Eine der schwarzen Figuren muß den Punkt g7 verteidigen, und zur gleichen Zeit marschiert der Freibauer auf der c-Linie vorwärts..
Verlockend könnte auch die folgende Kombination erscheinen: 33. ... Da1+?! 34. Kh2 Tb2: 35. Df3 Tb1! (35. ... Sg8? 36. Dg3) 36. Te7: Th1+ 37. Kg3 De1+ 38. Df2 Dc3: mit keiner schlechten Kompensation für die geopferte Figur. Aber Weiß ist gar nicht gezwungen sich in die Verwicklungen hineinzustürzen, er spielt einfach 34. Df1! Df1:+ (34. ... Db2: 35. Te7: Dc3: 36. Df2 mit nachfolgendem 37. Dg3) 35. Kf1:, womit er ein überlegenes Endspiel erhält.
Die aktivste weiße Figur ist der auf die 7. Reihe eingedrungene Turm. Es gilt ihn zu verjagen oder nach Möglichkeit abzutauschen.

33. ... De8! 34. Dd2 (dem Zug 34. ... Dd8 vorbeugend; falls 34. Sc4, dann folgt 34. ... Dd8 35. Da7 Sf5:) 34. ... Td8 35. De2 Td7! Der Abtausch des Springers mittels 35. ... Sd5 ist auch jetzt zweifelhaft: 36. Sd5: Td5: 37. Dg4 Td7 38. Da4.
36. Dc4 Dd8! 37. Td7: Dd7: Schwarz hat sein Ziel erreicht und das Spiel vollkommen ausgeglichen. Jetzt führte 38. De6 Dd3 39. Kf2 e4 40. De7: Dd2+ 41. Kf1 De3: zum Remis. Balaschow spielte schwächer: 38. De4?!, und nach 38. ... Dd2! befand er sich selbst bereits in beträchtlichen Schwierigkeiten.
Die Ereignisse in der Partie entwickelten sich ziemlich forciert. Schwarz mußte eine Reihe von Aufgaben lösen – sowohl taktische als auch in der Hauptsache positionelle. Daher erschien mir das vorgestellte Partiefragment als vollkommen geeignet für das Training des Weiterspiels.
Bei der Vorbereitung Artur Jussupows für die Jugendweltmeisterschaft 1977 bearbeiteten wir diese Stellung (Artur agierte selbstverständlich mit den schwarzen Steinen). Zu meiner Verwunderung wurden aber nur zwei Züge gemäß dem Verlauf der Partie Balaschow – Dworetski ausgeführt.
25. ... Td8 26. a4 Tbb8 27. Sb6

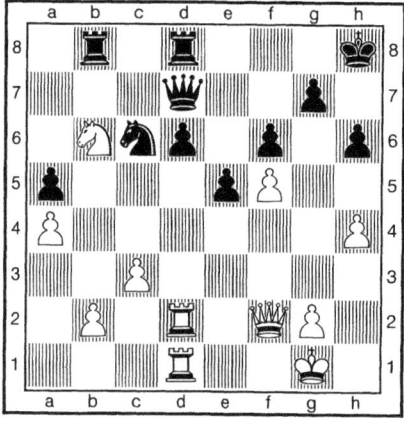

Diagramm 113

27. ... Db7!?
Ich hatte den Eindruck, daß Schwarz das Gleichgewicht nur halten kann, wenn er wie in der Partie 27. ... Dc7 28. Sc4 d5! spielt. Aber Jussupow fand eine andere Lösung, die keineswegs schlecht war. Und noch einige Jahre später wählte Aljoscha Drejew die Zugfolge 27. ... Df7!? 28. Td6: Td6: 29. Td6: Dc7 30. Sc4 Se7.
In einer Studie wird jedwede Abweichung von der Hauptvariante gewöhnlich unmittelbar bestraft. Es ist ausreichend, wenn der Trainer in solchen Fällen einfach die Widerlegung zeigt, wie sie zuvor vom Autor der Studie angegeben ist. Aber hier beim Weiterspielen einer praktischen Partiestellung gestalten sich die Dinge bei weitem schwieriger. Hier ist es vollkommen wahrscheinlich, daß unvorhergesehene und nicht vorausbearbeitete Abweichungen – gegenüber derjenigen Entwicklung, die der Trainer im Auge hatte – auftauchen. In einem solchen Falle muß sich der Trainer dem Weiterspielen stellen und aus allen Kräften kämpfen, um entweder dem Schüler die Unzulänglichkeit der von ihm gewählten Lösung vor Augen zu führen (sofern es eine solche gibt) oder um den Spielpartner vor neue und andere praktische Probleme zu stellen, letztlich auch, um nicht durch schwaches Spiel seine eigene Autorität als Trainer zu untergraben. Daher ist es selbstverständlich, daß ein Trainer bei unzulänglicher eigener schachlicher Qualifikation lieber auf diese Form der Trainingsarbeit verzichten und sich erst gar nicht auf das Weiterspielen praktischer Stellungen einlassen sollte.
28. Sc4 d5! 29. Td5: Td5: 30. Td5: Db3 31. Tc5 Da4: 32. Df3
Nach 32. ... Se7 33. Tc7 stehen die Chancen für Schwarz schlecht. Aber, wie sich zeigt, hat Artur einen ausgezeichneten Gegenschlag vorausgesehen.

32. ... e4! 33. De4: Se5 34. Ta5:! Dd1+!
Im Falle von 34. ... Dc4: 35. Te5: De4: 36. Te4: Tb2: erhielte Weiß ausgezeichnete Chancen auf einen Sieg im Turmendspiel. Jussupow entschloß sich, einen Nachteil von zwei Bauern in Kauf zu nehmen, aber dafür Drohungen gegen den feindlichen König zu schaffen.
35. Kh2 Sg4+ 36. Kg3 h5 37. Ta8 Ta8: 38. Da8:+ Kh7 39. De4 Dg1 40. De2

Diagramm 114

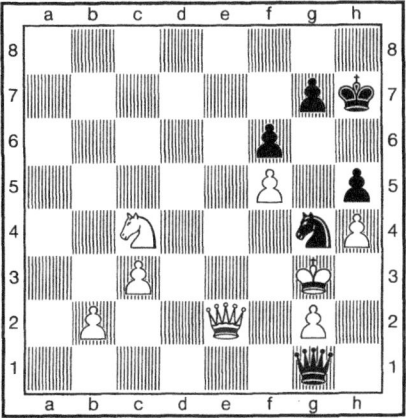

An dieser Stelle griff Artur nun bedauerlicherweise fehl. Er spielte **40. ... Dc5?**, wobei er die starke Antwort **41. Kf4!** unterschätzte, welche es dem Gegner ermöglichte, sein materielles Übergewicht nach und nach zu realisieren. Die nachfolgende Analyse zeigte, daß die bessere Fortsetzung 40. ... Dh2+ 41. Kf3 Dh4: Schwarz hinreichendes Gegenspiel gewährt hätte.

Und jetzt sehen wir uns ein Endspiel an, das Artur nur einen Monat später gespielt hat.

Popović – Jussupow
Weltmeisterschaft der Junioren,
Innsbruck, 1977

Diagramm 115

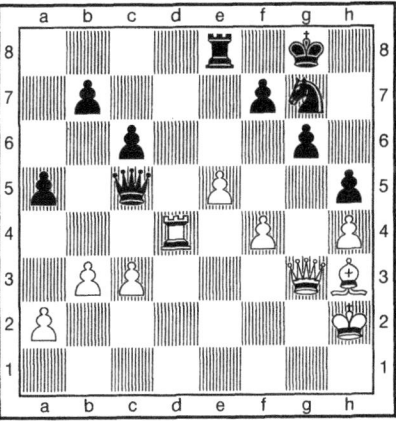

Die Aussichten sind für beide Seiten annähernd gleich gut, aber beide Partner waren sehr kämpferisch eingestellt: der jugoslawische Jungmeister unter dem Eindruck, daß er noch einige Züge zuvor besser gestanden hat, und Jussupow schon deshalb, weil ihm erst jetzt die Stellung zu gefallen begann.
30. ... Da3! (es erweist sich als nützlich, mit der Dame ins feindliche Lager einzudringen) **31. Df2 Dc1 32. Dd2 Db1 33. Td7 Sf5 34. Df2** (schlecht ist 34. Lf5: Df5: 35. Tb7:? wegen 35. ... Dg4! 36. Df2 Td8 mit entscheidenden Drohungen) **34. ... b5!** Schwarz zieht hiermit nicht nur seinen Bauern aus der Schlagdrohung heraus und beginnt einen Angriff am Damenflügel, sondern er verleitet auch den Gegner dazu mit dem Läufer den schwachen Bauern c6 anzugreifen.
35. Lg2?! Sh6! 36. Kg3?
Die Falle hat vollkommene Wirkung gezeigt (es war unbedingt notwendig, mit dem Läufer sofort wieder nach h3 zurückzukehren). Jetzt führt Schwarz den entschei-

denden Gegenangriff nach dem gleichen Schema, welches wir einen Monat zuvor bei unserer Trainingszusammenkunft am Brett gesehen hatten.
36. ... Sg4 37. Dd2 Dg1 38. Td8 Td8: 39. Dd8:+ Kh7 40. Dd4

Diagramm 116

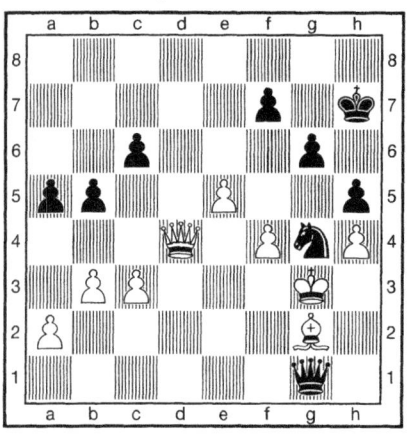

40. ... Dh2+!
Dieses Mal vermeidet Artur den Fehler, den er noch in der Trainingslagerpartie begangen hat und spielt auf die Eroberung des Bauern h4. Schwächer war 40. ... Se3?! wegen 41. Kf3!.
41. Kf3 Dh4: 42. Ke2 Dh2 43. Kf1 c5! 44. De4 Dg3 45. Ke2 Df2+ 46. Kd3 Da2: 47. Db7 Db3: Weiß gab auf.

Dieser Sieg gegen einen gefährlichen Konkurrenten beflügelte Jussupow, er gewann noch einige weitere Partien nacheinander, und schon eine Runde vor dem Ende des Turniers stand sein Sieg fest.
Eine der wichtigsten Grundvoraussetzungen für seinen Erfolg war die von ihm geleistete ernsthafte Trainings- und Übungsarbeit vor dem Turnier, worunter auch das Weiterspielen von Stellungen fiel. Natürlich konnte man dabei nicht vorhersehen, daß ein glücklicher Zufall es möglich machen würde, eine spezifische Idee aus einer Trainingspartie in identischer Weise in einer der Turnierpartien anzuwenden; aber das allein war es gar nicht, was den Ausschlag gab. Das zielgerichtete Training half Artur sehr, die Technik der Variantenberechnung zu verbessern, sich in allen Bereichen zu vervollkommnen und gleichzeitig zu einer hervorragenden sportlichen Form aufzulaufen.

Unauffindbare Kombinationen

„Dort ist es immer leichter einen Schatz zu Tage zu fördern, wo bereits irgendjemand eine Handvoll Münzen aufgefunden hat."
Igor Saizew

Im Jahre 1988 beschloß ich zusammen mit Dolmatow einen Zyklus von Trainingspartien zum Weiterspielen abzuhalten und zwar unter Zugrundelegung besonders schwieriger, fast irrationaler Stellungen. Das Ziel war, bestimmte Fähigkeiten zu vervollkommnen wie das Berechnen von Varianten, das Treffen gefühlsmäßiger Entscheidungen und das Auffinden der aussichtsreichsten Fortsetzungen.

Mir fiel die Aufgabe zu, eine Auswahlserie von Partien, die tiefgehend analysiert waren oder von Partieabschnitten mit großen kombinatorischen Verwicklungen zusammen zu stellen. Das war für mich ganz und gar nicht einfach, zumal alle hervorragenden Beispiele, die sich in meiner Übungskartei befanden, bereits früher einmal von Dolmatow bearbeitet, gelöst oder durchanalysiert worden waren.

Zum Glück erschien unmittelbar zu diesem Zeitpunkt das Buch von J. Nunn und Griffiths *Geheimnisse des Großmeisterspiels*. Die interessantesten Partien daraus, von Nunn ausführlichst und hervorragend analysiert, gaben mir genau das Material, welches ich für meine Zwecke benötigte.

Nunn bekannte im Vorwort ganz offenherzig: „Bei einem so großen Umfang an Analysen sind einige Fehler unvermeidlich" (Ich fürchte, daß es mir in meinem Buch ebensowenig gelungen ist, fehlerfrei zu arbeiten).

Wenn Dolmatow, ein Großmeister hoher Spielklasse, mit äußerster Konzentration eine von anderen ausgetragene Partie nachspielt und danach durchanalysiert, so ist es klar, daß er bestimmt einige Probleme anders löst, Feinheiten findet, die von dem englischen Großmeister nicht vorausgesehen wurden (weder am Brett noch bei der Analyse). Natürlich würde ganz genau dasselbe Phänomen auftreten, wenn seinerseits Nunn Partien Dolmatows weiterzuspielen hätte.

Borkowski – Nunn
Junioren-Europameisterschaft
Groningen 1974/75
1. e4 g6 2. d4 Lg7 3. Sc3 d6 4. f4 Sf6 5. Sf3 0–0 6. Ld3 Sa6 7. e5 Sd7 8. h4!?

Diagramm 117

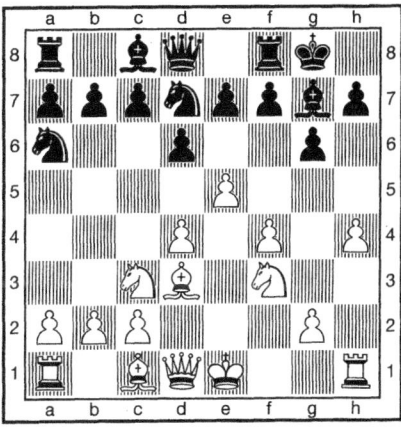

Von dieser Stellung an begannen wir mit unserer Partie. Dolmatow spielte mit Schwarz bis zum 15. Zug tatsächlich genau deckungsgleich mit den Zügen Nunns.

8. ... c5

Ohne Zweifel ist dies der beste natürliche Zug, obgleich durchaus möglich ist auch 8. ... de 9. fe c5, wie in der Partie Borkowski – Balzerowski (Polen 1979) gespielt wurde. Dolmatow betrachtete den Zug 8. ... de praktisch gar nicht und erklärte dies schließlich damit, daß ihm der sich nach 9. de ergebende Stellungstypus prinziell nicht gefällt, weil der Läufer g7 aus dem Spielgeschehen ausgesperrt bleibt. Diese Einschätzung ist gewiß nicht unumstritten (nach 9. ... Sdc5 steht Schwarz, wie es scheint, ganz gut), aber ziemlich interessant und zumindest für den zuständigen Trainer außerordentlich aufschlußreich, denn aus solchen kleinen Episoden kann er seine Folgerungen ziehen im Hinblick auf die Besonderheiten des Denkens und des Stils seines Schützlings.

9. h5 cd 10. hg hg

Schlechter ist 10. ... fg? 11. Lc4+ Kh8 12. Sg5 h6 13. Dd3! oder 10. ... dc? 11. Sg5! hg 12. Lg6:!.

11. Sg5! de
Wir wissen bereits, daß 11. ... dc? 12. Lg6:! nicht gut ist.

Frage 1–60 Wie würde Weiß seinen Angriff im Falle von 11. ... Sdc5 fortsetzen?

Diagramm 118

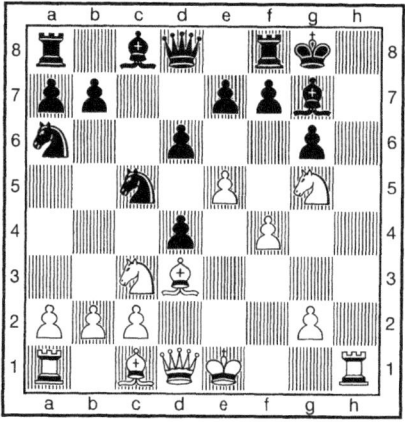

Wenig aussichtsreich ist 12. Sce4 Se4: 13. Le4: Sc5 oder 12. f5 Sd3:+ 13. Dd3: Lf5: (aber nicht 13. ... dc? 14. Dh3 Te8 15. Dh7+ Kf8 16. Se6+ fe 17. Lh6) 14. Dd4: Da5! 15. Dh4 De5:+ 16. Sce4 Tfc8, und der weiße Angriff ist abgeschlagen.
Man muß 12. Kf2! spielen (womit man die starke Drohung 13. Th8+! Lh8: 14. Dh1 aufstellt) 12. ... Sd3:+ 13. cd. Nach der erzwungenen Antwort 13. ... Te8 ist Weiß nicht dazu genötigt, eine kombinatorische Fortsetzung zu wählen: 14. Th8+ Lh8: 15. Dh1 Lg7 16. Dh7+ Kf8 17. f5, was offensichtlich zum Remis führt (17. ... Lf5: 18. Se6+ fe 19. Lh6). Gefährlicher ist für Schwarz das einfache 14. Sce4.
Folglich ist der Zug 11. ... Sdc5 nicht allzu gut. Aber neben dem von Nunn (und Dolmatow) gewählten Partiezug 11. ... de hatte Schwarz noch eine starke Möglichkeit zu seiner Verfügung: 11. ... Se5!?

12. fe dc, die in der Partie de Firmian – van der Wiel (Wijk aan Zee 1986) erprobt wurde.

12. f5! Sf6!
Hier tritt die erste Unterscheidung zu den Varianten und Einschätzungen Nunns zu Tage. Nunn versieht den von ihm gewählten Zug nicht mit einem Ausrufezeichen, sondern vielmehr mit einem Fragezeichen. Nach Nunns Meinung mußte Schwarz in der Partie objektiv in eine schwierige Position geraten, während 12. ... gf zu einer schwarzen Überlegenheit geführt hätte (andere Möglichkeiten sind schwach: im Falle von 12. ... dc? oder 12. ... Sdc5? erhält Weiß einen entscheidenden Angriff nach 13. fg). Dolmatow demhingegen war überzeugt, daß der Partiezug der richtige Weg ist, und daß das Schlagen auf f5 (welches wir im nachhinein noch betrachten werden) zum Untergang führen würde.

13. fg Lg4!
Nunn opferte die Qualität im Vertrauen auf die Stärke seiner zentralen Bauernmacht. Es verliert 13. ... fg? 14. Lc4+ oder 13. ... dc 14. gf+ Tf7: 15. Lh7+.

14. gf+ Tf7: 15. Sce2 (15. Sf7: Kf7: 16. Le2 Lf5).

Diagramm 119

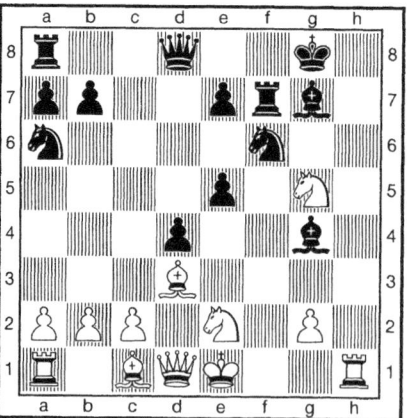

Frage 1-61 Wie soll Schwarz jetzt am besten fortsetzen?

Nach 15. ... Tf8 16. Lc4+ Sd5 führt das effektvolle 17. Sc3 Ld1: 18. Ld5:+ Dd5: 19. Sd5: Tfe8 20. Kd1: Tad8 leider nicht zum Erfolg, sondern ergibt bessere Aussichten für Schwarz. Allerdings behielte Weiß einen starken Angriff mittels 17. Dd3 Lf5 18. Df3 Sab4 (18. ... e6 19. Sg3 Lc2: 20. Dg4) 19. Sg3.

Nunn entschloß sich, dem Zug Ld3-c4 vorbeugend zu begegnen und spielte **15. ... Dd5**. Die kritische Stellung entstand nach **16. Lg6 Tff8 17 Dd3 e4.**

Jetzt ist 18. Se4:? Sb4 oder 18. Le4: Se4: 19. De4: De4: 20. Se4: Sb4 schlecht, aber der hübsche taktische Schlag 18. Sc3!! versprach Weiß eine überlegene Stellung. Die Hauptvariante: 18. ... De5 (18. ... dc? 19. Lh7+; 18. ... ed 19. Sd5: Tfd8 20. Lf7+! Kf8 21. Sf4 Lf5 22. Le6; 18. ... Da5 19. Dd4: Tad8 20. Dc4+ e6 21. Le3) 19. Sce4: Sc5 20. Dg3! Dg3:+ 21. Sg3: Se6 22. Sf5 Lf5: 23. Lf5: Sg5: 24. Lg5:, und das weiße Läuferpaar ist außerordentlich aktiv.

18. Dd4:?! Dd4: 19. Sd4: Tad8 20. Le3 Sb4 21. Tc1? (Gleichgewicht hielt noch immer der Zug 21. Sge6!) **21. ... Sbd5 22. Lf2 Sf4 23. Lf5 Td4: 24. Ld4: Lf5: 25. g3 Se6 26. Se6: Le6: 27. La7: Sg4 28. Lc5 Lb2:** Weiß gab auf.

In unserer Trainingspartie spielte Dolmatow bei weitem stärker als Nunn: 15. ... Sc5!. Indem er seine Springer im Zentrum zusammenzieht und Weiß die Möglichkeit nimmt, die Dame in das Angriffsspiel einzuschalten, erhielt er sofort mehr als ausreichende Kompensation für die Qualität.

16. Lc4 e6 17. Sf7: Kf7: 18. 0-0 (18. Lg5 b5 oder 18. ... Sce4) 18. ... Dh8. Es stellt sich heraus, daß es jetzt Weiß außerordentlich schwer fällt dem gegnerischen Angriff auf der h-Linie etwas entgegenzusetzen. Nicht schlecht war auch 18. ... b5 (19. Lb5: Db6). 19. De1 (19. Lg5 Dh5 20. Lf6: Lf6: mit nachfolgendem Th8) 19. ... Dh7 20. Lg5 (besser ist 20. Dg3, aber auch dieser Zug rettet Weiß nicht mehr) 20. ... Th8 21. Sg3 Dh2+ 22. Kf2 e4!, und mir blieb nichts anderes übrig als zu kapitulieren angesichts der Variante 23. Th1 e3+ 24. Le3: Se4+.

Wie Sie sehen, führte Dolmatow die Partie sehr selbstbewußt und stark (übrigens verbrauchte er für sie im ganzen nur 63 Minuten Bedenkzeit). Das einzige, was ich ihm eventuell vorhalten konnte, war, daß er einige chancenreiche Möglichkeiten, die er zur Verfügung hatte, wie etwa 11. ... Se5: oder 12. ...gf gar nicht erst in seine Betrachtungen einbezog.

Während wir darin übereinkamen, daß der Zug 11. ... Se5: tatsächlich ernsthafte Aufmerksamkeit verdient hätte, so erklärte Dolmatow sofort ernsthafte Zweifel hinsichtlich der Forsetzung 12. ... gf. Dieser Umstand bestrebte ihn, sich der Analyse von Nunn zuzuwenden, in der Sergej sehr schnell einen ernsthaften wunden Punkt fand.

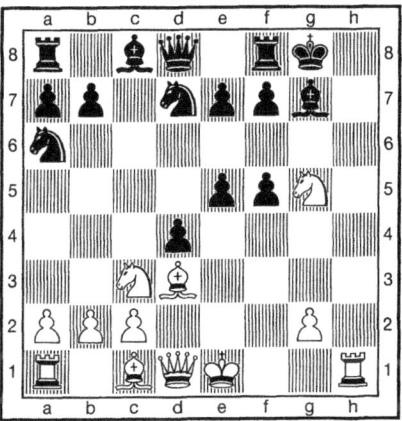

Diagramm 120

Frage 1–62 Ermitteln Sie die Kandidatenzüge für Weiß!

Zwei Möglichkeiten sind offensichtlich: 13. Lf5: und 13. Dh5. Es gibt noch eine dritte, aber bei weitem verstecktere Idee: 13. Sce4.
Am einfachsten läßt sich das primitive Schlagen des Bauern f5 widerlegen. Nach 13. Lf5:? Sf6 14. Lh7+ (14. Lc8: Dc8: 15. Sce4 Se4: 16. Se4: Df5) 14. ... Sh7: 15. Th7: Lf5 16. Dh5 Dd6 (mit nachfolgendem Dg6) gewinnt Schwarz.
Bei weitem schwieriger ist der natürlichste Zug 13. Dh5 auszuanalysieren – gar nicht davon zu sprechen, ihn am Brett unter Turnierbedingungen auszurechnen (ohne dabei die Figuren zu bewegen). Nunn betrachtet ihn als den stärksten Zug, aber er zeigt sich davon überzeugt, daß sich nach 13. ... Sf6 die Verteidigung als stärker erweist als der Angriff.
1) 14. Dh2? dc 15. Se4 (15. Sh7 Sg4) 15. ... fe 16. Le4: Te8 17. Lh7+ Kf8 18. Lh6 Sg4;
2) 14. Dh3 dc 15. Sh7 Sg4 16. Sg5 (16. Sf6+ Sf6: 17. Lh6 f4 18. Dh4 cb 19. Lg7: baD+ nebst 20. ... Dh1: oder 19. Td1 Da5+ 20. Kf1 e4! 21. Lg7: Dh5 22. Dh5: Sh5: mit materiellem Übergewicht für Schwarz) 16. ... Sh6 17. Se6 cb! (gefährlich ist 17. ... Le6: 18. Lh6:) 18. Sg7: baD 19. Dh6: Dc1:+ 20. Dc1: f4 21. Dd1 Da5+ 22. Kf1 e4 23. Le4: Kg7:, und Schwarz gewinnt;
3) 14. Dh4 dc, und jetzt
15. Sh7 Sg4 16. Sg5 (16. Sf6+ Sf6: 17. Lh6 Dd4!) 16. ... Sh6 17. Sh7 (17. Se4 Db6; 17. Se6 fe 18. Lh6: Dd4; 17. Sf7: Tf7: 18. Lc4 Dd6) 17. ... Dd4 18. Dd4: ed 19. Sf8: Kf8: 20. Lh6: Lh6: 21. Th6: Kg7, und Schwarz besitzt ein erdrückendes Übergewicht; oder
14. Dh4 dc 15. Se4 fe 16. Lh6 (16. Le4: Te8! 17. Lh6? Dd4 oder 17. Lh7+ Kf8 18. Lh6 Dd2+! 19. Ld2: cd+ 20. Kd2: Td8+) 16. ... cb

17. Td1 (17. Lg7: baD+ nebst 18. ... Dh1:; 17. Dg5 baD+ 18. Kd2 Da5+) 17. ... Lf5!
18. Dg5 (18. Lg7: Sh7 19. Le5: Da5+ oder 19. Dg3 Db6 20. Lf6+ Lg6) 18. ... Lg6
19. Lg7: Sh7 20. Th7: ed (fehlerhaft ist 20. ... Da5+? 21. Kf1 Lh7: 22. Lc4! e6 23. Lf6+ Lg6 24. Dh6, aber durchaus möglich ist 20. ... Lh7: 21. Lf6+ Lg6 22. Lc4 Dd1:+ 23. Kd1: b1D+, und dem König bleibt kein Ausweg) 21. Le5: (21. Th8+ Kg7: 22. Dh6+ Kf6) 21. ... Da5+ 22. Kf1 De5: 23. De5: Lh7: mit Gewinn für Schwarz. Falls Weiß im 17. Zug seinen Turm nach b1 gestellt hätte, dann hätte im 20. Zug 20. ... ed entschieden (die Alternative 20. ... Lh7: 21. Lc4 e6 22. Lf6+ Lg6 23. Le6: Df6: erweist sich als weniger zuverlässig).
Betrachten wir jetzt den von Nunn zwar aufgefundenen, aber unterschätzten glänzenden taktischen Schlag **13. Sce4!!**.
Nach 13 ... fe 14. Se4: (mit der Drohung 15. Dh5) fällt es Schwarz schwer sich zu verteidigen. Zum Beispiel:
– 14. ... Sf6 15. Sf6:+ ef 16. Lh7+ Kh8 17. Dh5 und Weiß setzt Matt;
– 14. ... Db6 15. Dh5 Dg6 (15. ... Td8 16. Dh7+ Kf8 17. Lh6) 16. Dg6: fg 17. Lc4+ Tf7 18. Sg5 mit weißem Übergewicht;
– 14. ... e6 (14. ... f6 oder 14. ... f5 – 15. Lc4+) 15. Dh5 f5 (15. ... Te8 16. Lh6!) 16. Dh7+ Kf7 17. Lg5! (stärker als etwa 17. Sg5+ Ke7 18. Dg7:+Kd6) 17. ... Db6 (17. ... Da5+ 18. Ke2; 17. ... fe 18. Ld8: Td8: 19. 0–0+ Sf6 20. Tf6:+ Kf6: 21. Tf1+ Ke7 22. Dg7:+ Kd6 23. Le4:, oder 18. ... ed 19. 0–0+ Ke8 20. Tf8:+ Lf8: 21. Lg5 Sdc5 22. Tf1 mit Gewinn) 18. Dh5+ Kg8 19. Dg6 (es droht vor allem 20. Th7 Tf7 21. Lh6) 19. ... Db2: (19. ... fe 20. Dh7+ Kf7 21. Tf1+ Ke8 22. Dg6+; 19. ... Tf7 20. Th8+ Kh8: 21. Df7: Sf8 22. Sf6) 20. De6:+ Tf7 21. Lc4 Db4+ (21. ... Da1:+

96

22. Kf2 Dh1: 23. Df7:+ Kh7 24. Dg8+ Kg6 25. Lf7 matt) 22. Ke2 Df8 (22. ... Dc4:+ 23. Dc4: fe 24. Taf1) 23. Dg6 De8 24. Sd6, und Schwarz muß aufgeben.

Neben diesen, von Nunn gefundenen Varianten, muß man noch eine weitere Verteidigung 14. ... Te8!?, die von Artur Jussupow angegeben wurde, untersuchen.

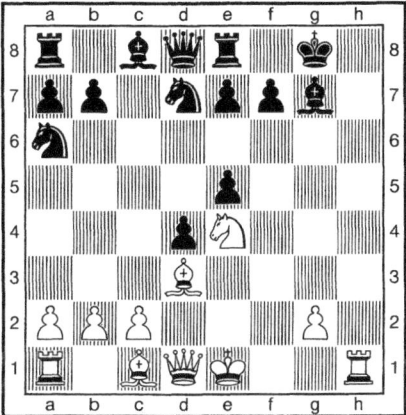

Diagramm 121

Ich hatte zunächst den Eindruck, daß Weiß effektvoll gewinnt mittels 15. Th8+ Kh8: (15. ... Lh8: 16. Dg4+ Lg7 17. Lh6) 16. Dh5+ Kg8 17. Sg5. Aber leider stellte sich heraus, daß der Angriff nach 17. ... Sf6 abgeschlagen wird: 18. Lh7+ (18. Df7:+ Kh8 19. Dg6 Tf8) 18. ... Sh7: 19. Df7:+ (19. Dh7:+ Kf8 20. Se6+ fe! 21. Lh6 Da5+ mit nachfolgendem 22. ... Td8, und der schwarze König flüchtet sich nach d7) 19. ... Kh8 20. Dh5 Lf5 21. Sf7+ Kg8 22. Sd8: Tad8:, und Schwarz behält Turm und zwei Leichtfiguren für die Dame.
Eine bedrohliche Stellung erhält Weiß nach 15. Dh5 Sf6 16. Sf6:+ ef 17. Lh6! Kf8 (erzwungen) 18. Lg7:+ Ke7. Aber es gibt noch etwas stärkeres: 15. Lh6! Db6 (15. ... Sf6 16. Lg7: Da5+ 17. Kf1 Kg7: 18. Dc1;

15. ... Lh6: 16. Th6: Sf6 17. Dd2 Se4: 18. Le4: e6 19. Th8+!) 16. Lg7: Kg7: 17. Th7+! Kg8 (17. ... Kh7: 18. Sf6+ Kg7 19. Dg4+) 18. Dh5 Dg6 19. Th8+ Kg7 20. Dg6:+ nebst 21. Te8:
Wir überzeugten uns davon, daß Schwarz das Opfer nicht annehmen darf. Nunn rechnete damit, daß der Angriff durch den Zug **13. ... Db6** abgeschlagen wird.

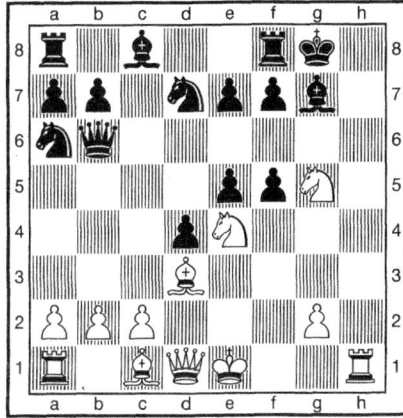

Diagramm 122

Frage 1–63 Wie soll Weiß fortsetzen?

Auf 14. Dh5 folgt 14. ... Dh6! (aber nicht 14. ... Dg6? 15. Dg6: fg 16. Lc4+) 15. Dh6: Lh6: 16. Th6: fe 17. Le4: Sf6, und der schwarze König ist außer Gefahr.
14. Lc4!! Dieser Zug, den Jussupow gefunden hat, verstärkt den weißen Angriff in entscheidendem Umfang, man sehe:
– 14. ... Db4+ 15. Ld2 Dc4: 16. Th8+! (nicht 16. Dh5? Td8) 16. ... Lh8: 17. Dh5, und das Matt ist unausweichlich.
– 14. ... fe 15. Dh5 mit unabwendbarem Doppelangriff gegen die Punkte f7 und h7;
– 14. ... Dg6 15. Sf7: Tf7: 16. Sg5 mit weißer Überlegenheit;

Die Schlußfolgerung, welche man auf der Grundlage aller von uns betrachteten Varianten ziehen kann, lautet kurz formuliert so: Der Zug 12. ... gf?! löst die Probleme der schwarzen Verteidigung aufgrund der starken Fortsetzung 13. Sce4!! Db6!? 14. Lc4!! nicht. Stärker ist 12. ... Sf6.

Wenn ich diese Kombination mit der Mehrzahl der anderen vergleiche, die mir bekannt sind, kann ich nicht anders, als zuzugestehen, daß sie zu den allerschwierigsten gehört. Die besondere Schwierigkeit ergibt sich aus der Ungewöhnlichkeit der weißen Kombinationsschläge und aus der ungeheuren Menge der sie begleitenden Varianten (deren genaue Berechnung vollkommen unmöglich ist), die uns auf Irrwege locken.

Selbstverständlich wäre es mir zusammen mit Dolmatow kaum gelungen, bis zur Wahrheit vorzustoßen, wenn nicht bereits ein geraumes Stück des Wegs von John Nunn vorab vorbereitet gewesen wäre, wofür wir ihm zu außerordentlichem Dank verpflichtet sind.

Eine Partie, die einige Male gespielt wurde

Polugajewski – Nunn
Europa-Mannschaftsmeisterschaft,
Skara 1980
1. d4 Sf6 2. Sf3 c5 3. d5 e6 4. c4 ed 5. cd d6 6. Sc3 g6 7. e4 Lg7 8. Le2 0–0 9. 0–0 Te8 10. Sd2 Sbd7 11. Dc2 Se5 12. b3 Sh5?
Dieser Zug führt zu einer für Schwarz schwierigen Stellung. Als bei weitem chancenreicher gelten gemäß der Theorie drei andere Möglichkeiten: 12. ... g5, 12. ... a6 oder 12. ... Sfg4.
13. Lh5: gh 14. Lb2 Ld7 (falls 14. ... Dh4, dann folgt 15. Sb5 Td8 16. f4 Sg4 17. Sf3)
15. Tae1
Verfrüht ist 15. f4 wegen 15. ... Sg4 16. Sd1 Ld4+ 17. Ld4: (17. Kh1 Sh2:!) 17. ... cd, und Schwarz gelingt es das Spiel zu verwickeln. Aber jetzt droht bereits 16. f4 Sg4 17. Sf3. Es gibt keine zuverlässige Methode, um dem weißen Bauernangriff im Zentrum vorzubeugen – man kann ihn lediglich mit taktischen Mitteln für einige Zeit aufhalten.
15. ... Dh4

Diagramm 123

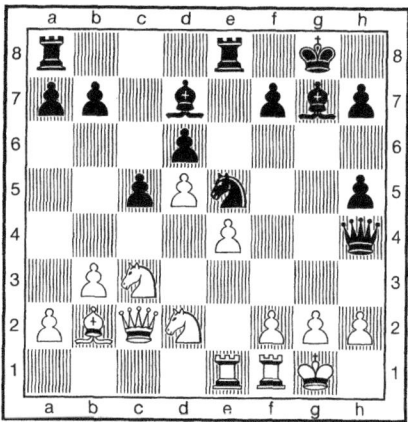

Ungünstig wäre jetzt 16. Te3?! Sg4 17. Th3 Dg5 (es droht 18. ... Sf2:) 18. f4 Ld4+ 19. Kh1 Dg7 mit gefährlicher Initiative für Schwarz. Aber ganz stark war das prophylaktische 16. Kh1!, das die Drohung 17. f4 Sg4 18. Sf3 erneuert. Weder 16. ... Df4 17. Se2 noch 16. ... Sg4 17. Sf3 De7 18. h3 würde Schwarz irgendein Gegenspiel bringen.
Eine andere ausgezeichnete Möglichkeit, die Weiß zur Verfügung steht, ist 16. Sd1!. Nunn beabsichtigte dann dem Zug 17. f4 mittels 16. ... Df4 vorbeugend zu begeg-

nen, wobei er die Möglichkeiten 17. g3? Dd2: oder 17. Kh1?! h4 18. g3 Dh6 im Auge hatte. Aber die Dame ist bekanntlich ein sehr schlechter Blockadestein; wie schon I. Saizew aufgezeigt hat, erlangt Weiß dann eine überlegene Stellung mittels 17. Sc4 oder 17. Lc1 Lh6 18. Sb2.

16. f4?
Ein Fehler, der bei einem Großmeister der Klasse Polugajewskis schwer zu erklären ist. Am ehesten ist noch zu vermuten, daß er die schwarze Dame in die Falle locken wollte nach 16. ... Sg4 17. Sf3 Ld4+ 18. Kh1 Sf2+ 19. Tf2: Df2: 20. Dc1 und dann die einfache Widerlegung seiner Idee: 20. ... Lh3! wonach schon Schwarz die überlegene Stellung innehat, nicht bemerkte.

Jetzt gerät die Partie in das Fahrwasser interessanter taktischer Verwicklungen und eignet sich dadurch als Übung des Weiterspielens – als gewöhnliche Übung mit Schwarz oder für beiderseitiges Spielen.

Es wurden eine Reihe von Trainingspartien mit dieser Ausgangsstellung veranstaltet, die vor allem auch dazu dienlich waren, die Bewertungen und Einschätzungen vieler Varianten, die Nunn vorab analysiert hatte, zu präzisieren und zu überprüfen.

Warum eigentlich soll die Partie gerade von dieser Stellung aus weitergespielt werden? Es ist verständlich, daß man nicht früher anfangen kann, denn bis zu diesem Zeitpunkt entwickelten sich die Ereignisse keineswegs forciert. Aber warum stellt man den Schachspieler, der mit den schwarzen Steinen spielen soll, vor die Aufgabe, die ziemlich offensichtlichen Züge 16 bis 19 auszuführen?

Zunächst einmal, um den entscheidenden Augenblick des Kampfes, der ihm abverlangt, daß er alle seine Kräfte zusammennimmt für die Berechnung und Einschätzung schwieriger Varianten, zu verbergen.

Es ist besser, wenn dies nicht bereits beim ersten Zug der Fall ist – ansonsten erhält man eine Übung zur Lösung und nicht eine zum Weiterspielen.

Zum zweiten, um einen möglichen typischen Fehler zu provozieren (und danach bedarfsweise ernsthaft darüber zu sprechen), welcher vielen Schachspielern in ähnlichen Fällen unterläuft. Sie versuchen die Stellung sofort bis zum Schluß auszuarbeiten, verbrauchen viel Zeit und Kraft auf die Berechnung, machen dann die zwangsläufig erforderlichen Züge und beginnen dann erneut mit der Berechnung von Varianten, die sie eigentlich schon zuvor ausgerechnet hatten. Das Resultat daraus ist Ermüdung, Fehler in der Berechnung und unausweichliche Zeitnot.

Es ist beträchtlich sinnvoller, wenn man die unabdingbaren Züge schnell ausführt (nachdem man sich davon überzeugt hat, daß sie wirklich unabdingbar sind). Erst danach wird es sich als notwendig erweisen die eigentlichen Entscheidungen zu treffen in einer Stellung, die dann eine detaillierte Berechnung erfordert. Sobald sie tatsächlich auf dem Brett entstanden ist, dann erst soll man sich in die schwierigen Varianten vertiefen.

Genau so verhielt sich bei der Weiterspielübung Dolmatow – die ersten vier Züge kosteten ihn nur insgesamt zwei Minuten.

16. ... Sg4 17. Sf3 Ld4+ 18. Kh1 Sf2+ 19. Tf2:
Schlecht ist natürlich 19. Kg1? Sd3+. Weiter gibt Saizew folgende Variante an: 20. Sd4: Se1: 21. Dd2 cd 22. Te1: dc 23. Dc3: f6! (aber nicht 23. ... Kf8? 24. g3 Dg4 25. Dh8+ Dg8 26. Lg7+) 24. g3 Dg4 25. Df6: Dg6, und der weiße Angriff ist abgeschlagen.

19. ... Df2: 20. Dc1?!
Genau diesen Zug, welchen Polugajewski ausgeführt hat, wählte ich auch in meinen

Trainingspartien gegen Dolmatow und Jussupow, obgleich ich wußte, daß die Fortsetzung 20. Db1! objektiv stärker ist.

Diagramm 124

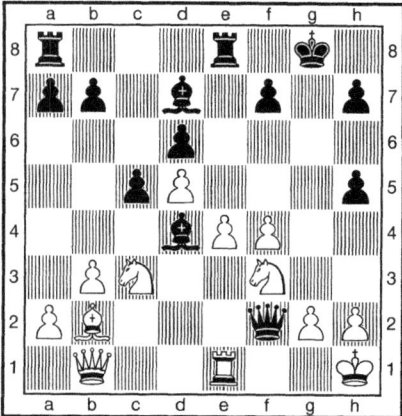

Vom Feld b1 aus verteidigt die Dame den Bauern e4 – dieser Umstand zeigt sich in der Variante 20. ... Lh3 21. Tg1 Kf8? 22. Sd4: cd 23. Sb5. Und nach 21. ... Lg4 (anstelle von 21. ... Kf8) 22. Tf1 De3 kann Weiß das Spiel verwickeln mittels 23. e5! f5! (23. ... Lc3: 24. Sg5; 23. ... de 24. Se4) 24. Sb5 oder sogar 24. Sd4: cd 25. Sb5 (Angaben von Dolmatow).

Zum Zeitpunkt der Partie beabsichtigte Nunn den scharfsinnigen Zug 20. ... Lf5 (mit der Drohung 21. ... Le4: 22. Te4: Te4:) zu spielen.

Frage 1-64 Was würden Sie darauf erwidern?

Der Großmeister untersuchte die folgenden Varianten:
- 21. ef Te1:+ 22. De1: Db2;
- 21. Sd1 Le4:! 22. Sf2: (22. De4: Te4: 23. Sf2: Te1:+ 24. Se1: Lf2:) 22. ... Lb1:;
- 21. Tf1 Le4:! 22. Tf2: Lb1:;
- 21. Te2 Le4:! 22. Dc1! (22. Tf2: Lb1:; 22. Sd4: Lb1:; 22. Te4: Te4:) 22. ... Lf3:! (schwächer ist 22. ... Df3: 23. fg Lf3:+ 24. Tg2+ Kh8) 23. Tf2: Lf2:, und Schwarz gewinnt.

Aber später bei der Analyse fand er die erfolgreiche Verteidigung 21. La1!?, die die schwarzen Drohungen pariert und wonach Schwarz jetzt auf c3 tauschen muß. Ein Tausch, welchem er eigentlich ausweichen wollte.

Eine andere und möglicherweise noch stärkere Erwiderung empfahl Saizew: 21. Tf1! Le4: 22. Se4: Db2: 23. Dd3! (aber nicht 23. Sd4:? Db1: 24. Sf6+ Kg7 25. Se8:+ Te8: 26. Tb1: cd mit einem für Weiß beschwerlichen Turmendspiel). Im Zusammenhang mit den Drohungen 24. Seg5 und 24. Sd6: erhielt Weiß keine schlechte Kompensation für die geopferte Qualität. Zum Beispiel: 23. ... Tad8 24. Seg5 (24. Tb1? Da2: 25. Sd4: Te4: 26. Sf5: Db1:+ 27. Db1: Tde8 –+) 24. ... Te7 25. Dh7:+ Kf8 26. Se5! oder 23. ... Lg7 24. Sd6: Te2 (24. ... De2 25. Db1) 25. Sg5 Dc2 26. Df3.

Am ehesten sollte Schwarz als Antwort auf 20. Db1 ohne besonderes Nachgrübeln die Fortsetzung 20. ... Lc3: 21. Lc3: Lh3 22. Tg1 Lg4 wählen. Aber in diesem Falle wird die Stellung vollkommen unklar – der starke schwarzfeldrige Läufer, die verwundbare Königsstellung und die zerschlagene gegnerische Bauernstellung kompensieren in beträchtlichem Umfang den Qualitätsnachteil bei Polugajewski.

Aber jetzt kehren wir zur Partie zurück. Da offensichtlich 20. ... Lc3:? 21. Dc3: nicht möglich ist, bleibt für Schwarz nur eine einzige Möglichkeit zur Rettung der eigenen Dame.

20. ... Lh3! 21. Tg1

Diagramm 125

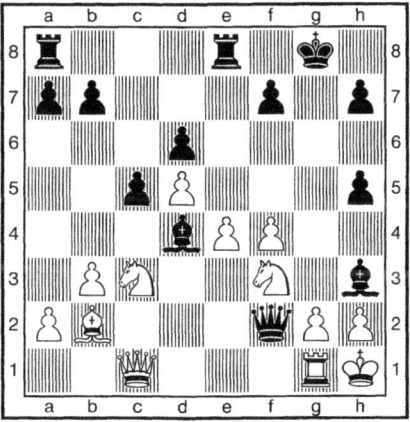

Frage 1-65 Was denken Sie, welcher Zug ist jetzt der stärkste?

Nunn führte den verlockenden Zug 21. ... Kf8 aus, womit er dem Abzugsschach 22. gh+ vorbeugte und gleichzeitig die Drohung 22. ... Lg2:+ 23. Tg2: Df3: aufstellte. Ganz genau dieselbe Zugentscheidung traf auch Dolmatow. Er betrachtete noch ernsthaft die Möglichkeit 21. ... Kh8 mit der Idee auf 22. Sd4: zu antworten mittels 22. ... Tg8 23. Dc2 (23. gh cd) 23. ... Lg2:+ 24. Tg2: Tg2: 25. Df2: Tf2: –+, aber er verwarf diesen Gedanken schließlich wegen 22. Sg5! Dg1:+ 23. Dg1: Lg1: 24. Kg1:.

Die ruhige Fortsetzung 21. ... Lg4 würde nach der Überzeugung von Nunn Schwarz keine Überlegenheit belassen. So dachte auch ich bis zu dem Zeitpunkt, als ich diese Stellung gegen Jussupow spielte, aber davon wird später die Rede sein.
21. ... Kf8?! 22. Sd4: cd

Frage 1-66 Wie agiert Weiß am besten?

Vollkommen aussichtslos ist 23. gh? Df3+ 24. Tg2 dc 25. Lc3: Te4:. Auch nicht besser ist 23. Sd1? Lg2:+! 24. Tg2: De1+ 25. Tg1 De4:+ 26. Tg2 De1+ 27. Tg1 De2! mit der entscheidenden Drohung 28. ... Df3+. Auf 23. Sb5? folgt am einfachsten 23. ... Te4: mit der Drohung 24. ... Lg2:+.

Der tollkühne Versuch von Polugajewski Gegendrohungen zu schaffen mittels **23. f5?** erwies sich als erfolglos. Es folgte noch **23. ... dc 24. Dc3:** (24. Dh6+ Ke7 25. Lc3: Tg8) **24. ... Te4: 25. gh** (25. Dh3: Te1; 25. Dh8+ Ke7 26. Df6+ Ke8 27. Dh8+ Kd7 28. Da8: Lg2:+) **25. ... Ke8!** (natürlich pariert Schwarz die durchsichtige gegnerische Drohung 26. Tg8+!) **26. Dd3 Te1 27. Te1:** (27. Db5+ Kf8 28. Lg7+ Kg8) **27. ... De1:+ 28. Kg2 Tc8 29. f6 Kd7 30. Dh7: Dd2+ 31. Kg3 Dd5: 32. Kh4 Te8** Weiß gab auf.

Dennoch war die Stellung von Weiß noch nicht hoffnungslos. Er mußte unbedingt 23. La3!! versuchen.

Diagramm 126

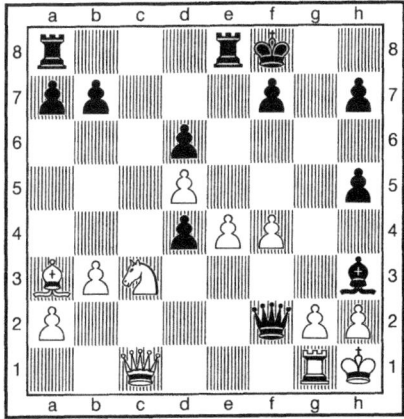

Natürlich nicht 23. ... dc? wegen 24. Ld6:+ Te7 25. Dc3:. Eine hübsche Variante fand Mestel: 23. ... Tad8? 24. Sb5 Te4: 25. Sd6:!! Lg2:+ 26. Tg2: Te1+ 27. De1: De1:+ 28. Tg1 De2 29. Se4+ Td6 (29. ... Ke8 30. Sf6+) 30. Ld6:+ Ke8 31. Sf6+ Kd8 32. Tg8#.

Nunn gibt an, daß Schwarz gewinnen kann mit 23. ... Tec8, wobei er seine Meinung mit der Variante 24. Ld6:+ Ke8 25. Da3 Tc3: 26. Da4+ Kd8 untermauerte. Aber Dolmatow hat, als er diese Stellung durchrechnete, nachdem ich 23. La3!! gezogen hatte, von 23. ... Tec8 Abstand genommen, im Zusammenhang mit den Motiven 24. f5 oder 24. Ld6:+ Ke8 25. f5.

Jussupow rechnete die Varianten genauer durch: er stellte dabei fest, daß 24. Ld6+? Ke8 25. f5 fehlerhaft ist wegen 25. ... Tc3: 26. Dg5 Lg2:+ 27. Tg2: De1+ 28. Tg1 De4:+. Dafür verspricht 24. f5! Weiß ein Remis nach 24. ... Tc3: 25. Dh6+ Ke8 26. Dd6:! Lg2:+ 27. Tg2: De1+ 28. Tg1 De4:+ 29. Tg2, weil jetzt 29. ... Td8? 30. Df8+ Kd7 31. Df7:+ Kc8 32. De6+! De6: 33. de Tf3 34. Tc2+ Kb8 35. e7 Te8 36. Ld6+ Ka8 37. Tc7 nebst nachfolgendem Td7 und Weiß gewinnt, schlecht möglich wäre.

Saizew schlug 23. ... f6 vor mit der Variante 24. Sb5 Te4: 25. Sd6: Lg2:+ 26. Tg2: Te1+ 27. De1: De1:+ 28. Tg1 De2 29. Sf5+ Ke8. Aber auch hier gestattet es der Zug 24. f5! (anstelle von 24. Sb5?) dem Weißen ernsthafte Drohungen gegen den feindlichen König zu schaffen.

Schwarz kann der Öffnung der gefährlichen Diagonale c1–h6 vorbeugen, indem er 23. ... f5 spielt. Weiß muß dann gemäß einer Empfehlung von Jussupow fortsetzen: 24. e5! dc 25. Dc3:! Lg4 26. e6, oder 24. ... Tec8 25. Ld6:+ Ke8 26. Dd1! Lg4 27. Dd3 mit der Drohung 24. Db5+.

Dolmatow spielte in der Partie gegen mich 23. ... Ke7?.

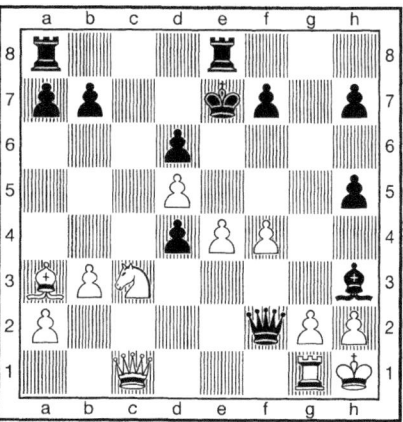

Diagramm 127

Frage 1–67 Wozu würden Sie Weiß an dieser Stelle raten?

Im Prinizip sieht die Idee, den Turm vom Feld g8 aus in das Angriffsspiel einzuschalten recht gesund aus, aber sie kann an dieser Stelle forciert widerlegt werden mittels 24. Sb5! Tac8 25. Df1!, und Weiß verbleibt schließlich mit materieller Überlegenheit.

Ich entdeckte den Zug 25. Df1! nicht, da ich mich sofort von einer Kombination hinreißen ließ, bei deren Durchrechnung mir leider ein Fehler unterlief. Als ich aktiv an Turnieren teilnahm, konnte ich mit solchen Aufgaben in der Regel ohne weiteres fertigwerden, aber in den letzten Jahren, in denen ich der turnierpraktischen Erfahrung entbehre, bin ich für eine solche Trainingsarbeit nicht mehr der allerstärkste Partner. Im Zusammenhang damit möchte ich meinen Ratschlag an diejenigen, die mit Trainerarbeit befaßt sind, wiederholen: verknüpfen sie diese unbedingt mit eigenem praktischen Turnierspiel.

24. Ld6:+? Kd7 25. Sa4 Tac8 26. Sc5+ Tc5:!. Ich hatte lediglich mit 26. ... Kd6:? 27. e5+ Ke7 28. d6+ Kd8 (28. ... Kf8 29. gh) 29. d7! gerechnet!

27. Dc5: Lg2:+ 28. Tg2: De1+ 29. Tg1 De4+ 30. Tg2 Tc8 Weiß gab auf.

Man kann die Schlußfolgerung ziehen, daß Schwarz nach 23. La3!! keinen Vorteil besitzt, das bedeutet aber, wir haben zurecht den Zug 21. ... Kf8 in Zweifel gezogen (wie alsbald klar werden wird, war 21. ... Lg4! am stärksten). Es versteht sich von selbst, daß es kaum möglich ist, alle Varianten am Brett exakt durchzurechnen. Man muß hier den richtigen Weg erraten und seinem eigenen Gefühl vertrauen.

Wenden wir uns nun dem Zug **21. ... Lg4!** zu, den Jussupow im Trainingsspiel gegen mich machte, und schauen wir uns an, wie unsere Partie verlief. Jetzt droht 22. ... Lf3: 23. gf+ Dg1:+, auf 22. Tf1 folgt mit Tempo 22. ... De3. Daher ist **22. Sd4: cd** (22. ... Dd4: 23. Sb5) erzwungen.

Diagramm 128

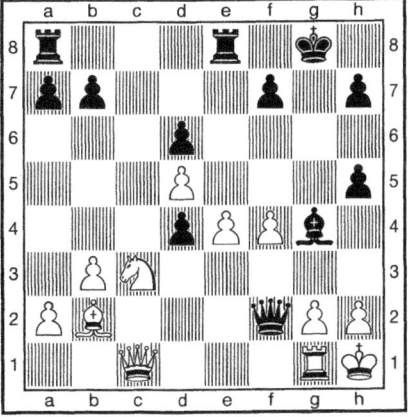

Als ich Alexej Drejew zur Weltmeisterschaft der Kadetten (bis 16 Jahre) vorbereitete (wo er übrigens zum zweiten Male Weltmeister wurde), arrangierte ich ein gegenseitiges Weiterspielen dieser Stellung zwischen ihm und Wassili Iwantschuk, der Teilnehmer am gleichen Turnier sein sollte. Alsbald gelangten die beiden zu der Stellung auf dem Diagramm (Drejew spielte mit Schwarz). Das weitere Geschehen auf dem Brett erweist sich als eine wahre Komödie der Irrungen und illustriert ein weiteres Mal, wie schwierig es ohne Trainer selbst für Ausnahmetalente ist, sich in derartigen Stellungen zu orientieren. Drejew und Iwantschuk waren freilich damals beide erst 15 Jahre alt.
23. f5? dc? (unbedingt erforderlich war 23. ... f6! mit gewonnener Stellung für Schwarz) 24. Dg5+ Kf8 25. Lc3: Te5 26. Df6? (zum Sieg vom Weiß führte jetzt 26. h3!) 26. ... Lh3! 27. Dd6:+ Te7 28. f6? (28.Dh6+ nebst 29. Dh5:) Lg2:+ Remis.
23. Tf1! Dh4! Wesentlich schwächer ist 23. ... De3? 24. De3: de 25. h3 Ld7 26. Te1, und Weiß behält im Endspiel eine vortreffliche Kompensation für die Qualität.
24. Sb5 Te4: Auf 24. ... Le2 folgt 25. Sd6: Lf1: 26. Df1:! Ted8 27. Sf5 Df6 28. Ld4: Da6 29. De1, und der schwarze König ist in Gefahr. Anstelle von 26. ... Ted8 ist es besser 26. ... Df6 27. Se8: Te8: 28. e5 (28. Df3? Df5!; 28. Dd3? Df4:) 28. ... Df5 mit beiderseitigen Chancen zu spielen.
25. Sd6: Te2 26. Ld4:

Diagramm 129

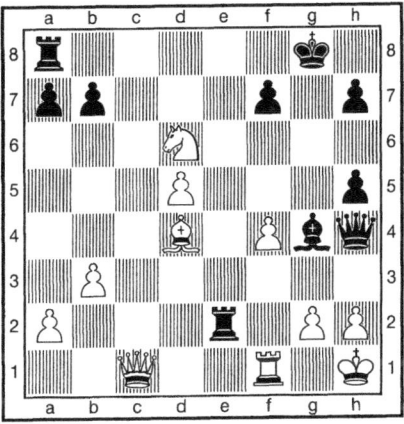

103

Frage 1–68 Wie soll Schwarz fortsetzen?

Schlecht ist 26. ... Td8? 27. Dc7 oder 26. ... Ta2:? 27. Dc7 Tf8 28. Se4 f6 29. De7. Nunn rechnete, daß Schwarz das Remis erzwingen muß mittels 26. ... Lf3 27. Sf5! Dh3! (aber nicht 27. ... Lg2:+? 28. Kg1 Dh3 29. Sh6+ Kf8 30. Dc5+ Ke8 31. Db5+ nebst 32. De2:) 28. Sh6+ Kf8 29. Dc5+ Ke8 30. Db5+ Kf8 31. Dc5+ (31. De2:? Le2: 32. gh Lf1:) mit ewigem Schach. Aber Jussupow fand eine bei weitem stärkere Fortsetzung:

26. ... De7!! 27. Lc5

Der Springer darf nicht wegziehen, um die schwarze Dame nicht auf das Feld e4 zu lassen. Falls 27. f5, so ist sowohl 27. ... f6 als auch 27. ... Dd6: möglich.

27. ... Td8!? 28. f5 f6!

Natürlich nicht 28. ... Td6:? 29. f6.

29. Df4

Ich untersuchte auch 29. h3, aber nahm von diesem Zug Abstand wegen 29. ... De5! 30. hg Dg3 31. Lf2 Tf2: 32. Tf2: Df2: 33. Se4 (33. Dc7? De1+ 34. Kh2 De5+) 33. ... Dd4 34. Dc4 (34. Dc7 Te8) 34. ... Da1+ (günstig für Schwarz ist auch das Endspiel nach 34. ... Dc4:) 35. Kh2 De5+ und die schwarze Überlegenheit steht außer Zweifel.

29. ... De5!?. Die Variante 29. ... b6 30. La3 Ta2: 31. Sc4 De2 (31. ... Ta3: 32. d6) 32. Tg1 erschien Jussupow nicht überzeugend genug.

30. .. De5: (30. h3 Dd5:) **30. ... Te5: 31. h3 Le2 32. Te1** (32. Tf2 Ld3) **32. ... Td5: 33. Sb7: Td1!** (stärker als 33. ... T8d7 34. Te2: Tb7: 35. b4, was übrigens auch ausreichend zum Sieg ist) **34. Sd8: Te1:+ 35. Kh2 Ld3** (gut ist auch 35. ... a6). In dieser Position wurde die Partie abgebrochen. Schwarz besitzt entscheidenden Vorteil – er beabsichtigte, den Punkt g2 mittels Te2 und Le4 anzugreifen.

Praktikum im Weiterspielen

Ich empfehle Ihnen zur Aufmerksamkeit noch drei Stellungen, welche als Übungen zum Weiterspielen genutzt werden können. Sie sind einfacher als die Beispiele aus den Partien Nunns, aber dennoch ziemlich inhaltsreich. Im ersten und im dritten spielen Sie mit den weißen Steinen, im zweiten mit Schwarz.

Mestel – Gurewitsch
Hastings 1982/83

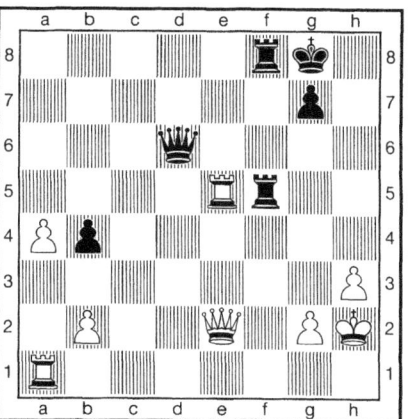

Diagramm 130

Weiß ist im Mehrbesitz zweier Bauern, aber die Fesselung seines Turms e5 ist für ihn äußerst unangenehm. Es ist klar, daß man ohne Taktik hier nicht auskommt.

43. Te1 Te8

Hoffnungslos ist 43. ... Te5:? 44. De5: De5:+ 45. Te5: Tf2 46. b3, weil Weiß seine beiden eroberten Bauern behält.

Weiter in der Partie folgte 44. Dc4+? Tf7! (schlecht ist 44. ... Kf8? 45. Db4:! Db4: 46. Tf5:+ Kg8 47. Te8:+, aber wie aus dem weiteren klar werden wird, würde auch 44. ... Kh7!? 45. Dc5 Dc5:! nicht ver-

lieren) 45. Db5 Tfe7, und die Gegner einigten sich auf Remis wegen der Fortsetzung 46. Dc4+ Kh7 47. Dh4+ Kg8 48. Dc4+.
44. Dd1!! (von R. Waganjan als Empfehlung angegeben). Schlecht ist jetzt 44. ... Tfe5:? 45. Dd6: Te1: 46. Db4: oder 44. ... Dd1:? 45. Te8:+ nebst 46. Td1:. Auf 44. ... Db8 entscheidet 45. Dd5+ Kh7 (nichts ändert sich auch nach 45. ... Kf8) 46. Db5! Db5: (46. ... Dd6 47. De8:; 46. ... Tfe5: 47. Db8:) 47. Tb5: Te1: (47. ... Tb5: 48. Te8:) 48. Tf5: Te2 49. b3 Te3 50. Tf3
Die beste Verteidigung ist **44. ... Dc7!**

Frage 1 – 69 Wie soll Weiß dann fortsetzen?

Als er die Partie für den Band 36 des *Schach-Informator* kommentierte, empfahl D. Gurewitsch die Antwort 45. Dd5+. Auf jeden Fall würde aber dieses verlockende Schachgebot den Gewinn aus der Hand geben. Schwarz spielt 45. ... Kh7! (falls 45. ... Kf8?, dann geht 46. Dc5? Dc5: 47. Tc5: Tc5: nicht – denn der Turm e8 ist gedeckt, dafür gewinnt aber 46. Db7!! Db7: 47. Tf5:+ oder 46. ... Dd6 47. Db4:!) 46. Da5!? Dd6! (46. ... Db8? 47. Db5!; 46. ... Da5:? 47. Ta5: Ta5: 48. Te8: Ta4: 49. Te4(b8) nebst 50. b3 mit Gewinn) 47. Dc5 Dc5:! (aber nicht 47. ... Db8? 48. Db5!) 48. Tc5: Tc5:! 49. Te8: Tc2 50. b3 Tc3. Weiß büßt einen seiner Mehrbauern ein und nach dem unvermeidlichen Abtausch der Bauern auf dem Damenflügel ist das Turmendspiel remis. Zum Sieg führt einzig und allein **45. Dc1!! Dd6** (45. ... Db8 46. Dc4+ nebst 47. Db5) **46. Dc5! Dc5:** (46. ... Db8 47. Db5!) **47. Tc5: Te1:** (im Unterschied zu der vorausgehenden Variante geht nun 47. ... Tc5: nicht, da der Turm auf e8 mit Schach geschlagen werden kann) **48. Tf5: Te2 49. b3 Te3 50. Tf3.**

Michail Zeitlin – Yuri N. Popow
UdSSR 1982
1. d4 Sf6 2. Sf3 b6 3. Lg5 Se4 4. Lh4 d5 5. Sbd2 Lb7 6. e3 Sbd7 (6. ... g6!?) **7. c4 Sdf6 8. Tc1 e6 9. cd.** Schwarz hat die Eröffnung nicht sehr gut gespielt, und es ist jetzt schwierig, ihm einen guten Rat zu geben. Schlecht ist 9. ... Ld5: 10. Lb5+ oder 9. ... ed 10. Da4+ c6 11. Tc6:! Dd7 12. Lb5 a6 12. Te6:+; auf 9. ... Sd2: ist das Zwischenschach 10. Da4+ sehr stark.
Das in der Partie geschehene Bauernopfer **9. ... Dd5:** schien mir die einzige annehmbare Fortsetzung für Schwarz zu sein, und daher wollte ich zunächst die Stellung nach dem 9. Zug als Ausgangsstellung nehmen. Aber dann wurde mir klar, daß auch das Schlagen mit der Dame auf d5 die Probleme der Verteidigung nicht lösen kann angesichts der starken Möglichkeit 10. Lf6:! gf 11. Tc7: Sd2: 12. Sd2: mit beträchtlichem weißen Vorteil. Es erwies sich als notwendig, den Beginn der Übung um einen Zug nach hinten zu verlegen.
10. Tc7:?!

Diagramm 131

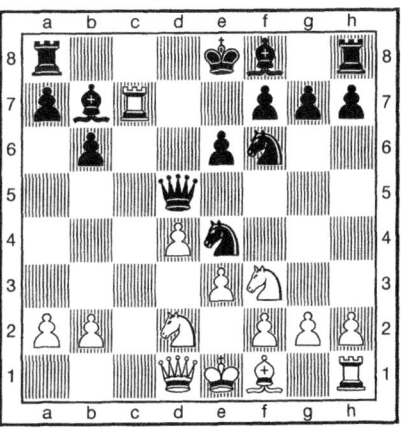

Gehen wir von dieser Stellung aus. Ich erinnere daran: Sie spielen mit Schwarz. Ihnen ist die Aufgabe gestellt, die Meinung des Partiekommentators Michail Zeitlin, der die Auffassung vertrat, daß Schwarz es schwer hat, nach Möglichkeit zu widerlegen.

10. ... Sd2: (nicht sofort 10. ... Ld6? wegen 11. Lc4) **11. Sd2:** (11. Dd2:? Se4) **11. ... Ld6 12. Da4+ Kf8.** Wenn jetzt 13. Tc3 folgt, so erhält Schwarz nach 13. ... Se4 oder 13. ... g5 14. Lg3 Kg7 gute Kompensation für den Bauern. dank seines Entwicklungsvorsprungs. Um die Initiative nicht zu verlieren, beginnt Zeitlin eine Kombination, die dem Gegner tatsächlich schwierige Probleme stellt.

13. e4!? Se4:

Es geht nicht 13. ... Dh5? 14. Tb7: Dh4: (14. ... Tc8 15. Sf3) 15. e5 Le5: 16. Da3+.
14. Lc4 Unversehens sind wir beim Wendepunkt der Partie angelangt.

Frage 1–70 Was soll Schwarz spielen?

Popow antwortete ungünstig: 14. ... Dd4:!. Es folgte 15. Tf7:+! (schlechter ist 15. Sf3? Db2:) 15. ... Kg8 (15. ... Kf7: 16. Le6:+ nebst 17. Dd4:) 16. Sf3! (falls 16. 0–0, dann folgt 16. ... Sc5!, aber nicht 16. ... Sd2:? 17. Le6:) 16. ... Db2: 17. 0–0! (17. Tb7:?! Lb4+ 18. Kf1 Dc1+) 17. ... Sc5 (17. ... Kf7: 18. Dd7+ mit schnellem Matt) 18. Le6:! Se6: 19. Tb7:, und Weiß konnte seinen erdrückenden Stellungsvorteil schnell zur Geltung bringen.

Ähnlich traurige Folgen für Schwarz hat auch 14. ... Dh5? 15. Tb7: Dh4: (15. ... Sd2: 16. Le6:! fe 17. Dd7 oder 16. ... Te8 17. De8:+ Ke8: 18. Lf7:+) 16. g3! Lg3: (16. ... Dg4 17. Dd7 oder 16. ... Sg3: 17. fg Lg3:+ 18. Kd1 17. fg! (das ist das einfachste, obgleich auch 17. Dd7 Lf2:+ 18. Kd1 ausreichend ist) 17. ... Sg3: 18. Da3+ nebst 19. Dg3:.

14. ... Df5!! Das ist die einzige, aber ausreichende Verteidigung.

15. Tb7: Sd2: 16. Kd2:
Auf 16. Le2 ist 16. ... Tc8! stark.
16. ... Df4+ 17. Kd3 Dh4: (Am aussichtsreichsten scheint nun 18. Te1 mit der Drohung 19. Tf7:+ Kf7: 20. Te6: zu sein. Der Bearbeiter) **18. Ta7:** (nutzlos wäre 18. Dd7 Le7) **18. ... Td8 19. Td7** (oder 19. Ta8) **19. ... g6** Der schwarze König verbirgt sich auf g7, wonach Schwarz für den geopferten Bauern ausgezeichnete Gegenwerte besitzt.

Das folgende Beispiel kann genutzt werden für gewöhnliches Weiterspielen (mit Weiß) oder auch für beiderseitiges.

Jan Plachetka – Petar Popovic
Zemun, 1980

Diagramm 132

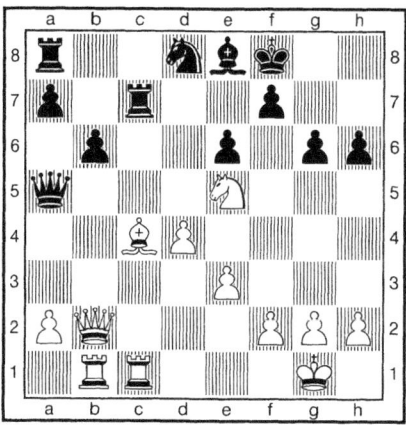

Die weißen Figuren stehen aktiv, die Bauernstellung rund um den schwarzen König ist gelockert, verspricht also keine zuverlässige Verteidigung. In solchen Fällen ist es für den Angreifer wichtig, einen geradlinigen Weg zu finden, um die Gunst des Augenblicks zu nutzen, denn sonst würde der Gegner seine Stellung sichern. Der Vorteil wäre dahin.

In der Partie folgte 24. h3?! Tac8 25. Lb3 Db4! (im Falle des Abtausches der Türme auf c1 würde die weiße Dame in der c-Linie eindringen) 26. Sg4 Tc1:+ 27. Tc1: Tc1:+ 28. Dc1: h5 29. Se5 Dd6 30. Dc8 Kg7 31. Sc4 Dd7 32. Da6 Dc7 33. Da3 Lc6 34. Se5, und die Partner einigten sich auf Remis. Anstelle von 26. Sg4 verdiente Aufmerksamkeit 26. Tc7: Tc7: 27. d5! ed (nicht 27. ... Dc3? 28. Da3+ Dc5 29. d6! Da3: 30. dc) 28. Sg4, aber auch hier hat Weiß nichts besonderes erreicht.

Es bietet sich an 24. d5!?. Nach 24. ... ed ist die Kombination 25. Sg6:+?! nicht korrekt: 25. ... fg 26. Dh8+ Ke7 27. De5+ Se6 28. Ld5: Tc1:+ 29. Tc1: Ld7. Aber es gibt einen anderen, weniger offensichtlichen, aber stärkeren taktischen Schlag, der von den jungen Schachspielern an unserer Schule entdeckt wurde: 25. La6!. Im Falle von 25. ... Tc1:+ 26. Tc1: Da6:? 27. Tc7! b5 (es drohte 28. Sg6:+) 28. Sg4 ist der weiße Angriff unwiderstehlich. Besser ist es, das Feld e6 mittels 26. ... Se6 zu besetzen, aber auch dann ist die weiße Initiative in höchstem Maße gefährlich, man sehe z.B.: 27. Lc8! Sc5 (27. ... Tc8: 28. Sg6:+!) 28. Ld7! (es droht 29. Sc6) 28. ... Kg8 (28. ... Sd7: 29. Sd7:+ Ld7: 30. Dh8+ Ke7 31. Da8: Dd2 32. Tf1 mit deutlichem Übergewicht) 29. Sc6! (zum Remis führt 29. Le8: Te8: 30. Sg4 Sd3! 31. Sf6+ Kf8) 29. ... Sd3 30. Df6 Dd2 31. Se7+ Kh7 32. Tf1 Db2 33. Dc6 mit Gewinn.

Vielleicht die vom praktischen Standpunkt erfolgversprechendste Fortsetzung wählte Eliahu Schwidler. Er war entschlossen seinen Bauern nach d5 zu stellen und spielte 24. e4! Es folgte 24. ... Tac8 25. d5 Tc5 26. Sg4!, und Schwarz mußte seinen Widerstand alsbald aufgeben. Er hätte 24. ... b5 versuchen können, aber nach 25. d5! bc 26. Sc4: Tc4: 27. Dh8+ Ke7 28. Tc4: Tb8 (28. ... ed 29. De5+) 29. Tbc1 ist die schwarze Stellung nicht beneidenswert.

Großmeister Plachetka untersuchte in seinen Kommentaren noch einen Versuch des Angriffs und analysierte ihn vortrefflich, aber leider führte er seine Analyse nicht ganz bis zum Ende durch, so daß seine Idee schwer zu bewerten ist.

24. Sg4!?
Es droht 25. d5. Schlecht ist 24. ... h5? wegen 25. d5! hg 26. d6.

24. ... Tac8!
Nach der gewonnenen Erkenntnis, daß Weiß im vorangegangenen Zug, wie wir festgestellt haben, einige nahezu gleichwertig gute Fortsetzungen zu seiner Verfügung hatte, spielen wir die Stellung besser von dieser Diagrammstellung aus weiter.

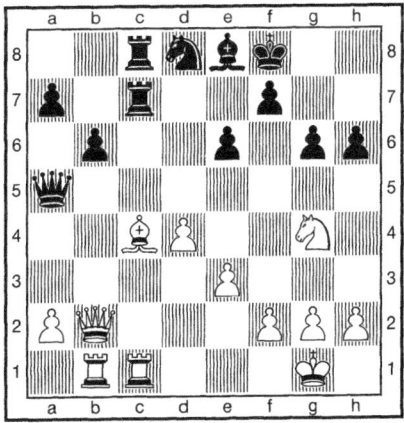

Diagramm 133

25. d5! ed!
Es verliert 25. ... Tc4:? 26. Tc4: Tc4: 27. Dh8+ Ke7 28. Df6+ Kf8 29. Se5! (29. d6? Dc3) 29. ... Dc3 30. Dh8+ Ke7 31. d6+ Kd6: 32. Sc4:+ Dc4: 33. De8: (Plachetka). Noch einfacher wurde das Schlagen des Läufers in der Trainingspartie Jus-

supow – Dolmatow widerlegt, die im Jahre 1981 abgehalten worden war. Dort folgte: 26. Dh8+ Ke7 27. d6+ Kd6: 28. Df8+ Kd5 29. Tc4: Tc4: 30. De8: Tg4: 31. Dd8:+ Ke5 32. f4+ Kf5 33. Dd3+ Kf6 34. h3, und Schwarz gab auf.
26. Dh8+ Ke7

Frage 1-71 Wie soll Weiß jetzt den Angriff fortsetzen?

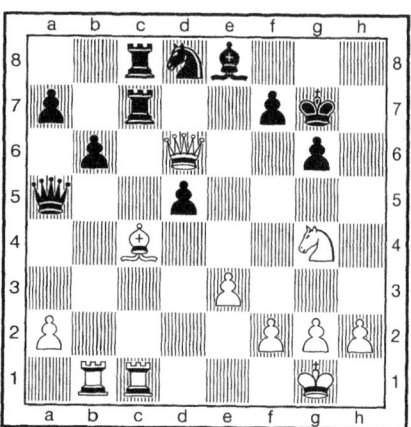

Diagramm 134

Weiß kann das Schlagen des Bauern h6 mit Schachgebot durch einige Vorbereitungszüge erreichen.
27. Df6+ Kf8 28. Dd6+! Kg7
(28. ... Kg8? 29. Sf6+; 28. ... Te7 29. Ld5: oder 29. Lf1 mit entscheidendem Übergewicht für Weiß)
29. Df4!
Es droht 30. Dh6:+ Kg8 31. Sf6#.
29. ... Kf8
Interessant entwickelte sich die Trainingspartie zwischen Tschernin und M. Gurewitsch (im Jahre 1984): 29. ... Tc6? 30. Lf1! Ld7 31. Dh6:+ Kg8 32. Tc6: Tc6: 33. Se5 Td6 34. Tc1 Lb5 35. Df4! Da4 (35. ... Lf1: 36. Sf7:! Sf7: 37. Tc7) 36. Lb5: Db5: 37. h4 De8 38. Tc8. Schwarz gab auf.
30. Dh6:+ Ke7 31. Dh4+ Kf8 32. Dh8+ Ke7
Es ist dieselbe Stellung entstanden wie nach dem 26. Zug von Schwarz, aber ohne den Bauern h6.
33. Df6+
(33. De5+? Se6)
33. ... Kf8 34. Dd6+
Es geht nicht 34. Se5 (mit der Drohung 35. Sg6:+) wegen 34. ... Kg8! 35. Td1 dc 36. Td4 (36. Td8: Td8: 37. Dd8: De5:) 36. ... Se6! 37. Th4 Sg7.
34. ... Kg7

Auch diese Stellung (mit einem schwarzen Bauern auf h6) haben wir bereits auf dem Brett gesehen. Plachetka gibt an, daß es für Weiß keinen Gewinn gäbe unter Zugrundelegung der Variante 35. Sf6 Lb5!! (35. ... La4? 36. Sd5: Tc4: 37. Tc4: Tc4: 38. Dd8:) 36. Sd5: (36. Tb5: Tc4:!) 36. ... Tc4: 37. De5+ Kh7! (37. ... Kg8? 38. Se7+ Kh7 39. Sc8:) 38. Sf6+ Kh6 39. Sg8+ mit Dauerschach.
Aber der Angriff läßt sich genauer durchführen.
35. De5+! Kf8 36. Sf6!
Es droht 37. De8:+, und auf 36. ... Lb5 entscheidet jetzt 37. Sd5: für Weiß (ebenso auf 36. ... dc, Anmerk. d. Bearb.).
36. ... Sc6! 37. Dd5:
Schwächer ist 37. Dd6+ Se7 38. Sd5: Td7.
37. ... Se7! 38. Da5:
Etwas Besseres ist nicht zu entdecken.
38. ... ba 39. Se8: Tc4: (falls 39. ... Ke8:, so 40. Lb5+) **40. Tc4: Tc4: 41. Sd6 Tc2 42. g4! Ta2: 43. Tb8+ Kh7 44. g5.**
Der Angriff auf den König dauert selbst nach dem Abtausch zahlreicher Figuren fort. Schwarz wird hart um das Remis kämpfen müssen.

Als Weiß mit der Jagd auf den Bauern h6 anfing, konnte man kaum vorhersehen, daß gerade dieser Umstand in entscheidender Weise im fernen Endspiel eine Rolle spielen wird. Wenn Ausgleich herrscht, ist es schlichtweg notwendig, jede mögliche Chance wahrzunehmen, wenngleich sie die eigene Stellung nur geringfügig verbessert oder die gegnerische Position minimal schwächt, ohne sich die Frage vorzulegen in welchen konkreten Varianten der damit erreichte Vorteil später einmal nützlich sein kann.

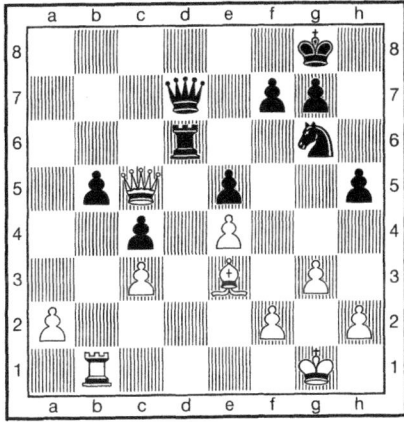

Übung 1 – 38

Bewerten Sie den Zug 29. ... h4.

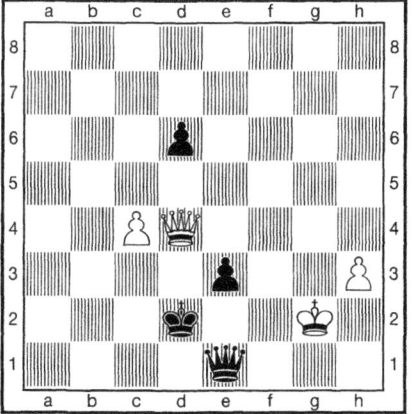

Übung 1 – 37

Schwarz am Zug

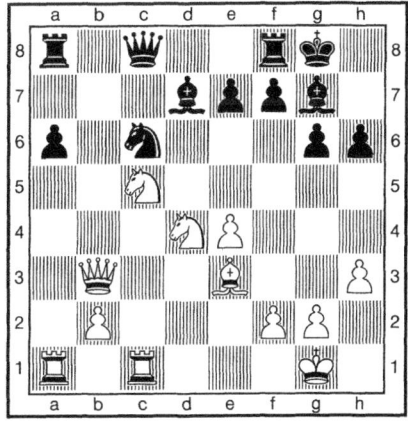

Übung 1 – 39

Berechnen Sie den Zug 20. Sd7:.

Diagramm 138

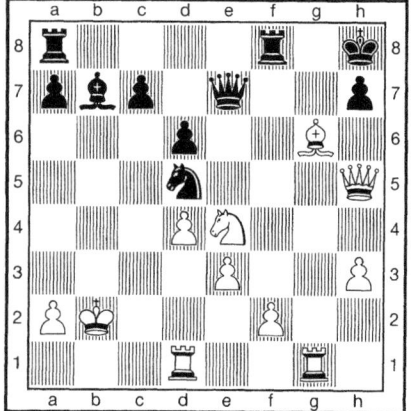

Übung 1 – 40

Schwarz am Zug

Diagramm 140

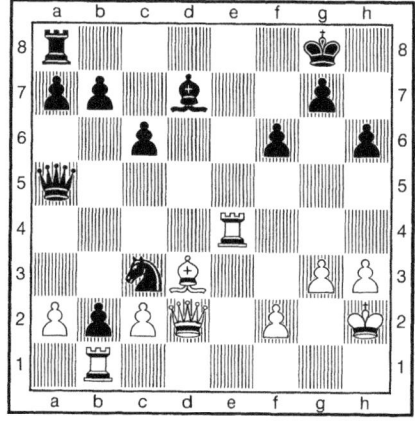

Übung 1 – 42

Schwarz am Zug

Diagramm 139

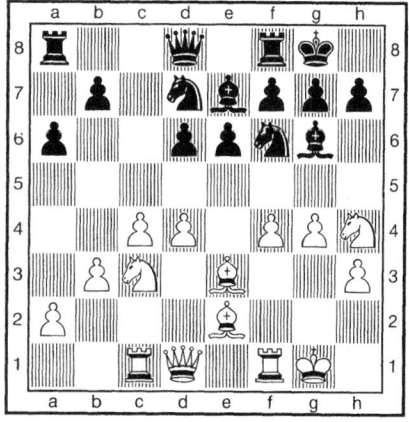

Übung 1 – 41

Schwarz am Zug

Diagramm 141

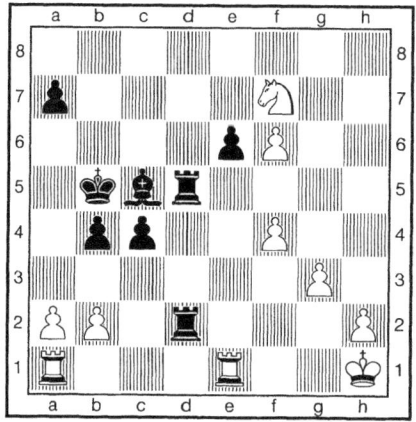

Übung 1 – 43

Weiß am Zug

Diagramm 142

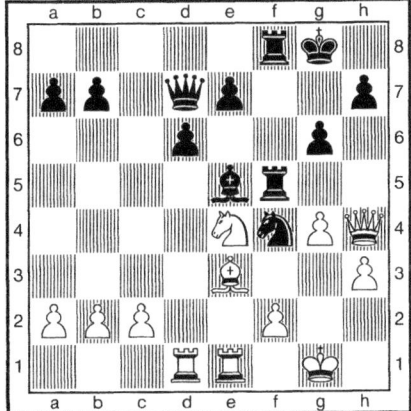

Übung 1 – 44

Schwarz am Zug

Diagramm 143

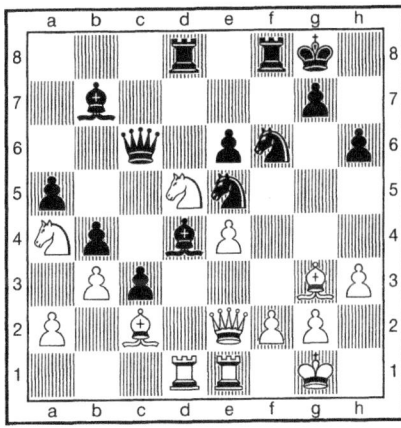

Übung 1 – 45

Schwarz am Zug

Teil II

Angriff und Verteidigung

Im vorangegangenen ersten Teil sahen wir bereits zahlreiche Beispiele – sowohl für effektvolle kombinatorische Erstürmungen einer gegnerischen Festung als auch für hartnäckige und erfindungsreiche Verteidigung. Bei der Betrachtung dieser Beispiele interessierte uns vor allem die Frage: *Wie findet* man die stärkste Fortsetzung (Entwicklung des kombinatorischen Sehvermögens) und die genaue *Berechnung* der auftretenden Varianten (Training der Technik der Variantenberechnung). Die Rede war also grundsätzlich von zwangsläufigen (und mitunter außerordentlich schwierigen) Kombinationen.

Nachdem wir den stärksten Zug gefunden und eine akkurate Berechnung der mit ihm verbundenen Varianten vollzogen haben, konnten wir ihn getrost ausführen. Aber wie verhält es sich in solchen Stellungen, in denen man die bestehenden Möglichkeiten selbst durch genaueste Berechnung nicht erschöpfend in allen ihren Konsequenzen ausrechnen kann? Wenn wir eine verantwortungsvolle und verpflichtende Fortsetzung wählen, wird damit das Stellungsgleichgewicht oft schwer erschüttert, wir können damit Erfolg haben, aber vielleicht bleiben wir auf einem Scherbenhaufen gescheiterter Hoffnungen sitzen. Wie heißt es aber doch auch: „Wer nicht wagt, der nicht gewinnt." Der Ausgang der Partie, und damit oft eines ganzes Wettbewerbs, hängt häufig von der Fähigkeit ab, sich im erforderlichen Moment für eine Veränderung des Gangs der Ereignisse zu entscheiden, vor dem Gegner und somit auch vor uns selbst, neue und überaus schwierige Probleme aufzurichten. Dem Schachspiel ist das Element des Risikos organisch zu eigen, ohne dieses ginge ein beträchtlicher Teil des Zaubers des „Königlichen Spiels" verloren. Risikobereitschaft muß man in etwa gleichem Maße im Angriff wie in der Verteidigung beweisen. Der größte Fachmann zur Frage des Wagemuts, Michail Tal, hat gesagt: „Ein Schachspieler hat eine Figur für den Angriff geopfert, obgleich er es auch hätte unterlassen können. Ist er damit ein Risiko eingegangen? Ohne Zweifel ja, kann der Angriff doch abgeschlagen werden, und der Zugewinn beim Gegner sich als entscheidende Kraft erweisen. – Gut, gehen wir in unserer Gedankenführung weiter. Der andere Schachspieler hat das Figurenopfer angenommen, obgleich er es auch verschmähen konnte. Er rechnet damit, den Angriff abwehren zu können. Riskiert auch er etwas dabei? Ohne Zweifel ja! Kann sich der Angriff doch plötzlich als unwiderstehlich erweisen. – Welches Risiko ist nun das größere Risiko? Eine Waage, auf der man das abwägen könnte, existiert nicht."

Folglich wird der Gegenstand unserer Erörterung sein: die Wahl zwischen diesem und jenem Risiko, zwischen einem ruhigen und einem riskanten Plan sowohl im Angriff wie in der Verteidigung, der Einfluß der Individualität des Schachspielers bei dieser zu treffenden Entscheidung, problematische Opfer von Material und so fort.

Opfer oder Irrtum?

„Ein Schachspieler steckt eher seinen Kopf in den Rachen eines Löwen als seine Dame preiszugeben."

Aron Nimzowitsch

Das Wort „Opfer" wird in der Schachliteratur in zwei verschiedenen Bedeutungen benutzt.

Vor allem ist es zunächst derjenige Zug, welcher Material preisgibt. Das Opfer ist in diesem Sinne des Wortes nach der Meinung Michail Botwinniks ein unerläßlicher Bestandteil jeder beliebigen Kombination („Eine Kombination, das ist eine erzwungene Variante mit einem Opfer").

Die zweite Bedeutung des Wortes Opfer – die Hergabe von Material – stellt keine Kombination dar, das heißt ist nicht verbunden mit einer Kette genau berechneter Varianten, zwingender Zugfolgen bis zum Erfolg des Opferspielers. Solch ein Opfer bezeichnete Spielmann als „richtiges, tatsächliches, wirkliches" Opfer (im Unterschied zu einem scheinbaren – im ersten Falle).

Indem er ein „wirkliches" Opfer bringt, verläßt sich der Schachspieler auf das Vorhandensein oder die Wirksamkeit gewisser positioneller Faktoren, die das preisgegebene Material zu kompensieren vermögen. Aber diese Rechnung kann aufgehen oder auch nicht, daher sind wirkliche Opfer immer mit einem Risiko verbunden.

Das erste ernsthafte Buch, das sich mit diesen richtigen Opfern befaßt hat, schrieb Rudolf Spielmann unter dem Titel *Richtig opfern* (in der russischen Übersetzung trägt es den Titel: *Theorie des Opfers*).

Später hat Leonid Schamkowitsch dieses Thema wieder aufgegriffen und es seinem Buch: *Das Opfer im Schach* zugrunde gelegt. Beide Arbeiten erfordern ein äußerst sorgfältiges Studium.

Fast alle Beispiele, die für diesen Teil des Buches ausgewählt wurden, sind verbunden mit richtigen Opfern. Anfangen wollen wir sogleich mit einer Partie, in der die allerstärkste Figur geopfert wurde, die Dame!

Kapengut – Dworetski
UdSSR-Pokal,
Ordjonikidse, 1978

1. e4 c5 2. Sf3 e6 3. d4 cd 4. Sd4: Sf6 5. Sc3 Sc6 6. Sc6: bc 7. e5 Sd5 8. Se4 Dc7 9. f4 Db6 10. Ld3

Zu dem Zeitpunkt, als diese Partie ausgetragen wurde, spielte man mit Schwarz häufig 8. ... f5, und die Variante 8. ... Dc7 9. f4 Db6 hatte es noch nicht geschafft, in Mode zu kommen. Später lautete die Hauptvariante für Weiß: 10. c4!? Lb4+ 11. Ke2!.

10. ... La6 11. a3

Im Falle von 11. c4 verliert Weiß einen Bauern 11. ... Db4+! 12. Ld2 Db2:.

11. ... f5?

Dies ist ein Fehler, der Schwarz sofort in eine schwierige Lage bringt. Nötig war 11. ... Le7 zu spielen, um auf 12. c4 energisch mit dem Gegenschlag 12. ... f5! antworten zu können.

12. ef Sf6: 13. Sf6:+ gf 14. Dh5+ Kd8

Diagramm 144

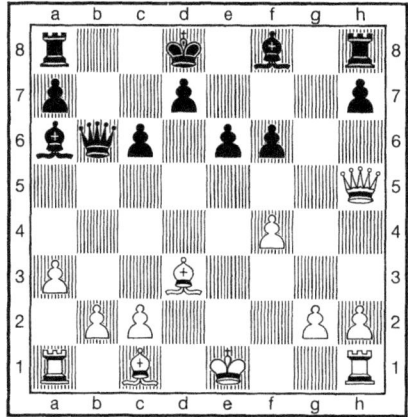

Frage 2–1 Wie setzt Weiß fort?

Schwarz muß mit dem Zug Dh5-f7 rechnen, aber vorher muß Weiß sich entwickeln. Auf 15. Df7? folgt 15. ... Ld3:! (schlechter ist 15. ... f5 16. Df6+ Kc7 17. Dh8: Lb4+ 18. ab Th8: 19. Ta6:, oder 17. ... Ld3: 18. Dc3) 16. Df6:+ (16. cd f5 oder 16. ... Dd4) 16. ... Kc7 17. cd Lc5 oder 17. ... Tg8, und Schwarz hat prächtige Gegenwerte für seinen verlorenen Bauern.

Vorteil versprach der einfache Tausch 15. La6:! Da6: 16. Ld2. Jetzt ist der Punkt d7 sehr schwach; Weiß beabsichtigt die Züge 0-0-0, Lc3 (oder La5+), Df7 in dieser oder jener Reihenfolge zu spielen. Ich weiß überhaupt nicht, was ich dann gemacht hätte. Auf 16. ... Db5 folgt nicht etwa 17. La5+? Ke7 18. Lb4+ Kd8 mit Ausgleich, sondern 17. Df7 Le7 (17. ... Db2: 18. Td1 oder 18. La5+) 18. 0-0-0.

Zu meinem Glück ließ sich mein Gegner von einer anderen verlockenden Möglichkeit verleiten und spielte **15. Ld2?**, womit er ein Tempo zu gewinnen hoffte aufgrund der Drohung 16. La5.

15. ... Ld3:!!

Anzumerken ist, daß ich dieses Turnier vollkommen untrainiert begonnen habe, was sich vor allem in der Eröffnungsphase zeigte. In der ersten Runde stand ich um den zehnten Zug herum bereits vollkommen hoffnungslos, dennoch überspielte ich im weiteren Verlauf meinen Gegner noch und trug den Sieg davon. In der zweiten Runde kam ich mit einer eindeutig schlechteren Stellung aus der Eröffnung heraus, aber letzten Endes konnte ich mich im Endspiel doch noch vor dem Verlust retten. Und jetzt lief die dritte Runde. Schnell hatte ich meinen Zug ausgeführt und war von meinem Platz aufgestanden, als ich hörte, wie mein Mannschaftskollege vom Team „Burewestnik Moskau" Juri Razuwajew zerknirscht zum Trainer sagte: „Nun, Mark bringts zur Zeit nicht, eben hat er die Dame eingestellt." Ich mußte einfach dazu treten und sie diesbezüglich beruhigen: „Möglicherweise bin ich wirklich nicht gut drauf, aber die Dame habe ich in jedem Fall nicht eingestellt, sondern geopfert!"

Neben offensichtlichen Nachteilen bringt die längere Unterbrechung der Turnierspielpraxis auch einige Vorteile mit sich. Man gewinnt wieder Geschmack am Spielen, man hat ein frisches Verständnis für die Dinge, einen erhöhten Wunsch nach Risiko und nach Opfern.

Ungeachtet meiner Schwierigkeiten in der Eröffnung, welche ich fast in jeder Runde empfand, gelang es mir in der Endabrechnung vier Partien zu gewinnen bei drei Remisen und das beste Resultat der Meisterschaft an einem Männerbrett zu erreichen.

16. La5

Nach 16. cd wäre die furchtbare d-Linie geschlossen und Weiß hätte nichts mehr in der Hand.

16. ... Lc2:

Die Stellung ist nun unklar. Schwarz besitzt für die Dame zwar nur zwei Läufer und einen Bauern, aber seine Figuren gelangen schneller zum Zusammenspiel und halten viele wichtige Felder unter ihrer Kontrolle. Für die weißen Figuren ist es schwierig, sich irgendwo sinnvoll zur Geltung zu bringen.
17. Tf1
Es bot sich an, 17. Lb6:+ ab 18. Dh4 zu spielen, um den Punkt f6 anzugreifen und gleichzeitg mit der Doppeldrohung 19. Df2 aufzuwarten. Aber Schwarz kann alle seine Probleme durch den Einsatz eines einzigen Läufers lösen: 18. ... Le7 19. Df2 Lb4+! 20. Ke2 Lc5.
17. ... f5 (17. ... Kc7!?) **18. Lb6:+ ab 19. Tf3** (stärker ist offensichtlich 19. Kd2 mit nachfolgendem Tae1) **19. ... Kc7 20. Tg3 Ta4** Zuverlässiger ist 20. ... Ld6, ohne sich zu fürchten vor 21. Tg7 Lf4: 22. Df7 Tad8.
21. Df3?! (21. Df7; 21. Tc1) **21. ... Tc4!** Dies ist die beste Verteidigung gegen die Drohung 22. Dc3. Bei weitem schwächer war 21. ... Lb4+ wegen 22. ab! Ta1:+ 23. Kd2.
22. Tc1? Nach diesem Zug geht die Initiative endgültig an Schwarz über. Stärker war 22. De2 Te4 23. Te3 mit unklarem Spiel; möglich war es auch, wenn man denn wollte, zunächst die Züge 22. b3 Tc5 23. b4 Tc4 einzuschalten.
22. ... Ld6 23. De2 Te4
Nicht schlecht sieht auch 23. ... Ld3 aus, zumal nach 24. Tc4: Le2: 25. Ke2: b5 der Bauer f4 verloren geht.
24. Tc2:
A. Kapengut entscheidet sich für die Rückgabe der Dame. Noch weniger reizvoll war für ihn 24. Te3 Lf4: 25. Te4: Le4: 26. Tc3 Lh2: 27. g3 Lg1.
24. ... Lf4: 25. Tg7 Lh2: (schwächer ist 25. ... Te2:+ 26. Te2: mit Angriff auf e6) **26. De4: fe 27. Td2 Ld6 28. Td4 c5!**
29. Te4: Kc6

Diagramm 145

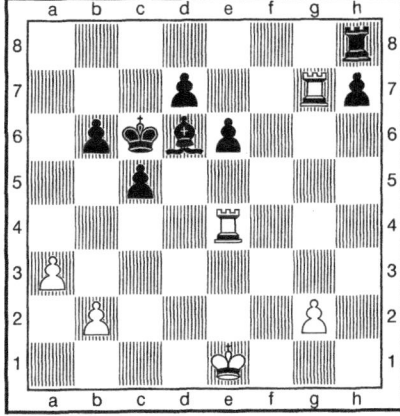

Schwarz besitzt zwei Bauern für die Qualität. Es ist klar, daß mein Gegner um das Remis kämpfen muß.
30. b3 h5 31. Th4 b5 32. Ke2 Le5
Beachtung verdiente auch 32. ... Ta8!? 33. a4 Le5! (schwächer ist 33. ... ba 34. Ta4:) 34. ab+ Kd6 35. Th7 Ta2+.
33. Tg5 Ld4 34. Thh5:
Weiß sollte 34. b4 Ta8 35. Tg3 spielen.
34. ... Ta8 35. Th3 Ta3: 36. Tg8 e5 37. g4 Ta2+ (37. ... e4!?) **38. Kf3 Tf2+ 39. Kg3 Tb2 40. g5** (hartnäckiger war 40. Kh4) **40. ... Tb3:+ 41. Kg4 Th3: 42. Kh3: Kd5 43. g6 e4 44. Tb8 b4 45. Kg4 Kc4** Weiß gab auf.

Nach der Partie versuchten einige Spieler meinen Partner zu necken: „Es scheint also, ihm kann man ohne weiteres die Dame vorgeben." „Ich habe ihnen gesagt, daß die Stellung unklar war, aber sie glauben es mir nicht!" beklagte sich Kapengut mir gegenüber beim Essen. – Ich konnte ihn nur meines Mitgefühls versichern. Und in der Tat, wenn man die Stellung flüchtig betrachtet, ist es nicht leicht, sich in das gehaltvolle Kampfgeschehen hineinzuver-

setzen, wahrzunehmen und einzuschätzen, welche Probleme von den Brettpartnern während der Partie bewältigt werden mußten.

———

Als ich an diesem Abend in das Zimmer trat, in dem sich die Mitglieder meiner Mannschaft versammelt hatten, begrüßten mich alle Anwesenden mit Applaus. Offensichtlich erfreut das Opfer der stärksten Schachfigur in gleichem Maße die Herzen der Amateure und der hartgesottenen Berufsspieler.

Und dabei lag die ganze Schwierigkeit bei der gesamten von Schwarz vorgenommen Operation eigentlich nur darin, daß man überhaupt seine Aufmerksamkeit auf eine solche Möglichkeit lenkt. Man muß mit dem psychologischen Vorurteil, das in dem Aphorismus des vorliegenden Kapitels von A. Nimzowitsch anklingt, eine geistige Barriere überwinden. Sobald einem erst einmal das Motiv des Damenopfers in den Gesichtskreis gekommen ist, wird nämlich sofort klar, daß man so und nicht anders spielen muß: Es ist hierbei gar nicht erforderlich über das Risiko des Opfers nachzudenken oder zu diskutieren. Bei einem normalen Verlauf der Partie ist die schwarze Stellung nämlich ohnehin sehr bedenklich, aber nach dem Opfer gerät die Situation zunächst für beide Spieler derart außer Kontrolle, daß jedes beliebige – günstige oder ungünstige – Ergebnis der Partie dadurch möglich zu werden scheint.

„Es ist nicht alles Gold, was glänzt!"

„Um angreifen oder den Angriff festhalten zu können, ist nur in den Fällen ein Opfer notwendig, wenn zuvor ein Fehler begangen wurde."

Siegbert Tarrasch

Wenn man die Idee des großen deutschen Schachmeisters über die Nichterfordernis von Opfern bei richtiger Führung des Spiels buchstäblich nimmt, dann kann man ihn sofort als einen Dogmatiker beschreiben (wie dies öfter als einmal geschehen ist), ihn des Unverständnisses für den Rang und die Bedeutung der kombinatorischen Kunst im Schachspiel anklagen. Zum Glück hat sich die Zahl der Anhänger dieser geistlosen Etikettierung sowohl unter den Schreibern als auch unter den Lesern vermindert. Und in der Tat: auch Tarrasch selbst hielt sich mit Opfern nicht zurück, und er untersagte diese auch anderen nicht. *Wenn Sie ausgezeichnete Angriffsperspektiven besitzen und es jede Grundlage dafür gibt, auf Überlegenheit zu rechnen, und wenn es danach notwendig wird, Material zu opfern und die Partie in eine Zone unklarer Verwicklungen gerät, dann kann man unterstellen: Sie haben irgendetwas nicht richtig gemacht, ihnen ist irgendwo zuvor ein Fehler unterlaufen. Man muß ganz exakt die Ereignisse hinterfragen und überprüfen: Sie können dann die Situation ausfindig machen, in der Sie stärker spielen konnten.* Gerade in dieser Interpretation erschließt sich der Gedanke Tarraschs. Er warnt vor dem blinden Entzücken über das eigene „geniale" Spiel und will den gesamten Verlauf der Partie kritisch bewertet wissen.

Dworetski – Tretjakow
Moskau 1968

1. e4 c5 2. Sf3 Sc6 3. Lb5 g6 4. 0–0 Lg7 5. Te1 Sf6 6. e5 Sd5 7. Sc3 Sc7 8. Lc6: bc? (zuverlässiger ist 8. ... dc) **9. d3**

Als ich mich später mit dem System der Englischen Eröffnung 1. c4 e5 2. Sc3 Sf6 3. g3 Lb4 vertraut gemacht hatte, wo mit vertauschten Farben eine analoge Position entstehen kann, habe ich verstanden, daß man am besten 9. d4!? cd 10. Dd4: spielen mußte.

9. ... Tb8?!

Schwarz verzögert sträflich seine Entwicklung. Es war notwendig, zu rochieren, solange es noch nicht zu spät ist.

10. Se4 Se6

Diagramm 146

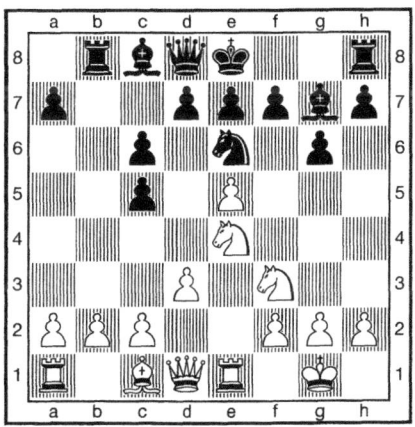

Frage 2–2 Zu welcher Fortsetzung würden Sie Weiß raten?

Es bietet sich der Entwicklungszug 11. Le3 an. Auf 11. ... Tb2: hätte Weiß dann die angenehme Wahl zwischen 12. Sc5: Sc5: 13. Lc5: Da5 14. d4 und 12. Dc1 Tb7(b8) 13. Sc5: mit der Absicht 14. Da3.

Nach 11. ... d6 12. ed ed geht 13. Lf4? Sf4: nicht, aber verlockend sieht 13. Lg5!? aus. Zum Beispiel 13. ... Sg5: 14. Sf6+ (nicht überzeugend ist 14. Sd6:+ Kd7 15. Sg5: Dg5: 16. Sf7: Df6(f5) 17. Sh8: Lh8:) 14. ... Kf8 15. Te8+ De8: 16. Se8: Sf3:+ 17. Df3: Ke8: 18. Dc6:+ Ld7 19. Te1+ Kd8 20. Dd6: Tb2: 21. De7+ Kc7 22. Dc5:+ mit Vorteil für Weiß. Mich aber verwirrte die mögliche Antwort 13. ... f6. Die Folgen der Variante 14. Lh4 0–0 15. Lg3 f5! 16. Sd6: f4 17. Sc8: fg (möglich ist auch 17. ... Dc8:) 18. Te6: Dc8: wären dann für mich schwierig einzuschätzen.

Aber nach der Meinung von Tarrasch ist es, wenn man eine strategisch sehr günstige Stellung hat, ganz unverantwortlich, sich in irrationale Verwicklungen hineinzustürzen. Nachdem ich mich von der Berechnung schwieriger Varianten hinreißen ließ, verlor ich leider ganz und gar den typischen Zug 13. d4! aus meinem Gesichtskreis, der Weiß klare Überlegenheit versprach.

Da ich den einfachen und eindeutigen Weg (11. Le3! d6 12. ed ed 13. d4!) einfach nicht finden konnte, wählte ich eine Fortsetzung, welche eine im höchsten Maße angespannte Situation sowohl in strategischer als auch in taktischer Hinsicht herbeiführte.

11. Sfg5?! Le5:

Natürlich ist 11. ... Sg5: 12. Lg5: Le5: schlecht, denn darauf folgt eine kombinatorische Widerlegung 13. Sf6+! ef 14. Te5:+!. Im Falle von 11. ... Dc7 ist 12. Se6: fe 13. f4 d6 (das Bauernopfer 13. ... 0–0 14. Sc5: ist kaum als korrekt zu bezeichnen) 14. ed ed 15. f5! stark.

12. Sc5:!

Jetzt hätte weder 12. Se6: fe, noch 12. Df3 0–0 13. Dh3 h5 etwas Vernünftiges ergeben. Nach dem Partiezug hat Schwarz eine breite Auswahl an Fortsetzungsmöglichkeiten.

Diagramm 147

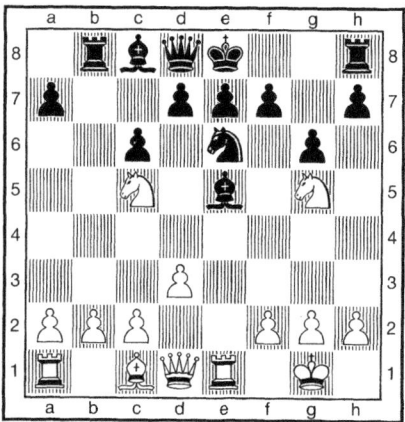

12. ... Lh2:+?

Eine ungünstige Entscheidung. Mein Partner konnte der Verlockung, einen Bauern zu erobern, nicht widerstehen, aber dafür gerät jetzt sein König in einen Mattangriff. Betrachten wir die anderen Möglichkeiten an dieser Stelle:

Fehlerhaft ist 12. ... Lb2:? – nach 13. Lb2: Tb2: 14. Sge6: fe 15. Sb3 sitzt der schwarze Turm in der Falle.

Offensichtlich ungünstig ist es, wenn man den gegnerischen Läufer entwickelt mittels 12. ... Sg5:? 13. Lg5:, und nach 12. ... Lf6?! ist 13. Sge6: nebst 14. Lh6 stark, womit man den Gegner der Möglichkeit der Rochade beraubt.

Im Falle von 12. ... Lg7 13. Sce6: de führt 14. Df3 0–0 15. Dc6: Lb2: 16. Lb2: Tb2: 17. Teb1 (17. Dc3 Tb5) 17. ... Tb1: 18. Tb1: Dd5 19. Dd5: ed nur zum Ausgleich. Aber vermutlich sind nach 14. c3 0–0 15. Dc2 die weißen Chancen vorzuziehen, als Folge der deformierten Bauernstruktur des Gegners.

Wir haben einige der ruhigen Varianten betrachtet. Aber jetzt dringen wir in die Welt der Kombinationen, die in der Stellung schlummern, ein.

Nach 12. ... Lg7 13. Sce6: führt das Schlagen 13. ... fe? zwangsläufig zur Niederlage: 14. Df3 Lf6 15. Dg3 (ein sehr wichtiges Tempo) 15. ... Tb5 16. Sh7:! Th7: 17. Dg6:+ Tf7 18. Lh6!, und Schwarz ist ohne Verteidigung. In dieser, wie auch in einer Reihe der folgenden Varianten wird Schwarz bittere Tränen vergießen über seinen ungünstigen zehnten Zug, denn der Turm auf b8 gerät immer wieder unter gegnerischen Angriff.

Eine elegante Lösung findet sich für Weiß in folgender Variante 12. ... Sc5: 13. Te5: d6 14. Te1 0–0?! 15. d4 Se6? 16. Se6: Le6: (auch im Falle von 16. ... fe steht Schwarz offenkundig schlechter).

Diagramm 148

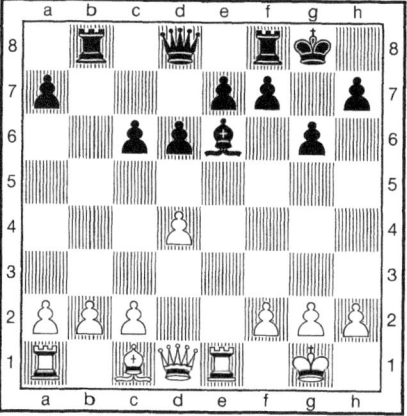

Frage 2–3 Wie soll Weiß fortsetzen?

Es folgt eine kleine Kombination zum Thema Doppelangriff: 17. Lh6 Te8 18. d5! Ld5: 19. c4!.

Eine ganz scharfe Situation entsteht nach 12. ... Dc7 13. Df3! 0–0 (13. ... Sc5:? 14. Df7:+ Kd8 15. Lf4! d6 16. Le5: de 17. Dg7 Te8 18. Sf7+ Kd7 19. Se5:+ Kd8 20. Sf7+ Kd7 21. Dd4+) 14. Sce6: de 15. Dh3 h5. Weiß muß offensichtlich eine

Figur opfern: 16. g4 f6 17. gh fg 18. hg Tf5 19. Dh7+ Kf8 20. h4!.
Die angeführten Varianten zeigen anschaulich die Gefahren, die Schwarz drohen. Es ist klar, daß sich der weiße Gedankengang nicht als Bluff erweist, sondern den Gegner vor ernsthafte Probleme stellt. Gleichwohl ist es schwer, zu glauben, daß Weiß, nachdem er das Zentrum aufgegeben hat, dennoch seine Überlegenheit behält. In der Tat waren schon die Konsequenzen der zuletzt von uns gezeigten Variante unklar. Aber Schwarz hat auch einen ruhigen Weg zum Ausgleich zur Verfügung. Nach 12....Sc5: 13. Te5: d6 14.Te1 kann er 14....f6! 15.d4 Sa6 spielen, und falls 16.Se6, so 16. ... Le6: 17. Te6: Sc7. Aber kehren wir zurück zur Partie:

13. Kh2: Sc5: Wenig ändert ein schwarzes Zwischenschach: 13. ... Dc7+ 14. Kg1 Sc5: 15. Df3 f5 (15. ... 0–0 16. Te7:) 16. Lf4 d6 17. Dg3 (oder 17. d4) mit gefährlichen Drohungen. Für einen erfahrenen Schachspieler ist es nicht schwer, die Endstellung der Variante einzuschätzen – er weiß genau, *daß das Vorhandensein von ungleichfarbigen Läufern auf dem Brett die Kraft des Angriffs verstärkt.*
14. Df3 0–0

Diagramm 149

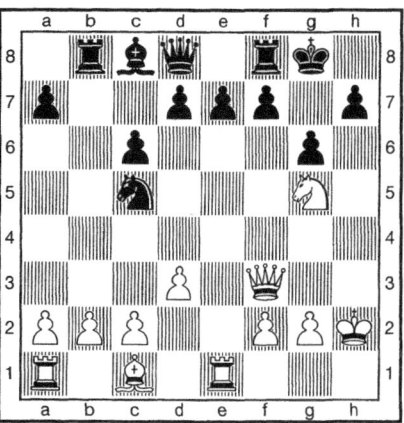

Frage 2–4 Wie soll Weiß den Angriff fortsetzen?

Der folgende taktische Schlag mußte bereits am Anfang vorhergesehen werden, denn ohne ihn wäre das Bauernopfer, das Weiß mit seinem 12. Zug gebracht hat, nicht als korrekt zu bezeichnen.
15. Sh7:!! Te8
Jetzt hat Weiß einen starken Angriff bei materiellem Gleichgewicht. Aber der Gegner sah keine befriedigende Verteidigung nach 15. ... Kh7: 16. Dh3+ Kg8 17. Th1! (mit der Drohung 18. Kg1).
Zu einem forcierten Matt führt 17. ... d6 (oder 17. ... d5) 18. Dh6 Lg4 19. Kg3! Lh5 20. Th5: gh 21. Dg5+ Kh7 22. Dh5:+ Kg8 23. Dg5+ Kh7 24. Lf4. Schlecht ist 17....Kg7 18. Dh6+ Kf6 19. Df4+ (oder 19. Lg5+). Auf 17. ... f6 entscheidet 18. Dg3! (erneut fällt der schwarze Turm auf b8 einem Doppelangriff zum Opfer).
Es gab aber noch eine unerwartete Verteidigungsidee 17. ... Da5, aber auch dann gewinnt Weiß auf schöne Art: 18. b4! (schwächer ist 18. Kg3 Se4+ 19. de Dh5) 18. ... Db4: (18. ... Tb4: 19. Kg1) 18. Tb1! Db1: (ansonsten erobert Weiß den unglücklichen Turm b8) 19. Kg3.
16. De3 Se6 17. Dh6 Tb5
Eine interessante Variante ist 17. ... Dc7+ 18. Kg1 Tb5 19. Sg5 Sg5: 20. Lg5: (es droht sowohl 21. Lf6, als auch 21. Te4) 20. ... Te5 21. Lf4 Te1:+ 22. Te1: d6 23. Lg5, mit Erneuerung der nämlichen Drohung. Wie leicht und angenehm es doch ist, einen Angriff bei ungleichfarbigen Läufern zu führen.
18. g4! Dc7+ 19. Kg2 Lb7 20. Th1 De5 21. Sf6+! Df6: 22. Dh7+ Kf8 23. Lh6+
Schwarz gab auf.

Ist dies nicht wirklich eine gute Illustration zum Gedanken von Tarrasch?

Die Idee von Weiß, beginnend mit dem elften Zug, ist kühn und originell, lange Zeit war ich auf diese Partie sehr stolz. Aber im nachhinein, sobald ich sie objektiv betrachtete, verstand ich, daß ich im Falle einer tiefgründigeren Stellungseinschätzung doch ganz ohne solch außergewöhnliches und gewaltsames Handeln auskommen konnte.

Zehn Jahre danach

In der folgenden Begegnung entwickelten sich die Dinge in vollkommen analoger Art. Der Unterschied lag nur darin, daß ich im nachhinein nicht mehr nach dem richtigen Weg der Entwicklung der weißen Initiative fahnden mußte, denn ich hatte ihn bereits am Brett gesehen, aber anders gespielt, was ich schon wenige Züge später zu bedauern hatte. Es war dann notwendig, die begangenen Fehler mühevoll auszubessern; im Ergebnis hat die Partie zwar ihre Einheitlichkeit eingebüßt, andererseits aber an Theatralik dazugewonnen.

Dworetski – Simic
Match UdSSR – Jugoslawien,
Tallinn, 1977
1. e4 c5 2. Sf3 Sc6 3. Lb5 Sf6 4. De2
Den Plan, der mit diesem Zug seinen Anfang nimmt, habe ich bei der Vorbereitung auf die Partie ausgearbeitet. Obgleich Weiß in ihr den Eröffnungskampf für sich entschied, kam eine andere Fortsetzung für Weiß in Mode: 4. Sc3 Sd4 5. e5 Sb5: 6. Sb5: Sd5 7. Sg5!? (I. Saizew).
4. ... g6 5. Sc3 Lg7

Zugunsten von Weiß entwickelt sich das Spiel nach 5. ... Sd4 6. Sd4: cd 7. e5 dc 8. ef.
6. e5 Sg4
Der Springer darf nicht nach d5 ziehen; gelänge es Schwarz, ihn via h6 nach f5 zu überführen, wäre trotzdem für ihn alles in Ordnung.
7. Lc6: dc 8. h3 Sh6 9. g4! (es gelingt Schwarz nicht!) **9. ... 0–0 10. d3 f5** (10. ... f6 11. Lf4 Sf7 12. 0-0-0 mit weißer Überlegenheit) **11. g5 Sf7 12. Lf4** Genau diese Position hatte Weiß angestrebt. Raumvorteil, der aus dem Spiel ausgesperrte Läufer g7, die Möglichkeit zum Angriff auf dem Königsflügel mittels h3–h4–h5 – alles das versprach ihm die besseren Aussichten für den bevorstehenden Kampf.
12. ... Da5 13. De3!
Ein guter positioneller Zug. Weiß verteidigt vorbeugend den Läufer, pariert damit die Drohung 13. ... Db4, macht dem Springer das Feld e2 frei, greift den Bauern c5 an und läßt somit auch b7–b5 nicht zu.
13. ... Sd8?!
In beengten Stellungen muß man Abtausch anstreben. Richtig war daher 13. ... Le6 14. h4! Ld5 15. Th3 Lf3:, und erst danach Sd8–e6.

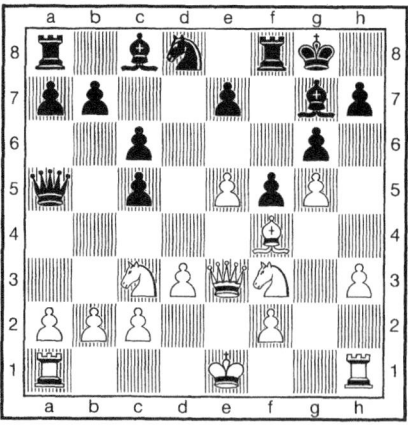

Diagramm 150

Frage 2-5 Welchen Ratschlag würden Sie Weiß in dieser Stellung geben?

In guten Stellungen erscheinen einem viele Züge stark. Dieser Umstand beeinträchtigt mitunter die Wachsamkeit.
14. h4?!
Eine oberflächliche Entscheidung. Ich hätte 14. Kf1! Se6 15. Se2 mit nachfolgendem Kg2 nebst h4 spielen sollen. „Aber warum diese Feinheiten?" – dachte ich mir. – „Warum soll man nicht sofort den Angriff am Königsflügel einleiten und lang rochieren? Ein zu erwartender Gegenangriff auf dem Damenflügel wird zu spät kommen."
Als ich rasch die Variante 14. h4 Se6 15. 0-0-0 b5 16. h5 b4 17. Se2 Da2: 18. hg hg 19. Sh4 Kf7 20. Sg6:! Kg6: 21. Df3 ausgerechnet hatte, war ich überzeugt, daß die Kombination würdig sei, die weiße Eröffnungsstrategie zu krönen. Aber leider erwies sich alles als nicht so einfach.
14. ... Se6 15. 0-0-0 b5 16. h5
Auf 16. Kb1 ist 16. ... Sf4: 17. Df4: Le6 unangenehm. Die Drohung 18. ... b4 kann man abwehren mittels 18. Sd2 (18 ... b4 19. Sc4!), aber dann müßte Weiß von seinem eigenen Angriff Abstand nehmen und sich zudem im Hinblick auf die Gefahren, die dem Bauern e5 drohen, Sorgen machen (18. ... Db4!?). Um den Damenflügel zuverlässig zu verteidigen, muß sich der Springer in solchen Stellungen nicht auf c3 sondern auf c1 befinden, aber ihn dorthin zu überführen, gelingt Weiß nicht. Man muß den Bauern a2 also – wohl oder übel – seinem Schicksal überlassen.
16. ... Td8!
Warum sollte man den Springer nach e2 treiben, wenn er ganz von selbst dorthin will? Schwarz macht das Fluchtfeld f8 für seinen König frei und bereitet den Angriff Sd4 vor. Ein Tempoverlust wäre 16. ... b4?.
17. hg hg 18. Sh4 Kf7

Diagramm 151

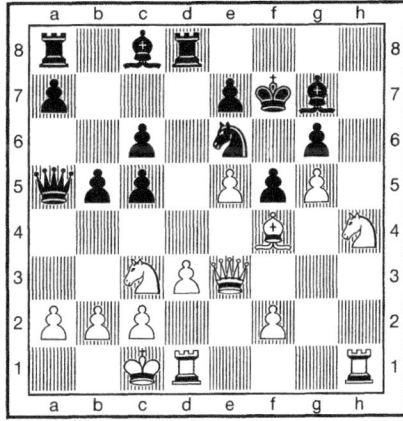

Frage 2-6 Wie soll Weiß fortsetzen?

Die schwarze Verteidigung sofort zu durchbrechen, gelingt nicht. Auf 19. Sg6: Kg6: 20. Df3 folgt 20. ... Sf4:, und im Falle von 19. Sf5: gf 20. g6+ Ke8 kann der schwarze König über d7 aus der gefährdeten Zone entschwinden. Nach langwieriger andauernder Überlegung kam ich zu der Erkenntnis, daß für die erfolgreiche Weiterführung des Angriffs der Springer unbedingt auf e2 stehen muß.
19. Se2!!
Ich wollte eigentlich auf gar keinen Fall ohne spezielle Einladung mit dem Springer wegziehen, aber ich mußte. Jetzt muß Schwarz schon ernstlich mit dem Springeropfer auf g6 rechnen. Aber sofern er die Drohung mit dem passiven Zug 19. ... Sf8 pariert, so kann Weiß seinerseits seinen Springer nach c1 überführen (20. Kb1 Le6 21. Sc1), den Gegenangriff von Schwarz damit neutralisieren und positionelle Überlegenheit erlangen.

Ich machte nicht einmal den Versuch, das Opfer völlig durchzurechnen, sondern ich beschränkte mich auf drei kurze Varianten:
a) 19. ... Da2: 20. Sg6: Kg6: 21. Df3 Kf7 22. Th7!;
b) 19. ... Th8 20. Sg6: Th1: 21. Th1: Kg6: 22. Dh3;
c) 19. ... Sd4 20. Sg6: Kg6: 21. Sd4: nebst 22. Df3.

Es ist offensichtlich, daß Weiß in allen Fällen einen gefährlichen Angriff erhält, obgleich ich natürlich nicht ausschließe, daß Schwarz diesen in irgendeiner Weise abschlagen kann. Zu diesem Thema äußerte sich Rudolf Spielmann:

„Wie schwer ist es oft, auch nur einige wenige Züge samt Nebenvarianten richtig vorauszuberechnen, und wie häufig hat eine solche vergebliche Kraftvergeudung zu Nervosität, Zeitnot und ganz unnötigen Verlusten geführt... Die genaue Berechnung ist im allgemeinen eher in der Verteidigung als im Angriff angezeigt."

Im Prinzip hat Spielmann ganz recht, wenngleich mit den Folgerungen seiner Gedanken die meisten zeitgenössischen Schachspieler kaum übereinstimmen werden. „Zerstören – nicht aufbauen?" Zerstören ist gewöhnlich einfacher als das Schaffen......

19. ... Da2: 20. Sg6:! Kg6: (ansonsten 21. Df3 oder 21. Dh3 mit der Drohung 22. Dh5) **21. Df3 Kf7 22. Th7! Da1+** (22. ... Ke8 23. Dc6:+ Ld7 24. Dh1!) **23. Kd2 Da5+?!**

Während mein Gegner versuchte, eine annehmbare Verteidigung ausfindig zu machen, überlegte ich die Folgen der wichtigsten Fortsetzung 23. ... Db2:. Nach 24. Dh5+ Kg8 (24. ... Kf8 25. Th8+ Lh8: 26. Dh8:+ Kf7 27. g6+) 25. g6 (vermutlich ist 25. Th1 einfacher) droht 26. Tg7:+ oder 26. Th8+. Aber Schwarz verfügt über eine scharfsinnige Ressource 25. ... Td3:+! mit der Idee 26. Kd3: Dd4+!! 27. Sd4: Sf4:+ 28. Ke3 Sh5: 29. Sc6: f4+, und der Kampf entbrennt mit neuer Schärfe. Weiß allerdings würde das Turmopfer ablehnen: 26. Ke1! Td1:+ 27. Kd1: Da1+ 28. Kd2! (aber nicht 28. Lc1? Sf8 und ebenfalls nicht 28. Sc1? Sf8! 29. Tg7:+ Kg7: 30. Lh6+ Kg8 31. Lf8: Dd4+! 32. Ke1 De5+ oder 32. Kd3 Dg4+) 28. ... Sf8 29. Tg7:+ Kg7: 30. Lh6+ Kg8 31. Lf8:.

Der Zug, den er in der Partie wählte, bot Schwarz überhaupt keine Chancen.

24. c3 Ke8 25. Dc6:+ Ld7 26. Dh1 Tdc8 27. Tg7: Sg7: 28. Dh8+ Kf7 29. g6+ Ke6 30. Dg7: Le8 31. Dg8+ Kd7 32. g7 Kc7 33. Dd5 Lc6 34. Dc5: Kb7 35. e6 Da2 36. De7:+ Ka6 37. Sd4! Db2:+ 38. Sc2 Ld5 39. Ta1+ La2 40. Db4

Schwarz gab auf.

Zwanzig Jahre später

Ein weiteres Jahrzehnt war vergangen. Eine der Partien von Artur Jussupow, die ich für die Zeitschrift *Schachmaty w SSSR* kommentierte, erinnerte mich lebhaft an meine beiden Begegnungen, die ich soeben vorgeführt habe. Erneut erinnerte ich mich an Siegbert Tarrasch: „Wenn man immer die stärksten Züge macht, ist selten ein Opfer nötig."

Jussupow – Ljubojević
Tilburg, 1987
1. d4 Sf6 2. c4 e6 3. Sf3 d5 4. Sc3 Le7 5. Lf4 0–0 6. e3 b6
Die gewöhnliche Fortsetzung ist 6. ... c5, aber Ljubojević wollte, wie es schien, sobald wie möglich die Pfade der „offiziellen" Theorie verlassen.
7. Tc1
Im Falle von 7. cd kann Schwarz antworten mit 7. ... Sd5: 8. Sd5: Dd5:!?. Jussupow will den Zug 7. ... Lb7 abwarten, denn dann wäre nach 8. cd das Schlagen mit dem Springer ausgeschlossen.
7. ... c5 8. dc!
Eine theoretische Neuerung! Jussupow plant, die hängenden Bauern des Gegners, welche sich als erstaunlich verwundbar erweisen, zu belagern.
Früher hat Weiß die Bauern auf d5 getauscht, aber damit nichts Besonderes erreicht.
Erfolgreiche Neuerungen in der Eröffnung sind zumeist die Frucht einer mühsamen analytischen Arbeit eines Schachmeisters oder sogar einer ganzen Trainerbrigade. Aber in diesem Falle gab es eine solche vorherige Vorbereitung überhaupt nicht. Die Verstärkung des weißen Spiels wurde unmittelbar mit dem Zug in der Partie geboren. Seine hohe strategische Meisterschaft half Jussupow dabei, am Brett den wirksamsten Handlungsplan zu entwickeln.
8. ... bc 9. Le2 Lb7 10. 0–0 Sbd7 11. cd ed
Wenn man den weiteren Gang der Ereignisse kennt, fällt es nicht schwer, für Schwarz das Schlagen mit dem Springer auf d5 als das kleinere Übel anzuempfehlen. Aber, ist es nicht in der Eröffnung leicht, nachzuweisen, was gemäß einem Aljechin-Zitat als „Beweis der Talentlosigkeit anderer" bezeichnet wird?

12. Se5
Mit dem nächsten Zuge wird der Läufer auf f3 aufgestellt, und wie soll dann der Bauer auf d5 verteidigt werden? Man würde die Verteidigung gerne durch Abtausch vereinfachen, aber auch nach 12 ... Se5: 13. Le5: Sd7 14. Lg3 mit nachfolgendem Lf3 wäre es für Schwarz kein Honiglecken.
12. ... Sb6 13. a4!
Eine gute positionelle Idee, die übrigens bei einem auf b6 befindlichen schwarzen Springer ein typisches Motiv darstellt. Der Bauer möchte den Springer angreifen und danach eventuell noch den Läufer (b7). Wenn auch nach 13. ... Tc8 oder 13. ... a6 sein Vorgehen mittels 14. a5 noch nicht sehr gefährlich ist (14. ... Sbd7, und der Bauer a5 steht unter Schlagdrohung), so wird es aber nach dem vorbereitenden 14. Lf3 durchaus zu einem wirklich gefährlichen Motiv. Und im Falle einer mechanischen Hemmung des a-Bauern mittels a7–a5 hätte Schwarz das wichtige Feld b5 geschwächt.
13. ... a5 14. Lf3 Te8
Schwarz trägt sich mit der Absicht den ihm lästigen Springer von e5 zu vertreiben mittels 15. ... Ld6 (auf das sofortige 14. ... Ld6 war 15. Sb5 stark), aber Weiß findet eine starke Erwiderung. Ein vorsichtigerer Zug war 14. ... Tc8, wonach Jussupow 15. Tc2 nebst 16. Td2 mit Steigerung des Drucks plante.
15. Sb5!
Die schwarze Drohung wird pariert und dafür eine eigene Drohung geschaffen: 16. Sf7:! Kf7: 17. Lc7 nebst 18. Lb6:. Im Falle von 15. ... Tc8 ist 16. Sa7! sehr stark. Die folgende künstliche (wenngleich möglicherweise auch einzige) Antwort Ljubojevics ist ein echtes Indiz für die bereits deutlich gewordene Unzulänglichkeit seiner Stellung.
15. ... Ta6

Diagramm 152

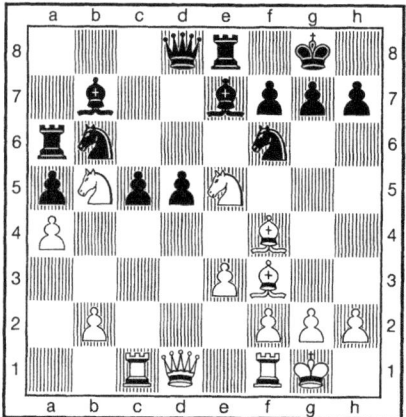

Frage 2–7 Wie soll Weiß jetzt fortsetzen?

Von selbst bietet sich die Verstärkung der weißen Stellung mittels 16. b3! Sa8 17. Tc2! mit erdrückendem Übergewicht an. Selbstverständlich sah Jussupow das auch. Warum aber hat er dann nicht so gespielt?
Die Sache ist die, daß der Großmeister eine verwickelte Wendung sah, die, wie er glaubte, zwangsläufig zum Gewinn führte. Im Prinzip sind Kombinationen in solchen Situationen unzweckmäßig – man kann sich dabei verrechnen (so passierte es selbst Jussupow; Artur nahm den 21. Zug seines Gegners nicht wahr oder unterschätzte ihn zumindest) und dadurch das vorhandene Übergewicht einbüßen und damit auch die Führung an den Gegner abtreten. Anderseits – falls man richtig gerechnet hat, wird die Partie zwingender gewonnen – sehr schnell und schön. Jussupow ist ein Maximalist, im Regelfall wählt er den schwierigsten, wenngleich auch riskantesten Weg. Zum Teil ist die Auswahl dieses oder jenes Handlungsplanes eine Sache des Stils und des Charakters des Schachspielers. Aber hier, wo eine einfache und zuverlässige Lösung zur Verfügung stand, sich dennoch in äußerst schwere Berechnungen einzulassen, war eindeutig unzweckmäßig.

16. Sd3?! c4 17. Lc7

Nach 17. Sc7 cd 18. Sa6: La6: 19. Lc7 Dd7 20. Lb6: Lb4! hat Schwarz hinreichende Kompensation für die Qualität, welche übrigens alsbald zurückgewonnen wird.

17. ... Dd7!

Indem er die Drohung 18. ... Sa4:! 19. Da4: Lc6 (was übrigens auch als Antwort auf 18. Sf4 folgt) aufstellt, lockt Schwarz den Springer nach e5, wo er dem weißen Läufer auf c7 den Fluchtweg verlegt.

18. Se5 Dc8 19. b3

Dieser Bauernvorstoß und das mit ihm einhergehende Figurenopfer war die logische Folge des weißen Gedankens, der im 16. Zug seinen Anfang nahm. Das vorsichtige 19. Lb6: Tb6: 20. Sg4 war nur für den Erhalt des Gleichgewichts ausreichend.

19. ... Sa8! 20. bc Sc7:

Der Versuch, die Öffnung der c-Linie nicht zuzulassen, indem man 20. ... d4 spielt, wird widerlegt mittels 21. Ld5! und falls dann 21. ... Tf8 dann 22. Df3!.

21. cd Ld6!

Diagramm 153

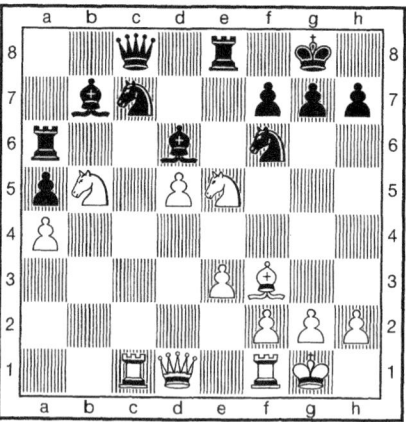

Frage 2–8 Wie soll Weiß jetzt den Angriff fortsetzen?

Jetzt ist der Wert jedes einzelnen Zuges außerordentlich hoch – jede Ungenauigkeit kann sofort den Ausgang des Kampfes zugunsten oder zu Ungunsten der einen oder anderen Seite entscheiden. Schwarz behält seine Überlegenheit sowohl nach 22. Sd6: Td6: 23. Sc4 Tdd8, als auch nach 22. Sc6 Dd7! (mit der Drohung 23. ... Scd5:) 23. e4 Se4: 24. Le4: Te4: 25. Sb8 De7 26. Sa6: Sa6:.

22. Sc4!
Die einzige beachtenswerte Möglichkeit. Jetzt wird allergrößte Genauigkeit bereits von Schwarz verlangt.

22. ... Lc5?
In einer schwierigen Situation erweist sich Ljubojević nicht auf der Höhe, indem er den hübschen 25. Zug seines Gegners übersieht. Eindeutig schlechter steht Schwarz auch nach 22. ... Lh2:+?! 23. Kh2: Scd5: 24. Dd4 oder 24. Kg1 Db8 25. Dd4. Unbedingt notwendig war 22. ... Lb4, woraufhin Weiß seine Wahl treffen mußte zwischen 23. d6 und 23. e4 (23. ... Se4: 24. d6). In beiden Fällen würden zwei weiße Bauern und die aktive Figurenstellung vollauf die geopferte Figur kompensieren, aber vermutlich auch nicht mehr als das. Es stand ein Kampf mit beiderseitigen Chancen und unklarem Ausgang bevor.

23. Sa5:! Ta5: 24. Tc5: Dd8
Nicht besser ist auch 24. ... Db8 25. Dd2 Sa6 26. Tc4 Dd8 27. Sc7!.

25. Sd6!! Dd6: (schlecht ist 25. ... Tc5: 26. Sb7: De7 27. d6) **26. Ta5: Ld5: 27. Dd4! De6** (27. ... Se6 28. Td5:) **28. Ld5: Scd5: 29. Td1 Tc8 30. Tc5! Tc5: 31. Dc5:**
Rein rechnerisch zählen zwei Springer in ihrer Stärke nahezu gleich an Kraft wie Turm und zwei Bauern. Dies gilt aber nicht in diesem Endspiel, insbesondere in Anbetracht des starken weißen Freibauern auf der a-Linie, den erfolgreich zu bekämpfen die schwerfälligen beiden schwarzen Springer einfach nicht in der Lage sind. Die Türme und die Läufer aber, die die Vorwärtsbewegung des Bauern noch hätten behindern können, hat Jussupow sämtlich abgetauscht. Die Lage von Schwarz ist jetzt demzufolge vollkommen aussichtslos.

31. ... h5 32. a5 De4 33. h3 g6 34. Dc6 Db4 35. a6 Da5 36. Db7 Da4 37. Tb1 Schwarz gab auf.

Wir haben ein paar ziemlich überzeugende Beispiele betrachtet, die den Gedanken Tarraschs über Opfer, die erst als Folge zuvor im Angriffsspiel begangener Fehler auftauchen, illustrieren sollen. Dabei haben wir erklärt, worin der positive Sinn seines Gedankens liegt, inwieweit man ihn bestätigt finden kann.
Als Gegenmeinung möchte ich jetzt anmerken, daß, erstens, eine nicht makellose erste Phase einer Partie den Wert eines Opfers überhaupt nicht schmälert, das Interesse an ihm nicht im geringsten mindert. Fehler sind im Schach bedauerlicherweise unvermeidlich. Es ist wichtig, daß man nach einem begangenen Fehler die Geistesgegenwart behält, daß man es versteht, negative Folgen bestmöglich zu neutralisieren, daß man im Bedarfsfalle auch nicht vor Opfern zurückschreckt.
Zweitens: auch bei tadelloser Partieführung erweist sich ein Opfer mitunter entweder als das objektiv beste Mittel der Fortentwicklung der Initiative, oder zumindest stellt es eine von mehreren gleichwertigen Möglichkeiten dar. Wir werden uns im folgenden noch eine Reihe weiterer Beispiele dafür gemeinsam ansehen.

Der König in der Mitte

„Wenn ich dem Gegner in der Entwicklung voraneile, offenbaren sich Angriffsmöglichkeiten von selbst."

R. Spielmann

Fast immer ist es sinnvoll, in der Eröffnung einen geringen Materialverlust in Kauf zu nehmen, um den gegnerischen König in den Mittellinien festzuhalten und die Initiative zu ergreifen. Auf dieser strategischen Idee beruhen viele Eröffnungsvarianten, klassische und moderne.

Dworetski – Schmidt
Wijk aan Zee 1975

1. e4 c5 2. Sf3 e6 3. c3 Sf6 4. e5 Sd5 5. d4 cd 6. cd d6 7. a3

Wenn Weiß seinen Läufer nach d3 entwickeln will, dann muß er entweder vorbeugend das Feld b4 versperren oder den gegnerischen Springer d5 mittels 7. Sc3 abtauschen.

7. ... Sc6 8. Ld3 de 9. de Dc7

Diagramm 154

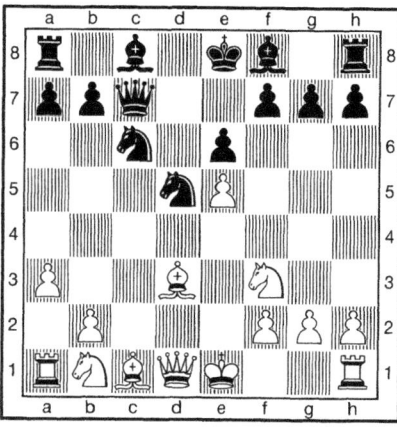

Ein seltener Fall ist eingetreten: das Spiel hat eben erst begonnen, und schon kann Weiß den Verlust eines Bauern nicht mehr verhindern. Freilich gibt Weiß den Bauern ganz gerne preis, kann er dafür doch den Gegner seines Rochaderechts berauben.

Die Partie wurde in der vorletzten Runde des Turniers gespielt. Ich war an der Spitze mit 8 Siegen und fünf Remisen, aber Wlodzimierz Schmidt lag nur um einen halben Zähler hinter mir zurück. Im Prinzip hätte mir aus turniertaktischen Gründen ein Remis vollauf gereicht, aber ich bemühte mich vor der Partie nicht daran zu denken. In derartigen Fällen erweist sich ein geradliniges Spiel auf Remis als ein außerordentlich großer Fehler. Siegbert Tarrasch schrieb: „Wenn ich den besten Zug sehe, der Chancen auf den Sieg einräumt, handle ich einfach nach meinem natürlichen Instinkt, trotz der Tatsache, daß ich über einen Zug glücklich sein sollte, der nur zum Remis führt." Derartige zweitbeste Züge werden nur deshalb gewählt, weil sie ruhiger und vorsichtiger sind, aber in einer Vielzahl von Fällen führen sie gar nicht zum Remis, sondern nur dazu, daß der Gegner die Führung übernimmt und – am Ende – zur wohlverdienten Niederlage.

Bei der Vorbereitung auf die Partie rechnete ich damit, daß es in der von mir gewählten Eröffnungsvariante möglicherweise notwendig wird, einen Bauern zu opfern, aber dieser Umstand beunruhigte mich überhaupt nicht.

Ich denke, daß mit dem Ergebnis der Eröffnung zunächst auch mein Gegner, Schmidt, zufrieden war. Denn um den Sieg zu kämpfen ist für Schwarz gar nicht einfach, und hier erhielt er sogleich materielles Übergewicht, und die Situation verschärfte sich. Und trotzdem meine ich, daß das Risiko, das Schwarz eingeht, allzu groß ist. Auch dann, wenn man verbissen auf Gewinn spielt, lohnt es sich nicht „den Stier sogleich bei den Hörner zu packen". Besser ist es, wenn man anstrebt, zu einem längeren Kampf zu gelangen, der die Spannung beständig aufrechterhält – dann kann der Gegner an der einen oder anderen Stelle stolpern.

10. 0–0 Se5: 11. Se5: De5: 12. Lb5+ Ld7
Zu bevorzugen war 12. ... Ke7, aber auch dann hätte Weiß nach 13. Te1 Dd6 14. Df3 f6 15. Sc3 (es ist wichtig, daß man den starken Springer d5 abtauscht) 15. ... Sc3: 16. bc ausgezeichnete Gegenwerte für den geopferten Bauern gehabt.

13. Ld7:+ Kd7: 14. Te1 (nicht sofort 14. Sc3? wegen 14. ... Ld6) **14. ... Dd6 15. Df3** Der Plan von Weiß ist klar: man muß die Springer abtauschen und dann die Türme am Angriff beteiligen. Im Falle von 15. ... Le7 wäre es nicht gut, sich wegen eines Bauern von seinem Plan abbringen zu lassen: 16. Df7:?! Taf8 gäbe Schwarz Gegenspiel. Bei weitem stärker ist 16. Sc3.

15. ... Ke8 16. Sc3 Td8
Kaum besser ist 16. ... Le7, worauf ich die Wahl gehabt hätte zwischen 17. Sd5: Dd5: 18. Dg3 und 17. Ld2 Td8 18. Tad1.
Zu diesem Zeitpunkt hatte Schmidt bereits die ihm drohenden Gefahren erkannt und selbst Remis angeboten. Ich lehnte ohne jedes Zögern ab. Wenn sich nun schon die Chance darbot, den Wettbewerb siegreich abzuschließen, ohne auf die letzte Runde warten zu müssen und sich damit den Weg zur Hauptgruppe, das heißt zum Großmeisterturnier des nachfolgenden Jahres zu ebnen, wäre es da nicht töricht, wenn man sich diese einmalige Gelegenheit entgehen ließe?

17. Lg5 f6
Falls 17. ... Le7, dann 18. Le7: Ke7: 19. Tad1 Kf8 20. Sd5: ed 21. De3 mit den Drohungen 22. Da7: und 22. Td5:! Dd5: 23. De7+ Kg8 24. De8+. Oder 18. ... De7: 19. Tad1 Sc3: 20. Dc3: Td1: 21. Td1: mit Gewinn. Die letzte Variante ist ziemlich charakteristisch und lehrreich. Weiß tauscht einfach alle entwickelten Figuren des Gegners ab und bleibt dann quasi mit einem Turm mehr auf dem Kampfschauplatz, während der schwarze Turm auf h8 nicht die geringste Beziehung zum Spiel hat.

18. Tad1 Kf7 19. Sd5: ed 20. Lf4 Db6

Diagramm 155

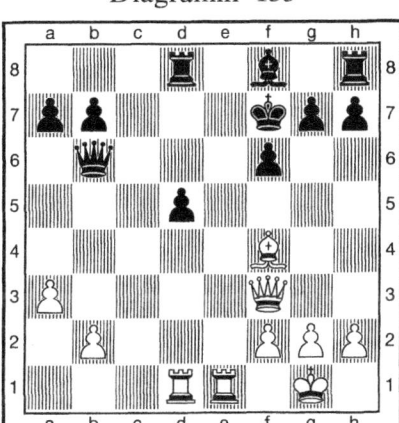

Frage 2–9 Wie soll Weiß spielen?

„In derartigen Stellungen sollte man Bauern nur im Vorbeigehen mitnehmen. Alle Gedanken müssen auf den Angriff ausgerichtet sein." (*Spielmann*).
Das primitive 21. Td5:? Lc5 gestattete es Schwarz seine Entwicklung schließlich zu vollenden. Warum soll man einen Bauern schlagen, wenn man statt dessen drohen und ins gegnerische Lager eindringen kann?

21. Tc1! Td7 22. Tc8 g6 23. De2 Kg7 (23. ... Te7 24. Tf8:+) **24. De8.** Schwere materielle Einbußen sind jetzt unvermeidlich.

24. ... Tf7 25. Lh6+ Kh6: 26. Df7: Lc5 27. Th8: Lf2:+ 28. Kh1 Le1: 29. h4 Kh5 30. Dd5:+
Schwarz gab auf.

War der Angriff unwiderstehlich?

„Das Unglück des Glossators liegt darin, daß es schwer ist, eine Partie, in der eine der beiden Parteien einen überwältigenden Angriffssieg schön herausgespielt hat, objektv zu analysieren."

Bent Larsen

Die folgende weithin bekannte Partie wird gewöhnlich angeführt als Illustration für das Anwachsen der Initiative, die Weiß in der Eröffnung durch ein positionelles Bauernopfer erhalten hat, bis hin zu einem gewaltigen Königsangriff. Auf jeden Fall war das Kampfbild in der Partie, wie wir sehen werden, bei weitem nicht so eindeutig, denn im Verlauf der Schlacht hatte jeder der Partner seine Chancen.

Aljechin – Junge
Prag 1942

1. d4 d5 2. c4 e6 3. Sf3 Sf6 4. g3 dc 5. Da4+ Sbd7 6. Lg2 a6 7. Dc4: b5 8. Dc6 Tb8 9. 0–0
Gemäß dem Erkenntnisstand der heutigen Theorie verspricht die Eröffnungsvariante, die Weiß gewählt hat, dem Anziehenden keinen Vorteil, weder nach dem Partiezug, noch nach 9. Lf4 Sd5 10. Lg5 Le7 11. Le7: De7: 12. 0–0 Lb7 13. Dc2 c5.
9. ... Lb7 10. Dc2 c5 11. a4!?
Alexander Aljechin, der damalige Weltmeister, opfert den Bauern d4.

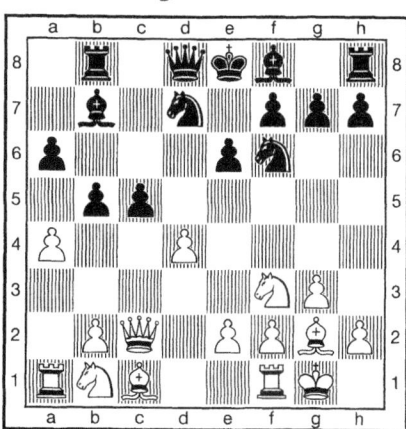

Diagramm 156

Schwarz hat jetzt eine reichhaltige Auswahl an zuverlässigen Fortsetzungen. Er kann zum Beispiel fortfahren mit 11. ... Tc8, 11. ... Db6 oder auch 11. ... b4. Aber der junge und talentierte deutsche Schachmeister (übrigens belegte er in diesem Turnier zusammen mit seinem großen Gegner den geteilten 1. und 2. Rang) entschied sich für das Risiko und nahm das gegnerische Bauernopfer an. Es versteht sich, daß Weiß für den Bauern eine vortreffliche positionelle Kompensation erhält. Weiß verfügt über das Läuferpaar, welches in offenen Stellungen äußerst gefährlich werden kann. Auf der anderen Seite kann Weiß keinen Entwicklungsvorsprung für sich geltend machen. Klaus Junge hat berechtigterweise auf die seiner Stellung innewohnenden Verteidigungsressourcen vertraut. A. Nimzowitsch gab den folgenden Ratschlag: „Nimm jeden Zentralbauern, wenn solches ohne größere Gefahr geschehen kann!"

11. ... Lf3:!? 12. Lf3: cd 13. ab ab 14. Td1 Db6
Schwarz muß Vorsicht walten lassen. Zweifelhaft ist 14. ... e5?! wegen 15. e3!

Tc8 16. Lc6! Dc7 17. Ta6, und die gewünschte Linienöffnung ist Weiß sicher. Ungünstig ist auch 14. ... Lc5? 15. Lf4 Tc8 (15. ... e5 16. Le5:) 16. Lb7 d3 17. Dd3: Lf2:+ 18. Kf1.

15. Sd2 e5

Wenig verlockend ist 15. ... Se5, worauf sowohl 16. Lg2 mit nachfolgendem Sb3, als auch das sofortige 16. Sb3 Sf3:+ 17. ef stark ist. Aber durchaus möglich war 15. ... Lc5!? 16. Sb3 0–0 17. Sc5: Sc5:! (schlechter ist 17. ... Dc5: 18. Dc5: Sc5: 19. Lf4 Tbc8 20. Ta5), und es geht nicht 18. Td4:? wegen 18. ... Sb3!. Der Partiezug ist riskanter.

16. Sb3 Sc5!

Darin entschlüsselt sich auch die Idee des vorangegangenen schwarzen Zuges. Im Falle des vorsichtigen 16. ... Le7?! ergreift Weiß einfach die Initiative mittels 17. e3! de (17. ... 0–0 18. ed) 18. Le3: De6 19. Sa5 oder 19. La7.

17 Sc5: Lc5:

Unlogisch wäre die Wahl der Fortsetzung 17. ... Dc5: 18. Lc6+ (18. Df5!?) 18. ... Sd7 19. De4 (möglich ist auch 19. Dc5: Lc5: 20. Ta5) mit weißer Überlegenheit.

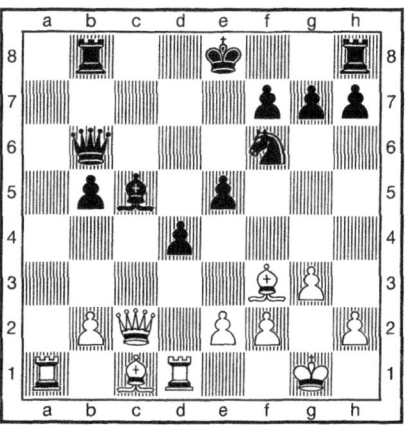

Diagramm 157

Frage 2–10 Wie würden Sie den Angriff fortsetzen?

In diesem Kapitel des Buches, im Unterschied zum vorhergehenden (und auch zu dem Buch *Geheimnisse gezielten Schachtrainings*, Edition Olms, Zürich), werden Ihnen mitunter Fragen vorgelegt, auf die keine eindeutige Antwort existiert (jedenfalls kenne ich sie nicht). Was also soll man tun? Zunächst ausfindig machen, welche chancenreichen Möglichkeiten es gibt, dann die Varianten soweit ausrechnen, wie es Ihnen zweckmäßig erscheint (sie bis zum Ende durchzurechnen, geht ohnehin nicht) und, zuletzt, Ihre Wahl zu treffen. Indem Sie dann die weiteren nachfolgenden Analysen untersuchen, werden Sie selbst darüber urteilen können, ob Sie die Situation richtig eingeschätzt haben, ob Sie tief genug in die Geheimnisse der Stellung hineingesehen haben, ob Sie Ihre Entscheidung (vom spielpraktischen Standpunkt aus betrachtet) richtig und erfolgversprechend getroffen haben.

Also, welche Kandidatenzüge gibt es für Weiß? Schwarz will offensichtlich baldmöglich rochieren. Das bescheidene 18. Ld2?! kann diese Absicht nicht verhindern: 18. ... 0–0 19. La5 Dd6. Die Rochade läßt sich durch ein zweites Bauernopfer unterbinden 18. b4?! Lb4: 19. Lc6+. Aber nach 19. ... Ke7 mit nachfolgendem Thc8 kann Schwarz seine Entwicklung erfolgreich beenden, und eine echte Kompensation für das geopferte Material wird es dann nicht geben.

Ein verlockender Zug ist 18. Lg5!? mit der positionellen Drohung 19. Lf6:. Zum Figurenverlust führt dann 18. ... Tc8? 19. b4. Nach 18. ... Le7 19. Lc6+ oder 18. ... Sd7 19. Lf4 wird die weiße Initiative außerordentlich gefährlich. Das bedeutet, daß Schwarz wohl mit 18. ... 0–0 19. Lf6: gf antworten muß. Zweifellos hat Weiß genügend Gegenwert für den Bauern, aber es ist nicht klar, ob Weiß wirklich eine überlegene Stellung innehat.

Wesentlich schärfer und anregender ist das von Aljechin gewählte positionelle Qualitätsopfer.

18. Ta6!? Da6: 19. Dc5:

Der schwarze König ist der Rochademöglichkeit beraubt und gerät in einen gefährlichen Angriff. Aber das Ergebnis des Angriffs ist fraglich. Wenn im Beispiel aus dem vorangegangenen Kapitel um des Festhaltens des Königs im Zentrum willen Weiß nur einen Bauern aufgegeben hat, dann ist diesmal der von ihm gezahlte Preis wesentlich höher. Dazu hat sein schwarzfeldriger Läufer noch gar nicht ins Spiel eingegriffen. Die Konsequenzen des Opfers am Brett haarklein auszurechnen, ist vollkommen unmöglich, demzufolge war die Entscheidung Aljechins mit einem nicht geringen Risiko verbunden.

Ich schlage vor, daß sowohl 18. Lg5!? als auch 18. Ta6!? als gute Antworten auf die Ihnen vorgelegte Frage gelten sollen, die Auswahl zwischen den beiden ist eine Frage des Geschmacks und des persönlichen Spielstils. Aber in jedem Fall ist es erforderlich, daß man beide Möglichkeiten erkennt und genau den Unterschied zwischen ihnen wahrnimmt: wenn man die erstere Möglichkeit wählt, geht Weiß kein Verlustrisiko ein, bei der Wahl der zweiten Möglichkeit gibt es die größeren Gewinnchancen, aber es gibt auch die Gefahr des Untergangs, denn der Angriff könnte mißlingen.

19. ... De6!

Es geht nicht 19. ... Sd7? 20. Lc6 Kd8 (20. ... f6 21. Dd6; 20. ... Tc8 21. De5:+ Kd8 22. Ld7:) 21. Dd5 Da7 22. Df7:.

20. Lc6+ Sd7!

Erneut trifft Junge die richtige Wahl. Auf 20. ... Kd8 würde Weiß nicht gemäß einer Empfehlung Fines mit 21. f4? fortsetzen wegen 21. ... Tc8 22. Db6+ Tc7, sondern einfach mit 21. Ld2! b4 22. Da5+.

21. Ld7:+

Ein erzwungener Tausch. Schwarz ist bestimmt vorangekommen – beim Gegner verbleibt eine Angriffsfigur weniger.

21. ... Kd7:

(21. ... Dd7:? 22. De5:+)

22. Da7+

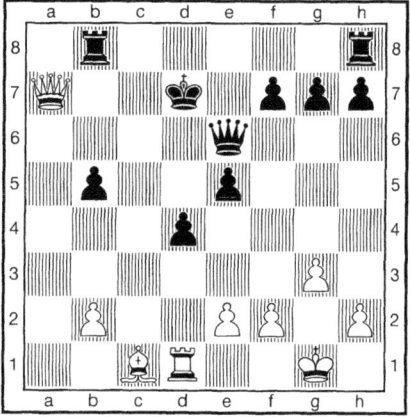

Diagramm 158

Frage 2–11 Wie soll sich Schwarz verteidigen?

Dieses Bild hatte Aljechin vor Augen, als er die Qualität opferte. Jetzt ist 22. ... Kc8? 23. Ld2 (oder 23. Lg5) mit nachfolgendem Tc1+ schlecht. Aber nach 22. ... Kd6! ist es schwer, Weiß einen Rat zu geben, wie er seinen Angriff weiterentwickeln soll.

Auf das natürliche 23. Ld2 antwortet Schwarz mit 23. ... Dd7 24. Lb4+ (24. Da6+ Dc6) 24. ... Ke6 25. Da6+ Kf5. Die positionelle Drohung 26. ... f6 erzwingt die Fortsetzung des Angriffs in einem überaggressiven Stil: 26. e4+ Ke4:!. Jetzt ist nach 27. f3+ Kf3:! dem König, der tief ins Feindesland eingedrungen ist, nichts anzuhaben – die Zentrumsbauern grenzen die

Angriffskraft der weißen Figuren gewaltig ein. Am stärksten ist 27. f4!?, aber auch dann ist der Erfolg eines solchen „psychologischen" Angriffs sehr zweifelhaft.

In seinem bemerkenswerten Buch „Chess Marches On!", (erschienen 1945) hat Großmeister Reuben Fine (1914–1993) den Zug 23. f4 empfohlen in Verbindung mit Varianten, welche danach in allen später herausgekommenen Publikationen angeführt wurden: 23. ... f6 24. fe+ fe 25. Lf4! ef 26. Dd4:+, und nach 26. ... Ke7 27. Dg7:+ oder 26. ... Kc6(c7) 27. Tc1+ muß Schwarz die Dame gegen einen Turm hergeben. Aber der angegebene Zug 23. ... f6? ist nicht erzwungen. Besser ist es, wenn man sich mit der Evakuierung des Königs aus der gefährdeten Zone beeilt: 23. ... Dd7! 24. fe+ Ke6 25. Da6+ Ke7 26. Lg5+ Kf8 (mit der Absicht Te8, h6, Kg8 und so weiter). Möglich ist auch 26. ... Ke8!? (um auf 27. Le3? mit 27. ... Db7! zu antworten) 27. Tc1 Kf8. Erneut bleibt dann der Ausgang des Kampfes vollkommen ungewiß. Die einzige Variante, welche man bis zu ihrem Ende ausrechnen kann, wurde bereits von Junge selbst angegeben: 23. Lf4!? ef 24. Td4:+ Kc6 25. Td1! Thc8 26. Tc1+ Kd6 27. Td1+ mit ewigem Schach. Es ist durchaus nicht ausgeschlossen, daß Weiß in Wirklichkeit auch ganz genau so fortgesetzt hätte.

Bedauerlicherweise hat der interessante Kampf, der sich in dieser Auseinandersetzung entwickelt hatte, nicht seine logische Fortentwicklung genommen. Junge kam ins Straucheln, spielte ungenau und gestattete damit dem Gegner den Angriff schnell und erfolgreich zum Abschluß zu bringen.

22. ... Kc6?
Ein unlogischer Zug, der dem weißen Turm ein Tempo schenkt, um sich über die c-Linie in den Angriff einzuschalten.

23. Ld2 Thc8
(23. ... Thd8 24. Tc1+ Kd5 25. Tc5+)
24. e4!
Verfrüht wäre 24. Tc1+ Kd5. Zuerst muß das Feld d5 dem König unzugänglich gemacht werden.
24. ... Db3
Dies ist die einzige Verteidigung gegen die Drohung 25. Tc1+ Kd6 26. Lb4+. Selbstverständlich wäre 24. ... de 25. Le3: hoffnungslos gewesen, ebenso 24. ... b4 25. Da4+ Tb5 26. Da6+!.
25. Ta1!
Bei seiner Kommentierung dieser Partie in seinem Buch: *300 ausgewählte Partien von A. Aljechin* merkt Panow hier folgendes an:

„Alle diese folgenden, bei weitem nicht offensichtlichen Züge zeigen, wie genau und feinsinnig die Kombination von Aljechin berechnet worden war, welche im 18. Zug ihren Anfang nahm."

Eine derartige Belletristik, die bedauerlicherweise viele Schachbücher bieten, verfälscht die Wahrheit, täuscht die Leser darüber hinweg, wie die großen Meister am Brett wirklich denken, wie sie die vor ihnen liegenden Probleme tatsächlich lösen. Es ist klar, daß Aljechin, als er die Qualität opferte, bei weitem nicht soweit vorausrechnete und dies auch gar nicht versuchte. Als er die Qualität hergab, überzeugte er sich lediglich davon, daß ihm dies die Initiative einbringt. Eine Vorausberechnung der Kombination bis zu einem bestimmten Ende war nicht möglich, ja auch ganz unnötig, hätte lediglich zu einem unnötigen Raubbau an Zeit und Kraft geführt. Die menschlichen Möglichkeiten sind nun einmal begrenzt, und mit dieser Erkenntnis muß man sich zufriedengeben.

25. ... b4 (25. ... Tb6 26. Tc1+) **26. Ta6+ Kb5 27. Ta5+ Kc6** (27. ... Kc4 28. Da6+) **28. Dc5+ Kd7 29. Ta7+** Schwarz gab auf.

Der ideale Schachstil, gibt es den eigentlich?

„Besser reich und gesund als arm und krank."

Russisches Sprichwort

Welche Spielweise bietet die besten Erfolgschancen? Was ist wichtiger, genaues Verständnis für die Position oder kunstfertiges Kombinieren? Fragen dieser Art erscheinen mir fruchtlos. Es ist ausreichend, wenn man sich des Schaffens der Schachweltmeister erinnert, um sich davon zu überzeugen: Der Weg zur allerhöchsten Meisterschaft ist nicht den Anhängern eines bestimmten Schachstils, einer bestimmten Stilrichtung vorbehalten. Em. Lasker, M. Botwinnik, M. Tal, T. Petrosjan – kann man sich überhaupt unterschiedlichere Stilrichtungen vorstellen?

Oftmals läßt eine Stellung, die am Brett auftaucht, nur eine einzige richtige Lösung zu, sei sie positioneller oder taktischer Art, und Sie werden unbedingt gezwungen sein, diese Lösung ausfindig zu machen und zu wählen, unabhängig davon, welcher Stilrichtung Sie anhängen. Aber manchmal sind mehrere Behandlungsweisen für eine Stellung verfügbar. Sehr interessant pflegt es dann zu sein, zu verfolgen, wie sich in solchen Fällen die schöpferische Intuition eines Schachspielers entfaltet.

Wir haben uns schon mit derartigen Situationen befaßt, als wir die vorangegangenen Partien betrachteten, aber als noch aussagekräftiger in dieser Hinsicht wird sich die Untersuchung der folgenden, sehr angespannten und schwierigen Auseinandersetzung erweisen.

**Karpow – Timman
Amsterdam, 1981**
1. Sf3 Sf6 2. c4 b6 3. g3 Lb7 4. Lg2 g6 5. d4 c5 6. 0–0 Lg7 7. Sc3 (7. d5 b5!) 7. ... Se4 (häufiger wird 7. ... cd gespielt) 8. Se4: (eine andere chancenreiche Möglichkeit ist 8. Sd5!?) 8. ... Le4: 9. d5! 0–0
Fünf Jahre später wurde in einer Partie zwischen den beiden gleichen Kontrahenten (Brüssel 1986) folgendermaßen gespielt 9. ... e5 10. Db3 0–0 11. Lh3! Lf3: 12. Df3: f5 13. e4 f4 (besser 13. ... Df6) 14. Dd1, und Weiß erhielt Stellungsübergewicht.
10. Lh3!?
Eine Maßnahme, die für derartige Stellungen typisch ist. Indem Weiß seinen Läufer vom Feld g2 wegzieht, droht Karpow, den aus dem gegnerischen Lager ausgesperrten Läufer anzugreifen und erzwingt damit den für Weiß günstigen Tausch auf f3.
10. ... Lf3: 11. ef e5
Vorteil hätte Weiß auch nach 11. ... e6 12. f4 zu verzeichnen, wie in der 11. Partie des Kandidatenmatchs Lewitina – Alexandrija gespielt wurde (Dubna, 1983).

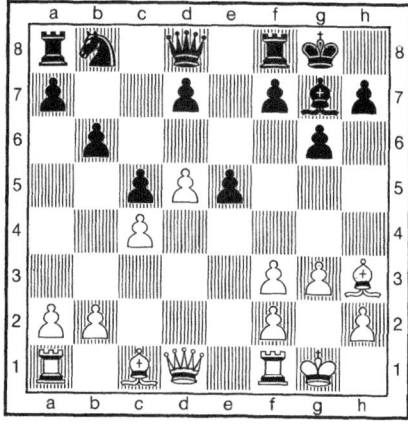

Diagramm 159

Frage 2–12 Wie soll Weiß jetzt fortsetzen?

Ein schwerwiegendes Zugeständnis wäre jetzt 12. de? de oder 12. d6? Sc6 – in beiden Fällen gelangt der schwarze Springer auf sein ideales Wunschfeld d4. Offensichtlich muß Weiß f3–f4 durchsetzen, um Linien für seinen Läufer zu öffnen. Aber das sofortige 12. f4 führt zum Verlust eines Bauern (auf b2). Daher bietet sich 12. Dc2 mit nachfolgendem 13. f4 an. So würden vermutlich auch die meisten Schachspieler fortsetzen.

Ein ausgezeichnetes Beispiel für die eigene kreative Handschrift Karpows zeigt sich in seinem ständigen Streben, die Möglichkeiten des Gegners aufs äußerste einzugrenzen, indem er versucht, dessen Absichten vorauszusehen. (Diese allerwichtigste Gewohnheit für den Schachspieler bezeichne ich als prophylaktisches Denken. Ausführlicher davon wird in einem künftigen Buch zum Thema *Positionsspiel* die Rede sein). Hier hat der Weltmeister vorhergesehen, daß der Gegner nach 12. Dc2?! mit 12. ... f5! 13. f4 e4 antwortet, die Diagonale für den schwarzen Läufer erweitert und ein annehmbares Spiel bekommt. Um das gar nicht erst zuzulassen, entscheidet sich Karpow für das Bauernopfer – ungeachtet dessen, daß die Hergabe von Material im Prinzip gar nicht seinem Stil entspricht.

12. f4! ef
(12. ... e4 13. f5!)
13. Lf4: Lb2: 14. Tb1 Lf6
Auf 15. Ld6 plante Timman die Antwort 15. ... Le7 16. Le7: De7: 17. d6 Df6 18. Dd5 Sc6 19. Ld7: Sb4 mit nachfolgendem Tad8. Natürlich trennt sich Karpow nicht so leicht von den Vorteilen seiner Stellung.
15. Da4!
Der Anfang des Planes, dessen Ziel die vollkommene Lähmung des gegnerischen Damenflügels ist.
15. ... d6

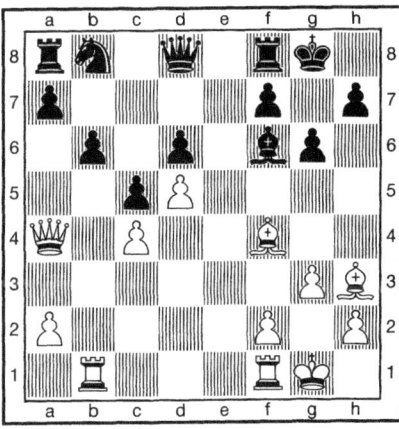

Diagramm 160

16. Tb3!

Frage 2–13 Worin liegt der Sinn des von Karpow gewählten Zuges? Wie antwortet Schwarz darauf?

Warum hat der Weltmeister nicht einfach seinen Turm auf die offene e-Linie gestellt? Vermutlich fragte er sich, auf welche Art und Weise der Gegner seine Figuren zu entwickeln gedenkt. Er fand den Plan 16. ... a6 (ohne Furcht vor 17. Db3 b5), nebst Ta8-a7-b7 und entschloß sich, diesen Entwicklungsplan zu stören. Jetzt wäre 16. ... a6? schlecht wegen 17. Tfb1, und daneben möchte Weiß 17. Tfe1 mit nachfolgendem Tbe3 spielen, so daß sein prophylaktischer Zug auch für diesen Zweck der Verdoppelung der Türme auf der offenen Linie gut ist. Den weißen Plan mittels 16. ... Te8 zu stören, gelingt nicht wegen 17. Ld6:. Auf 16. ... Lg5 folgt 17. Lg5: Dg5: 18. Te3! mit erdrückender Überlegenheit (weniger genau ist 18. Te1 Dd2! 19. Tbe3 Db4). Wie Sie sehen können, hat der bescheidene Turmzug von Karpow es ermöglicht, die von ihm geliebte vollkommene Herrschaft seiner Figuren auf dem gesamten Brett zu organisieren.

Und dennoch sind die Hilfsmittel der Verteidigung damit noch nicht ausgeschöpft. Timman fand die einzige geeignete Maßnahme um die Spannung aufrecht zu erhalten: **16. ... h5!** (mit der positionellen Drohung 17. ... g5 18. Ld2 g4 nebst Sd7).

Timman gelang es, die Partie remis zu halten. Deshalb hat sich der holländische Großmeister, als er die Partie kommentierte, eine skeptische Einstellung gegenüber dem prophylaktischen Zug 16. Tb3 seines Gegners zu eigen gemacht.

„Tal oder Spasski hätten an dieser Stelle energischere Maßnahmen ergriffen und 16. Tfe1! gespielt." – schreibt er.

Unterziehen wir die von Timman angeführten Varianten einer näheren Betrachtung:

A) 16. Tfe1 h5 17. Lh6 Lg7 18. Lg7: Kg7: 19. Te3 f5 (anders kann man den Springer nicht entwickeln; schlecht ist 19. ... a6 20. Teb3) 20. Te6 Dc7 21. Tbe1 (schwächer ist 21. Da3 Sd7 22. Dc3+ Sf6 23. Tbe1 Tf7 – P. van der Sterren) 21. ... Sd7 22. Dd1! Tf7 23. Lf5:!! Tf5: 24. Da1+ Kh6 (24. ... Se5: 25. f4 Taf8 26. fe de 27. d6 Dd8 28. T1e5:) 25. Te7 Tg8 26. T1e6! mit der tödlichen Drohung 27. Dc1+.

B) 16. Tfe1 a6 (genau diesen Zug wollte Karpow verhindern) 17. Tb3 Ta7 18. Tbe3 (nutzlos ist 18. Teb1 Tb7; nichts ergibt auch 18. Lh6 Lg7 19. Lg7: Kg7: 20. Tbe3 Sd7 21. Te7 b5!) 18. ... Te7 (es drohte 19. Te8) 19. Te7: Le7: 20. Lh6 Te8 21. Te3!. Nur so! Nicht 21. Lg5? wegen 21. ... b5, und auf 21. Db3 folgt 21. ... Sd7 22. Ld7: Dd7: 23. Db6: Lf8 24. Te8: (24. Le3 Da4) 24. ... De8: 25. Lf8: De1+ 26. Kg2 De4+ 27. f3 Dc2+ 28. Kh3 Df5+ mit ewigem Schach.

21. ... f5 (es ist nichts anderes zu sehen) 22. g4 Dd7 23. Dd7: Sd7: 24. gf Sf6 (24. ... Se5 25. f6! Lf6: 26. f4) 25. fg hg 26. a4!, und das starke Läuferpaar verspricht Weiß Endspielvorteil.

Eine tiefgründige und – wie es scheint – auch vollkommen richtige Analyse!

Und jetzt kehren wir zur Partie zurück und denken mit Karpow zusammen darüber nach, wie Weiß der offensichtlichen positionellen Drohung seines Gegners am besten begegnet. Man soll nicht glauben, daß die präzise prophylaktische Strategie von Weiß scheitern sollte nur wegen der einen Nebenidee g6–g5. Aber die Lösung zu finden, erweist sich durchaus als gar nicht so leicht.

Diagramm 161

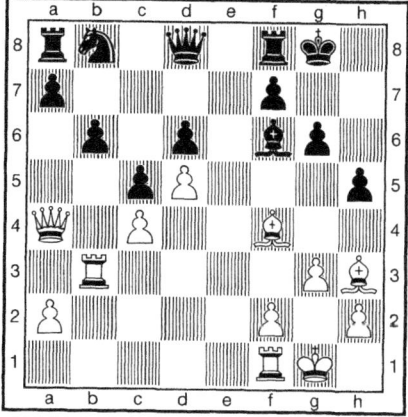

Auf 17. Lh6 steht die Antwort 17. ... Te8 zur Verfügung, denn jetzt existiert die Drohung 18. Ld6: ja nicht mehr. Der Zug 17. f3 schwächt die schwarzen Felder – nach 17. ... Lg5 18. Lg5: Dg5: kann man beispielsweise nicht mehr 19. Te3 spielen. Im Falle von 19. Tb6: De3+ 20. Kh1 ab 21. Da8: Sd7 oder 19. Te1 Dd2! 20. Tbe3 Db4 21. Dc2 b5 ergibt sich für Schwarz reales Gegenspiel.

Es steht ein verlockendes Figurenopfer zur Diskussion: 17. Te1 g5 18. Tbe3!? gf 19. Te8. Genau so hat Karpow auch gespielt, aber der weiße Angriff erwies sich für einen Sieg als nicht ausreichend.

Ernsthafte Aufmerksamkeit verdient 17. Te3!?. Auf 17. ... g5 folgt 18. Dd1! Ld4 (18. ... gf 19. gf mit den Drohungen 20. Dh5: und 20. Tg3+) 19. Dh5: gf 20. gf (20. Lf5 Te8) 20. ... Le3: 21. Kh1!!, und Schwarz ist ohne Verteidigung. Aber Schwarz kann sofort mit 17. ... Ld4! 18. Lh6 (18. Td3 g5) 18. ... Le3: 19. fe a6! 20. Le6 Ta7 antworten.

Bis zu diesem Zeitpunkt habe ich zu dieser Partie nur Varianten vorgeführt, die von verschiedenen anderen Schachmeistern gefunden wurden, aber jetzt ist der Augenblick gekommen, um letztlich etwas eigenschöpferisches zur Vorstellung zu bringen. Ich stelle als Antwort auf 17. ... g5 das Figurenopfer 18. Lf5! gf 19. gf zur Diskussion. Die Damenflügelseite des Gegners bleibt – wie schon bekannt – weiter eingefroren, es droht 20. Tg3+ Kh8 21. Dd1. Falls 19. ... Lg7, so folgt 20. Tg3 Df6 21. Tg5. Schwarz wird vermutlich 19. ... h4 oder 19. ... Lh4 spielen, aber dann kann man den Angriff trotzdem fortsetzen, indem man Kh1 nebst Tg1 folgen läßt.

Die Idee scheint aussichtsreich zu sein, aber mit welchem Zuge bereitet man sie am besten vor? Als ein Tempoverlust erweist sich das natürliche 18. Te1, denn der Turm muß später dann doch von g1 aus in Aktion treten. Nicht schlecht ist anscheinend 17. Te3, aber darauf gibt es, wie wir bereits wissen, die Entgegnung 17. ... Ld4. Ich schlage den stillen Vorbereitungszug 17. Kh1!! vor. Nach 17. ... g5 18. Lf5! gf 19. gf hat Weiß ein wichtiges Tempo mehr für die Einbeziehung des Turms in den Angriff über die g-Linie. Der Angriff wird damit unabweislich, man sehe zum Beispiel:

19. ... Lh4 20. Tg1+ Kh8 21. Th3 Df6 22. Dd1 Df5: 23. Th4:, oder 19. ... h4 20. Tg1+ Kh8 (20. ... Lg7 21. Th3 mit den Drohungen 22. Dd1 oder 22. Tg5) 21. Th3(e3) mit nachfolgenden Dd1 (übrigens kann man unter gewissen Umständen auch eine gefährliche Diagonal-Batterie installieren mittels Lb1 nebst Dc2). Wenig ändert sich durch die Einschaltung der Züge 17. ... a6 18. Tfb1 – auf 18. ... g5 folgt trotzallem 19. Lf5! gf 20. gf.

Der auf den ersten Blick absolut stille Zug mit dem König erweist sich als die stärkste Fortsetzung des Angriffs. Übrigens, es läge mir fern, behaupten zu wollen, daß Weiß danach zwangsläufig seinen Gewinn sicherstellt. Weiß ist aber danach darauf vorbereitet, g6–g5 zu begegnen. Und für Schwarz wäre es besser, von dieser Fortsetzung gänzlich Abstand zu nehmen und besser gemäß einer Empfehlung Gulkos zu spielen, der 17. ... Ld4 oder 17. ... Lg7 vorschlägt.

Also läßt die Stellung nach dem 15. Zug von Schwarz zwei verschiedene, diametral entgegengesetzte Pläne zu, die objektiv gleichwertig sind. Sehr stark ist der von Timman vorgeschlagene geradlinige Angriffsplan, der aber bei bestmöglicher Verteidigung dennoch nicht ohne akkurate Prophylaxezüge auskommt (21. Te3!; 26. a4!). Außerdem ist es durchaus möglich, im Geiste Karpows die gegnerischen Möglichkeiten zu verhindern: 16. Tb3! (und 17. Kh1!), aber es allein bei vorbeugenden Maßnahmen bewenden zu lassen, geht auch in diesem Falle nicht – man muß letztlich dennoch komplizierte und scharfe Varianten durchrechnen und zur Aufopferung einer Figur bereit sein.

Die Schlußfolgerung ist klar: *es gibt keinen guten oder schlechten Stil – es gibt nur gutes oder schlechtes Spiel. Der Schachspieler ist berechtigt, die ihm geeignet erscheinenden Züge zu machen, aber dabei muß sein Arsenal der Kampfmethoden ausreichend universell bestückt sein. Im Verlaufe der Partie kann sich alles Mögliche ereignen, wir können mit den unterschiedlichsten Aufgaben konfrontiert werden, und daher bedarf es einer vielseitigen Vorbereitung, um diese dann erfolgreich lösen zu können.*

Schauen wir uns nun an, was in der Partie weiter geschah:

17. Te1 g5 18. Tbe3

Selbst jetzt noch, nachdem Weiß ein Tempo verloren hat, verdiente die Idee 18. Lf5!? gf 19. gf intensivste Aufmerksamkeit. Als ich die danach entstehenden Positionen analysierte, kam ich zur Schlußfolgerung, daß es für Schwarz auch hier keineswegs leicht ist, den gegnerischen Angriff abzuwehren.

18. ... gf 19. Te8

Auf 19. gf wollte Timman mit 19. ... Lh4! 20. Dd1 Df6 antworten.

Diagramm 162

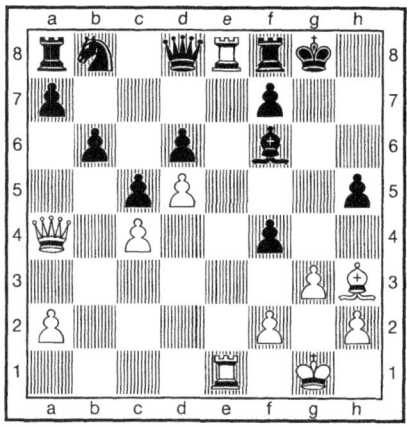

19. ... b5!

Dieser Gegenschlag, der die weiße Dame vom Königsflügel weglenkt und gleichzeitig der schwarzen Dame das Feld b6 frei macht, mußte von Timman unbedingt von Anfang an vorhergesehen werden. Es verliert 19. ... Dc7? 20. Tf8:+ Kf8: 21. Te8+ Kg7 22. Dd1 Kh6 23. Df3.

20. Db5: Db6 21. Tf8:+ Kf8: 22. Te8+

Karpow entschließt sich zum Übergang ins Endspiel. Die Fesselung der gegnerischen Figuren in der 8. Reihe kompensiert die geopferte Figur, aber auch nicht mehr als das.

Zum Remis führte auch 22. De8+ Kg7 23. gf Dd8! 24. Db5 (24. Da4 Kf8; 24. Kh1 De8: 25. Te8: a5 26. a4 Ta7! 27. Tb8: Te7) 24. ... Db6 (es drohte 25. Db7) 25. De8 Dd8.

22. ... Kg7 23. gf Db5:

Schwächer wäre nach Meinung Timmans 23. ... Ld8 wegen 24. Db6: Lb6: 25. Kg2 a6 26. Tc8.

24. cb Lc3!

Der Läufer muß in die Verteidigung des Damenflügels eingeschaltet werden. Fehlerhaft ist 24. ... c4 25. a4 (oder 25. Tc8 c3 26. Lf5) 25. ... c3? 26. Lf5 mit nachfolgendem a4–a5–a6.

25. Lf1

Ungefährlich ist 25. Lc8 wegen 25. ... Sa6! (oder 25. ... Sd7!?). Auf 25. Ld7 folgt 25. ... c4 26. Lc6 Sc6: 27. Ta8: Sb4 28. Ta7: Sd5:.

25. ... La5 26. Tc8

Schwarz wollte 26. ... a6 27. ba Lc7 mit nachfolgendem 28. ... Ta7 spielen. Karpow, der wie immer gewissenhaft die Gedanken des Gegners hinterfragt, beugt diesem Plan vor, aber er muß gleichzeitig die Annäherung des gegnerischen Königs gestatten.

26. ... Kf6 27. Kg2 Ke7 28. Kf3 Ld8 29. a4 (nicht 28. Ke4? f5+! 29. Kf5: Kd7) **29. ... a6 30. ba Kd7**

Nach 30. ... Ta6: 31. Tb8: Ta4: 32. Tb7+ Kf6 33. Td7 Le7 34. Lg2 hat Schwarz keinen realen Vorteil, und er müßte zudem auch noch mit 31. La6: Sa6: 32. a5! Kd7 33. Ta8 Sc7 34. Tb8 rechnen. Daher forciert Timman jetzt das Remis.
31. Lh3+ Ke7 32. Lf1 (sonst 32. ... Ta6:) **33. ... Kd7.** Remis
Eine mitreißende Schlacht!

Solche Entdeckungen, wie 17. Kh1!! will man nicht für sich behalten, sondern immer jemanden teilhaben lassen, und daher entschloß ich mich, diesen Abschnitt der Partie in meinen Artikel einzuarbeiten, der zu den Analysen Timmans erschien, zur Veröffentlichung in der Vierten Nummer der Zeitschrift *New in Chess* aus dem Jahre 1986. Im gleichen Journal waren parallel auch einige Erwiderungen des Großmeisters meinen Varianten gegenüber abgedruckt, zum Teil berechtigt, aber nicht immer.
Nach 17. Kh1 g5 18. Lf5 schlägt Timman eine interessante Verteidigungsmethode vor: 18. ... Lg7 (mit der Drohung 19. ... Df6) 19. Lc1 De8!, aber er kommentiert diese Stellung jetzt in einer ganz eigenartigen Weise.

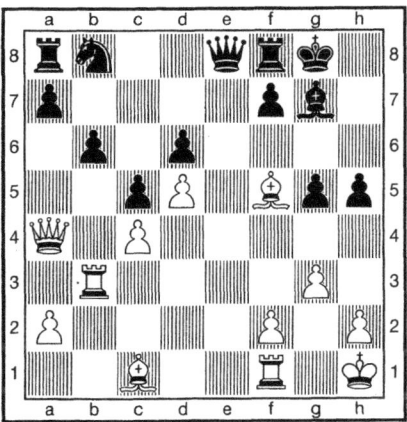

Diagramm 163

„Der Damentausch ist günstig für Schwarz, denn nach 20. De8: Te8: ist 21. Lg5:? wegen 21. ... Te5! nicht möglich", so schrieb Timman in seinem Artikel wörtlich.
Aber schon in der nachfolgenden Ausgabe der Zeitschrift mußte er diesen seinen Analysefehler ausbessern: Weiß verliert nämlich keineswegs eine Figur. Er kann fortsetzen mit 22. Tf3 Sd7! 23. Lc1 Sf8 24. Ld3 mit etwas besserem Endspiel. Offensichtlich noch stärker ist 22. Lc8! (es droht 23. Lb7) 22. ... Sa6! 23. La6: Tg5: 24. f4 Tg6 25. Te1 (schwächer wäre 25. h4 Te8) 25. ... h4 26. Kg2, und Schwarz muß sich in einem unangenehmen Endspiel verteidigen.
Wenn Weiß dieser Fortgang der Dinge zu wenig verspricht, kann er auch seine Dame wegziehen. Die Meinung Timmans dazu: „20. Da3 De5 ist auch gut für Schwarz, da Weiß seinen Läufer nicht auf f5 behaupten kann."
Aber warum eigentlich sollte dies denn nicht gelingen, löst etwa der Zug 21. Tf3! diese Aufgabe nicht? Nach 21. ... g4 22. Tf4 würde es Schwarz schwer fallen, die positionellen Drohungen h2–h3, f2–f3 oder Kg2(g1) mit nachfolgendem Ld2 und Te1 zu parieren (schlecht ist 22. ... Lh6? 23. Lb2 De2 24. Ld3). Sofern Schwarz aber 21. ... De2 spielt, so folgt 22. Kg1(g2) Dc4: 23. De3!? g4 24. Tf4, und alsbald stürzen sich alle weißen Figuren auf den feindlichen König.

Eine interessante Frage lautet, warum Timman, der als herausragender Analytiker bekannt ist, manchmal solche einfachen Fehler unterlaufen? Um das besser verstehen zu können, kehren wir gleich noch einmal zu einem weiteren Beispiel aus dem oben erwähnten Artikel Timmans zurück.

Portisch – Timman
6. Partie des Wettkampfs
Hilversum, 1984

Diagramm 164

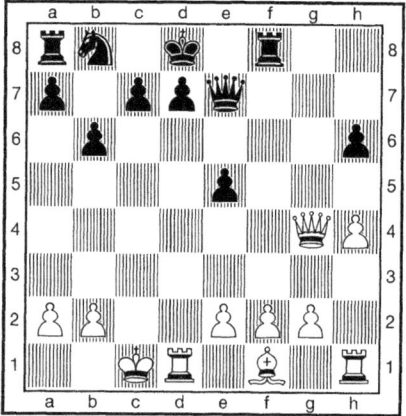

Frage 2–14 Wie soll Weiß fortsetzen?

Die Stellung Timmans ist gefährdet, sein Damenflügel ist, wie in der vorhergehenden Partie, ebenfalls noch nicht entwickelt. Aber Weiß muß energisch handeln; das passive 21. f3?! Sa6 trägt ihm keine Früchte ein. Nicht allzu erfolgreich ist auch das von Lajos Portisch gewählte 21. Dh5?!. Schwarz antwortete mit 21. ... De6 22. Kb1 Sc6 23. a3 a5, womit er das Opfer des Springers auf b4 vorbereitete. Weiter geschah 24. g3 Sb4! 25. ab ab 26. Lh3 Da2+ 27. Kc2 Dc4+ 28. Kd2 Dd4+ 29. Kc2 Dc4+ 30. Kd2 Dd4+ Remis.
Wie läßt sich das weiße Spiel verstärken? Offensichtlich ist es für Weiß günstig, wenn er den Läufer nach h3 entwickeln kann. Bei der Untersuchung der Partie schlug Artur Jussupow folgende Variante vor.
21. g3! Tf2: 22. Lh3 c6 23. Td2 (Timman erwähnte in seinen Anmerkungen 23. Thf1 Tf1: 24. Tf1: Kc7 mit guter Stellung für Schwarz) **23. ... Kc7 24. Thd1 Tf7 25. e4** Weiß beabsichtigt einen Angriff auf einen Bauern mit dem Zug Dh5, danach die Aufstellung des Läufers auf f5 und dann g3–g4–g5 mit Gewinn. Eine echte Gegenspielidee ist nicht zu entdecken.
Der holländische Großmeister machte den Einwand, daß anstelle von 24. ... Tf7 Schwarz mit 24. ... d5 antworten kann.

Diagramm 165

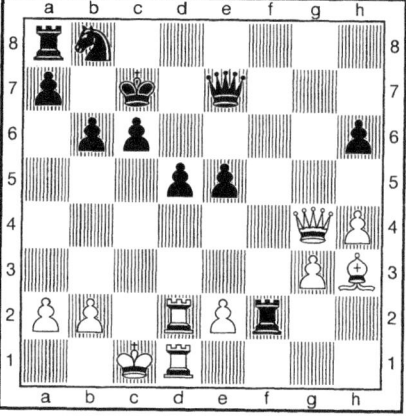

Er betrachtete die Variante 25. Tc2 Dd7 26. Dd7:+ (26. Td5:? Tf1+!) 26. ... Sd7: 27. Td5: Sc5! (27. ... Td8 28. b4!) 28. Te5: Tg8 mit nachfolgendem 29. ... a5, und die Aktivität der schwarzen Figuren bietet keine schlechte Kompensation für den verlorenen Bauern.
„Es ist klar, daß man das Schachgebot auf c8 nicht zu fürchten hat." schreibt Jan Timman. Was soll das heißen, nicht zu fürchten hat? Aber nach 25. Dc8+! Kd6 entsteht doch ganz genau diejenige tödliche Fesselung auf der 8. Reihe wie in der vorangehend besprochenen Partie (ich erinnere daran, daß in dieser Partie die nämliche Fesselung eine ausreichende Kompensation für eine ganze Figur darstellte). Die Drohung 26. ... Tf8 kann man

abweisen mittels 26. e4 Td2: (26. ... Tf8? 27. Td5:+) 27. Td2: mit klarer Überlegenheit, zum Beispiel 27. ... d4 28. Tf2 (28. Dh8!?) 28. ... b5 29. Dg8. Stark ist auch 26. Lf5 (mit der Absicht 27. g4) 26. ... h5 27. e4 Td2: 28. Td2: d4 29. g4 hg 30. h5.

Wie Sie sehen können, sind alle Unterlassungssünden in den Analysen Timmans von gleicher Art: Überschätzung der eigenen Stellung und unzulängliche Berücksichtigung der gegnerischen Ressourcen. Gerade auf diese Schwäche, die für das Spiel Timmans bezeichnend ist, baute Jussupow bei der Wahl seiner Strategie im Halbfinalmatch der Kandidaten 1986. Er spielte ausgesprochen aktiv, strebte nach Angriffsmöglichkeiten auf den gegnerischen König. Timman unterschätzte die ihm drohenden Gefahren, und schließlich ergab sich im Ergebnis dessen ein 6:3 Resultat zugunsten von Artur Jussupow.

Der echte Tal

„Schaden oder Nutzen einer Handlung sind bedingt durch die obwaltenden Umstände."

Kozma Prutkow

Bei der Betrachtung der Partie Karpow – Timman konnten wir uns ein weiteres Mal davon überzeugen, daß selbst strenge Anhänger des positionellen Spielstils von Zeit zu Zeit gezwungen sind, auf Gebieten zu agieren, die ihrem Charakter nicht entsprechen, zu kombinieren und zu opfern. Aber es gibt Schachspieler, die von selbst gerne danach streben, die ständig risikofreudig agieren und sich leicht dazu entscheiden können, das materielle Gleichgewicht zu stören. Der hitzigste Vorkämpfer dieser Richtung scheint uns ohne jede Frage Michail Tal gewesen zu sein. Allgemein angenommen wurde der Terminus technicus „Talsches Opfer", um ein vollkommen unerwartetes, außergewöhnlich tollkühnes und objektiv nicht unbedingt korrektes Opfer zu beschreiben.

Eine kleine Sammlung von Talschen Opfern, die in diesem Abschnitt des Buches Ihrer Aufmerksamkeit anempfohlen sind, enthielten Partien, die von den verschiedenen Spielern stammten. Natürlich wäre es ein bedauerlicher Mangel, wenn nicht auch ein Beispiel aus dem Schaffen Tals selbst einbezogen würde.

Seinerzeit den allergrößten Eindruck auf mich hinterließ ein Turmopfer, welches er zu Beginn des Viertelfinales der Kandidaten-Wettkämpfe 1965 brachte.

Tal – Portisch
2. Partie im Kandidaten-Wettkampf, Bled, 1965

1. e4 c6 2. Sc3 d5 3. Sf3 de 4. Se4: Lg4 5. h3 Lf3:

Nach 5. ... Lh5 6. Sg3 muß Schwarz gleichwohl auf f3 tauschen, denn 6. ... Lg6? würde zu einer schwierigen Stellung führen: 7. h4 h6 8. Se5 Lh7 9. Dh5 g6 10. Lc4! (gut ist auch 10. Df3 Sf6 11. Lc4 e6 12. d4) 10. ... e6 11. De2 mit der Drohung 12. Sf7:!.

6. Df3: Sd7

Es ist nicht ausgeschlossen, daß der Exweltmeister nach 6. ... e6 im Gambitstil geantwortet hätte mit 7. d4!? Dd4: 8. Ld3 Sd7 9. Le3.

7. d4

Man kann einen Bauern gewinnen mittels 7. Sg5 Sgf6 8. Db3 e6 9. Db7: – Tal will das aber nicht. Robert Fischer jedoch, der

stets gerne und bereitwillig vom Gegner angebotenes Material nahm, hat genau so gespielt gegen R. Cardoso (Portorož 1958, aber nach 9. ... Sd5! geriet er in ernstliche Schwierigkeiten.
7. ... Sgf6 8. Ld3 Se4: 9. De4: e6
Portisch ist aus der Eröffnung mit einer ziemlich passiven, aber sehr festen Stellung hervorgegangen.
10. 0–0
Etwas genauer war 10. c3 Sf6 11. De2. Jetzt könnte Schwarz antworten mit 10. ... Sf6 11. Dh4 Sd5.
10. ... Le7 11. c3 Sf6 12. Dh4
Einfacher war 12. De2 mit einer für Weiß angenehmeren Stellung. Aber Tal nimmt von diesem Moment an Kurs auf Verwicklungen, die den Partner verwirren sollen. Um den Preis von ein oder zwei Tempi lockt er den schwarzen Springer vom Feld f6 weg, von wo aus er den Königsflügel verteidigt und gelegentlich auf das gesicherte Feld f8 überführt werden konnte.
12. ... Sd5 13. Dg4 Lf6
(13. ... 0–0? 14. Lh6 Lf6 15. De4)
14. Te1
Schwächer ist die Fortsetzung 14. De4 (mit dem Versuch, die gegnerische Rochade zu erschweren) wegen 14. ... Se7! mit nachfolgendem Dd5. Jetzt aber würde Weiß im Falle von 14. ... 0–0 seine Figuren günstig umgruppieren mittels 15. Lh6 (droht 16. De4) 15. ... Te8 16. Tad1 Db6 17. Lc1. Portisch möchte das nicht zulassen und versucht die Entwicklung der gegnerischen Streitkräfte zu erschweren.
14. ... Db6

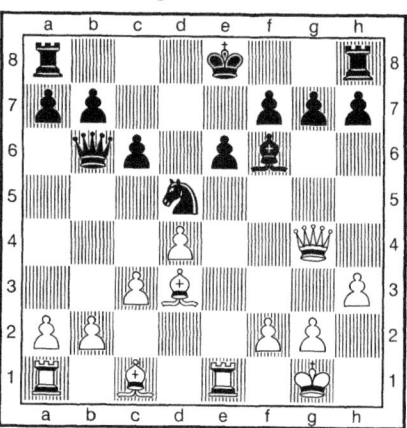

Diagramm 166

Weiß hat eine gute Stellung erreicht. Er kann wählen zwischen 15. Te2, 15. a3 (um c3–c4 vorzubereiten) und 15. Dh5 g6 16. De2 0–0 17. Lh6. Sagen Sie nur, welchem normalen Schachspieler würde es ernsthaft durch den Kopf gehen, das Turmopfermotiv 15. c4 Sb4 16. Te6:+ hier konkret zu verfolgen? Dazu ist die geniale Phantasie und die außergewöhnliche Kühnheit eines Spielers vom Format Michail Tals nötig.

„Aber der schwarze König steht doch nun schon ungestraft 14 Züge lang im Zentrum herum! Kann man das nicht ausnutzen und sogleich den Charakter des Kampfes nachdrücklich verändern? So etwa entstand der Gedanke an das Opfer des Turms auf e6. Ich ersann mir eine kühne Variante, zwar nicht forciert, aber gut maskiert, welche mir großes ästhetisches Vergnügen bereitete. Und ich entschloß mich, das Opfer auch dann als korrekt betrachten zu wollen, falls es nur zum Remis führt. Für Portisch mußte es nämlich eine unangenehme Überraschung sein, wenn sich der Charakter des Kampfes ändert." (M. Tal)
15. c4!? Sb4

Dies ist zwar die natürlichste Antwort, aber man muß auch die anderen Möglichkeiten einer Betrachtung unterziehen.
Nicht möglich ist natürlich 15. ... Ld4:? 16. cd Lf2:+, worauf am allereinfachsten 17. Kh1! Le1: 18. de mit gefährlichem Angriff für die geopferte Qualität geschieht.
Im Falle von 15. ... Se7 hätte Weiß „nur" einen Bauern geopfert: 16. d5! cd 17. cd Sd5:, und nach 18. Da4+ wäre Schwarz des Rochaderechts beraubt. Wie Tal in solchen Fällen den Angriff führt, werden Sie noch sehen, wenn Sie seine Partie aus dem folgenden Kapitel begutachten.
Aufmerksamkeit verdiente 15. ... h5, zum Beispiel: 16. De4 Sb4 17. d5 0-0-0, oder 16. De2 Se7 17. d5 cd 18. cd Sd5: 19. Lb5+ (19. Le4 0-0-0) 19. ... Kf8 mit nachfolgendem 20. ... g6. Weiß hätte vermutlich mit 16. Df3!? Sb4 17. d5 0-0-0 18. Le3 geantwortet und eine vielversprechende Position behalten.

16. Te6:+!! fe 17. De6:+

Schwarz steht jetzt vor einer schwierigen Wahl zwischen drei verschiedenen Möglichkeiten, die alle durchaus gerechtfertigt sind.
Vermutlich entstehen die interessantesten Varianten nach 17. ... Le7.

Diagramm 167

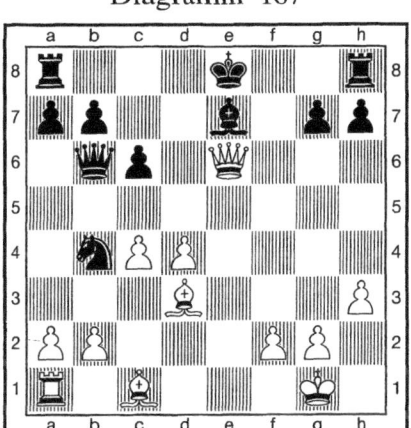

Frage 2-15 Wie soll man den Angriff fortsetzen?

Fehlerhaft wäre das geradlinige 18. Lg5? Dc7 19. Te1 wegen 19. ... Sd3:! 20. Le7: Dd7!. Verlockend sieht 18. Lh7: aus, aber Schwarz schlägt den Läufer nicht, sondern spielt 18. ... c5!, womit er die Angriffsdrohung des Gegners abweist.
Tal sah einen bemerkenswerten taktischen Schlag voraus: 18. Lg6+!!. Den Läufer darf Schwarz nicht schlagen: 18. ... hg? 19. Lg5 Dc7 20. Te1 mit den gleichzeitigen Drohungen 21. Le7: und 21. Dg6:+. Man muß dann antworten mit 18. ... Kd8! 19. Lf5 Dd4: (aber nicht 19. ... Dc7? 20. Lf4 Dc8 21. De4).
Nach 20. Lf4 (um 20. ... Dd6 nicht zuzulassen) hat Tal die weiße Stellung gefallen und dies nicht ohne Grund. In seinen Anmerkungen führte er folgende hübsche Variante an, die ihm am Brett während des Kampfes eingefallen war und die ihn dazu bewogen hatte, sich für das Turmopfer zu entscheiden: 20. ... Te8 21. Te1 g6 (diesen Zug versieht Tal mit einem Fragezeichen, aber zu Unrecht; 21. ... Sd3 mit Rechnung auf 22. Td1? Lf6 wird widerlegt mit 22 Te4!) 22. Le3 Dd6 23. La7: De6: 24. Lb6+ Kc8 (nicht 24. ... Kd7 wegen Matt in zwei Zügen) 25. Le6:+ Kb8 26. Ld7, und Weiß ist klar im Vorteil. (Anm. d. Bearbeiters: Möglich wäre noch 26. ... Sd3 27. Te3 Tf8 28. Te7: Ta2:)
Im vorangegangenen Teil des Buches merkte ich bei der Besprechung der Partie Polugajewski – Tal an, daß derartige lange und effektvolle Varianten, die den Großmeister aus Riga zu wahren Heldentaten befähigten, von ihm dennoch nicht genau ausgerechnet waren und – wie sich erst im nachhinein offenbarte – fast nie einer objektiven Kritik standhalten konnten.
So ist es auch hier: nach 23. ... Kc7! (anstelle von 23. ... De6:?) kann Schwarz die

gegnerischen Drohungen abwehren und mit einem Turm im Vorteil verbleiben.

Aber auch das Spiel von Weiß läßt sich verstärken. Sagen wir uns zugunsten des einfachen Zuges 22. Lg4! von dem eleganten, jedoch unzureichenden Manöver 22. Le3 Dd6 23. La7: los. Schlecht ist dann 22. ... h5? 23. Td1 Sd3 24. Le5!, man muß sofort 22. ... Sd3 spielen. Die weiteren Ereignisse entwickeln sich dann forciert: 23. Te4 Df2:+ 24. Kh2 Dg1+!! (aber nicht 24. ... Sc5? 25. De5) 25. Kg1: Lc5+ 26. Le3! Te6: 27. Te6:.

Das entstehende Endspiel erschien mir schwierig für Schwarz im Zusammenhang mit der Variante 27. ... Le3:+ 28. Te3: Sb2: 29. Tb3 Sc4: 30. Tb7: Se5 31. Th7: Tb8 32. Le6, und der Läufer ist beträchtlich stärker als der Springer. Aber A. Tschernin fand den richtigen Verteidigungsplan 27. ... a5!. Der Springer erreicht das ausgezeichnete Feld c5, und das ist ausreichend zur Beibehaltung des Gleichgewichts.

Also, obgleich die schwarze Stellung nach 17. ... Le7?! ernsthafter Gefährdung unterliegt, so ist sie trotz allem verteidigungsfähig.

Zuverlässiger ist der Zug 17. ... Kd8!?. In diesem Falle muß sich Weiß mit ewigem Schach begnügen: 18. Dd6+ Ke8 19. De6+.
„Nach der Partie räumte Portisch ein, daß er das Turmopfer gesehen habe, es aber für ungefährlich hielt; als es dann wirklich geschah, war er nicht bei sich. Nur durch die Nervosität erklärt es sich, daß er blitzartig, ohne nachgedacht zu haben mit 17. ... Kf8 antwortete." (M. Tal). Übrigens ist auch dieser Zug gar nicht so schlecht.

17. ... Kf8 18. Lf4 Td8!

Schwarz hat sich damit gegen die Drohung 19. Ld6+ verteidigt und als nächstes will er jetzt entweder den Läufer d3 schlagen oder 19. ... Dd4: spielen. Es hätte sowohl 18. ... Te8? 19. Ld6+ Le7 20. Te1 Dd8 21. Te3!, als auch 18. ... Dd8? 19. Te1 Le7 (19. ... g5 20. Ld6+ Kg7 21. Lb4:) 20. Lb1 mit nachfolgendem Te3 oder Te5 verloren.

19. c5! Sd3:!

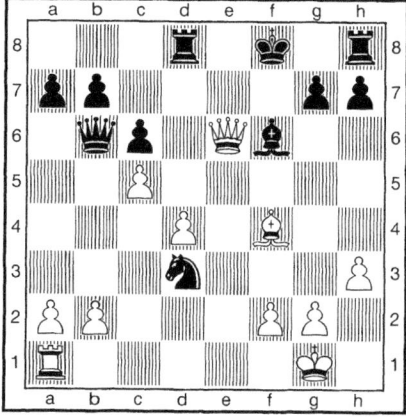

Diagramm 168

Frage 2–16 Wie setzt Weiß jetzt fort?

Auf den ersten Blick scheint diese Frage doch unsinnig zu sein. Es ist klar, daß 20. Ld6+ Td6: 21. Dd6:+ Le7 nicht geht, das bedeutet aber, daß man die Dame schlagen muß, wofür Schwarz übrigens ein mehr als ausreichendes materielles Äquivalent haben wird – Turm und zwei Leichtfiguren.

Auf jeden Fall stellt sich alles aber doch viel schwieriger dar. Tal sah schon lange vorher den unerwarteten taktischen Schlag 20. Lh6!? voraus, worauf 20. ... Dc7? 21. Df6:+ Ke8 22. Lg7: Tg8 23. De6+ schlecht ist. Aber nach 20. ... Db2:! 21. Df6:+ Ke8 muß man sich mit Dauerschach begnügen: 22. De6+ Kf8 23. Df6+. Ich denke, daß kaum einer, der vor dieser Entscheidung gestanden hätte, der Versuchung widerstanden hätte, die Partie durch diese hübsche und effektvolle Remisabwicklung zu beenden. Jede andere Weiterführung der Partie ist doch mit ei-

nem beträchtlichen Risiko verbunden. Aber Tal kümmert sich, wie wir bereits festgestellt haben, gewöhnlich nicht um die Gefahren. Noch sind die Ressourcen des Kampfes bei weitem nicht ausgeschöpft, und er will die Partie daher noch nicht abschließen.

20. cb!? Sf4: 21. Dg4 Sd5 22. ba Ke7?! Portisch entscheidet sich für einen zweifelhaften Plan. Er will den König auf den Damenflügel überführen und bei sich bietender Gelegenheit mit ihm auch den Bauern a7 erobern. Aber der Weg des Königs ist allzu weit – während dieser Zeit gelingt es Weiß, Linienöffnungen herbeizuführen und gefährliche Drohungen aufzustellen.
Die einfache Lösung: 22. ... g6 mit nachfolgendem Kg7 war gleichzeitig auch die richtige Lösung. „Wie der Kampf in diesem Falle weiter verlaufen wäre, weiß ich offengestanden nicht. Aber am Brett erschien es mir, daß der Bauer a7 in beträchtlichem Umfang dazu beiträgt, Weiß vor dem Untergang zu retten. In einer Reihe von Varianten gelingt es, indem man ihn mittels a7–a8D aufopfert, als eine Art Kompensation die beiden schwarzen Damenflügelbauern zu erobern." (M. Tal).
23. b4! Ta8? (wie L. Aronin anmerkte, ist 23. ... Sc7! stärker) **24. Te1+ Kd6** (24. ... Kd8 25. Te6 Ta7: 26. Td6+ Kc7 27. Tf6:!) **25. b5 Ta7:** Dieser Zug verliert sofort, aber die schwarze Stellung war schon schwierig. Es droht sowohl 26. bc bc 27. De6+ Kc7 28. Tc1+, als auch 26. b6 Sb6: 27. Tb1. Falls 25. ... The8, dann folgt 26. Te8: Te8: 27. Dg3+ Kd7 28. Db8, und auf 25. ... Kc7 folgt 26. Dg3+ Kd7 27. b6 Sb6: 28. Tb1.
26. Te6+ Kc7 27. Tf6:! Schwarz gab auf. Derartige Partien erweitern unsere Vorstellungen über die Bereiche des Möglichen im Schach beträchtlich. Freilich werden die Aktionen von Weiß kaum je eine einhellige Bewertung erfahren können. Ich stelle mir vor, wie etwa ein Streitgespräch zwischen einem glühenden Anhänger des Talschen Spiels und einem Skeptiker sich anhören könnte:

– Eine geniale Partie! Welch eine unerhörte Kühnheit und welch eine grandiose Phantasie!
– Aber lohnte es sich denn überhaupt, dieses Risiko einzugehen, wenn man bereits zuvor eine ausgezeichnete Position innehat?
– Aber doch, wie sich gezeigt hat, konnte Weiß in keinem Fall verlieren.
– Aber er konnte auch in keinem Falle gewinnen. Alle drei Verteidigungsmöglichkeiten im 17. Zuge waren für das Remis ausreichend.
– Aber es gab auch keine Garantie für einen Erfolg bei einer ruhigen Entwicklung der Ereignisse. Weiß stand doch nur geringfügig angenehmer.
– In jedem Falle konnte er lange und beständig auf Gewinn spielen. Aber nach 17. ... Kd8 hätte die Partie unmittelbar mit Remis zu Ende gehen müssen.
– Aber letztendlich hat Tal gewonnen. Und der Sieger hat immer Recht!

Obgleich auch dieses letzte Argument mir nicht unwiderlegbar erscheint, müssen wir doch mit ihm zum Ende des Streitgesprächs kommen.
Aber noch bedeutsamer erscheinen die Überlegungen, die der erste ernsthafte Erforscher auf dem Gebiet der wirklichen Opfer, Rudolf Spielmann, zu diesem Thema anstellte:
„Die Wahrscheinlichkeit des Erfolges muß sich nicht bloß auf die Beurteilung der Stellung stützen, sie kann vielmehr auch allerlei Nebenumstände zur Grundlage haben. Man kann z. B. gewisse persönliche

Schwächen des Gegners in Rechnung stellen, also psychologisch spielen, man kann auf gegnerische Zeitnot spekulieren, also sportliche Vorteile suchen usw. Von solchen Gesichtspunkten betrachtet, sind im höheren Sinne auch viele Opfer als korrekt zu bezeichnen, die einer nachträglichen Untersuchung nicht standhalten könnten. Man muß theoretische und praktische Korrektheit unterscheiden."

Angewandt auf die eben untersuchte Partie: wir dürfen keinesfalls außer acht lassen, daß sich der tiefgehende Stratege Portisch in zweischneidigen Stellungen, die ganz und gar von der Taktik geprägt sind, nicht besonders sicher fühlt. Indem er den Turm opferte, hat Tal dem Spiel ganz bewußt eine Wende gegeben und zwar in Richtung auf eine für ihn angenehme und für seinen Gegner vom psychologischen Standpunkt aus gesehen unangenehme Richtung. (Erinnern Sie sich daran, daß er selbst diesen Umstand in seinen Kommentaren hervorhebt). Ein solches Spielen auf die psychologischen Schwächen des Gegners ist ein unverzichtbares Element des schachlichen Kampfes.

Viele Jahre später hat Jussupow, da er wußte, wo der wunde Punkt seines Gegners, desselben ungarischen Großmeisters, lag, in sämtlichen Auseinandersetzungen mit ihm ständig die Lage verschärft und schwierige Situationen geschaffen. Im Ergebnis dessen gewann er gegen Portisch eine Partie nach der anderen. Hier soll nachfolgend einer dieser „psychologisch bedingten" Siege vorgestellt werden:

**Jussupow – Portisch
Interzonenturnier,
Tunis 1985**
1. d4 d5 2. c4 dc 3. e4 Sf6 4. e5 Sd5
5. Lc4: Sb6 6. Lb3
(6. Ld3)
6. ... Sc6 7. Sf3
(es kommt auch 7. Se2 oder 7. Le3 vor)
7. ... Lg4 8. Lf7:+
Sofern man möchte, kann man hier ein effektvolles Remis herbeiführen: 8. Sg5 Ld1: 9. Lf7:+ Kd7 10. Le6+ mit ewigem Schach (oder 8. ... Se5: 9. Lf7:+ Kd7 10. Le6+).
8. ... Kf7: 9. Sg5+ Ke8 10. Dg4: Dd4:

Diagramm 169

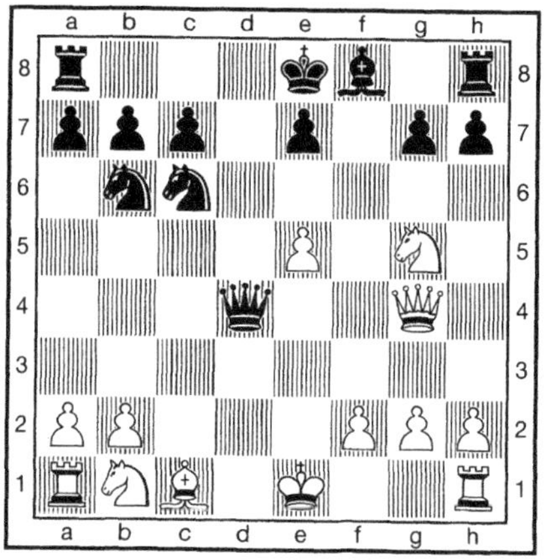

Ein halbes Jahr vor dem Interzonenturnier wurde die Partie Ftacnik – Spraggett (Wijk aan Zee, 1985) gespielt. In ihr ging Weiß in ein gleichstehenden Endspiel über: 11. Dd4: Sd4: 12. Sa3 e6 13. Le3 Lb4+ 14. Kf1 Le7!. Jussupow bevorzugte einen anderen Weg – er opferte einen Bauern, um Portisch in eine äußerst angespannte Lage zu bringen.
11. De2! Später wurde dieser Zug öfter gemacht. Aber am schwersten ist es immer, der erste zu sein.

11. ... De5: 12. Le3 Sd5 13. Sf3 Df5 14. 0–0 e6 15. Sc3! Td8

Der Abtausch auf c3 erwiese sich als risikoreich: Weiß gewönne dann ein Tempo, indem er den Punkt b7 mit dem Turmzug Ta1–b1 angreift und dann noch ein zweites Tempo durch den Angriff auf die Dame mittels Tb1–b5.

In einer späteren Partie M. Gurewitsch – Draško (Vršaž, 1985) folgte 15. ... Ld6 16. Sd5: Dd5: 17. Tfd1 Df5 18. Sd4 Sd4: 19. Ld4: Ke7 20. Td3 Ta8 21. Tad1! Thg8 22. g3 mit ausgezeichneten Gegenwerten für den geopferten Bauern.

16. Tfe1

Nach Jussupows Meinung ist 16. Tac1 oder 16. Sb5 aussichtsreicher. Diese Fortsetzungen sind bislang, wie es scheint, in der Praxis noch nicht vorgekommen.

16. ... Le7 17. Sb5

Weiß bereitet damit nicht bloß die Inbesitznahme des Feldes d4 vor, sondern bei Gelegenheit auch Tac1 mit nachfolgendem Tc6:. Ein anderer Plan wurde angewandt in der Partie Alburt – Gulko (Somerset 1986) 17. Ld2!? Sc3: (17. ... Kf7 18. Se4) 18. Lc3: Kf7 19. Dc4 Lf6 20. Te3.

17. ... Se3:

Dies ist eine logische Antwort. Weiß wird gezwungen, auf e3 mit dem Bauern zu schlagen, wonach die e-Linie geschlossen und gleichzeitig die Stellung des Turms auf e1 entwertet wird. Trotzdem ist der Abtausch des starken Springers d5 eine umstrittene Entscheidung – Aufmerksamkeit verdiente 17. ... Lf6.

18. fe

Diagramm 170

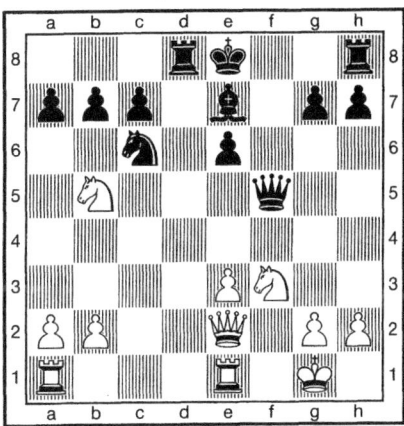

Beim Blick auf das Diagramm entsteht leicht eine optische Täuschung, die den Eindruck einer unbestreitbaren schwarzen Überlegenheit suggeriert. Aber bitte vergessen Sie nicht, daß Schwarz bereits sein Rochaderecht eingebüßt hat, so daß Jussupow letzlich doch keine so schlechte Kompensation für den geopferten Bauern vorweisen kann. Nichtsdestotrotz, nach 17. ... Ld6 erwiese sich die schwarze Stellung als hinreichend gefestigt. Jetzt aber kommt Portisch vom rechten Weg ab und läßt sich auf eine fehlerhafte Kombination ein.

18. ... a6? 19. Sc7:+ Kd7

Auf 19. ... Kf7 ist 20. Sd4! Sd4: 21. ed Lf6 22. Tf1 stark, und im folgenden Zug schlägt Weiß auf e6.

20. Sa6:!

Jetzt würde sich der weiße Angriff nach 20. ... ba 21. Da6: als unwiderstehlich erweisen. Zum Beispiel: 21. ... Tc8 22. Db7+ Tc7 23. Td1+ Ld6 24. Td6:+ Kd6: 25. Td1+ oder 21. ... Tb8 22. Tac1, und auf 22. ... Db5, folgt 23. Tc6:!.

20. ... Ta8 21. Ted1+ Kc8

Diagramm 171

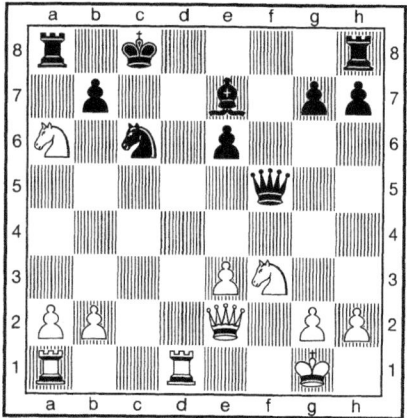

Portisch rechnete damit den weißen Springer, der sich scheinbar verlaufen hat, zu erobern; aber der folgende unvorhergesehene Zug widerlegt seinen Plan.
22. b4! Ta6:
(22. ... ba 23. Tac1 Kb7 24. Tc6: oder 22. ... De4 23. Tc4)
23. b5 Ta3 24. bc
Der weiße Angriff ist jetzt unwiderstehlich.
24. ... b6 25. Tab1 Lc5 26. Tb3 Ta5 27. Dc4! Ta2: 28. Tb6: Le3:+ 29. Kh1 Lb6:
Es hilft auch nicht 29. ... Dd5 wegen 30. Tb8+! Kb8: 31. Db4+ Kc7 32. Db7+ Kd6 33. Dd7+ Kc5 34. Td5:+ ed 35. g3!, und der Freibauer entscheidet. Spielbar ist auch 30. Df1 (der Bearbeiter).
30. Da2: Kc7 31. Td7+! Kc6: 32. Da4+ Kc5 33. Sd2! Schwarz gab auf.

Ein Sieg im romantischen Stil

„Wie gewinnt Tal seine Partien? Ganz einfach: er postiert seine Figuren im Zentrum, und danach opfert er sie irgendwo."
David Bronstein

Tal – Larsen
6. Partie des Kandidatenwettkampfes, Bled, 1965
1. e4 Sf6 2. e5 Sd5 3. d4 d6 4. Sf3 de 5. Se5: e6 6. Df3!
Die energischste Fortsetzung gegen das von Larsen gewählte Eröffnungssystem. Noch hat Schwarz den Springer e5 nicht mit einem Springerzug nach d7 zum Abtausch gestellt. Weiß beeilt sich, die Kraft seines Springers zu nutzen. Im Falle von 6. ... Sf6 beendet er die Entwicklung schnell mittels Le3, Sc3 und 0-0-0.
6. ... Df6
Wenn zwei das gleiche tun, so ist das noch lange nicht das gleiche, lautet ein Sprichwort. Die weiße Dame ist in eine aktive Stellung gezogen, die schwarze in eine verwundbare, wo sie alsbald von weißen Leichtfiguren behelligt wird.
7. Dg3 h6 (es drohte 8. Lg5) **8. Sc3!**
Aber jetzt muß man schon mit 9. Se4 rechnen.
8. ... Sb4?!
Ich denke, daß 8. ... Sc3: dennoch besser ist.
9. Lb5+ c6 10. La4 Sd7

Diagramm 172

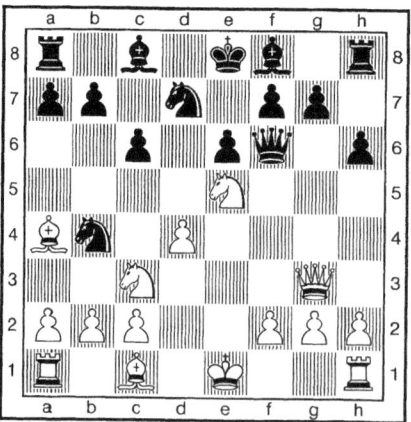

Frage 2-17 Ermitteln Sie alle verfügbaren Kandidatenzüge und bewerten Sie ihre perspektivischen Möglichkeiten!

Weiß verfügt über viele verlockende Fortsetzungen. Welche davon unterzog Tal als erstes einer Prüfung. Nun ganz bestimmt die kombinatorische Fortsetzung 11. a3 Sd5 12. Sc6:. Es verliert 12. ... bc? 13. Lc6: Sb6 14. Sb5!, aber leider läßt sich der weiße Gedanke widerlegen mit 12. ... Sc3:! 13. bc (13. Dc3: Sb6 14. Sb8+ Kd8) 13. ... Sb6 14. Lb5 Ld7 (möglich ist auch 14. ... a6) 15. Sa7: Dd8.
Gut sieht 11. Lf4!? aus, aber Tal mißfiel darauf die mögliche Antwort 11. ... Sd5. Aber nach 12. Sd5: ed 13. 0-0 würde Schwarz ernsthaften Schwierigkeiten entgegensehen. Falls 13. ... Ld6, dann folgt 14. Tae1 Le5: (14. ... 0-0 15. Sd7:) 15. Le5: (stark ist auch 15. ... de) 15. ... Se5: 16. Te5:+ Le6 17. f4. Oder 13. ... Se5: 14. Le5: Dg6 15. Df3! (es droht 16. Dd5:) 15. ... Le6 16. c4 (möglich ist auch 16. Db3 b5 17. Lb5:).
Zu erwähnen ist auch der bescheidene Zug 11. Ld2, und falls 11. ... Se5: 12. de Dg6, dann 13. Dg6: mit Endspielvorteil.
Tal untersuchte den verlockenden Plan 11. Se4!? Df5 12. f3, und weiter 12. ... Se5: 13. de Ld7 14. a3 Sd5 15. c4 Sb6 16. Lc2 Dh5. Die weiße Stellung ist merklich besser (von selbst versteht sich, daß auf 12. ... Sf6 13. 0-0 stark ist. Im Falle von 12. ... b5 spielt Weiß nicht 13. Lb3 Se5: 14. de c5 15. a3 Sc6!, sondern 13. a3! Sd5 14. Lb3 Se5: 15. de, mit der Absicht 16. c3 nebst 17. Lc2, oder 13. ... ba 14. ab mit weißer Überlegenheit).
„Ich war gerade dabei die Untersuchung dieser Variante weiterzuführen, als plötzlich die Möglichkeit eines Figurenopfers meine Aufmerksamkeit fesselte. Die Idee schien sehr verlockend zu sein." (M. Tal).

Hier ist es wieder, dieses romantische Denken: eine hübsche spontane Idee lenkt Tal vom ruhigen und gesunden Weg ab.
11. 0-0 Se5: 12. de Dg6 13. Df3
Ich habe den bestimmten Verdacht, daß Tal seine Dame ohne das geringste Schwanken zur Seite hin wegzog. Und hierzu bemerkte sein Gegner Bent Larsen später folgendes: „Ich denke, daß Tal hier allzusehr in Talschem Stil agierte. Die Alternative 13. Dg6: gab Weiß zwar keinen großen, aber immerhin einen beträchtlichen Vorteil – ich hätte absolut sicher ganz genau diesen Zug gewählt." Dies ist also noch eine weitere anschauliche Illustration dafür, in welch großem Maße der Unterschied besteht bei den Schachspielern im Hinblick auf die Denkweise, das Temperament, wie sehr der Spielstil die Entscheidungen bestimmt, die von ihnen am Brett vorgenommen werden.
13. ... Df5 (13. ... Sc2:? 14. Lc6:+; 13. ... Ld7? 14. De2 mit der Absicht Se4 nebst c3) **14. De2**
Gerade an dieser Stelle liegt auch die Idee verborgen, die Tal beim Nachdenken über seinen 11. Zug hatte.
14. ... Le7

Diagramm 173

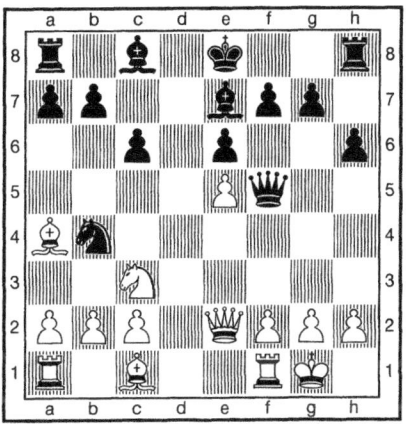

Frage 2–18 Wie würden Sie fortsetzen?

Das Springeropfer erschien dem Großmeister aus Riga derart verführerisch, daß er es wirklich mittels 15. a3 Sd5 16. Sb5 in die Tat umsetzte. Aber diese Entscheidung ist durchaus nicht unumstritten.

Vor allem aber stellte sich die Frage, ob es nicht möglich wäre, einen Vorteil auf einfachere und zuverlässigere Art und Weise zu erreichen. Wenn es beispielsweise gelänge f4, Se4, c3 und Lc2 zu spielen, so würde sich die gegnerische Dame in höchstem Maße unwohl fühlen.

Ich zweifele nicht daran, daß Tal während der Partie diese Frage unterbewußt abschlägig beantworten wollte (bei der Mehrheit der Schachspieler würde ein solcher Wunsch umgekehrt sein) und er sich schnell davon überzeugte, daß nach der Variante 15. f4 0–0 16. Se4 b5! 17. Lb3 c5 18. c3 c4! für Schwarz alles in Ordnung ist. Aber das Spiel von Weiß läßt sich verstärken.

Es gibt eine interessante Idee: 15. g4!? Dg6 16. Se4. Die Mehrzahl der Varianten führt zu für Schwarz schwierigen Stellungen. Zum Beispiel: 16. ... f5 17. ef gf 18. Sg3 Tg8 19. c3 Sd5 20. f3 nebst 21. Lc2, oder 16. ... h5 17. g5 f6 (17. ... Df5 18. c3 Sd5 19. f4) 18. ef gf 19. f4.

Übrigens ist der Zug 15. g4 fast ein ebenso gewalttätiges Mittel wie ein Figurenopfer. Weiß schwächt die Stellung seines eigenen Königs und für den Gegner muß einfach irgendeine Möglichkeit des Gegenspiels gefunden werden können. Vermutlich muß es sich an einem Bauernopfer ausrichten: 15. ... Dg6 16. Se4 b5 (oder vielleicht das gleiche Motiv nach vorheriger Einbeziehung des Zugpaares 16. ... h5 17. g5) 17. Lb3 c5!? 18. Db5:+ Ld7 19. De2 Sc6!, mit der Absicht 20. ... Se5: oder 20. ... Sd4.

Bei weitem zuverlässiger ist der Weg, den Sergej Dolmatow aufgezeigt hat: 15. f4 0–0 16. a3! Sd5 17. Se4 (es droht 18. c4) 17. ... b5 18. Lb3, und nutzlos wäre jetzt 18. ... c5 19. c3 mit nachfolgendem Lc2. Falls aber 16. ... Sa6, dann folgt 17. b4!, und es ist nicht zu sehen, was Schwarz dem Plan Se4, c4 nebst Lc2 entgegensetzen könnte. Zum Beispiel: 17. ... b5 18. Lb3 c5 19. Sb5: cb 20. c3! oder 18. ... Lb7 19. Se4 c5 20. Sg3 Dg6 21. c3, und die Drohung 22. Lc2 ist höchst unangenehm.

Wir gelangten zu der Schlußfolgerung, daß das Opfer für Weiß nicht unbedingt notwendig ist, Weiß kann vielmehr mit vergleichsweise einfachen Mitteln eine überlegene Stellung erlangen.

15. a3!? Sd5 (15. ... Sa6 16. Sb5! cb 17. Lb5:+ nebst 18. Ld3) **16. Sb5!! cb**
Man muß den Springer schlagen, ansonsten folgt Sd4, c4 nebst Lc2.
17. Db5:+
Natürlich nicht 17. Lb5:+? Kf8 18. Ld3 Sf4.
17. ... Kd8 18. c4

Diagramm 174

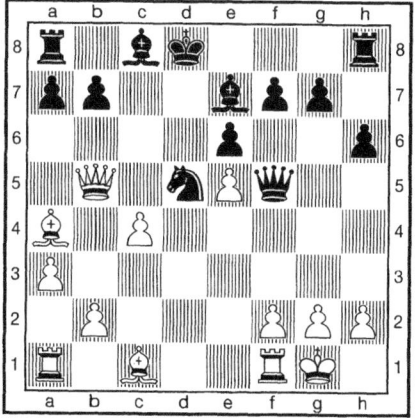

Der Springer kann wegziehen nach b6 oder nach f4. Wir wollen auch in diesem Falle wieder Michail Tal selbst das Wort erteilen:

"Die Hauptvariante der von Weiß erdachten Kombination war 18. ... Sf4 19. Td1+ Kc7 20. Td7+ Ld7: 21. Dd7:+ Kb8 22. De7: De5: 23. Le3 Sg6 (es drohte 24. Td1) 24. Df7: Df6 25. Le8! (das Körnchen Salz!) 25. ... De7 (25. ... Se5 26. Lf4) 26. Dg6: Te8: 27. Lc5! Dd7 28. Ld6+ Kc8 29. c5, und der Läufer auf d6 ist wesentlich stärker als der Turm." Erneut sehen wir eine lange Hauptvariante vor uns, die effektvolle Pointen enthält. Aber erneut ist sie absolut nicht überzeugend. Die Sache ist noch nicht einmal die, daß Schwarz anstelle von 25. ... De7 hartnäckiger mit 25. ... Df7: 26. Lf7: Sf8 fortsetzen kann, das wäre allenfalls eine unbedeutende Nörgelei. Wichtiger ist, daß sich die gesamte Variante als unnötig erweist, da Weiß ganz einfach 19. Da5+! b6 20. Dd2+ spielen kann. Er gewinnt die Figur dabei unmittelbar zurück und behält einen wertvollen Bauern mehr.

Nach 18. ... Sb6! 19. Da5! gewinnt Weiß ebenfalls die Figur zurück, denn schlecht ist 19. ... Ld7 20. Le3 Kc7 21, c5. Die Variante, die Tal angibt 19. ... Kc7! 20. c5 Kb8 21. cb ab 22. Db5 Ta5 23. Db3 führt zu einer Stellung, von deren Beurteilung in nicht geringem Umfang auch die Bewertung des Figurenopfers insgesamt abhängig ist. Nach der Meinung des Großmeisters erhält Weiß keine schlechten Angriffschancen. Ich stelle aber fest, daß die Aussichten des Schwarzen auf eine erfolgreiche Verteidigung auch nicht geringer sind. Droht doch nach 23. ... De5: (schlechter ist 23. ... Te5: 24. Dg3) bereits 24. ... b5, und im Falle von 24. Ld2!? Td5 hätte Schwarz zunächst noch einen Bauern mehr und die Kontrolle über die Zentralfelder. Anstelle von 23. Db3 ist vermutlich 23. Dc4 stärker, um den Bauern e5 nicht preiszugeben (23. ... Tc5 24. Db4). Andererseits könnte Schwarz schon zuvor an 22. ... Td8!? denken. Alles das erweist sich als sehr unklar.

18. ... De5:?

"Larsen geht den Weg des geringsten Widerstandes. Er gibt die Figur zurück, aber die Stellung des Königs im Zentrum gibt Weiß die Möglichkeit, mit Leichtigkeit einen entscheidenden Angriff zu organisieren ohne irgendwelchen bedeutenden materiellen Rückstand" (M. Tal). Interessant sind die beträchtlichen psychologischen Nachwirkungen des Opfers: der dänische Großmeister hat den Glauben an seine Stellung verloren, so daß er in Folge dessen nicht sah, daß er sich mit gutem Erfolg verteidigen konnte. – Er schrieb: "Nach 14. ... Ld7 wäre meine Stellung zufriedenstellend. Die Fortsetzung 14. ... Le7? gestattete dem Gegner den genialen Opferzug 16. Sb5, und danach ist es für Schwarz schwierig, die Partie noch zu retten."

19. cd Ld6 20. g3 Dd5: 21. De2

Jetzt fehlt Weiß zum endgültigen vollen Glück nur noch die Verbindung der Türme. Der abschließende Teil der Partie ist ein überzeugendes Beispiel für die optimale Führung eines Angriffs auf einen im Zentrum des Brettes steckengebliebenen König.

21. ... Ke7 22. Td1 Da5 23. Dg4 Df5

Nach 23. ... e5 wollte Tal eine Figur opfern mittels 24. Dg7:! Le6 (oder 24. ... Da4:) 25. Lh6:. Und auch nach 23. ... Td8 führt Weiß seinen Angriff auf die gleiche Weise: 24. Dg7:! Da4: 25. Lh6:.

24. Dc4 Dc5 25. Dd3 Dd5 26. Dc3! Le5 (26. ... De5 27. Lf4)

27. De1 Dc5 28. Ld2 Kf6 29. Tac1

Letztendlich hat Weiß alle seine Figuren in die Schlacht geführt. Der Widerstand bricht rasch zusammen.

29. ... Db6 30. Le3 Da6 31. Db4 (droht 32. Lb5) **31. ... b5 32. Lb5: Db7 33. f4 Lb8 34. Lc6**

Schwarz gab auf.

Das Figurenopfer war also objektiv nicht die beste Fortsetzung. Aber was bedeutet eigentlich genau genommen „beste Fortsetzung"? Tal spielte in vollständiger Übereinstimmung mit seinem Stil, welcher ihm überragende sportliche und schöpferische Erfolge eingetragen hat. Übrigens wurden alle seine Siege im Match gegen Larsen als Ergebnis derartiger irrationaler Entscheidungen errungen. Den Ausgang des Wettkampfes entschied die letzte, zehnte Partie, in der Tal ebenfalls ein problematisches Springeropfer brachte.

Als er seine Handlungen beurteilte, schrieb er: „Nach meinem Dafürhalten ist in dieser Situation alles verständlich. Weiß ist nicht gezwungen sich zu rechtfertigen, aber ich sage ihnen zum tausendundersten Mal: Die Jahre einer Analyse und die wenigen Minuten einer wirklichen Partie — das ist absolut nicht ein und dasselbe."

Ein anderer möglicher Plan ist verbunden mit dem in derartigen Stellungen gebräuchlichen Minderheitsangriff der Bauern auf dem Damenflügel: 11. 0–0 0–0 12. Tab1 g6 13. b4; so wurde beispielsweise (mit einer kleinen Zugumstellung) in der Partie Gligorić – Portisch, Palma de Mallorca, 1967 gespielt.

11. ... Sg4 12. Sg4: Lg4: 13. 0–0 Lh5
(Schwarz will seine Stellung noch weiter befestigen mittels 14. ... Lg6)
14. e4! de 15. Se4: Dd4: 16. Sg3 Lg4
Nach 16. ... Lg6? 17. Lg6: hg 18. Tfe1 ist die Lage für Schwarz nicht beneidenswert. Er muß die e-Linie versperren, indem er den Läufer nach e6 stellt.
17. Tfe1 Le6 18. Lf5 0–0–0
Im Falle von 18. ... 0–0 könnte Weiß Übergewicht bekommen mittels 19. Tad1 Df6 20. Le6: fe 21. Td7.
19. Le6:+ fe 20. Te6: Sd5 21. Sf5 Df4 22. g3 Dc7 23. Tae1 g6 (23. ... Kb8) **24. Sd4 Kb8 25. T6e5 Db6 26. Se6 Sb4 27. De2 Sd3**

Zwei Angriffe von Rainer Knaak

„Wenn man den Gegner angreift, will man ihn nicht überzeugen, sondern überraschen."

S. Tartakower

Die Partie, die wir jetzt ansehen, verlief über eine lange Zeit hinweg in ruhigen Bahnen. Weiß war am Ruder, Schwarz verteidigte sich akkurat.

Knaak – A. Petrosjan
Leipzig 1977
1. d4 d5 2. c4 e6 3. Sc3 Le7 4. cd ed 5. Lf4 c6 6. e3 Ld6 7. Ld6: (7. Lg3!?) 7. ... Dd6: 8. Ld3 Se7 9. Dc2 Sd7 10. Sf3 Sf6 11. Se5

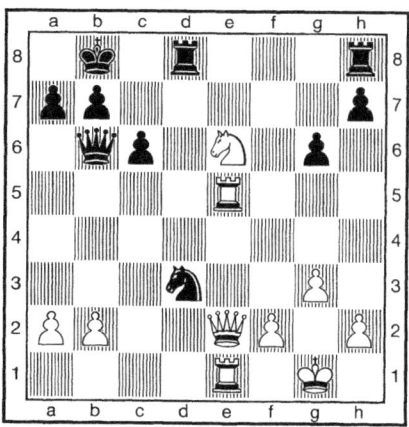

Diagramm 175

Frage 2–19 Kann Weiß in dieser Lage den Kampf um den Gewinn weiter fortsetzen?

Zunächst prüfen wir die „normalen" Fortsetzungen.
a) 28. Sd8: Td8:! 29. Td1 (29. Te8 Se1:) 29. ... Se5: 30. De5:+ Kc8 31. De6+ Kb8;
b) 28. Td1 Se5: 29. De5:+ Kc8.
Offensichtlich ist die Stellung in beiden Fällen annähernd gleich, die Partie muß mit Remis enden. Wenn aber ein solcher Ausgang des Kampfes Weiß nicht zufriedenstellt, so muß er sich jetzt tiefer in die Stellungsgeheimnisse versenken, um ein Mittel zur Verschärfung des Kampfes zu finden, das den Gegner vor neue Probleme stellt.
Es gibt eine Idee, die ganz und gar aus der Schablone fällt: man läßt das Schlagen auf e5 zu, spielt dann a2–a4! mit der Drohung a4–a5. Wenn Schwarz seinerseits mit a7–a5 antwortet, so spielt Weiß b2–b4.
Aber wohin soll der Turm e1 wegziehen. Verständlicherweise nicht nach d1. Aber auch nicht nach b1, denn dann wäre ein späteres b2–b4 nicht mehr mit der Drohung b4×a5 verbunden, weil der b-Bauer gefesselt wäre. Das bedeutet entweder nach f1 (in diesem Fall würde dem Verteidigungbedürfnis des Punktes f2 Rechnung getragen) oder nach a1, von wo aus der Turm den Angriff verstärkt.
Rainer Knaak spielte **28. Ta1!?**.

Frage 2–20 Was denken Sie darüber, war diese Idee korrekt? Wie soll sich Schwarz nun am besten verteidigen?

28. ... Se5:
Schlecht ist 28. ... Td7? oder 28. ... Td6? wegen 29. Td1!, aber ernsthafte Aufmerksamkeit verdiente der Zug 28. ... The8!?. Übrigens ist das Nehmen auf e5 durchaus möglich.
29. De5:+ Kc8 30. a4
Nach 30. Sd8: bliebe die Stellung vollkommen gleichwertig, aber zu diesem Zwecke hat Weiß seinen Turm nicht nach a1 weggezogen.
In der Partie hat A. Petrosjan den Kopf verloren, er spielte 30. ... c5?, und nach 31.Tc1 Dd6 32. Tc5:+ Kb8 33. Sd8: verblieb er mit einem Bauern weniger in Verluststellung.
Um zu erhärten, daß seine Idee korrekt war, führte Knaak folgende Varianten an: 30. ... The8 31. a5 Td5 32. Dd5:! Db2: (32. ... cd 33. ab Te6: 34. ba) 33. Dd4!, und 30. ... a5 31. b4! The8 32. ba Td5 33. Dd5:! cd 34. ab Te6: 35. a5 mit einem Bauern mehr für Weiß. Leider zog er aber die bestmögliche schwarze Verteidigung nicht in Betracht: **30. ... Tde8! 31. a5 Dd8**.

Diagramm 176

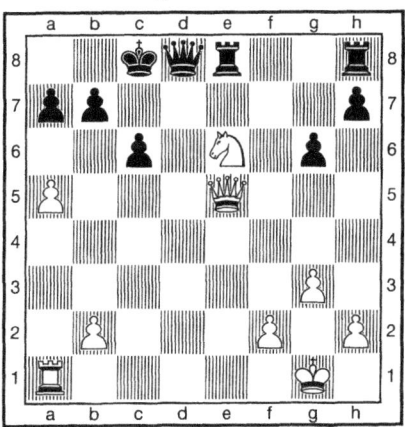

Weiß kann die Qualität zurückgewinnen mittels 32. Sd8: Te5: 33. Sf7, oder noch genauer mit 32. Dh8: Th8: 33. Sd8: Td8: 34. Te1. Aber dann müßte er erst noch um das Remis kämpfen, denn das Turmendspiel ist schlechter für Weiß (schwarze Bauernmajorität am Damenflügel).
Vermutlich hätte Knaak 32. a6!? gespielt (nachdem er ja mit dem Turm nach a1 gezogen ist). Nach 32. ... De7 33. ab+ Kb7: 34. Dd4!? Ka8 35. Ta6, oder 33. ... Db7: 34. Dd4!? Db6 (oder 34. ... Dd7) 35. Ta7:

wäre die Stellung weiterhin sehr schwierig. Im Falle von 32. ... b6 könnte Weiß an 33. Sd8: Te5: 34. Sc6: Tc5 35. Sa7:+ Kb8 36. b4 denken. Und auf 32. ... b5 sieht 33. Tc1 Dd7 34. Df6! (mit der Drohung 35. Sd4) 34. ... Dd6 35. Dg7 nicht schlecht aus, zwingt es doch die schwarze Dame nach d7 zurück.

Ziehen wir zum Abschluß die Bilanz: Das Risiko, das Weiß einging, um sich Aussichten auf den Sieg zu schaffen, erwies sich als vollkommen gerechtfertigt. Es war nicht übermäßig groß, wenngleich wir eine zuverlässige Verteidigung gefunden haben, kann man doch nicht behaupten, daß diese die scharfsinnige Idee Knaaks letztlich widerlegt. Für seinen Gegner war es außerordentlich schwierig, am Brett die auftretenden Verwicklungen korrekt auszuarbeiten, insbesondere dann, wenn man die vollkommen berechtigte Mutmaßung (wenn man A. Petrosjan kennt) anstellt, daß er sich zu diesem Zeitpunkt bereits in Zeitnot befunden haben dürfte.

Übrigens dachte Knaak höchstwahrscheinlich überhaupt nicht an ein Risiko, hatte doch Weiß nach seinen eigenen Berechnungen in allen Varianten Vorteil erreicht. Vollkommen Recht hat Michail Tal, als er einmal in einem seiner Artikel anmerkte:

„Ein Schachspieler riskiert tatsächlich nur dann wirklich etwas, wenn es ihm auch tatsächlich bewußt ist, daß er etwas riskiert."

In der folgenden Partie werden wir erneut sehen, wie Rainer Knaak seinen Angriff vorträgt. Es wird interessant sein, ob Sie im entscheidenden Augenblick des Kampfes mit der von ihm getroffenen Maßnahme übereinstimmen werden.

Knaak – Reeh
Balatonberenyi, 1987

1. d4 Sf6 2. c4 e6 3. Sc3 Lb4 4. e3 b6 5. Se2 La6 6. Sg3 0–0 7. e4 Sc6 8. Ld3! e5 (8. ... Sd4:? 9. Da4! mit Figurengewinn) **9. d5 Lc3:+** (vollkommen spielbar ist auch 9. ... Sa5 10. De2 Lc3:+ 11. bc d6) **10. bc Se7 11. Lg5!** Weiß läßt seinem Gegner keine Zeit zu 11. ... d6 nebst nachfolgendem 12. ... Sd7.

11. ... Se8 12. h4! f6 13. Le3 c5

Auf 13. ... c6 wäre vermutlich 14. d6!? gefolgt.

14. h5 Sd6 15. De2 f5

Schwarz will schnellstmöglich Gegenspiel schaffen. Auf 15. ... De8 gibt Knaak folgende Variante an: 16. 0-0-0 f5 17. ef Sef5: 18. Sf5: Sf5: 19. Dc2 e4 20. Le4: Se3: 21. fe h6 22. d6! mit Vorteil für Weiß.

15. Lg5 h6 (16. ... De8 17. h6 g6 18. 0-0-0)

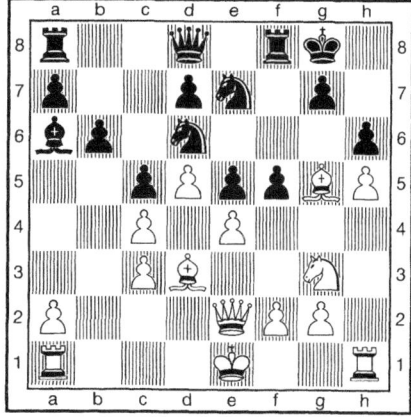

Diagramm 177

Jetzt kann Weiß einfach auf e7 tauschen und danach den Bauern f5 schlagen. Aber es gibt auch eine andere, versteckte Möglichkeit: das Figurenopfer 17. ef hg 18. h6.

Übung 2–1 Beurteilen Sie nach eingehendem Studium der Varianten, ob dieser Weg aussichtsreich ist.

Dzin greift an!

„Ein scharfer, entschiedener Hang zur Vorsicht ist der tödliche Feind großer Taten!"
Aiquem de Michel Montaigne

Bis zum Ende der vorletzten, sechzehnten Runde verblieben nur noch wenige Minuten. Ich hatte meine eigene Partie schon beendet und nahm mit beträchtlichem Interesse Anteil an einer verwickelten Partie, in welcher einer der Spitzenreiter des Turniers, Roman Dz., die weißen Steine führte.

**Dzindzichaschwili – Zeschkowski
Meisterschaft der UdSSR,
erste Liga, Tbilisi 1974**

Diagramm 178

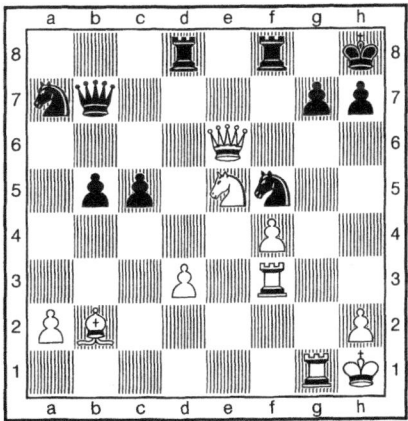

Frage 2–21 Was hätten Sie mit Weiß unternommen?

Es entsteht der Eindruck, daß die Aussichten von Schwarz besser sind. Der Punkt g7 ist mit dem Springer zuverlässig gedeckt, des weiteren ist die Fesselung des Turms f3 auf der langen Diagonale sehr unangenehm, und es ist nicht zu sehen, wie man sich aus ihr befreien kann. Auf 31. Tg5 ist die Antwort 31. ... Tf6! möglich. Dzin allerdings ließ sich nicht entmutigen und entdeckte eine verblüffende Methode zur Entfesselung – um den Preis seines zweiten Turmes (der Familienname von Roman ist für den ständigen Gebrauch allzu lang, und daher ist es verständlich, daß er für alle Freunde einfach Dzin hieß).

31. Tg7:!! Sg7: 32. Kg1!!

Die weiße Dame ist unantastbar wegen zweizügigen Matts: 33. Sf7+ nebst 34. Sh6 matt, und außerdem droht schon 33. Sg6+!.

Vitali Zeschkowski schlug auf g7 fast automatisch mit dem Springer zurück. Hätte er etwas mehr Zeit gehabt (bzw. sich genommen), hätte er vermutlich das zuverlässigere 31. ... Kg7:! (aber natürlich nicht 31. ... Dg7:? 32. Sg6+ hg 33. Th3+) gewählt. Schwarz droht den gefährlichen Läufer mittels 32. ... Td4 auszusperren. Daher wäre Dzin gezwungen, das Remis auf folgendem Wege zu sichern: 32. Sd7+!? Sd4 33. Ld4:+ cd 34. De5+ Kg8 35. Dg5+ Kf7 36. Df6+!, und es geht nicht 36. ... Ke8?? 37. De6 matt.

32. ... Td4! Die einzige Verteidigung.

Diagramm 179

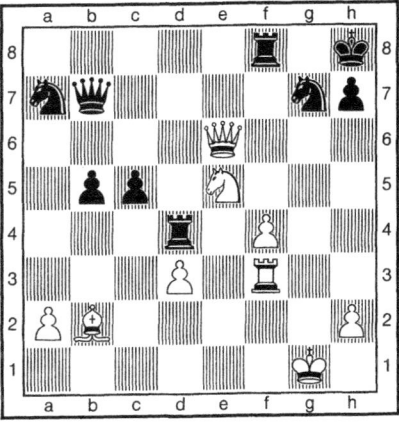

Frage 2-22 Und wie würden Sie jetzt mit Weiß fortsetzen?

Als Augenzeuge bei der Partie nahm ich sofort wahr, daß Weiß ein Turmendspiel mit einem Bauern mehr erreichen kann, das freilich ganz sicher remis ist: 33. Sg6+ hg 34. Th3+ Sh5 35. Dg6: Dg7 36. Th5:+ Kg8 37. Dg7:+ Kg7: 38. Tc5: Tf4: 39. Tc7+ (39. Td5? Sc6) 39. ... Kg6 40. Ld4: Td4: 41. Ta7: Td3:. Ich zweifelte nicht daran, daß auch Dzin diese Variante sah – derartige Berechnungen nimmt ein Schachmeister blitzartig schnell vor, zumal die Züge beider Seiten sämtlich erzwungen sind. Bestimmt war die Verlockung, den scharfen Kampf mit dieser hübschen Remisvariante zu beenden, sehr stark. Aber Dzin ist von Natur aus ein Hasardspieler (nicht nur im Schach). Er entschloß sich, das Risiko einzugehen und bei beiderseitiger Zeitnot ungeachtet seines Materialrückstandes auf Sieg zu spielen. Wie erinnerlich, nahm auch Tal eine analoge Entscheidung in einer gleichartigen Situation vor – im 20. Zug seiner Partie gegen Lajos Portisch, welche wir zuvor betrachtet haben. Sowohl hier als auch dort lächelte das Glück dem Mutigen.

33. Ld4:!!
Die Ausrufezeichen stehen, wie in Bälde klar wird, nicht nur für die Kühnheit und den Siegeswillen, sondern auch für den tatsächlichen Wert des Zuges.

33. ... cd 34. Dh6
Es droht 35. Th3. Ungeachtet der Tatsache, daß er einen Springer mehr hat, ist die Verteidigung für Schwarz sehr schwierig zu führen. Allzu weit weg vom Ort des Geschehens ist der Springer a7 abgeschnitten.

34. ... Kg8? 35. Th3 Sf5 36. De6+ Kg7
Es ging nicht 36. ... Kh8? wegen 37. Sg6+. Auf 36. ... Tf7 ist 37. Sf7: Df7: 38. Df7:+ Kf7: 39. Th7:+ Sg7 40. Th6 mit klarem Endspielvorteil für Weiß gut. Sogar noch schneller entschied aber 37. Th7:!!.

37. Sd7! Dc8
Schlecht ist 37. ... Tf7 38. Th7:+!, und im Falle von 37. ... Tc8 kann man zumindest den Springer nehmen und mit dem König vor den Schachs nach h4 flüchten.

38. Sf8: Dc1+
Sofort verliert 38. ... Df8:?! 39. Dd7+ oder 39. Th5, aber den Vorzug verdiente der Zug 38. ... Kf8:. Freilich könnte Schwarz das Endspiel nach 39. Dc8:+ Sc8: 40. Th7: kaum noch halten.

39. Kg2 Dd2+
Es rettet auch nicht 39. ... Se3+ 40. Te3:! de 41. De7+ Kg8 42. Se6 mit unausweichlichem Matt oder 40. ... De3: 41. De3: de 42. Se6+ Kf6 43. Sd4 mit Gewinn im Springerendspiel.

40. Kg1 Dd1+ 41. Kf2
Die Zeitkontrolle war erreicht, und die Partie wurde abgebrochen. Schwarz gab auf, ohne die Partie wieder aufzunehmen.

Nachdem er der Remisvariante im 33. Zuge entsagt hatte, hatte Dzin keine Zeit mehr, also nicht einmal mehr Zeit, die Varianten ansatzweise durchzurechnen, er handelte allein nach Gefühl und im Vertrauen auf seinen Stern. Später wollte ich herausfinden, was es damit auf sich hatte: war es eine feinsinnige Einschätzung der Spielsituation oder einfach zufälliges Abenteuerglück? Eine gewissenhafte Analyse bestätigte, daß die getroffene Entscheidung wohlbegründet und in vollem Umfang korrekt war: wie sich zeigte geriet Weiß niemals in Verlustgefahr, aber für den Gegner war es notwendig, nach einer zuverlässigen Verteidigung zu suchen.

Diese Schlußfolgerung ist ganz und gar nicht offensichtlich. Nach einigen Jahren legte ich das vorliegende Partiefragment Sergej Dolmatow zum Weiterspielen vor. Er fand das Turmopfer im 31. Zug mit einigen Mühen, und dann spielte er nahezu ohne Nachdenken 33. Sg6+, um den Übergang in das Turmendspiel zu erzwingen, das klar remis ist.

Ich fragte Dolmatow, warum er denn nicht den Versuch mache, um den Sieg zu kämpfen. „Aber Schwarz hat doch eine Figur mehr!" wunderte sich Sergej.

„Dann verteidigen Sie, bitte, die schwarze Stellung, junger Herr!" sagte ich und drehte das Brett um 180 Grad.

Diagramm 180

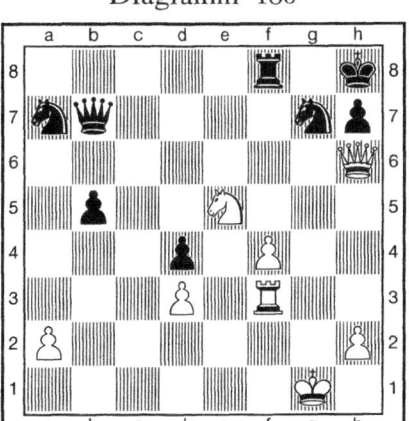

Frage 2–23 Wie soll Schwarz fortsetzen?

Schauen Sie sich jetzt an, wie unsere kleine Partie weiterging.

34. ... Tc8?! Ein natürlicher Zug, der sowohl die Drohung 35. Sg6+ pariert und gleichzeitig Gegenspiel vorbereitet. Auf jeden Fall aber kann Weiß jetzt in allen Varianten die Figur zurückgewinnen und reale Siegeschancen erhalten.

35. f5! Der Bauer droht mit weiterem Vormarsch und die weiße Dame nimmt sogleich das Feld c1 unter ihre Kontrolle.
35. ... Dc7 Betrachten wir auch die anderen Möglichkeiten:
a) 35. ... Sc6? 36. Th3 Sf5: 37. Df6+ Kg8 (37. ... Sg7 38. Dg6!; 37. ... Dg7+ 38. Sg6+! Kg8 39. De6+) 38. De6+!? (38. Df5:? Se5:) 38. ... Kh8 (38. ... Kg7 39. Df5:) 39. Sf7+! nebst 40. Df5: mit Gewinn;
b) 35. ... Sf5: 36. Tf5: Tg8+ (36. ... Dg7+? 37. Dg7:+ Kg7: 38. Tf7+) 37. Kf2! Dg2+ 38. Ke1 Dg1+ 39. Tf1 De3+ 40. De3: de, und es entsteht ein klar besseres Endspiel für Weiß. Möglich ist zum Beispiel 41. a3!?, mit Vorbereitung von 42. Ke2.
c) 35. ... Te8!? 36. Th3 Sf5: 37. Df6+ Dg7+ 38. Sg6+ Kg8 39. Df5: Df7! (39. ... hg? 40. Dd5+ Kf8 41. Tf3+) 40. Df7:+ Kf7: 41. Sf4, und erneut ist die weiße Stellung vorzuziehen.

36. f6 Dc1+ 37. Tf1! Dh6: 38. Sf7+ Kg8 39. Sh6:+ Kf8 40. fg+ Kg7: 41. Sf5+ Kg6 42. Sd4: Weiß hat einen Bauern gewonnen, seine Überlegenheit steht außer Zweifel.

Folglich führte 34. ... Tc8?! zu einem für Schwarz schlechteren Endspiel; der von Zeschkowski gewählte Zug 34. ... Kg8? ist ebenfalls unzulänglich. Wie aber soll man sich dann bestmöglich verteidigen?

Schwarz mußte sich dem Vormarsch des f-Bauern entgegenstellen. Ich sehe nicht, wie man den zunächst seltsam anmutenden Zug 34. ... Tf5 widerlegen könnte. Nach 35. Th3 Se8 wäre 36. De6 Dc8 oder 36. Sg6+ Kg8 37. Tg3 Sg7 nutzlos; es bleibt nur 36. Tg3 Sg7 37. Th3.

Noch stärker ist wohl der bescheidene Zug 34. ... Te8!. In diesem Falle nun müßte bereits Weiß Remis erzwingen mittels 35. Th3 Sf5 (35. ... Se6 36. Tg3, erzwungen 36. ... Sg7) 36. Df6+ Dg7+ 37. Sg6+ Kg8 38. Df5: hg (fast dieselbe Stellung sahen

wir nach 34. ... Tc8 35. f5 Te8, aber dort war der Bauer f4 nicht vorhanden, und den Springer durfte man nicht schlagen) 39. Dd5+ Kf8 (39. ... Df7?? 40. Th8+!) 40. Dd6+, und wie man sich unschwer überzeugen kann, endet die Sache mit ewigem Schach.

Die entscheidende Partie

„Schließlich ist Schach nicht allein eine Sache des Wissens und der Logik!"
Alexander Aljechin

Viele Experten hielten den hochtalentierten jungen Großmeister Wassily Iwantschuk aus Lwow für den Favoriten des Kandidatenturniers um die Weltmeisterschaft 1991/92. Und für diese Einschätzung hatten sie eine ernsthafte Grundlage. Am Anfang des Jahres 1991 gewann Iwantschuk das Superturnier von Linares und gab dabei dem Weltmeister Garry Kasparow und seinem historischen Widersacher, dem Exweltmeister Anatoli Karpow das Nachsehen; in der Rating Liste der FIDE tauchte Iwantschuk auf dem zweiten Weltranglistenplatz auf. In seinem ersten Kandidatenmatch zerschmetterte Iwantschuk seinen Gegner Leonid Judassin förmlich mit 5,5:0,5 Punkten.

Aber das nächste Aufeinandertreffen, das Viertelfinalmatch gegen Artur Jussupow, enthielt bei weitem mehr Spannung. Nachdem er die zweite Partie gewonnen hatte, führte Jussupow, verlor dann aber die dritte und fünfte Partie. Iwantschuk behielt die Führung inne bis zur letzten Partie, in welcher Artur folglich dazu genötigt war, auf Sieg zu spielen.

Wie muß ein Schachspieler agieren, wenn er nach der Turniersituation gewinnen muß (oder im anderen Falle – unbedingt ein Remis braucht)?

Wir haben diese Frage bereits im Kapitel über das Rochaderecht angesprochen. Die Umstände, die beim Finale des Kandidatenmatchs in Brüssel aufgetreten sind, bieten uns eine ausgezeichnete Gelegenheit, erneut auf das nämliche Thema zurückzukommen (wie heißt es doch so schön „Die Wiederholung ist die Mutter der Wissenschaft"). Hier ein Abschnitt daraus, was Jussupow selbst zu diesem Thema schreibt:

– „In derartigen Situationen sind zwei Strategien möglich: sofort eine starke Spannung zu erzeugen oder die Spannung über den Verlauf einer ganzen Partie aufzubauen. Ich denke, daß die zweitgenannte Strategie in der Regel mehr Chancen auf Erfolg ergibt. Als ein überzeugendes Beispiel dafür dient die 24. Partie des Wettkampfs um die Weltmeisterschaft in Sevilla. Und auch ich beabsichtigte am Anfang genau nach dieser Methode zu handeln: die Ereignisse nicht zu forcieren, die gefährlichsten Figuren auf dem Brett zu behalten und den geeignetsten Moment abzuwarten für den Übergang zu entscheidenden Handlungen."

**Jussupow – Iwantschuk
8. Partie im Kandidatenmatch,
Brüssel 1991**

1. d4 Sf6 2. c4 e6 3. Sc3 Lb4 4. e3 b6 5. Ld3 Lb7 6. Sf3 0–0 7. 0–0 c5 8. Ld2

Häufiger wird 8. Sa4 gespielt, aber Jussupow stellt seinen Springer nicht gerne an den Brettrand.

8. ... cd 9. ed d5 10. cd Sd5: 11. Tc1?!
Ein neuer und offensichtlich nicht ganz glücklicher Zug. Aussichtsreicher sind andere Möglichkeiten wie 11. De2, 11. Dc2 oder auch 11. Se5!? mit der Absicht dem einfältigen 11. ... Sc6? mit dem typischen taktischen Schlag 12. La6!! zu begegnen.
11. ... Sc6 12. Te1 Tc8

Diagramm 181

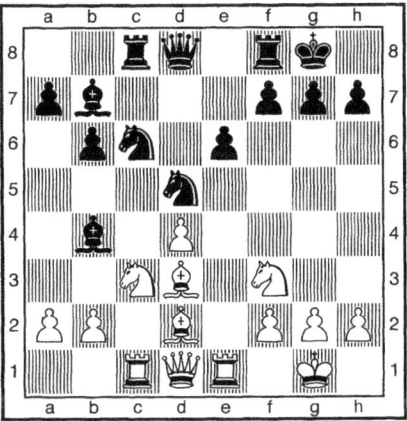

Schwarz kann mit dem Ergebnis des Eröffnungskampfes vollauf zufrieden sein. Seine Figuren sind hervorragend aufgestellt, sie kontrollieren die Zentralfelder zuverlässig. Als Jussupow dies begriff, hegte er den Wunsch, den nicht vollauf befriedigenden Verlauf des Kampfes zu verändern. Er verabschiedete sich von seiner verhaltenen Spielanlage und verlegte sich auf einen tollkühnen und nahezu verzweifelten Angriff auf den gegnerischen König.
13. Te4!? Ein originelles Manöver. Der Turm geht nach h4. Falls Schwarz dies mittels 13. ... Le7 verhindert, so zieht Weiß 14. Tg4 (mit der Drohung 15. Lh6) 14. ... Sf6 15. Th4.
Wie denken Sie darüber: sind die Erfolgsaussichten des von Weiß erdachten Angriffsplans groß? Objektiv gesprochen – nicht sehr. Ein wichtiges strategisches Prinzip ist allgemein bekannt: *Flankenangriffe sind in der Regel nur bei geschlossenem Zentrum effektiv.* Aber hier ist das Zentrum doch offen, die schwarzen Figuren verfügen über offene Linien zum Abtausch oder zum Aufbau von Gegenspiel.
Aber die Sache stellt sich ganz und gar nicht so einfach dar – die riskante Entscheidung, die Jussupow getroffen hat, hat eine ernsthafte psychologische Grundlage. Sein Gegner ist ein ausgesprochen starker Schachspieler, aber dabei auch sehr emotionell, leicht erregbar. Bei der Vorbereitung auf das Match hat Jussupow festgestellt, daß Iwantschuk, sobald er in einen gegnerischen Angriff gerät, mitunter Nerven zeigt, die Fassung verliert und unter seiner eigentlichen Stärke bleibt. Letztendlich ist der ungewöhnliche und kühne Plan, den Weiß ausgewählt hat, in erheblichem Maße vom Seelenzustand Jussupows beeinflußt worden. Als wir das Fernsehgerät am 19. August einschalteten, erfuhren wir vom versuchten Staatsstreich in unserem Land, der von den Führern des kommunistischen Lagers vorgenommen wurde. Präsident Gorbatschow war von der Macht ausgeschlossen, auf den Straßen Moskaus fuhren die Panzer auf.
Am 20. August in der siebenten Partie ließ Jussupow einen leichten Gewinn aus, aber das beschäftigte ihn nicht einmal so sehr, die Gedanken waren von anderen Dingen eingenommen.
Am Abend des 21. August empfanden wir eine ungeheure Erleichterung, es wurde klar, daß der Putschversuch in Moskau zusammengebrochen war. Und am folgenden Tag fand die entscheidende 8. Matchpartie statt.

Die Einstellung Jussupows zum Kampf war ideal: vollkommene innere Gelöstheit, der Wunsch eine interessante Partie zu spielen, absolutes Fehlen irgendwelcher Furcht vor einem möglichen Mißerfolg. Der mächtige emotionale Impuls, den er durch den glücklichen Ausgang der politischen Ereignisse in Moskau erhalten hatte, half Jussupow, die Endphase des Matches glänzend durchzuführen und einen verdienten Sieg über einen gewaltigen Gegner zu erringen.

13. ... Sce7 14. Sd5:!
Schwächer ist das sofortige 14. Th4 wegen 14. ... Sg6, und auch 15. Th3? geht nicht wegen 15. ... Sdf4! 16. Lf4: Sf4: 17. Lh7:+ Kh8 18. Th4 Lf3:.

14. ... Sd5: 15. Th4 g6
Nachdem der Turm nach h4 gezogen hat, sah die Antwort 15. ... f5!? stark aus, aber auch der Zug, den Iwantschuk gemacht hat, ist vollauf gerechtfertigt.

16. Tc8: Dc8:
Vom positionellen Standpunkt aus gesehen, hätte es Sinn gehabt, mit dem Läufer auf c8 zu schlagen – 16. ... Lc8: (die schwarze Dame hält dann den Turm h4 im Visier). Aber in diesem Falle hätte Weiß sofort einen kombinatorischen Angriff beginnen können mittels 17. Lb4:! Sb4: 18. Dd2 Sd3: 19. Dh6! Te8 20. Dh7:+ Kf8 21. Dh6+! Ke7 22. Dg5+ Kd6 23. Db5 Dc7 (23. ... g5 24. Sg5:) 24. h3!?.

17. Sg5 Le7
Während der Partie hatte Jussupow eine Zeit lang Angst vor einem Gegenangriff in der c-Linie: 17. ... Ld2: 18. Dd2: Dc6 19. Sh7: Tc8, zum Beispiel 20. h3 Dc1+ 21. Dc1: Tc1:+ 22. Kh2 Td1 mit nachfolgendem 23. ... Td2. Aber dann sah er, daß er die Spannung des Kampfes aufrecht erhalten konnte mittels 20. Lf1! Dc1 21. De2 und berechnete die folgende Variante: 21. ... Sf4 22. De3 (aber nicht 22. Sf6+ Kg7 23. De5 Df1:+! 24. Kf1: Tc1+) 22. ... Lg2: (nichts ändert 22. ... La6) 23. Sf6+ Kg7 (23. ... Kf8 24. Th8+ Ke7 25. Te8+! oder 24. ... Kg7 25. Se8+!) 24. Se8+ Kf8 (24. ... Kg8 25. Th8+!) 25. Th8+ Ke7 26. Da3+ Tc5 27. Da7:+ Tc7 28. Dc7:+ mit großem Übergewicht. Falls aber 21. ... Tc2 (anstelle von 21. ... Sf4), dann folgt 22. Db5 Lc6 23. Da6 Kg7 (Anm. d. Bearb.: 23. ... Se7 ist zu prüfen, und wenn 24. Da7:, so Lb5) 24. Da3.

18. Dg4

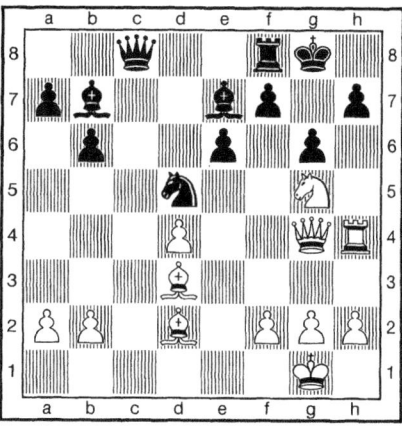

Diagramm 182

In dieser Stellung dachte Iwantschuk lange nach (etwa eine Stunde) und eilte seinem Partner im Bedenkzeitverbrauch beträchtlich voraus. Worüber aber mag er nachgedacht haben?

Der weiße Angriff sieht nicht sonderlich gefährlich aus. Es gibt eine Reihe von Maßnahmen, um die Drohungen gegen den schwarzen König zu parieren. Nicht schlecht ist etwa 18. ... Lg5: 19. Dg5: f5, oder 18. ... f5 19. De2 (es geht nicht gut 19. Dh3 Lg5: 20. Th7:? Ld2:) 19. ... Lg5:. Ein anderer Plan der Verteidigung ist 18. ... Sf6 19. Dh3 h5 (man kann auch sofort 18. ... h5 spielen, ohne sich zu fürchten vor 19. Th5:? Sf6). In allen Fällen behielte Schwarz vollwertiges Spiel.

Aber die Aufmerksamkeit Iwantschuks fiel auf eine bestimmte Chance, eine zwingende Zugfolge herbeizuführen, und er begann diese Möglichkeit zu berechnen.

18. ... La6?! 19. Dh3

Nur zu ewigem Schach führte 19. Th7: Lg5: 20. Dg5: Kh7: 21. Lg6:+ fg 22. Dh6+ Kg8 23. Dg6:+ Kh8.

19. ... h5

Der einzige Zug. Man darf natürlich nicht 19. ... Ld3:?? 20. Th7: Lg5: (20. ... Sf6 21. Th8+; 20. ... Dc2 21. Th8+ Kg7 22. Tg8+!) 21. Lg5: f6 22. Dh6 spielen. Zweifelhaft ist auch 19. ... Lg5:?! 20. Lg5: h5 wegen 21. La6: Da6: 22. g4! (möglich ist auch sofort 21. g4).

20. Th5:!

Artur fiel es nicht schwer, sich für das Turmopfer zu entscheiden, denn alle anderen Fortsetzungen waren eindeutig schwächer. Es ging nicht 20. Le4? Dc4 oder 20. La6: Da6: 21. g4 De2!, und auf das sofortige 20. g4 würde 20. ... Ld3: 21. Dd3: Sb4!? (aber nicht 21. ... Dd8? 22. Se6:!) gefolgt sein, und danach – je nach den Umständen – 22. ... Dc2 oder 22. ... Dd8.

20. ... gh 21. Lh7+! Kg7 22. Dh5:

Diagramm 183

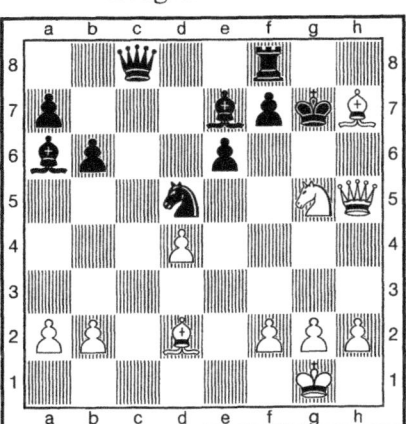

Offensichtlich war es gerade diese Stellung, die Iwantschuk lange studiert hat. Aber ganz vergeblich! Er mußte doch fühlen, daß die Varianten allzu schwierig sind, als daß es möglich gewesen wäre, sie am Brett fehlerfrei auszurechnen; und das bedeutet doch, daß es sich gar nicht lohnte, dies überhaupt zu versuchen – der Preis für einen Rechenfehler war allzu hoch. In schwierigen und bedrängten Stellungen ist es manchmal unvermeidlich, daß man sich solchen Spielsituationen aussetzt, um sich zu retten, indem man über des Messers Schneide springt. Aber hier? Es liegt doch gar kein Zwang dazu vor, denn Schwarz stand durchaus nicht schlecht.

Aber warum hat sich Iwantschuk lange dazu überredet, sich auf diese Verwicklungen einzulassen und sich letztlich dazu entschlossen? Erwies sich dies als Folge seiner Kühnheit, seines Selbstvertrauens? Ich denke, ganz im Gegenteil – es zeigte seine psychologische Schwäche. Normale Fortsetzungen führten für ihn zu einem normalen Spiel, aber die Partie war inhaltsreich, und das bedeutete, er mußte kämpfen. Doch er wollte nicht mehr kämpfen, er wollte so schnell wie irgend möglich das gewünschte Remis verbuchen. Er hoffte, in seinen Berechnungen feststellen zu können, daß Weiß nach dem Turmopfer nicht mattsetzen kann, sondern nur ein ewiges Schach zu erreichen vermag, und dieses würde bedeuten: ein baldiges Ende der Partie und ein baldiges erfolgreiches Ende des Wettkampfes. Daher versank er in den unzähligen und schwierigen Varianten geradezu, und daher überzeugte er sich selbst, daß letztendlich alles in Ordnung sei. Nun, wie schrieb M. Tal: „Die Verbindung von scharfem Spiel mit alltäglicher Vorsicht, das ist bei weitem nicht die beste Kombination im Schach."

Vom analytischen Standpunkt aus gesehen waren die von Schwarz getroffenen Entscheidungen vollkommen korrekt, seine Stellung ist bei weitem nicht verloren. Aber vom praktischen Standpunkt aus war die Entscheidung fehlerhaft – allzu schwierige Aufgaben bürdete Schwarz sich auf.

Es ist ein überzeugendes Beispiel dessen, wie ein übermäßiges Anstreben eines benötigten sportlichen Resultats die Gedanken des Schachspielers verwirrt, die normale Arbeit seiner Intuition stört.

Frage 2–24 Wie muß sich Schwarz jetzt verteidigen?

Zunächst betrachten wir, was in der Partie folgte:

22. ... Sf6? 23. Se6:+! fe 24. Dh6+ Kh8

Iwantschuk setzte voraus, daß Weiß – im Minderbesitz von Turm und Springer – jetzt gezwungen sein würde, sich mit ewigem Schach zufrieden zu geben. Aber Jussupow, der in diesem Wettkampf die Varianten genauer und besser berechnete als sein jüngerer Gegner, hatte schon lange vorher den Weg gesehen, der jetzt zum Sieg führen sollte, bereits als Iwantschuk noch über seinen 18. Zug (18....La6) nachbrütete.

25. Lf5+! Kg8 26. Dg5+ Kh8 27. Dh4+ Kg8 28. Dg5+

Es macht durchaus Sinn, wenn man hier mehrmals Zugwiederholungen einschaltet, um Zeit anzusparen, um später gegen etwaige Zeitnotfehler besser gewappnet zu sein.

28. ... Kh8 29. Dh4+ Kg8 30. Dg3+ Kh8 31. Dh3+ Kg7 32. Dg3+ Kh8 33. Dh3+ Kg7 34. Le6: De6: (erzwungen) 35. De6: Ld8 Kopflosigkeit! Hartnäckiger war 35. ... Te8 36. Lg5 Lb5.

36. g4! Te8 37. Df5 Lc4 38. g5

Schwarz gab auf.

Kehren wir zurück zur Stellung nach dem 22. Zuge von Weiß. Während der Partie fürchtete Jussupow 22. ... Lg5:. Das Remis nach 23. Dg5:+ Kh7: war für ihn verständlicherweise nicht erstrebenswert, und nach 23. Lg5: f6 sah er nicht, wie er den Angriff weiterentwickeln konnte (zum Beispiel: 24. Dg6+ Kh8 25. Lh6 Dc7!, oder 25. Dh6 Tf7! 26. Lg6+ Ke8 27. Lf7+ Kf7: 28. Dh7+ Ke8, und der schwarze König entzieht sich den Schachgeboten.

Aber am nächsten Tag zeigte John Nunn eine erstaunliche Möglichkeit.

24. Le4! Th8 (24. ... f5 25. Lh6+ Kf6 26. Dg5+ Kf7 27. Dg7+) **25. Dg6+ Kf8 26. Ld5: ed** (26. ... fg? 27. Df6+) **27. Df6:+ Kg8 28. Dg6+ Kf8**

Diagramm 184

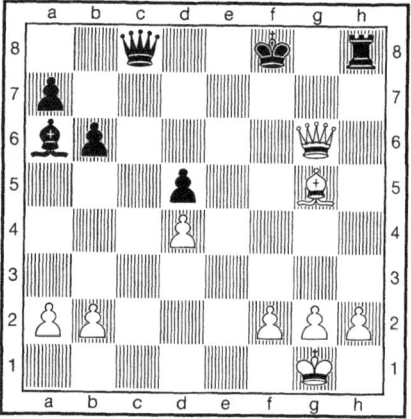

29. Ld2!!

Nutzlos wäre 29. h4 wegen 29. ... De8, und nach 29. Lf4 folgt 29. ... Ke7.

29. ... Dc4 (29. ... Ke7 30. Lb4+ Kd8 31. Dd6+) **30. h3**.

Es droht 31. a3 oder 31. Lf4. Ungeachtet des Mehrbesitzes eines Turms ist Schwarz ohne Verteidigung. Schier unglaublich!

Erneut gehen wir zurück und betrachten den Gegenschlag 22. ... Le2. Das geradli-

nige 23. De2:? Lg5: 24. Lg5: Kh7: 25. Dh5+ Kg8 26. Lh6 führt zum Verlust – Schwarz wehrt die Mattdrohung mittels 26. ... Dc2! ab.

Bei weitem stärker ist 23. Sf3! Sf6 (der einzige Zug) 24. Dh6+ Kh8 25. Lb1+! (schlechter ist 25. Ld3+ Kg8 26. Le2: Dc2) 25. ... Kg8 26. Lg5 Se4 (nach 26. ... Td8 entscheidet der standardmäßige Mattmechanimus 27. Lf6: Lf6: 28. Lh7+ Kh8 29. Lg6+ Kg8 30. Dh7+ nebst 31. Df7: matt) 27. Le4: f5 28. Le7: Tf7 (28. ... fe 29. Lf8:) 29. Lb7! Db7: 30. Dg6+ Tg7 31. De6:+ nebst 32. De2:. Mit drei Bauern für die Qualität erhält Weiß entscheidenden Vorteil.

Das einzige Mittel, um den Angriff abzuschlagen, ist der von John Nunn gefundene Problemzug **22. ... Lb4!!**, woraufhin Weiß wohl folgendermaßen spielen muß: **23. Sf7:! Tf7: 24. Dh6+** (zum Ausgleich führt auch 24. Lg5 De8!?) **24. ... Kh8 25. Lf5+! Kg8 26. Le6: Dc2! 27. Lf7:+** (27. Dg5+?! Kf8 28. Dd8+ Kg7 29. Dg5+ Dg6) **27. ... Kf7: 28. Dh5+** mit vermutlichem Remis.

Möglicherweise lohnt es sich, daß Weiß gemäß einer Empfehlung von G. Lautier fortsetzt: 26. Dg6+!? (anstelle von 26. Le6:) 26. ... Kh8! (aber nicht 26. ... Tg7? 27. Le6:+ Kh8 28. Dh5+ Th7 29. De5+; ungünstig ist auch 26. ... Kf8? 27. Le6:) 27. Le6: Dg8 28. Df7: Df7: 29. Lf7: Ld2: 30. Ld5:, aber nach 30. ... Lc1 31. b3 Lb2 ist das resultierende Endspiel mit hoher Wahrscheinlichkeit remis.

Halten Sie es für möglich, daß man derartige Verwicklungen komplett ausrechnen und bewerten kann, wenn man mit Schwarz am Brett über seinen 18. Zug nachdenkt?

Wozu sollte man denn aber auch?

Die Zuschauer waren entzückt

„Wir können eben der zündenden Macht des Opfers nicht widerstehen, denn die Begeisterung für das Opfer liegt in der Natur des Menschen."

Rudolf Spielmann

Somit war das Punktekonto im Viertelfinalmatch der Kandidaten im letzten Moment ausgeglichen. Gemäß dem Reglement mußten die Gegner jetzt einen Tie-break austragen über zwei Schnellpartien mit der verkürzten Bedenkzeit 45 Minuten für 60 Züge und weiterhin je 15 Minuten für jeweils weitere 20 Züge.

Schnellschach ist in unseren Tagen sehr populär. Jussupow spielt es gelegentlich zur Zerstreuung oder zu Trainingszwecken, aber er ist im Prinzip gegen seine Verwendung bei Wettbewerben so hohen Ranges wie den Vorausscheidungen zur Weltmeisterschaft.

Nichtsdestotrotz mußte Artur bereits zweimal den Ausgang eines Kandidatenkampfes in einem Tie-break entscheiden, um die Sprache des Tennis zu verwenden: gegen Kevin Spraggett (1989) und Sergej Dolmatow (1991). In beiden Fällen war ihm Erfolg beschieden. Und jetzt stand ein neuer Anlauf bevor.

Jussupow verstand es so, daß das Match bereits mit einem unentschiedenen Ausgang beendet ist, daß es keinem der beiden Partner gelungen ist, seine Überlegenheit zu beweisen. Das Schnellschach – das ist nichts anderes als eine Form der Lotterie, die darüber bestimmen soll, wer in der nächsten Etappe antreten darf. Schnellpartien sind im Grunde bedeutungslos; sie zeigen nicht etwa an, wer der Stärkere ist, denn in ihnen wird kaum richtiges und ernstes Spiel stattfinden

können, ihr Resultat hängt allzu sehr von den Zufälligkeiten des Augenblicks ab. Daher empfand Artur auch keine besondere nervliche Anspannung (ganz im Gegensatz zu seinem Gegner), er war locker, gelöst und vergleichsweise ruhig, er entschloß sich in ziemlich dem gleichen Stile wie auch in der vorhergehenden Partie zu kämpfen – scharf und entschlossen zum Angriff!

Iwantschuk – Jussupow
9. Partie des Kandidatenwettkampfes
Brüssel 1991
1. c4 e5 2. g3 d6 3. Lg2 g6 4. d4 Sd7 5. Sc3 Lg7 6. Sf3 Sgf6 7. 0–0 0–0 8. Dc2 Te8 9. Td1 c6 10. b3 De7
Es hat keinen Sinn die ersten Züge der Partie einer Beurteilung zu unterziehen, man kann sie in der Enzyklopödie der Schacheröffnungen finden. Erwähnung verdient lediglich die kühne Wahl der Eröffnung – ich kann mich nicht erinnern, daß Artur irgendwann früher die königsindische Verteidigung gewählt hätte.
11. La3
Allzu passiv ist das in den Nachschlagewerken empfohlene 11. e3 Sf8, aber Beachtung verdiente die Empfehlung Yasser Seirawans 11. e4!?
11. ... e4 12. Sg5 e3 13. f4!?
Vorsichtiger war 13. f3.
13. ... Sf8 14. b4 Lf5 15. Db3 h6 16. Sf3 Sg4
Schwarz bereitet die Öffnung von Linien auf dem Königsflügel mittels 17. ... g5 vor.
17. b5 g5!
Dem weißen Gegenspiel auf dem Damenflügel Einhalt zu gebieten, ist nicht schwer, wenn man die Dame nach d7 oder c7 stellt, aber dann kommt auch das schwarze Angriffsspiel ins Stocken. Jussupow hat die Kraft seines Angriffs richtig eingeschätzt und will ihn nicht verlangsamen.

18. bc bc 19. Se5
Iwantschuk nimmt den Fehdehandschuh auf. Vorsichtiger war 19. fg hg 20 Se5!?.
19. ... gf 20. Sc6: Dg5 21. Ld6: Sg6
Schwächer ist nach Meinung Jussupows 21. ... Sh2: (rechnend auf 22. Kh2: Dg3:+ 23. Kh1 Sg6) wegen 22. Lf4: Dh5 23. Sd5 mit den Drohungen 24. Sce7+ und 24. Se3:.
22. Sd5

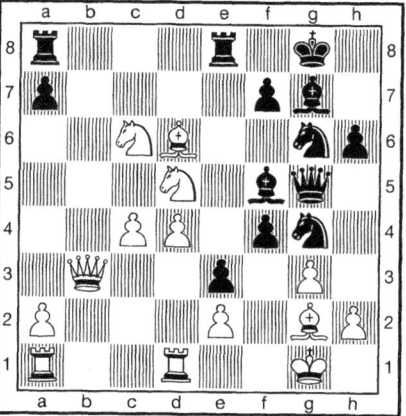

Diagramm 185

Was für eine Stellung! Die weißen Figuren dominieren vollkommen im Zentrum, während die schwarzen Streitkräfte auf dem Königsflügel zusammengezogen sind. Wessen Trümpfe sind die gewichtigeren? Wie heißt es so schön? „Matt ist stärker". Dem weißen König fehlt es offensichtlich an Verteidigern, und bei der Heranführung von Reserven ist der Bauern-Nagel e3 ein gewichtiger Störfaktor.
Jetzt brächte das einfache 22. ... fg! 23. Lg3: (23. hg Dh5) 23. ... h5 Schwarz kaum widerstehlichen Angriff. Aber Jussupow entdeckte die Möglichkeit zu einem scharfen Opfer zweier Figuren, um den gegnerischen König vollends abzuschneiden. Er zögert fast gar nicht, denn gerade solch überscharfes Spiel hatte ich ihm angeraten.

22. ... Dh5 23. h4 Sh4:!?
Von 23. ... fg 24. Lg3: Sh4: nahm Artur Abstand, da er die Zugwiederholung nach 25. Sf4 Dg5 26. Sh3 Dh5 nicht zulassen wollte. Der einfache Wegzug mit der Dame 26. ... Df6!, der Schwarz den Vorteil bewahrt hätte, war aus seinem Gesichtskreis gefallen.

Ich entsinne mich, daß zu diesem Zeitpunkt im Pressezentrum eine hochkarätige Großmeisterriege versammelt war, darunter auch Anatoli Karpow, Viktor Kortschnoj, Nigel Short und Michael Gurewitsch. Alle betrachteten das Opfer, das Artur brachte, als absolut inkorrekt.

24. gh Dh4: 25. Sde7+?
Ein schwer verständlicher Entschluß. Eindeutig logischer wäre es, dasselbe Schachgebot mit dem Springer von c6 aus zu geben, um den anderen Springer auf dem wichtigen Zentralfeld d5 zu behalten, von wo aus er die Bauern f4 und e3 bedroht.

25. ... Kh8 26. Sf5: Dh2+ 27. Kf1
Wie soll Schwarz jetzt seinen Angriff noch verstärken? Die einzige Möglichkeit besteht darin, den Turm auf die g-Linie zu führen, aber das schablonenhafte 27. ... Tg8? wird widerlegt mittels 28. Se3:! Ld4: (28. ... Se3:+ 29. De3:) 29. Td4: Se3:+ 30. Ke1 Tg2: 31. Le5+ Kg8 32. Dd3!.

Jussupow fand eine bemerkenswerte Kombination, die es ihm möglich machte, trotz allem doch noch zum gegnerischen König durchzudringen.

27. ... Te6!
Der Turm möchte sich auf g6 aufstellen, um dem zweiten Turm den Weg nach g8 freizumachen. Aber ernsthafte Aufmerksamkeit verdiente auch 27. ... Lf6!? nicht nur mit der Absicht Tg8, sondern auch wegen Lf6–h4–f2. Im Falle von 28. Td3 geht 28. ... Tg8? nicht wegen 29. Te3: Se3:+ 30. Se3: Tae8 31. Se5 Le5: 32. Le5:+ Te5: 33. de fe 34. Db7, dafür ist 28. ... Lh4! 29. Te3: Lf2 30. Te8:+ Te8: 31. e4 Dg1+ 32. Ke2: Dg2: sehr stark.

28. Db7

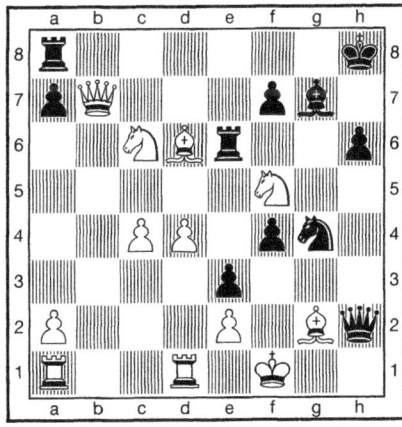

Diagramm 186

Frage 2–25 Wie soll Schwarz jetzt fortsetzen?

Artur dachte für einige Zeit nach, überzeugte sich von seinen Varianten, und erst dann konnten die Großmeister im Pressezentrum endlich auf dem Monitor sehen, wie man in dieser Stellung fortsetzen mußte.

28. ... Tg6!! 29. Da8:+ Kh7
Schwarz hat jetzt einen Turm und zwei Leichtfiguren weniger, und er plant noch ein weiteres effektvolles Opfer, diesmal ein Damenopfer 30. ... Dh1+!! 31. Lh1: Sh2+ 32. Ke1 Tg1 matt. Nachher erinnerte sich Seirawan aus diesem Anlaß an einen weisen Rat seines ersten Schachlehrers Jeffrey Parsons: „Denke immer an das, was noch auf dem Brett verblieben ist und nicht an das, was schon weg ist!"

30. Dg8+!
Dies ist wirklich die einzige Möglichkeit zur Verlängerung des weißen Widerstandes.

Im Falle von 39. Se3: Se3:+ 31. Ke1 gewinnt Schwarz leicht sowohl mit 31. ... Tg2: als auch mittels 31. ... Sc4:.
30. ... Kg8: 31. Sce7+ Kh7 32. Sg6: fg 33. Sg7:

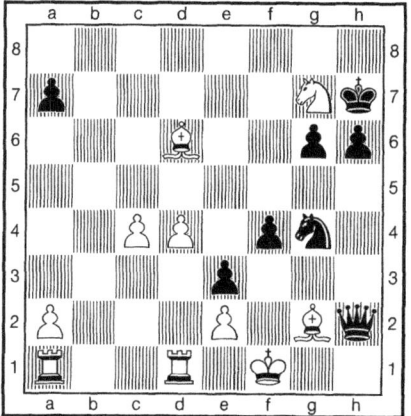

Diagramm 187

Frage 2–26 Wie soll Schwarz jetzt fortsetzen?

Auch nach dem Schlagen des Springers auf g7 behielte Weiß jetzt noch ein materielles Übergewicht, aber das ist nur rein rechnerischer Natur und spielt gar keine Rolle. Klar ist, daß der entscheidende Faktor für die Stellungsbewertung die verzweifelte Lage des weißen Königs ist. Für Schwarz gibt es jetzt eine große Auswahl an Plänen: nach 33. ... Kg7: 34. Tdb1 ist etwa 34. ... h5 möglich (mit der Vorbereitung von h4–h3) oder 34. ... g5 (mit der Absicht, den schwarzen König auf h5 zu verstecken, und gelegentlich mit ihm bis nach g3 vorzudringen). Aufmerksamkeit verdiente auch sofortiges 33. ... h5, und sogar der Zwischenzug 33. ... Dg3(h4) 34. Kg1. Alle diese aktiven Möglichkeiten wurden im Pressezentrum heiß diskutiert, aber Jussupow spielte doch wieder ganz anders:

33. ... Sf2!!
Alles wird klar: Weiß hat keine befriedigende Verteidigung gegen 34. ... Sh3 (oder 34. ... Se4). Ein ausgezeichnetes Beispiel, um zu zeigen, wie wichtig es ist, sich sofort auf die Ermittlung und Prüfung aller Kandidatenzüge zu konzentrieren!
34. Lf4: Df4: 35. Se6
Hoffnungslos ist auch 35. Tdb1 Sh3+ 36. Ke1 Dh4+ 37. Kd1 Dd4:+ 38. Kc2 Dc4:+ 39. Kb2 De2:+.
35. ... Dh2 36. Tdb1 Sh3 37. Tb7+ (hartnäckigeren Widerstand leistete 37. Ke1 Dg2: 38. Kd1) **37. ... Kh8 38. Tb8+ Db8: 39. Lh3: Dg3**
Weiß gab auf.

„Es hat dem Publikum Freude gemacht" – bemerkte Artur ruhig, als ich ihm nach der Beendigung der Partie gratulierte. Ja, die Zuschauer waren wirklich voll des Entzückens, darunter nicht nur die gewöhnlichen Schachfans und Amateure, sondern auch die Großmeister, die Augenzeugen des Spektakels waren. Können wir etwa oft in den entscheidenden Augenblicken von Auseinandersetzungen auf höchster Ebene so ein freies, kühnes und letztendlich wunderschönes Aufspielen erleben? „Ein genauer Blick auf eine große Partie" – so betitelte Yasser Seirawan seine Kommentierungen zu dieser Partie in der Zeitschrift *Inside Chess*. Und John Nunn im *British Chess Magazine* verglich diese Partie mit der „Unsterblichen Partie" Anderssen – Kieseritzky.
Warum aber zeigte gerade Jussupow eine etwas ironische Einstellung zu den Geschehnissen? Die Sache ist die, daß er im Schachspiel nicht die äußerlichen Effekte schätzt, sondern die Tiefe und objektive Richtigkeit der während des Spiels vorgenommenen Entscheidungen. Diese Werte sind aber im Prinzip unvereinbar mit der

Verkürzung der Bedenkzeit, die es unmöglich macht, Varianten genau zu berechnen.

Der Angriff von Schwarz stellte dem Gegner unter den Bedingungen der unzulänglichen Bedenkzeit hinreichend schwierige Probleme. Aber was hat das für eine Bedeutung? War der Angriff wirklich korrekt und inwieweit war es überhaupt notwendig bzw. legitim, sich in ein solch riskantes Vorhaben hineinzustürzen? Für eine ernsthafte Partie wäre ein solcher Kampfverlauf undenkbar – die Wahrscheinlichkeit, daß der Gegner eine Widerlegung findet, würde sich beträchtlich vergrößern.

Eine tiefgründige Analyse einer Schnellpartie vornehmen zu wollen, ist in der Regel ein ziemlich sinnloses Unterfangen, aber in diesem Sonderfall lohnt es sich gewiß, eine Ausnahme zu machen. Wollen wir also jetzt gemeinsam nochmals zu einigen Schlüsselsituationen des Kampfes zurückkehren.

Diagramm 188

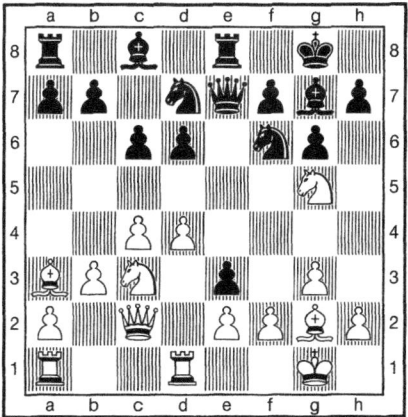

Der ungünstige Zug 13. f4? öffnete für Schwarz die Schleusen für den Angriff, insbesondere auf der Grundlage der gewaltigen Kraft des Bauern e3. („Das nächste Mal, wenn Sie Ihren Gegner einladen, seinen Bauern nach e3 vorzuschieben, müssen Sie sich vergewissern, daß Sie ihn auch vernichten können" – Seirawan)

Viele Experten gaben der Überzeugung Ausdruck, daß Weiß mittels **13. f3!?**, nebst nachfolgendem Sge4 Stellungsübergewicht bekommen konnte. Jussupow aber war mit dieser pauschalen Einschätzung nicht einverstanden. Hier ist seine Variante als Beleg für die schwarzen Chancen: **13. ... Sf8 14. Sge4** (14. Sce4 Lf5 15. Dc3 Se4: 16. Se4: c5) **14. ... Lf5 15. Dc1 Le4: 16. Se4: Se4: 17. fe c5 18. e5** (Anm. d. B.: 18. dc La1: 19. Da1: bietet sich an.) **18. ... Se6! 19. ed Dd6: 20. Lb7:** (20. dc!? Dc7) **20. ... Sd4:!** mit ausgezeichnetem Gegenspiel. Anstelle von 16. Se4: kann Weiß auch 16. fe!? Sg4 17. e5 versuchen. Weiter folgte in der Partie Schulz – Szekely, Porz 1990, 17. ... Dg5 18. Ld6: Dh6 19. h3 Sf2 20. Se4! Sd1: 21. Dd1: Sd7 22. Df1 Lf8 23. c5, und Weiß erreichte klare Überlegenheit. Doch hier handelte es sich nicht um durchweg erzwungene Züge. Schwarz konnte beispielsweise auch 17. ... f5!? 18. Ld6: Dg5 versuchen. Solange der Bauer e3 noch am Leben ist, besteht auch Hoffnung auf einen erfolgreichen schwarzen Gegenangriff.

Wir wissen schon, daß das Opfer von zwei Figuren nicht die objektiv stärkste Fortsetzung für Schwarz war. Aber die Frage, ob Weiß dieses Opfer widerlegen und einen Sieg erringen konnte, steht noch unbeantwortet im Raum. Betrachten wir uns die Stellung, die nach **25. Sce7+** (anstelle von 25. Sde7+?) **25. ... Kh8 26. Sf5: Dh2+ 27. Kf1** auf dem Brett entstehen konnte.

165

Diagramm 189

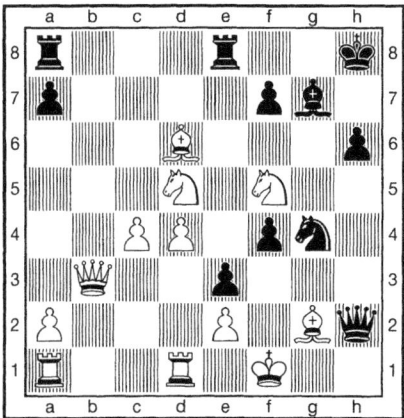

Der Bauer f4 steht jetzt ein und Schwarz hat somit keine Zeit für Züge von der Art wie 27. ... Te6 oder 27. ... Tg8. Aber seine Angriffsressourcen sind bei weitem noch nicht ausgeschöpft. Es gibt den glänzenden taktischen Schlag **27. ... Le5!!** zu untersuchen, der den Bauern f4 deckt und zugleich die g-Linie freilegt (Bei der Springerposition auf c6 gäbe es diese Möglichkeit jetzt nicht. Ob nicht vielleicht das die Zugentscheidung Iwantschuks im 25. Zug zu erklären vermag?).

Frage 2–27 Wie müßte Weiß jetzt antworten?

Eine überzeugende Analyse der Stellung bietet uns Seirawan in seinen Kommentaren. Er untersucht dabei drei grundsätzliche Möglichkeiten: 28. Le5:+, 28. de und 28. Db7.
A) 28. Le5:+ Te5: 29. de Tg8. Damit ist die uns bekannte Drohung 30. ... Dh1+!! geschaffen. Nach 30. Sde3: fe 31. Se3: Df4+ 32. Ke1 Se3: behält Schwarz, wie man sich unschwer überzeugen kann, einen entscheidenden Angriff.

Eine Rettung verspricht lediglich eine scharfsinnige Verteidigung, die von Larry Christiansen vorgeschlagen wurde: 30. Sg7!!, und falls 30. ... Tg7:, dann folgt 31. Db8+ Tg8 32. Dg8:+ Kg8: 33. Sf6+ Sf6: 34. ef.
B) 28. Db7 Ld6: (aber nicht 28. ... Tg8? wegen 29. Le5:+ Se5: 30. Sde3:) 30. Sd6: (riskant ist 30. Sf6 Sf6: 31. Sd6: Dh4 32. Df3 Sg4 oder 32. Sf7:+ Kg8 33. Sh6:+ Dh6:) 30. ... Dh4 31. Sf7:+ Kg8, und das Remis nach 32. Kg1 Df2+ ergibt sich als folgerichtiges Resultat.
C) **28. de!**. Es wird klar, daß Weiß nach 28. ... Tg8 die Drohung mit dem Damenopfer Dh1+ mittels 29. Sde3:! fe (29. ... Se3:+ 30. Se3: fe 31. Db7) 30. e6! pariert. Auch nicht besser ist 28. ... f3 29. ef e2+ 30. Ke2: Dg2:+ 31. Kd3.
Folglich konnte also der schwarze Angriff tatsächlich widerlegt werden, aber die richtige Verteidigung zu finden, ist selbst in der Analyse keineswegs einfach.
Und jetzt betrachten wir, was in der Partie hätte folgen können nach **25. Sde7+? Kh8 26. Sf5: Dh2+ 27. Kf1 Te6!**. Anstelle von 28. Db7 konnte es Weiß mit **28. Sce7!** versuchen, insbesondere, um den Turm nicht auf die g-Linie kommen zu lassen.

Diagramm 190

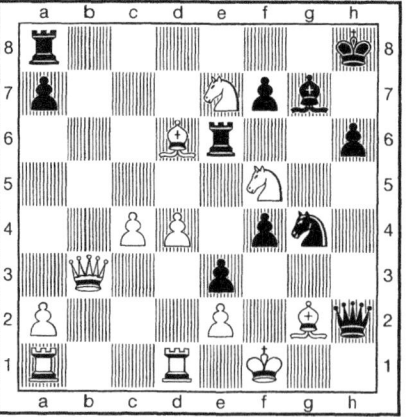

Frage 2–28 Wie soll Schwarz seinen Angriff fortsetzen?

Es geht nicht 28. ... Td6:? 29. Sd6: wegen der dann gegen den schwarzen König gerichteten Mattdrohung: 30. Sf7:+ Kh7 31. Dd3 matt. Schlecht ist auch 28. ... Lf6? 29. Db7.
Zum Remis führt 28. ... Te7: 29. Se7: (gefährlich ist 29. Le7: f3 30. ef e2+ 31. Ke2: Dg2:+ 32. Kd3 Df3:+) 29. ... Dg3 30. Kg1. Aber, wie Seirawan gezeigt hat, kann Schwarz bei weitem stärker agieren.
28. ... Tg8!! Was soll Weiß jetzt tun? Falls 29. Sg8:, dann folgt 29. ... Tg6 (droht 30. ... Dh1+) 30. Se3: Se3:+ 31. Ke1 (31. De3: Dg2:+ 32. Ke1 fe) 31. ... Tg2: 32. Dd3 Sf1! mit den tödlichen Drohungen 33. ... Dh4+ und 33. ... Sg3. Auf 29. Dd3 ist 29. ... Lf8 stark (natürlich nicht 29. ... Lf6? 30. Sg8:) 30. Sg8: Tg6 31. Se3: Se3:+ 32. Ke1 Ld6:. Nach 29. Db7 kann man neben 29. ... Lf8 noch 29. ... Ld4: spielen. Wenig ändert auch 29. Db2 Lf8 30. d5+ Kh7 31. Sg8: Tg6, zumal nach 32. Sf6+ Sf6: 33. Se3: Ld6: der Angriff unwiderstehlich ist.

In der zehnten Partie waren die Rollen vertauscht. Jetzt mußte bereits Iwantschuk um jeden Preis gewinnen, für Jussupow war das Remis ebensogut wie ein Sieg. Verfolgen Sie mit mir, wie er das Remis erreicht hat – es lohnt sich!

**Jussupow – Iwantschuk
10. Partie des Wettkampfes,
Brüssel 1991**
1. d4 Sf6 2. c4 e6 3. Sc3!
Gewöhnlich spielt Jussupow 3. Sf3, im Bestreben, die Damenindische Verteidigung herbeizuführen. Aber für das Kandidatenmatch hat er die Nimzoindische Verteidigung vorbereitet und sie erfolgreich angewandt, wobei er mit ihr zwei Siege und zwei Remisen verbuchen konnte.
Die Nimzoindische Verteidigung führt gewöhnlich zu einem für beide Seiten scharfen Kampf. Der Zug 3. Sf3 ist ruhiger, daher ist man verführt, genau so zu spielen. Natürlich wäre dies kein Fehler gewesen. Aber wenn man dann auch im weiteren Verlauf einige Male nur die korrekten und nicht die scharfen Zügen wählt, so besteht dennoch die Gefahr, daß die Initiative und somit das Gesetz des Handelns irgendwann an den Gegner übergeht.
Ein vorsichtiger Aufbau führt in der Regel zur Passivität, und als Ergebnis dessen verringert er nicht, sondern im Gegenteil erhöht er die Gefahr des Untergangs. Da er diese Lektion gelernt hatte, entscheidet sich Jussupow dafür, aufs Ganze zu gehen ohne Ansehen der sportlichen Bedeutung der Partie.
3. ... Lb4 4. e3 c5 5. Ld3 Sc6 6. Sf3 Lc3:+ 7. bc d6
Den hier gegebenen Eröffnungsaufbau (im Geiste A. Nimzowitschs) führte Großmeister Robert Hübner beim Interzonenturnier in Palma de Mallorca 1976 in die Turnierpraxis ein. Seine Wahl durch Iwantschuk ist psychologisch vollkommen verständlich – hier entstehen nicht standardmäßige Positionen, und die kleinste Ungenauigkeit des Gegners erlaubt es Schwarz gewöhnlich, die weißen Läufer zuverlässig zu blockieren und die gegnerischen Bauernschwächen auszunützen.
8. 0–0 e5 9. Dc2?!
Hier ist sie bereits, die Ungenauigkeit! Falls Weiß das Springermanöver Sf3-g5-e4 ausführen wollte, so müßte er es am besten sofort tun.
9. ... 0–0 10. Sg5 h6 11. Se4 b6 12. Sf6:+ Df6: 13. Le4 Lb7 14. dc dc 15. Ld5 Sa5 16. e4

Der Plan der Inbesitznahme des Punktes d5 mit dem Läufer wurde in den dreißiger Jahren von M. Botwinnik gefunden, aber in der gegebenen Situation bringt er Weiß nichts ein.

16. ... Dg6 17. f4 Ld5:?

Eine ungünstige Tauschentscheidung. Bei weitem stärker war 17. ... ef 18. Lf4: Tad8 mit der Absicht 19. ... Ld5: 20. cd Td5: oder 19. ... La6. Genau eine derartige Stellung (mit Zugumstellungen) entstand in der Partie Sande – Csom gespielt bei der Schacholympiade auf Malta im Jahre 1980.

18. cd ef 19. Lf4: Tae8 20. Tae1 Sc4 21. De2 Se5 22. Lg3

Es schien, als könne man die Stellung vereinfachen mittels 22. Da6 Te7 23. Le5: Te5: 24. Da7: Te4: 25. Te4: De4: 26. Db6:. Aber gerade ein solches geradliniges Spielen auf Remis entspricht nicht dem Charakter Jussupows. Zudem entdeckte er als Antwort auf 22. Da6?! den unangenehmen Gegenschlag 22. ... f5!. Auf 23. ef folgt 23. ... Sf3+! 24. Kf2 Dg4! (schwächer ist 24. ... Df5: 25. Te8: Te8: 26. Kf3: Te4 27. g3) 25. Te8: Te8:, und schlecht ist 26. Da4? Te2+! 27. Ke2: Sd4+ 28. Kd2 Dg2:+ mit Gewinnstellung für Schwarz.

Jetzt beabsichtigt Weiß 23. Tf5, und falls 23. ... f6, dann erhielte Weiß nach einem Abtausch auf e5 eine günstige und – was für ihn wesentlich ist – absolut ungefährdete Bauernstruktur, wobei der starke gedeckte Freibauer auf d5 gegen jedwede künftige Überraschung gefeit ist.

22. ... Dd6!

Iwantschuk beugt den Plänen des Gegners geschickt vor. Auf 23. Tf5 folgt nicht 23. ... f6? 24. Dh5! (24. ... g6? 25. Le5:), sondern 23. ... g6! und erst danach 24. ... f6.

23. Dh5 De7!

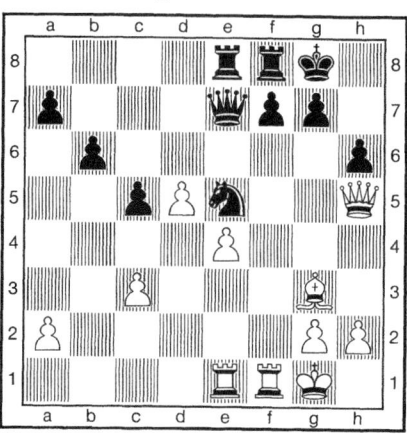

Diagramm 191

Schwarz bereitet 24. ... Sd3 mit nachfolgendem 25. ... c4 vor, und der mächtige Springer d3 erschwert dann das weiße Manövrieren und schafft die Grundlage für Gegenangriffe oder für den Übergang in ein günstiges Endspiel. Diesen Plan könnte man stören, indem man einfach mit der Dame nach e2 zurückzieht, aber erneut ist dies nicht im Stile von Artur. Er wählt stattdessen eine pointierte Fortsetzung, bei der sich die Stellung sehr scharf zuspitzt.

24. Tf5!? Sd3 25. Te3 c4 26. d6 De6 27. Td5

Frage 2–29 Was denken Sie über den Zug 27. ... f5?

Hätte Schwarz so gespielt, so wäre er damit in die Falle gegangen, die der Gegner für ihn bereit gelegt hat: 28. Tf5:! Tf5: 29. Df5: Df5: 30. ef Te3: 31. d7, und der Bauer geht in die Dame.

27. ... Td8! 28. h3!

Mit diesem Hilfsmittel haben wir uns vertraut gemacht in dem Kapitel über die Eigenschaft des Königs, den eigenen Angriff zu behindern. Nachdem Weiß im Augenblick noch keine konkreten Ansatzpunkte

für gezielte Aktionen hat, muß es richtig sein, hiermit rechtzeitig die Stellung des Königs zu verbessern.

28. ... Td7 29. Kh2 a6 30. a4 Te8

Hiermit stellt Iwantschuk seinerseits eine listige Falle. Es scheint, als könnte Weiß jetzt mittels 31. Ted3: cd 32. Te5 De5: 33. Le5: g6 (33. ... d2 34. Lf4) 34. Dg4 gewinnen, aber der Zwischenzug 31. ... g6! 32. Dh6: cd ändert das Bild – nach 33. Te5 De5: 34. Le5: Te5: besitzt bereits Schwarz die Überlegenheit. Vermutlich stärker ist 33. Td4 (anstelle von 33. Te5), mit der Absicht mit der Dame den Bauern d3 zu schlagen, aber dann folgt 33. ... Db3 (oder 33. ... Da2 34. De3 De2! 35. Td3: De3:) 34. De3 (34. Dd2 Dc2) 34. ... Dc3: 35. Td3: Dc5(c6), und die Kompensation, die Weiß für die geopferte Qualität hat, ist offensichtlich unzureichend.

Und trotzdem erschien es mir, daß aus positionellen Erwägungen heraus Schwarz besser daran getan hätte, seinen Turm nicht nach e8, sondern nach c8 zu stellen.

31. Td4 (mit der Absicht 32. Tf3) **31. ... f5?!**
Psychologisch vollkommen verständlich ist der Wunsch Iwantschuks, den Kampf zu verschärfen, aber die Verwicklungen erweisen sich nicht als günstig für ihn.

Diagramm 192

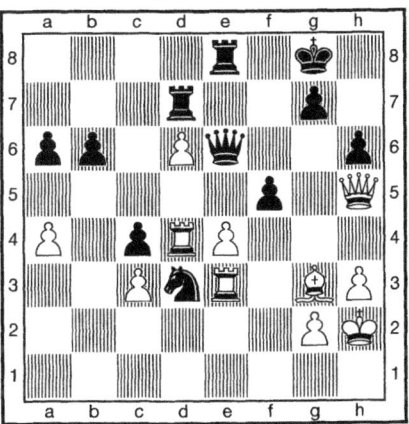

Frage 2–30 Wie soll Weiß fortsetzen?

Wie Großmeister Nunn zeigte, konnte Weiß den Ausgang des Kampfes mittels 32. Tc4:! g6 (32. ... Dc4: 33. De8:+) 33. Dh6: Dc4: 34. Dg6:+ Kf8 entscheiden. Jetzt wäre es vom Standpunkt der Matchbeendigung aus gesehen am einfachsten 35. Td3: Dd3: 36. Df6+ (aber nicht 36. Lf4 Tg7 37. Lh6 Dc3: mit der Drohung 38. ... De5+) 36. ... Kg8 37. Dg6+ mit erzwungenem Dauerschach zu spielen. Aber objektiv stärker wäre 35. Tf3! Tf7 (35. ... f4 36. Lf4: Sf4: 37. Tf4:+ Tf7 38. Tg4) 36. ef (es droht 37. Dh6+ Kg8 38. Le5) 36. ... Tg7 37. Dh6 Kg8 38. f6, und Schwarz ist ohne Verteidigung.

32. Ted3:?!

Eine Besonderheit des Schnellschachs zeigt sich hier! Jussupow gestand nach der Partie, daß er den Durchbruch f7–f5 gewissenhaft beobachtet und eine recht gute Erwiderung ins Auge gefaßt hatte. Als der Gegner aber tatsächlich so spielte, zog Jussupow blitzartig schnell, ohne neuerlich nachzudenken (die Zeit ist ja kurz) den zuvor beabsichtigten Zug.

32. ... cd 33. ef De2

(33. ... Df7? 34. Df3 mit klarer weißer Überlegenheit)

34. Dg6 Te4!

Jetzt verliert 35. Te4:? De4: 36. De6+ De6: 37. fe Td6: 38. Ld6: d2. Die Großmeister, die sich im Pressezentrum versammelt hatten, meinten, daß man jetzt 35. Td5 d2 36. f6 spielen muß, worauf 36. ... Te6! folgt, und die Stellung eher günstig für Schwarz wäre. Jussupow fand aber eine andere Möglichkeit.

35. Lf4!

Der Läufer wird in den Kampf gegen den Freibauern einbezogen. Aber dabei mußte man auch mit der Fortsetzung 35. ... Tf4:!? 36. Tf4: d2 rechnen.

169

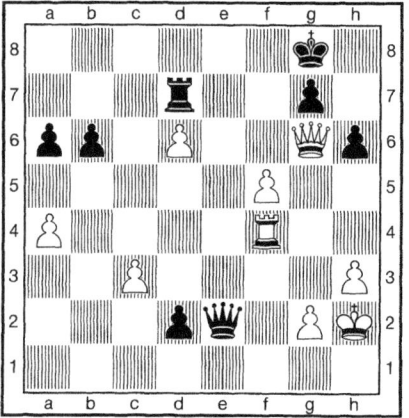

Diagramm 193

Frage 2–31 Was soll Weiß jetzt tun?

Es geht jetzt natürlich nicht 37. f6? wegen 37. ... De5! (aber nicht 37. ... d1D? 38. f7+ Kf8 39. Dh7 oder 39. Dg7:+ mit Remis). Das sich anbietende 37. Td4 De5+ 38. Kh1 (schlecht ist 38. Dg3 Dd4: 39. cd d1D 40. De5 Dh5) 38. ... Tf7 (38. ... Dd4: 39. De8+) 39. Dg4 würde zum Remis führen, weil 39. ... Tf5: widerlegt wird mittels 40. Df5:! Df5: 41. d7 Df1+ 42. Kh2 Df4+ 43. Tf4: d1D 44. Td4. Aber, wenn Schwarz 38. ... Kf8! (anstelle von 38. ... Tf7) 39. De6 (39. Dg4 Td6:) 39. ... Dd4: 40. cd d1D+ 41. Kh2 Da4: spielt, gewinnt Schwarz.

Zum Remis führt einzig und allein 37. De6+! De6: 38. fe d1D (38. ... Td6: 39. e7 Te6 40. Td4) 39. e7!!.

Nachdem er fast seine gesamte Zeit für die Berechnung der Kombinationsmöglichkeiten aufgebraucht hat, wählte Iwantschuk einen anderen Weg, aber auch hier setzte ihm sein Gegner eine Überraschung vor.

35. ... Tf7!?

Jetzt droht bereits 36. ... Tf4:, und auf 36. d7? folgt einfach 36. ... Td4: 37. cd Td7:.

36. Le5!

Indem er die e-Linie absperrt, bereitet Weiß die Vorwärtsbewegung seines Freibauern vor. Auf 36. ... Te5: folgt auch 37. d7. Wie wir jetzt sehen, ist der taktische Schlag, den Jussupow gefunden hat, mit einem vorübergehenden Turmopfer verbunden, aber auch schon in den vorangegangenen Partien hatte er für Opfer eine Vorliebe gezeigt.

Die Vorwärtsbewegung des d-Bauern konnte man auch vorbereiten mittels 36. Td5!?. Auch dann wäre vermutlich ein Remis erreicht worden: 36. ... Df1 (schlechter ist 36. ... Te8 37. d7 Td8 38. De6) 37. Le5 Te5: 38. Te5: d2 39. Te8+ Tf8 40. De6+ Kh7 41. Dg6+.

36. ... Td4: 37. cd d2 38. d7 De5+ 39. de d1D 40. e6 Dd6+

Schlecht ist 40. ... Tf8? 41. f6! (möglich ist auch 41. e7) 41. ... Dd6+ 42. Dg3, und Weiß gewinnt.

41. Dg3!

Fehlerhaft ist 41. Kh1? Tf8 42. f6 Tf6: 43. De8+ Kh7, und es droht 44. ... Tf1 matt.

41. ... Td7:! 42. ed Dd7: 43. f6 b5 44. ab ab 45. fg Dg7: 46. Db3+

Diagramm 194

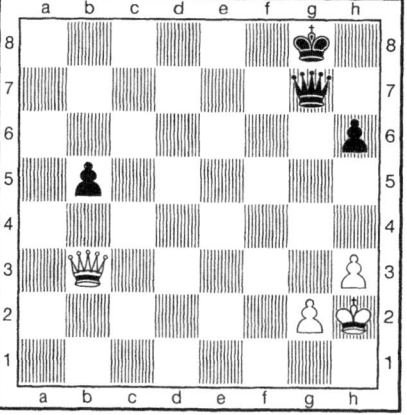

Das Damenendspiel ist selbstverständlich remis, aber auf der Uhr von W. Iwantschuk verblieben nur noch wenige Sekunden Bedenkzeit (und bis zur Zeitkontrolle waren es noch 15 Züge). Artur bot in diesem Moment remis an, der Gegner gab als Antwort die Partie auf, und verließ sofort den Turniersaal. Die Schiedsrichter waren ratlos.
– „Wie endete die Partie?" – fragte der Schiedsrichter Jussupow:
– „Remis"
– „Aber ich habe doch gehört, daß Ihr Gegner aufgab!"
– „Unwichtig, ich hatte doch Remis angeboten, und die Stellung ist auch Remis.", antwortete der Großmeister.
Im Ergebnis wurde ein friedlicher Ausgang dieser Partie fixiert, und Jussupow hatte zum dritten Mal den Einzug in das Kandidatenhalbfinale erreicht.
„Natürlich konnte ich auf die gegnerische Zeitnot spielen, aber wozu soll man eine interessante Partie durch sinnlose Zeitnotzüge ruinieren?" – erklärte mir Artur später seine Handlungsweise.

Stahl auf Stein gibt Feuer

„Die Hauptquelle der Verteidigung – die Geistesgegenwart – hat mein Gegner in vollem Umfang eingesetzt. An einer Stelle mußte ich meine Variantenberechnung abbrechen und mich dann fragen, wer eigentlich wen angreift."

David Bronstein

Fast alle Angriffe, die wir in diesem Teil des Buches behandelten, selbst die gefährlichsten, führten nicht zu einem zwangsläufigen Sieg, man konnte sie abwehren. Und selbst dann, wenn ihnen am Ende doch ein Erfolg beschieden war, so bewies das keinesfalls die generelle Überlegenheit des Schwertes gegenüber dem Harnisch, sondern nur, daß es in der untersuchten Partie der Fall war. Es wäre keineswegs schwierig, Beispiele mit genau entgegengesetztem Resultat anzuführen, wenn man dies wollte.
Was kann man demjenigen, der sich verteidigen muß, raten? – Vor allem in gefährlichen Situationen nicht die Kaltblütigkeit zu verlieren, Geistesgegenwart zu behalten und an die versteckten Ressourcen der eigenen Stellung zu glauben. Aufmerksam alle Angriffsmöglichkeiten des Gegners im Auge zu behalten, die Varianten genau zu berechnen. Die typischen Methoden der Verteidigungsführung auszunützen, wie etwa die Rückgabe von überzähligem Material im geeigneten Moment, Vereinfachung der Stellung, Ablenkung gegnerischer Figuren vom Angriffsschauplatz durch das Aufstellen von Gegendrohungen.

Dorfman – Dolmatow
Rostow am Don, 1980
1. c4 c6 2. d4 d5 3. Sf3 Sf6 4. Sc3 e6 5. e3 Sbd7 6. Dc2 Ld6 7. e4 de 8. Se4: Se4: 9. De4: c5 10. Lg5 (10. Ld2!?) 10. ... Sf6?!
Die spätere praktische Erprobung förderte zuverlässigere Wege der Fortsetzung in der vorliegenden Stellung zutage, z.B.:
a) Seirawan – Jussupow (Interzonenturnier, Toluca 1983) 10. ... Da5+ 11. Ld2 Dc7 12. Lc3 (im Falle von 12. Dg4 plante Jussupow ein positionelles Qualitätsopfer: 12. ... 0–0!? 13. Lh6 g6 14. Lf8: Da5+ 15. Sd2 Lf8:) 12. ... Sf6 13. Dh4 cd 14. Dd4: (oder 14. Sd4: a6 mit beiderseitigen Chancen) 14. ... 0–0 15. Td1 Td8 16. Ld3 e5! 17. Dh4 (17. Se5:? Te8) 17. ... h6 18. 0–0 Lg4, und Schwarz glich das Spiel aus.

b) Gorelow – Kischnjew (Moskau 1984): 10. ... Le7 11. Le7: Da5+! (nach 11. ... De7: 12. 0–0–0 steht Weiß freier) 12. Sd2 Ke7: 13. 0–0–0 Td8! 14. Dh7: Sf6 15. Dg7: Td4: 16. Dg5 Ld7! mit ausgezeichneten Aussichten für Schwarz.

11. Dh4 cd 12. 0–0–0!
Im Falle von 12. Dd4: Lb4+ vereinfacht sich die Stellung. Weil er dies nicht zulassen will, opfert Dorfman einen Bauern. Sein Gegner nimmt den Fehdehandschuh auf.

12. ... e5! 13. Ld3
Harmlos ist 13. Se5: Le5: 14. Te1 Da5 (greift den Turm an) 15. f4 Sg4.

13. ... h6?!
Schwarz bereitet die Rochade vor, aber jetzt wird seine Stellung tatsächlich gefährlich. Nach der Meinung Dolmatows mußte er sofort dem gegnerischen Spiel begegnen mittels 13. ... Le6 14. The1 b5!?, oder sogar sofort 13. ... b5!?. Der König könnte sich im Falle von Unannehmlichkeiten notfalls auf f8 verstecken.

Diagramm 195

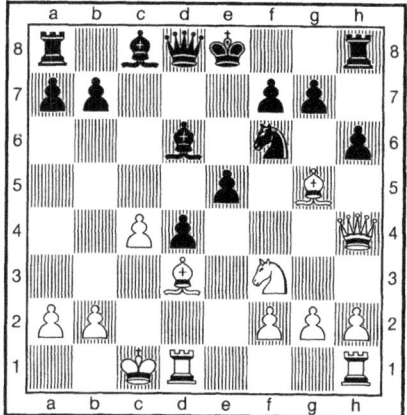

Wie kann Weiß jetzt seinen unbestreitbaren Entwicklungsvorsprung ausnutzen? Der russische Meister P. Kondratjew empfahl 14. Se5:! und gab zwei Varianten dazu an:

a) 14. ... Le5: 15. The1 0–0 16. Te5: hg 17. Tg5: mit unwiderstehlichem Angriff.
b) 14. ... 0–0 15. Lh6:! (ich möchte dazu anmerken, daß auch das einfache 15. Lf6: oder 15. Lf4 den weißen Vorteil bewahrt) 15. ... gh (15. ... Le5: 16. Lg7: Kg7: 17. Dg5+ Kh8 18. De5: Te8 19. Df4) 16. Dh6: Te8 (16. ... Le6 17. Lc2!) 17. Dg5+ Kf8 18. Sf7: Kf7: 19. Lg6+ Kf8 20. Le8: Ke8: 21. Td4:, mit Vorteil für Weiß.

Beträchtlich bessere Verteidigungschancen bietet 14. ... Le5: 15. The1 De7 (schlecht ist 14. ... Kd7? 15. Te5: hg 16. Dd4:+ Kc7 17. Tc5+) 16. f4 (Aufmerksamkeit verdiente auch 16. Kb1!?) 16. ... Lf4:+ 17. Lf4: (17. Df4: Le6 18. Lf6: Df6: 19. Df6: gf mit einer für Schwarz annehmbaren Stellung) 17. ... Le6. Zum Beispiel 18. Le5 Sg4 19. De7:+ Ke7: 20. Ld4: Sh2:!?. Die Initiative liegt natürlich auf der Seite von Weiß, aber der Ausgang des Kampfes bleibt weiterhin offen.

Übrigens sieht auch das Figurenopfer, das Dorfman gebracht hat, sehr verlockend aus. Das folgende Stadium der Partie bietet sich als ein exzellentes Übungsbeispiel für das Weiterspielen kritischer Positionen an – Schwarz muß eine Reihe schwieriger und einziger Verteidigungszüge finden.

14. The1 0–0 15. Lh6: gh 16. Dh6: Te8!
Schwarz verteidigt den Bauern e5 und macht gleichzeitig das Feld f8 frei für seinen König oder für den Läufer. Das fehlerhafte 16. ... Lg4? würde sehr schnell widerlegt mittels 17. Te4!, und nach 17. ... Se4: 18. Le4: wäre das Matt unvermeidlich.

17. Sg5 Le6!
Alles andere würde zum Verlust führen, zum Beispiel 17. ... Lf8? 18. Lh7+ oder 17. ... e4? 18. Se4: Te4: (18. ... Se4: 19. Te4: mit unabwendbaren Drohungen) 19. Dg5+! Kf8 20. Te4:. Das bedeutet: man muß ganz einfach den Punkt f7 decken und geduldig abwarten, was der Gegner unternimmt.

18. Lh7+ Sh7:
Bei weitem schwächer ist 18. ... Kh8? wegen 19. Lf5+ Kg8 20. Le6: Te6: 21. Se6: fe 22. Dg6+ Kf8 23. Td3.
19. Dh7:+
Aufmerksamkeit verdiente auch 19. Sh7: Le7 (19. ... f5?? 20. Dg6+ Kh8 21. Sf6) 22. Td3 (schlechter ist 20. Te5: Dc7!, und Schwarz kommt plötzlich zu Gegendrohungen). Aber nach 20. ... Lf5 21. Tg3+ Lg6 22. Tg6:+ fg 23. Dg6:+ Kh8 24. Dh6 Kg8 hat Weiß nur Remis, denn der Versuch, den Angriff fortzusetzen mittels 25. Te4?! würde auf die starke Entgegnung 25. ... Dc8! 26. b3 Df5 treffen. (Anm. d. Bearb.: Anstelle von 24. Dh6 bietet sich 24. Te5: an mit der Idee 24. ... Dc7 25. Sf6 Dc4+ 26. Kd1 Df1+ 27. Te1; doch nach 27. ... De1+ 28. Ke1: Lf6:+ kann Weiß nur auf Dauerschach rechnen.)
19. ... Kf8 20. Dh6+

Diagramm 196

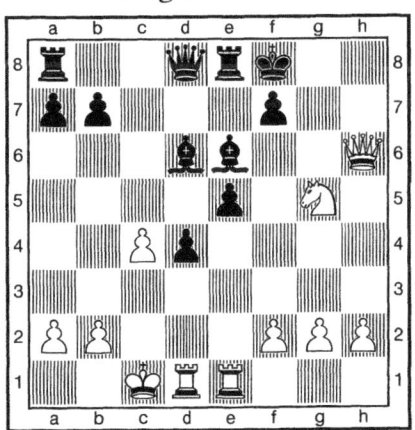

Frage 2–32 Wohin soll der König nun ausweichen?

Betrachten wir zuerst 20. ... Kg8. Jetzt darf man natürlich nicht 21. Td4:?? ed 22. Te6: spielen wegen 22. ... Lf4+, ungünstig ist auch 21. Te4? Dc8 22. b3 Lc4: oder 22. Kb1 Lf5. Im Falle von 21. Td3? führt die sich anbietende Antwort 21. ... Dc8 (mit der scharfsinnigen Idee 22. Tg3? Dc4+ 23. Kd1 Lg4+!!) nicht zum Ziel wegen 22. Se4! Dc4:+ 23. Tc3. Aber es findet sich dennoch eine unerwartet gute Replik: 21. ... Da5! mit gleichzeitigem Angriff auf e1 und auf a2. Daher muß man anders spielen: 21. Se4! Le7 (21. ... f5 22. Td3!) 22. Td3 Lf5 23. Th3! f6 (23. ... Lh3: 24. gh) 24. Tg3+ Kf7 25. Tg7+ Ke6 26. Sg5+ Kd7 27. Df6:. Der weiße Angriff ist offensichtlich nicht abzuwehren.
Dolmatow hat natürlich nicht alle diese Varianten im Detail berechnet, sondern sich von dem richtigen Gefühl leiten lassen, daß es allzu gefährlich ist, an seinem materiellen Vorteil festhalten zu wollen. Er nutzte die Gelegenheit und erzwang, indem er eine Figur zurückgab, den Übergang ins Endspiel.
20. ... Ke7! 21. Se6: Th8!
Natürlich nicht 21. ... fe?? 22. Dg7 matt.
22. Sd8: (erzwungen) **22. ... Th6: 23. Sb7: Kd7!** Die einzige Verteidigung gegen die Drohung 24. Td4:. Jetzt will Schwarz bereits den Bauern h2 nehmen, und auf 24. h3 folgt 24. ... Tg8 25. Tg1 Lb4 26. a3 Tb6 27. ab Tb7: 28. b5 Tc8.
24. Sd6: Kd6: Es ist eine sehr lehrreiche Situation entstanden. Weiß hat zwei Mehrbauern, aber alle schwarzen Figuren sind sehr aktiv und die schwarzen Zentralbauern können bedrohlich werden. Falls jetzt 25. h3, dann folgt 25. ... Tg8 26. f4 (26. Tg1 Kc5 27. b3 e4) 26. ... f6 27. Td2 Tg3!, und der materielle Rückstand wäre überhaupt nicht mehr fühlbar. Daher entscheidet sich Dorfman für eine vernünftige Lösung. Er führt das Remis forciert herbei.
25. f4 f6 26. g4 Th2: 27. Td2 (27. g5 Tb8!)
27. ... Th4! (im Falle des Turmtausches müßte Schwarz mit dem Bauerndurchbruch g4-g5 rechnen) **28. Te4 Tg8 29. Tde2** (29. g5 Tf4) **29. ... Tgg4: 30. fe+ fe 31. Te5: d3! 32. Td5+ Kc6. Remis**
Eine beiderseits gut gespielte Partie – ein ausgezeichnetes Beispiel für kaltblütige und genaue Verteidigung.

Im weiteren werden wir uns nicht mehr speziell der Abwehr von Mattangriffen widmen, sondern wir wollen zu der Behandlung der psychologischen Aspekte der Verteidigungsführung übergehen.

Psychologie der Verteidigung

„Ich habe in das Buch zahlreiche eigene Partien eingebaut. Andere Autoren, die das nämliche machen, merken gewöhnlich an, daß ein Schachspieler seine eigenen Partien besser kennt und daher über sie dem Leser mehr nützliche Informationen geben kann. In meinem Falle ist der Grund ein anderer – Eitelkeit."

Raymond Keene

Die Verteidigung – sie ist ein ebenso unabdingbares und wichtiges Element des Schachspiels wie der Angriff. Wenn einer der Partner eine Überlegenheit besitzt, bedeutet das, daß sich der andere mit der schlechteren Stellung zufriedengeben und verteidigen muß. Bei weitem nicht immer werden Sie die stärkere Seite innehaben, das heißt ohne Kenntnisse in der Verteidigung kann man schlichtweg nicht auskommen.

Das grundlegende Prinzip der Verteidigung lautet: dem Gegner die Arbeit so schwer wie möglich machen, seinen Weg mit neuen und immer neuen Hindernissen versehen.

Aber das ist eine allzu allgemein gesetzte Formulierung. Wollen wir uns bewußt werden und uns konkret ausdenken, mit welchen Mitteln wir dem Gegner das Leben schwer machen können.

Vor allem natürlich mit rein schachlichen Mitteln. Sorgfältige Beurteilung der Stellung und gewissenhafte Berechnung der aufgefundenen Varianten. Wir werden dann die objektiv besten und hartnäckigsten Züge finden. Mit ihrer Hilfe werden wir vielleicht eine schlechtere Stellung retten können, falls es überhaupt noch möglich ist. Zumindest wollen wir den Kampf verlängern und unseren Gegner zwingen, hartnäckigen Widerstand zu brechen.

Aber mitunter ergibt das Spiel auf psychologischer Grundlage einen noch weitaus größeren Effekt. Wenn es Ihnen gelingt, die Situation auf dem Brett plötzlich von einem Augenblick zum anderen grundlegend zu verändern (selbst wenn man dabei nicht die objektiv stärkste, sondern eine mit einem gewissen Risiko verbundene Fortsetzung wählt), wird Ihr Gegner, sofern er sich bereits ganz fest auf ein bestimmtes Spielmuster eingestellt hat und es ihm vielleicht nicht gelingt, sich rechtzeitig umzustellen, Fehler begehen.

Den Charakter des Kampfes kann man auf verschiedene Art und Weise ändern. Beispielsweise, wenn man sich eines gegnerischen Königsangriffs zu erwehren hat, kann ein erzwungener Übergang in ein Endspiel gut sein, selbst dann, wenn dieses Endspiel gar nicht so günstig ist. Oder die Hergabe von Material, um den Angriff zu stoppen, um den Gegner dazu zu zwingen, für eine gewisse Zeit vom Angriff auf Verteidigung umzuschalten.

Nützlich ist es oft, eine für uns unangenehme Stellung scharf zuzuspitzen, womit man den Gegner, der auf eine gemächliche Ausnutzung seiner Überlegenheit rechnet, zwingen kann, ganz konkrete

Varianten zu berechnen, den einzigen Zug zu finden. Für diesen Zweck ist es mitunter notwendig, entweder zu materiellen Opfern bereit zu sein oder, im umgekehrten Fall angebotenes gegnerisches Material selbst dann zu schlagen, wenn man damit riskiert, unter einen schrecklichen gegnerischen Angriff zu geraten. Letztlich kann das gesamte Spielmuster durch Züge verändert werden, die in strategischer Hinsicht fragwürdig und mit bestimmten Zugeständnissen verbunden sind. Manchmal ist es ganz unmöglich eine Grenze zwischen psychologisch begründeten und rein schachlich motivierten Entscheidungen zu treffen. Wenn wir eine scharfe Änderung im Charakter des Kampfes anstreben, finden wir oftmals eine Fortsetzung, die sich als richtig erweist nicht nur vom psychologischen Standpunkt, sondern auch ganz objektiv aus rein schachlicher Sicht. Aber diese Unterscheidung ist ohnehin mehr theoretischer Natur. In allen Beispielfällen, die wir jetzt betrachten werden, gilt: in der Hauptsache kommt es zunächst einmal auf diese psychologische Entschlossenheit zur Umgestaltung eines ungünstigen Kampfverlaufes an, und ob die dann gefundene Entscheidung in letzter Konsequenz völlig korrekt ist, das ist eine weitere Frage, die erst an zweiter Stelle steht. Mit der Anhäufung von praktischen Erfahrungswerten werden Sie selbst lernen, das Maß des Risikos abzuwägen, das man auf sich nehmen muß und dabei erkennen, daß dieses in starkem Maße davon abhängig ist, wie schlecht die jeweilig untersuchte Ausgangsstellung eigentlich objektiv ist.

Die überwiegende Mehrzahl der nachfolgend angeführten Beispiele stammen aus meinen eigenen Partien. Im Eröffnungsstadium agierte ich bei weitem nicht immer bestens, und schnell geriet ich dabei in Schwierigkeiten. Erzwungenermaßen hatte ich also zu lernen, mich aus zweifelhaften Situationen wieder herauszuarbeiten.

Ich beginne mit einem Endspiel, das die angeführten Motive anschaulich macht: die erzwungene Veränderung des Kampfcharakters und Unterschiede zwischen „objektiver" und „psychologischer" Stellungsbehandlung.

Dworetski – Chatschaturow
Moskau 1972

Diagramm 197

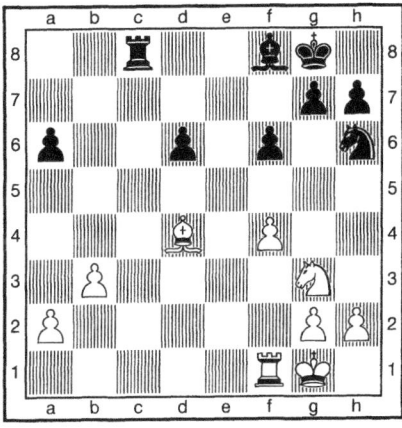

Frage 2–33 Wie würden Sie die Stellung einschätzen (Schwarz am Zug)?

Ich nahm an, daß die Partie mit Remis durch Zugwiederholung enden würde: 23. ... Tc2 24. Tf2 Tc1+ 25. Tf1 Tc2. Aber Chatschaturow spielte **23. ... d5!**
Um die Verteidigung erfolgreich organisieren zu können, ist es wichtig, eine drohende Gefahr rechtzeitig zu erkennen und wahrzunehmen, wenn die eigene Position schlechter ist und daß deshalb durchdachte Verteidigungmaßnahmen notwendig sind. Leichtsinn und unbegründeter

Optimismus haben bereits oft zum Verlust von Partien geführt, in denen die Niederlage absolut unnötig war.

Nach dem vom Gegner gewählten Zug empfand ich glücklicherweise sofort, daß ich schlechter stand. Schwarz beabsichtigt 24. ... Ld6 (um den Turm an die Verteidigung des Bauern f4 zu binden) und erst dann 25. ... Tc2. Aktivität des Turms erlaubt Schwarz entweder einen Bauern zu gewinnen oder – nach Angriff auf den Läufer d4 – den Freibauern vorzurücken. Der weiße Springer hat im Augenblick nicht die Möglichkeit, das Feld g3 zu verlassen, denn es wäre unangenehm, wenn man damit dem gegnerischen Springer Zugang zum Feld f5 gewährte. Jener aber droht seinerseits gelegentlich mit einem Einfall auf g4, wie beispielsweise in den Varianten 24. Tb1 Tc2 25. Tb2 Tc1+ 26. Kf2 Sg4+ oder 24. Td1 Tc2 25. Le3? Sg4.

Am Brett fand ich keinen zuverlässigen Verteidigungsplan, und, da ich begriff, daß ein ungefähres, annäherndes Spielen, Zug um Zug, Weiß in die Katastrophe führen kann, entschloß ich mich nach circa zwanzigminütigem Nachdenken zu einem ziemlich riskanten Bauernopfer.

Daneben gab es freilich auch einen normalen Plan (auch ziemlich konkreter Natur übrigens). Man konnte spielen 24. Td1!?, ohne sich zu fürchten vor 24. ... Ld6 25. Le3 (mit den Drohungen 26. Td5: und 26. Tc1. Mich verunsicherte die Antwort 24. ... Tc2, aber dann folgt 25. Sf1!! Sf5 (25. ... Ta2: 26. Se3) 26. Se3 Sd4: 27. Sc2: (aber nicht 27. Td4:? Tc1+ 28. Td1 Lc5! oder 28. Kf2 Lc5 29. Td5:? Tc3) 27. ... Sc2: 28. Td5:, und der Turm ist bei weitem nicht schwächer als die beiden Leichtfiguren des Gegners. Wahrscheinlich ist nach 24. Td1 für Weiß der ruhige Zug 24. ... Kf7!? unangenehmer.

24. h3!? Ld6 25. Le3!

Im Falle des passiven 25. Tf2 Tc1+ 26. Kh2 Td1 oder 25. Tf3 Tc2 26. a4 Td2 kann Schwarz entweder sofort den d-Bauern vorwärtsbewegen oder zunächst seinen König ins Zentrum führen. Gerade einer solchen unangenehmen Entwicklung der Ereignisse war ich fest entschlossen auszuweichen.

25. ... Tc3

Es drohte 26. Tc1 mit vollem Ausgleich; auf 25. ... Tc2 folgte 26. Tc1 Ta2: 27. Tc6.

26. Kf2! Tc2+

Ungefährlich war 26. ... d4 27. Ld4: Tg3: 28. Kg3: Sf5+ 29. Kf3 Sd4:+ 30. Ke4.

27. Kf3 Ta2: 28. Tc1

Diagramm 198

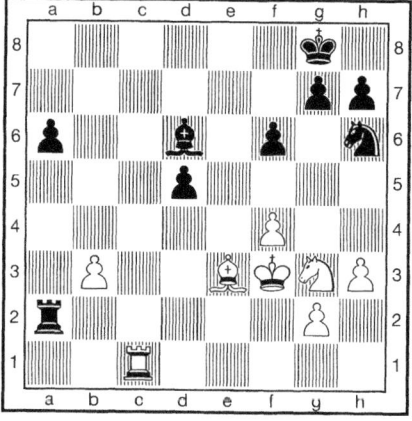

Diese Stellung hatte Weiß angestrebt. Sein König ist ins Zentrum gelangt und befestigt den schwachen Bauern f4 zusätzlich, der Turm nimmt eine offene Linie ein und steht zum Eindringen ins gegnerische Lager bereit.

War der von mir erdachte Verteidigungsplan (oder besser gesagt Gegenangriffsplan) korrekt? Ich bin nicht sicher. Ein Bauer ist ein Bauer, dazu kann Schwarz sich bei Gelegenheit vielleicht einen starken Freibauern auf der a-Linie schaffen,

sofern er den Bauern b3 erobern kann. Aber auf alle Fälle ist Weiß jetzt nicht mehr auf Passivität beschränkt, er erhält echte Gegenspielchancen. Man muß daneben auch den psychologischen Effekt, den die weiße Operation hervorgerufen hat, in Betracht ziehen. Der Gegner weiß nicht, daß der ihm anheimgefallene Bauer geopfert wurde, denkt vielleicht, daß er ihn gesetzmäßig gewonnen hat und daß das weitere jetzt nur noch eine Sache der Technik sei. Im Ergebnis steht anstelle einer totalen Mobilisierung aller Kräfte, die in diesem Moment notwendig wäre, ein entgegengesetztes Bild: Die Aufmerksamkeit wird schwächer, die Wachsamkeit stumpft ab und Fehler sind dann, wie die Praxis zeigt, nahezu unausbleiblich.

28. ... Tb2?
Um den Sieg konnte man nur mittels 28. ... Ta3! 29. Tc6 Lb4 30. Kf2 a5! kämpfen. Weiß hat keine geringen aktiven Ressourcen: Sh5, Tc7, Tc8+ mit nachfolgendem Tc7+, f4–f5, aber es ist nicht sicher, ob diese zur Rettung der Partie ausreichen werden oder nicht.

29. Tc6 Lb4 30. Ta6: Tb3: 31. Kf2 Le1+?!
Nach diesem Zug wird der Remisausgang unausweichlich. Aber auch nach 31. ... d4!? 32. Ld4: Tg3: 33. Kg3: Sf5+ 34. Kf3 Sd4:+ 35. Ke4 muß Weiß, wie mir scheint, nicht verlieren. Ein ähnliches Endspiel habe ich bereits einmal gegen Oleg Romanischin ins Remis gerettet. (Es wurde betrachtet im zweiten Teil meines Buches: *Geheimnisse gezielten Schachtrainings*, Edition Olms, Zürich).

32. Ke1: Te3:+ 33. Kf2 Tb3 34. Td6 Tb5 (34. ... Tg3:? 35. Td8+) **35. Td7 Sf7** (35. ... Kf8 36. Kf3, und Schwarz kann seine Stellung nicht verstärken) **36. Sf5** Es droht 37. Td5:; es geht nicht 36. ... Kf8? 37. Tf7:+. Daher hat sich Schwarz mit einem Remis abfinden müssen.

36. ... Tb2+ 37. Kf3 Tb3+ 38. Kf2 Remis. Das Streben die Ereignisse zu forcieren, die Umstände zu verändern und nach Möglichkeit zu eigenen Gunsten zu klären, hilft sehr oft, in zweifelhaften Stellungen die richtige und zuverlässige Lösung zu finden, aber bei weitem nicht immer ist dies der Fall.

Marshall – Rubinstein
Lodz, 1908

1. d4 d5 2. c4 e6 3. Sc3 c5 4. cd ed 5. Sf3 Sf6
Genauer ist 5. ... Sc6, um den folgenden Zug von Weiß nicht zuzulassen.

6. Lg5! Le7
Gemäß der heutigen Theorie ist 6. ... Le6 7. e4 de 8. Se4: cd 9. Lb5+ Ld7 10. 0–0 Le7 11. Lf6: Lb5: 12. Le7: De7: 13. Te1 0–0 vorzuziehen, wie es etwa in der Partie D. Gurewitsch – I. Iwanow, New York, 1983 geschehen ist; aber auch jetzt steht Schwarz schlechter.

7. dc Le6 8. Tc1 0–0 9. Lf6: Lf6: 10. e3 Da5 11. a3?!
Weiß bewahrt seine Überlegenheit, indem er 11. Dd2 Sc6 12. Sd4 spielt, und auf 12. ... Dc5: folgt 13. Se4.

11. ... Sc6
(11. ... Dc5:? 12. Sb5 nebst 13. Sc7)

12. Ld3 Dc5: 13. h4!?
Getreu seinem aggressiven Stil leitet Marshall einen Angriff gegen den König ein. Der weiße Plan ist äußerst umstritten, haben doch bei geöffnetem Zentrum Flankenangriffe in der Regel keine Aussicht auf Erfolg. Übrigens hätte nach dem ruhigen 13. 0–0 De7 Schwarz eine gute Stellung erhalten, und das Bauernopfer 13. Se4 Da5+ 14. b4 Da3: 15. Sf6:+ gf ist kaum korrekt.

13. ... De7 14. Sg5
Es geht nicht 14. Lh7:+? Kh7: 15. Sg5+ wegen 15. ... Kg8 16. Dh5 Lf5.

14. ... h6 15. Se6: fe 16. Lb1

Diagramm 199

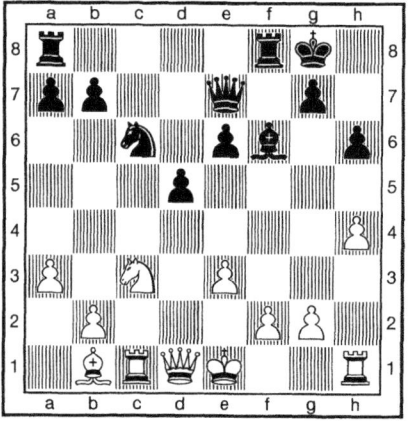

Frage 2-34 Wie soll Schwarz fortsetzen?

Die Drohung 16. Dd3(c2) ist sehr unangenehm. Im Mittelspiel mit ungleichfarbigen Läufern ist es sehr wichtig, um jeden Preis die Initiative zu ergreifen, den Gegner in die Verteidigung zu zwingen, daher hatte A. Rubinstein vollkommen recht, als er einen Gegenangriff unter Figurenopfer startete.

16. ... Lh4:! 17. g3
Marshall muß die Herausforderung annehmen. Nichts ergäbe 17. 0–0 Lf6 18. Dd3 g5.
17. ... Lg3:! 18. fg Dg5 19. Dd3
Auch Weiß hat seine Drohungen. Der große Stratege Akiba Rubinstein fühlte sich nicht allzu sicher in derartigen zweischneidigen Situationen. Es ist daher nicht so sehr verwunderlich, daß er vom rechten Weg abkam und schnell die gutstehende Partie verlor.
19 ... Dg3:+? 20. Kd2 Tf2+? 21. Se2 Se5 22. Dh7+ Kf7 23. Tc7+ Kf6 24. Th6:+!
Schwarz gab auf.

Anstelle des fehlerhaften 19. ... Dg3:? empfahl Marshall 19. ... Se5 20. Dh7+ Kf7 21. Tf1+ Ke7. Jussupow aber merkte zurecht an, daß das Turmschach zu nichts gut ist – stärker ist 21. Se2! (mit der Drohung 22. Tc7+) 21. ... Tac8 22. Tc8: Tc8: 23. 0–0+ Ke7 24. Tf4, und die Kompensation für die Figur dürfte sich als unzureichend erweisen.

In einer unserer Trainingseinheiten spielte ich gegen Artur diese Stellung, die nach dem 16. Zug von Weiß entstanden war, weiter. Er opferte den Läufer, genau wie Rubinstein, aber im 19. Zug wählte er eine bei weitem stärkere Fortsetzung.
19. ... Tf5! 20. Se2 Se5 21. Db3 Tf3

Diagramm 200

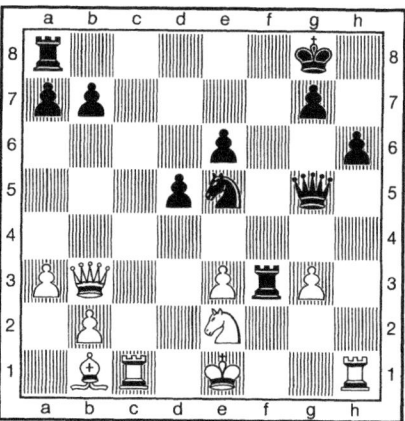

Frage 2-35 Berechnen Sie die Folgen von 22. Db7:.

Ich sah den objektiv besten Zug 22. Tc3!, aber ich wollte ihn nicht machen, weil nach 22. ... Taf8 die Spannung des Kampfes erhalten bleibt und Weiß dann erneut Varianten berechnen muß, um die beste Verteidigung zu finden. Wie auch schon im vorausgehenden Beispiel, versuchte ich einen greifbaren, zwingenden Plan zu finden, der die Brettsituation rigoros verändert, und sehr schnell redete ich mir ein, daß ich eine solche Lösung gefunden habe.

22. Db7:? Taf8 23. Tc8 De3: 24. Tf8:+ Tf8: 25. Tf1

Ich hoffte darauf, vollwertiges Spiel zu erhalten nach 25. ... Sf3+ 26. Tf3: Df3: 27. Kd2!. In meinen Gedanken lief alles prächtig: indem Weiß das überzählige Material zurückgibt, kann er den Charakter des Kampfes einschneidend verändern, die Stellung vereinfachen, den gegnerischen Angriff beenden (der Springer ist in derartigen Stellungen eine zuverlässige Deckung für den König) und seinerseits selbst damit rechnen, die Verwundbarkeit der schwachen gegnerischen Bauern a7 und e6 auszunutzen.

Aber leider war die Antwort Jussupows für mich eine ganz unangenehme Überraschung.

25. ... Tf1:+! 26. Kf1: Df3+ 27. Kg1

Hoffnungslos ist auch 27. Ke1 Dh1+ 28. Kd2 Sc4+ 29. Kc2 De4+.

27. ... De2: 28. Db8+ Kf7 29. Da7:+ (29. Dc7+ Ke8 30. Db8+ Ke7 31. Dc7+ Sd7)
29. ... Kf6 30. Df2+ Df2:+ 31. Kf2: Sc4

Damit wird der Schlußstrich gezogen: Schwarz erobert einen der weißen Bauern auf dem Damenflügel, und im Mehrbesitz zweier Bauern wird er ohne größere Schwierigkeiten den Gewinn verbuchen.

Die Schlußfolgerung, die wir aus diesem Beispiel herleiten, lautet demnach: *Wenn man eine forcierte Aktion zur Rettung einer schlechteren Stellung starten will, muß man die Varianten mit größter Sorgfalt prüfen.*

Das strategische Risiko in derartigen Situationen ist vollauf in Kauf zu nehmen, aber wichtig ist es, daß man taktische Fallstricke vermeidet. Dem Gegner darf keine leichtzufindende Möglichkeit zur Widerlegung unserer Pläne geboten werden.

**Dworetski – Balaschow
Meisterschaft der UdSSR,
Höchste Liga,
Leningrad, 1974**

1. e4 c5 2. Sf3 e6 3. c3 Sf6 4. e5 Sd5 5. d4 cd 6. cd Sc6 7. a3

Das nämliche Eröffnungssystem, wie auch in der Partie Dworetski – Schmidt, welche wir unter der Überschrift: „Ein Bauer für die Rochade" betrachtet haben.

7. ... d6 8. Ld3 Ld7 9. 0–0 de 10. de Le7

Weiß hat eine gute Stellung. Er muß jetzt einen von zwei gleichermaßen verlockenden Plänen auswählen:
1) 11. Ld2 nebst 12. Sc3;
2) 11. Te1 0–0 12. De2 mit der Absicht 13. De4 g6 14. Lh6 Te8 15. Dg4.

Weiß aber spielte nachlässig und übersah eine naheliegende Antwort.

11. De2? Sa5!

Diagramm 201

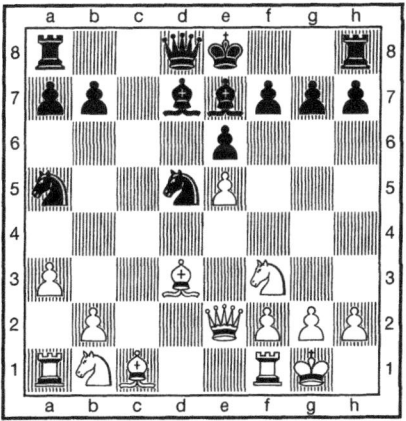

Weiß am Zug

Übung 2–2 Was würden Sie jetzt gegen die offensichtliche Drohung 12. ... Sb3 unternehmen?

Dem Sturm entgegen!

„Er strebt nicht nach dem Glücklichsein,
er flieht auch nicht das Glücklichsein!"
Michail Lermontow

Eine der Erscheinungsformen der Intuition im Schach, neben dem kombinatorischen Sehen und dem positionellen Empfinden, ist das Gefühl für Gefahr. Die Autoren von Büchern und Zeitschriftenartikeln widmen derartigen Problemstellungen allgemeinen Charakters leider wenig Aufmerksamkeit, sondern bevorzugen es, sich mit leichter faßbaren und einfacher zugänglichen und verständlichen Dingen wie der Eröffnungs- oder Endspieltheorie, konkreten Varianten und Anmerkungen zu Partien und ähnlichem zu beschäftigen. Im hier vorliegenden Buch will ich den Versuch unternehmen, diese Lücke in einem gewissen Umfang zu schließen.

Wollen wir uns einmal einige folgender Standardsituationen vergegenwärtigen, in denen das Gespür für Gefahr einem Schachspieler behilflich sein kann.

– Der Gegner macht einen äußerlich unscheinbaren, harmlos wirkenden Zug, aber Sie haben Verdacht geschöpft, daß da etwas nicht stimmt, erraten eine in Vorbereitung befindliche Intrige und können ihr voraussehend mit Umsicht und erfolgreich begegnen.

– Sie entdecken eine sehr verlockende Idee, aber irgendetwas gefällt Ihnen dabei nicht. Es ist Ihnen dabei nicht ganz geheuer, und – vorsichtig geworden – finden Sie eine verborgene Widerlegung. Es kann aber sogar sein, daß Sie, um Zeit zu sparen, nicht einmal nach einer Widerlegung suchen, sondern sich sofort, lediglich aufgrund eines inneren warnenden Gefühls, von der Idee lossagen.

– Sie haben schwierige Varianten durchgerechnet, aber das Gefühl der Gefahr zwingt Sie, die Berechnungen nochmals zu überprüfen, und es gibt den Anstoß, herauszufinden, wo genau ein Rechenfehler verborgen liegt.

Es wäre sicher nützlich, würde man an konkreten Beispielen jeden dieser angenommenen Fälle darstellen und ausarbeiten und noch einige weitere dazugehörige Beispiele geben, aber im Rahmen eines Buches kann man *„das Unerklärliche nicht erklären".* Daher wollen wir uns darauf beschränken, die Situationen, die wir schon zu besprechen begonnen haben, nun noch ein wenig genauer diesbezüglich zu betrachten: sobald man also eine ungünstige Lage wahrnimmt, darf man kein Risiko scheuen, wenn es gilt, entscheidende Maßnahmen zu treffen. Und um so früher Sie eine Gefahr bemerken, desto zahlreichere und veschiedenartigere Möglichkeiten der Gefahrenabwehr stehen zur Verfügung, um den Gang des Kampfes in einer Ihnen gemäßen Form zu verändern.

Dworetski – Taimanow
Meisterschaft der UdSSR,
höchste Liga, Leningrad 1974

Diagramm 202

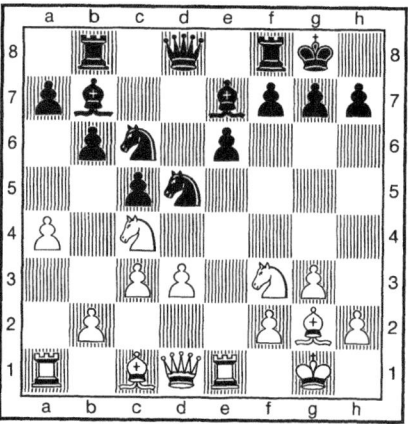

Die Stellung scheint ziemlich ausgeglichen. Aber wollen wir uns überlegen, was sich jeder der Spieler vorgenommen hat.
Der Plan des Nachziehenden ist klar: er plant Dc7 zu spielen, den Turm nach d8 zu stellen, dann den weißen Springer vom Feld c4 zu vertreiben mittels a7–a6 nebst b6–b5 und damit eine Raumüberlegenheit zu erlangen. Und dagegen ist für Weiß ein Gegenspiel nicht sichtbar. Wenn sich Weiß nicht etwas ausdenkt, so würde sich seine Stellung Schritt für Schritt verschlechtern.
Nachdem mir die Gefahr rechtzeitig aufgegangen war, wollte ich gerne die erste Gelegenheit nutzen, um das Spiel zu verwickeln.
13. a5! b5 Für Schwarz hätte es überhaupt keinen Sinn, seine Bauernkette zerreißen zu lassen: 13. ... ba?! 14. Sfe5 oder 13. ... Sa5:?! 14. Sa5: ba 15. Da4 (möglich ist auch 15. Se5).
14. a6 Lc8 Falls 14. ... bc, dann geschieht 15. dc! Nach 14. ... La8 15. Sce5 würde sich das Spiel ruhiger entwickeln als in der Partie, aber Mark Taimanow möchte sogleich die Jagd auf den zu weit vorgepreschten Bauern beginnen. Ich aber stellte mir vor, daß ich auch dann, wenn ich diesen Bauern verliere, dafür hinreichende taktische Gegenchancen erhielte.
15. Sfe5! Schwächer ist 15. Sce5?! wegen 15. ... Tb6!
15. ... Se5: 16. Se5: Tb6 17. Ld2! Klar ist, daß Weiß auf die Dauer nicht ohne den Zug c3–c4 auskommt, aber zunächst wäre er verfrüht: 17. c4 bc 18. dc Sb4! mit schwarzer Überlegenheit. Man muß zuerst das wichtige Feld b4 unter Kontrolle nehmen.
17. ... Lf6! Es verliert 17. ... Ta6:? 18. Ta6: La6: 19. Sc6 nebst 20. Ld5:. Eine unklare Stellung entsteht sowohl nach 17. ... La6: 18. c4 Sb4 (18. ... bc? 19. La5) 19. Lb4: cb 20. cb (20. Sc6 De8) 20. ... Lb5: 21. Ta7:, als auch nach 17. ... Dc7 18. c4 Sb4 19. Lb4: cb 20. cb. Und nach 17. ... Ld6 beabsichtigte ich 18. c4 Le5: 19. Te5: Dd6 20. Tg5! im Hinblick auf das Qualitätsopfer 20. ... f6 21. Tg7:+! Kg7: 22. cd ed 23. Dh5 oder 20. ... h6 21. Tg7:+! Kg7: 22. Dh5!.
18. Sg4! Schwächer ist 18. c4 Sb4 19. Lb4: cb, und der Druck, den der drohende Läufer auf der f6 auf der Diagonale a1–h8 ausübt, verspricht Schwarz die überlegene Stellung.
18. ... Ta6: 19. Ta6: La6: 20. Da1 Db6 21. Sf6:+ Sf6: 22. b4!?
Ungünstig ist 22. Le3? wegen 22. ... Sg4, aber gut möglich war 22. Da3!?. Ich nahm Abstand von diesem Zug wegen 22. ... b4 23. cb cb 24. Lb4: Tc8 mit den positionellen Drohungen 25. ... Sg4 und 25. ... Lb7, aber dann wäre 25. d4! sehr stark. Für Schwarz wäre es besser sofort den Bauern zurückzugeben: 22. ... Lb7.
22. ... cb 23. Le3 Dd6 24. Lf4
Es ging nicht 24. cb Db4:! 25. Tc1 Da4!.
24. ... Db6 25. Le3 Keiner der Spieler kann gut von der Zugwiederholung absehen. Im Falle von 25. cb?! wäre 25. ... Sg4! mit nachfolgendem Lb7 unangenehm.
25. ... Dd6 26. Lf4 Db6 27. Le3 Dd6 28. Lf4 Db6 Remis.

Schamkowitsch – Dworetski, 1972

Diagramm 203

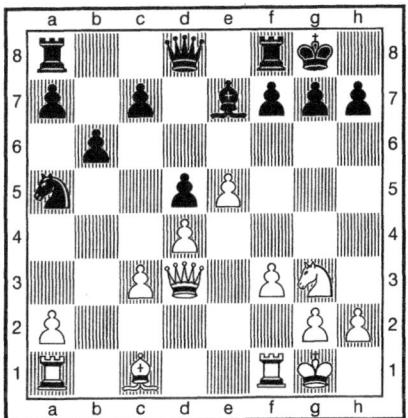

Hier ist die mir drohende strategische Gefahr offensichtlicher und ernsterer Natur als im vorangegangenen Beispiel. Indem er seinen Bauern bis nach f5 vorschiebt oder sogar bis nach f6, wenn es ihm gelingt, entwickelt mein Gegner einen furchtbaren Königsangriff. Ich muß auf jede mögliche Weise den Gegner daran hindern, den Plan zu verwirklichen.

15. ... Dd7 16. Sf5!
Schamkowitsch hat die erste Aufgabe leicht gemeistert: ein übereiltes 16. f4? hätte Schwarz gestattet dem weißen Bauern mittels 16. ... f5!? den Weg zu verlegen. Weiß hat den Zug f7–f5 nun rein mechanisch verhindert und beabsichtigt 17. f4 mit nachfolgendem 18. Se7:+ De7: 19. f5. Auf der Suche nach einem Ausweg aus der bedrängten Lage entscheidet sich Schwarz dazu seinen Königsflügel freiwillig zu schwächen.

16. ... g6?! 17. Sh6+
Der Großmeister spielt auf Angriff und will daher keinen Figurentausch herbeiführen. Aber dennoch verdiente 17. Se7:+ De7: 18. Lh6 Tfe8 19. g4!, was die Vorwärtsbewegung des f-Bauern vorbereitet und den Gegenstoß f7–f5 nicht zuläßt, Aufmerksamkeit.

17. ... Kh8 (17. ... Kg7? 18. Sg4!) **18. Te1**

Frage 2–36 Was soll Schwarz jetzt unternehmen?

Der letzte, auf den ersten Blick nicht ganz logisch erscheinende weiße Zug (vom Feld f1 aus unterstützte der Turm doch die Vorwärtsbewegung des f-Bauern), geschah aus einer ganz konkreten Überlegung heraus. Jetzt droht 19. Sf7:+ Tf7: 20. e6; schlecht ist 18. ... f5? 19. e6.

18. ... Tae8!
Ein Ertrinkender klammert sich an jeden Strohhalm. In einer schwierigen Lage ist es unbedingt notwendig, alle versteckten Möglichkeiten wahrzunehmen, die helfen können, die eigene Lage zu erleichtern. Schwarz will den Läufer wegziehen und gleichwohl f7–f5 spielen. Auf 19. Sf7:+ Tf7: 20. e6 hat Schwarz die Antwort 20. ... Lh4! vorbereitet und nach 21. Lg5! Te6: 22. Lh4: wäre die sich ergebende Stellung für ihn durchaus annehmbar.

19. Lf4 Lh4!? 20. g3 Ld8 21. Sg4 (21. g4!?)
21. ... h5 Man darf 22. Lh6 nicht zulassen.
22. Sf6? Indem er sich vom Angriff hinreißen läßt, macht Weiß ernsthafte positionelle Zugeständnisse. Das bescheidene 22. Sf2 hätte ihm die besseren Aussichten bewahrt.

22. ... Lf6: 23. ef Sc4 24. Le5 c6 25. Kg2 Df5! 26. De2 Te6 27. g4 Dg5 28. h4?! Dh4: 29. f4 Tfe8 30. Th1?
Dieser längst vorgesehene Zug ist mit einem einfachen Berechnungsfehler verbunden. Aber auch nach 30. Df3 hg 31. Dg3 Dh3+! 32. Kf2 (32. Dh3:+ gh+ 33. Kh3: Kh7 mit nachfolgendem Th8) 32. ... Sd2 33. Dh3:+ gh 34. Th1 Se4+ nebst 35. ... Sf6: hätte Schwarz den Angriff abgewiesen.

30. ... Dg4:+ 31. Dg4: Se3+
Solche Zwischenschachs werden bei der Vorausberechnung von langen Varianten oft außer acht gelassen.

32. Kf3 (32. Kg3 Sg4: 33. f5 Te5: 34. de Te5: 35. fg fg) **32. ... Sg4:**.
Im weiteren Verlauf der Partie konnte Schwarz seinen Materialvorteil in einen Sieg ummünzen.

Kehren wir zu der Stellung zurück, die nach dem 17. Zug entstanden war. Die von Schamkowitsch gewählte Fortsetzung 18. Te1 hat ihr Ziel nicht erreicht, weil darauf die starke Antwort 18. ... Tae8! möglich war, und daher konnte sie kaum als die stärkste betrachtet werden. Den Vorzug

hätte daher wohl das einfache 18. f4 f5 19. ef Lf6: 20. f5 verdient. Und sehr verlockend sieht auch der Entwicklungszug 18. Lf4!? aus, der mit einer hübschen Kombinationsidee verbunden ist.

Diagramm 204

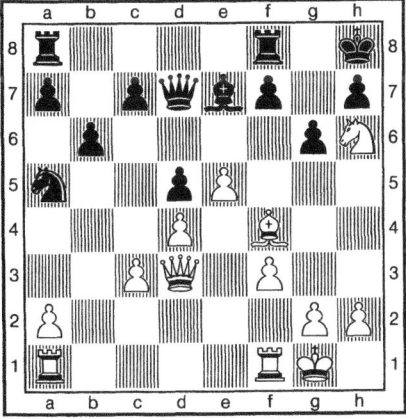

Frage 2–37 Wie soll sich Schwarz verteidigen?

Weiß plant Tae1 (hiermit stellt er die uns bereits bekannte Drohung Sf7: auf), danach folgt g2–g4, Lg3 (oder evtl. Lc1) und zuletzt f3–f4–f5. Man würde diesem beabsichtigten Unterfangen gerne entgegenwirken und 18. ... f5 spielen (dieser Zug stellt, wie Sie sehen, das Leitmotiv der gesamten Partie dar), aber dann läßt Weiß die Bombe platzen und spielt spektakulär 19. e6!! De6: 20. Tae1 Dd7 21. Te7:! De7: 22. Le5+.

Schrecklich, nicht wahr? Natürlich, es ist schrecklich. Aber schwerwiegende Folgen erwarten Schwarz auch bei ruhigem Abwarten der Ereignisse. In solchen Fällen ist es bereits zu spät, sich zu fürchten. Man muß mit allergrößter Aufmerksamkeit die vom Gegner geplante Kombination prüfen auf der Suche nach dem rettenden Strohhalm. Und falls es Ihnen gelingt etwas zu finden: dann kühn nach vorn ins Auge des Orkans:

18. ... f5! 19. e6! De6: 20. Tae1 Dd7 21. Te7:! De7: 22. Le5+ Tf6 23. Sg4!
Ungefährlich ist 23. g4?! Sc4 24. g5 Se5:.
23. ... fg 24. fg Kg8!?
Möglich ist auch 24. ... Tf8 25. Tf6: (25. g5?? De5:!) 25. ... Tf6: 26. g5 Kg8 27. gf De6 mit etwas schlechterer, aber offensichtlich verteidigungsfähiger Stellung.
25. Tf6:
Das sich jetzt anbietende 25. ... Sc4 wird leider widerlegt mittels 26. Tg6:+! hg 27. Dg6:+ Kf8 28. Dh6+ und Weiß gewinnt alsbald den Turm zurück, wonach er einen Bauern mehr behält. Man muß sich also auf das bescheidene **25. ... Td8** beschränken. Es ist nicht zu sehen, wie Weiß die aktive Stellung in etwas Reales ummünzen kann, die Folgen seiner Kombination sind also nicht klar, und man muß daher furchtlos zum Zuge 18. ... f5! greifen.

Raschkowski – Dworetski
Meisterschaft der UdSSR,
Erste Liga, Odessa 1974
1. d4 Sf6 2. c4 g6 3. Sc3 Lg7 4. e4 d6 5. Sf3 0-0 6. Le2 e5 7. 0-0 Sbd7 8. Te1 c6 9. Lf1 a5 10. h3?! Te8?!
Stärker ist 10. ... ed 11. Sd4: Te8 mit nachfolgendem Sc5. Gewöhnlich verteidigt Weiß in solchen Fällen den Bauern e4 mittels f2–f3, aber dann würde in diesem Fall die Stellung des Bauern auf h3 ziemlich unschön wirken.
Anstelle aber mit dem eigenen Kopf zu denken, wiederholte ich leider die Züge der ein Jahr früher gespielten Partie Raschkowski – Tukmakow (Moskau 1973), in der Schwarz ohne Mühe Ausgleich erreicht hatte.
11. de de 12. Sa4 Lf8 (12. ... De7)
13. Lg5 h6 14. Le3!?

Und das ist die Verstärkung, die Raschkowski vorbereitet hatte. In der oben erwähnten Partie war 14. Lh4 Dc7 15. Lf6: (15. c5 Sh5) 15. ... Sf6: 16. e5 Le6 mit gleichem Spiel gefolgt.

Diagramm 205

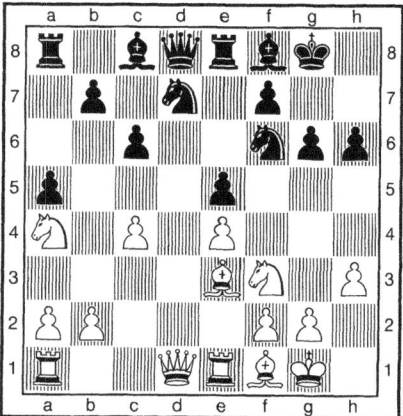

Frage 2–38 Kann man den Bauern e4 nicht nehmen?

Aufrichtig gesagt habe ich das Schlagen des Bauern e4 praktisch überhaupt nicht überlegt, erstens aus der Angst vor den Einfällen Sb6 und Lb6, aber in der Hauptsache schon deshalb, weil ich nicht in eine erzwungene Variante hineingezogen werden wollte, welche mein Gegner zweifellos bei der Hausanalyse ausgearbeitet haben dürfte.

Später erinnerte ich mich an eine Episode, die in der 4. Matchpartie des Kandidatenkampfes zwischen Tal und Larsen, Bled 1965, passiert war. Nach 1. e4 Sf6 2. e5 Sd5 3. d4 d6 4. Sf3 de 5. Se5: spielte der dänische Großmeister schnell den Zug 5. ... Sd7?!. Und Tal (stellen Sie sich vor – selbst Tal) wagte es nicht, den Springer zu opfern aus dem gleichen Grunde – aus Furcht vor einer vom Gegner vorbereiteten Hausanalyse. Dabei hätte 6. Sf7:! Kf7: 7. Dh5+ Ke6 8. c4 oder 8. g3 Weiß eine überlegene Stellung versprochen.

14. ... Dc7? Ich empfand die strategische Gefahr, die meiner Stellung drohte, immer noch nicht und hoffte mit einfachen Mitteln die offensichtliche weiße Drohung 15. Dc2 nebst nachfolgendem 16. c5 neutralisieren zu können.

15. Dc2 b6 16. c5! b5 17. Sb6 Tb8 18. Sc8:! Schwarz erwartete lediglich 18. a4, wonach es die Wahl gab zwischen 18. ... La6 und 18. ... Sc5: 19. Sc8: Sfe4:.

18. ... Tec8: 19. a4 Sh5 20. Tec1! Der Springer schafft es jetzt nicht mehr auf das Feld e6 gelangen, denn man muß sich verteidigen gegen 21. ab cb 22. c6. Bei weitem schwächer war 20. g3 wegen 20. ... Sg7!.

20. ... ba?! (besser ist 20. ... b4, aber auch dann wäre das weiße Stellungsübergewicht offensichtlich) **21. Ta4: Sf4 22. Tca1**, und Schwarz verbleibt mit einem Bauern im Nachteil, weil jetzt 22. ... Db7 (oder 22. ... Ta8) schlecht ist wegen 23. b4.

Wenn ich schon im 14. Zug geahnt hätte, was mich nach dem vermeintlich ruhigen 14. ... Dc7? erwartet, so hätte ich womöglich doch das Schlagen des Bauern e4 in Betracht gezogen. In zweifelhaften Stellungen macht es Sinn, sich in Verwicklungen zu stürzen.

14. ... Se4:!? 15. Lb6
(15. Sb6 Tb8 oder 15. ... Ta6 16. c5 Ta7)
15. ... Sb6: 16. Dd8: Td8: 17. Sb6: Ta6 18. c5!
Lediglich zum Ausgleich führt 18. Sc8: Sc5!.
18. ... Lc5:!
Im Falle von 18. ... Sc5: 19. La6: Sa6: ist die Kompensation für die Qualität eindeutig unzureichend. Es verliert auch 18. ... Lf5 19. La6: Lc5: 20. Te4: Le4: 21. Sa4.

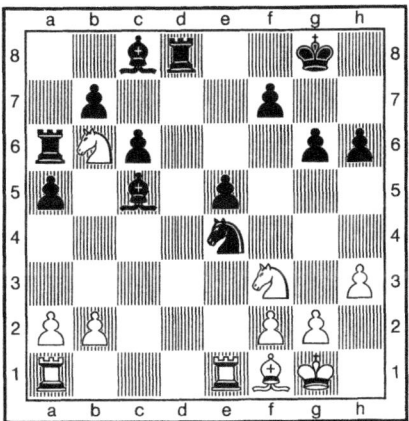

Diagramm 206

Bis zu diesem Moment konnte man die Entwicklung der Dinge durchaus vorausberechnen, denn das Spiel ist von zwangsläufigem Charakter. Die jetzt erreichte wilde Stellung, in der gleich mehrere Figuren unter Schlagdrohung stehen, ist nicht für eine Bewertung oder Einschätzung oder oberflächliche Berechnung geeignet, sondern nur einer gewissenhaften Analyse zugänglich. Weiß muß die Wahl treffen zwischen 19. La6: und 19. Sc8:.

A) **19. La6: Lf2:+ 20. Kf1**
Nach 20. Kh2 Lb6: kann Schwarz bei Gelegenheit die Stellung des weißen Königs in der Diagonalen h2–b8 ausnutzen. Und auf 20. Kh1 ist 20. ... Sg3+ 21. Kh2 Lb6: nicht schlecht.
20. ... Lb6:! 21. Te4: ba 22. Se5:
Das starke schwarze Läuferpaar verspricht gute Kompensation für die Qualität. Zwar ist der Bauer c6 angegriffen und es gibt einige Schwierigkeiten mit der Vollendung der Entwicklung (22. ... Ld2? 23. Sc4; 22. ... Le6? 23. Sg6:). Aber man verfügt über zwei vollkommen zuverlässige Fortsetzungen 22. ... Lf5 oder 22. ... Kg7.

B) **19. Sc8: Lf2:+ 20. Kh2**
Falls 20. Kh1, dann folgt 20. ... Sg3+ 21. Kh2 Sf1:+ 22. Tf1: Lc5, und Schwarz gewinnt die Figur zurück.
20. ... Lg3+
Vermutlich ist auch 20. ... Le1: 21. Te1: b5 möglich, zum Beispiel: 22. Se7+ Kf8 23. Sg6:+ fg 24. Te4: Td1 25. Le2 Tb1.
21. Kh1
(21. Kg1 Lf2+ mit Zugwiederholung)
21. ... Le1:
Verlockend sieht 21. ... Sf2+ 22. Kg1 b5 aus, aber Weiß spielt 23. Se7+ Kf8 24. Se5:, und es ist nicht mehr möglich, die Figur zurückzugewinnen.
22. La6:
(22. Te1: Sg3+ nebst 23. ... Sf1:)
22. ... ba!?. Aufmerksamkeit verdiente auch 22. ... Lg3!? 23. Lb7: Sc5 (schwächer ist 23. ... Td7 24. La6) 24. Se7+ Kf8 25. Sc6: Td7 26. La8 e4 mit guter Kompensation für die Figur, da die weißen Figuren vereinzelt stehen und der e-Bauer gefährlich wird.
23. Te1: Sf2+ 24. Kg1 Sd3 25. Se7+ Kf8 26. Sc6: Td6 27. Sce5:
(27. Te3? Tc6: 28. Td3: e4 29. Td8+ Ke7)
27. ... Se1: 28. Se1: Td2(d1).
Das Endspiel wird vermutlich remis enden.

Man konnte den Bauern also durchaus schlagen. Lange Zeit hindurch war ich der Überzeugung, daß Schwarz nur auf diese tollkühne Art und Weise das Gleichgewicht halten konnte. Aber nach einigen Jahren schlug einer meiner Schüler eine bei weitem einfachere Lösung des Problems vor: 14. ... Tb8!?. Jetzt geht 15. c5? nicht wegen 15. ... Se4: und auf 15. Dc2 folgt 15. ... b5. Ich vermute, daß Raschkowski in diesem Falle das Remis wohl einfach mittels 15. La7 Ta8 16. Le3 Tb8 zwangsläufig herbeigeführt hätte.

Diagramm 207

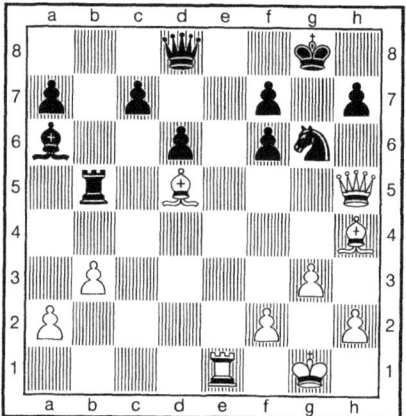

Übung 2–3

Wie soll sich Schwarz, der jetzt am Zug ist, verteidigen?

Diagramm 208

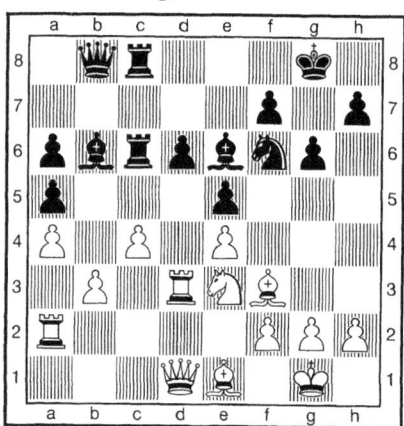

Übung 2–4

Berechnen und bewerten Sie die Folgen von 23. ... Sd7.

Bluff!

„Wer wagt, muß verlieren.
Wer nicht wagt, verliert."

S. Tartakower

In einer verzweifelten Lage sind alle Mittel recht. Man darf dann sogar bewußt eine als unrichtig erkannte Fortsetzung wählen, wenn sie nur einige praktische Chancen bietet.

**Dworetski – S. Sokolow
Meisterschaft von Moskau, 1973**

Diagramm 209

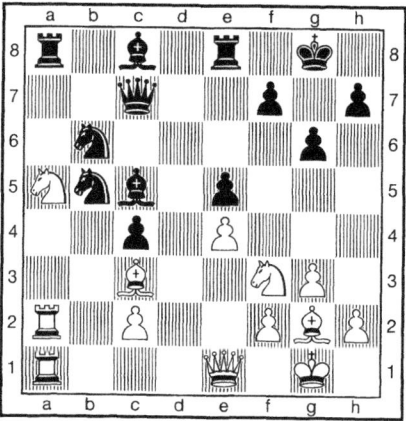

Die schwarze Stellungsüberlegenheit ist offensichtlich. Der Läufer c8 will nach g4 springen, man muß ständig mit der drohenden Besetzung des Punktes d4 rechnen. Mit dem Springer a5 kann Weiß nirgendwohin ziehen, und um seiner Sicherheit willen sind die beiden weißen Türme zur Untätigkeit verurteilt.

Die einzige Möglichkeit, um das Spiel verwickelt zu gestalten, besteht für Weiß darin, eine taktische Operation vorzunehmen: 26. Le5: Te5: 27. Se5: De5: 28. Sc4: Sc4: 29. Ta8:.

Frage 2–39 Was halten Sie von diesem Vorschlag?

Natürlich ist eine radikale Änderung des Stellungscharakters dem Weißen nur angenehm, aber ich erkannte sofort, daß es eine taktische Widerlegung dieser Zugfolge gibt: 28. ... Lf2:+!! (anstelle von 28. ... Sc4:). Falls 29. Df2:, dann folgt 29. ... Da1:+! 30. Ta1: Ta1:+ 31. Lf1 Sc4: 32. Kg2 Le6 – Turm und zwei Leichtfiguren sind eindeutig stärker als die Dame. Aber nach 29. Kf2: hat Schwarz die angenehme Auswahl zwischen 29. ... Df6+ mit nachfolgendem Ta2 und 29. ... Sc4: 30. Ta8: Dd4+. Und nichtsdestotrotz entschloß ich mich, das Risiko zu wagen. Was hatte ich dabei schon zu verlieren? Letztendlich ist der taktische Einschlag auf f2 alles andere als augenfällig; der Gegner hat ihn vielleicht gar nicht bemerkt, um so mehr, als er sich schon in ziemlich starker Zeitnot befand.

26. Le5:!? Te5: 27. Se5: De5: 28, Sc4: Sc4:? Meine Rechnung war aufgegangen. Jetzt entbrennt der Kampf mit neuer Schärfe.

29 Ta8: Sb6 In angespannten Situationen beginnt ein Schachspieler mitunter sich in den Partner einzufühlen; zu spüren, wie seine Verfassung ist, was er sieht, wie seine Reaktionen ausfallen werden. Ich rechnete mir schnell eine für mich günstige taktische Variante aus, und – wie auch immer es gewesen sein mag – ich zweifelte nicht daran, daß es dem Gegner in seiner starken Zeitnot nicht gelingen wird, wahrzunehmen, welch starker Gegenzug ihm zur Verfügung steht, sondern daß er sich in das ihm zugedachte Schicksal fügen wird.

30. Lh3!? f5?
Eine impulsive Antwort. Unbedingt notwendig war 30. ... Sd4!.
31. ef! Jetzt wird die schwarze Stellung blitzartig zerschmettert.
31. ... De1:+ 32. Te1: Sa8: 33. Te8+ Kf7 34. Tc8: Sbc7 (34. ... Sac7 35. fg+ hg 36. c4) **35. fg+ gh 36. Lg2** Schwarz gab auf.

**Dworetski – Awerkin
Meisterschaft der UdSSR,
Erste Liga, Odessa 1974**

Diagramm 210

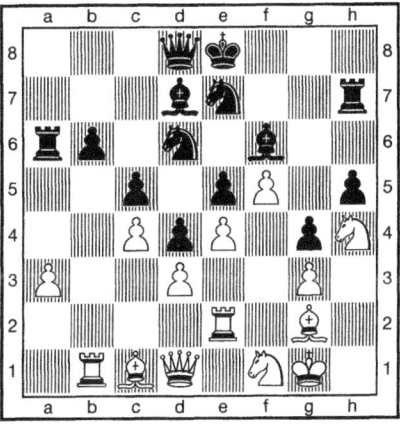

Die weiße Stellung ist strategisch gesehen hoffnungslos. Die weißen Figuren sind äußerst ungünstig aufgestellt und nicht dazu in der Lage, irgendeine Aktivität zu entfalten. Demhingegen verfügt Schwarz über die Möglichkeit, auf jedem beliebigen Brettabschnitt einen Durchbruch vorzunehmen: auf dem Damenflügel mittels b6–b5, auf dem Königsflügel Abtausch des Springers h4 und Vorbereitung von h5–h4. Nebenbei macht es für Schwarz auch Sinn, die schwarzfeldrigen Läufer abzutauschen, denn dann würde der weiße Bauer auf a3 sehr schwach werden.

Mir blieb nur eine Möglichkeit. Ich mußte um jeden Preis versuchen, den Gegner von seinem geplanten Bauerndurchbruch abzubringen. Für den Anfang machte ich den Versuch, ihm einen Bauerngewinn schmackhaft zu machen.

28. Teb2!? Sec8 29. Sg6

Weiß hat das Feld b5 unter seine Kontrolle genommen und fürchtete sich nicht vor 29. ... Ta3: 30. Tb6: Td3: 31. Dd3: Sb6:, denn nach 32. La3 oder 32. Sd2 erwachen die weißen Figuren wieder ein wenig zum Leben. Der Gegner zog es vor, sich nicht von seinem beabsichtigen Kurs abbringen zu lassen.

29. ... Sf7!

Alles klar: jetzt wird als nächstes 30. ... Sh8 folgen, um den für Schwarz günstigen Abtausch der Springer zu erzwingen. Ich mußte mich jetzt zu einer tollkühnen Maßnahme durchringen, zu einem Figurenopfer, das ich selbst als völlig ungesund einschätzte. Aber Aussicht auf Rettung konnte ich nur dann bekommen, wenn es mir gelang, meinen Gegner, Awerkin, einen Spieler strenger positioneller Stilrichtung, auf das Pflaster taktischer Verwicklungen zu locken, auf dem er sich nicht allzu sicher fühlte. Dazu kam ein günstiger Umstand. Bis zur Zeitkontrolle hatte er lediglich noch 20 Minuten und bei einer sehr scharfen Zuspitzung des Spiels würde er im Laufe der nächsten Züge vermutlich in Zeitnot geraten.

30. De2 Sh8 31. Sf4!? ef 32. gf Lh4!

Schwächer ist 32. ... Le7 33. f6! (33. e5? Lf5:) 33. ... Lf6: 34. e5 nebst 35. e6. Als ich den Springer opferte, nahm ich an, daß im Falle des Vorrückens des e-Bauern nach e6 die schwarzen Streitkräfte in zwei Gruppen gespalten werden und die Einbuße der Figur sich daher nicht mehr so bemerkbar machen würde.

33. f6 Lf6:? Die Zeitnot hat bereits begonnen ihre Wirkung zu zeigen. Richtig wäre natürlich 33. ... Df6:! 34. e5 De7, und die Bauern wären zum Stehen gebracht.

34. e5 Lh4 35. e6 La4 36. f5

Diagramm 211

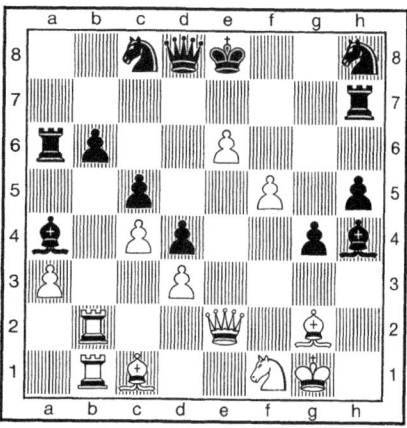

Genau diese Stellung hatte Weiß angestrebt. Jetzt ist es für den Gegner bereits nicht mehr einfach, den richtigen Verteidigungsplan zu finden, inbesondere unter den Bedingungen der Zeitnot bei sich bedrohlich hebendem Blättchen. Falls Schwarz jetzt beispielsweise 36. ... Lg5 spielt, so folgt 37. Lg5: Dg5: 38. De5. Das bestmögliche, was Schwarz tun konnte, wäre vermutlich noch 36. ... Sd6 37. De5 Lf6.

36. ... Df6? 37. De4 Lg5

(37. ... Sd6 38. Dd5 Sf5: 39. Tb6:)

38. Lg5: Dg5: 39. De5

Ich machte ohne Nachzudenken denjenigen Zug, welchen ich mir zuvor für den Fall des Läufertausches zurechtgelegt hatte. Aber im gegebenen Augenblick wäre auch die Alternative 39. f6 nicht schlecht gewesen.

39. ... Th6?

Der letzte Fehler in Zeitnot.

40. Lb7 Ta7 41. Lc8:

Schwarz gab auf.

Am Rande des Abgrunds

„Der Sieg erwartet den Menschen, dessen Leben in Ordnung ist, und das nennt man Erfolg."

Roald Amundsen

Jeder Schachspieler trachtet für einen wichtigen Wettbewerb nach einer guten sportlichen Form. Wie er diese Form erwirbt, entscheidet jeder für sich selbst auf seine eigene Weise, das ist eine sehr persönliche Sache. Gleichwohl möchte ich ein Rezept allgemeiner Art geben, welches sich oftmals für meine Schüler oder für mich selbst bewährt hat. Für einen Erfolg in einem Turnier oder Match bedarf es auf der einen Seite einer guten gesundheitlichen Verfassung, Kraftreserven und Ausdauer, auf der anderen Seite eines hinreichenden Vorrats an nervlicher Energie, geistiger Wahrnehmungsfrische und ähnliche Eigenschaften. Daher ist es bei der Vorbereitung auf einen Wettkampf wichtig, sicherzustellen, daß genügend Spannkraft vorhanden ist, mit körperlichem und geistigem Streß hohen Grades fertigzuwerden.

Oder einfacher gesagt: es ist notwendig, ein interessantes und inhaltsreiches Training durchzuführen, wobei die rein schachliche Beschäftigung ständig mit anderen körperlichen Übungen, sportlichen Tätigkeiten und Spielformen durchmischt wird.

Genau nach diesem Rezept ging die Vorbereitung zu einem ziemlich starken Turnier in der mittelestnischen Stadt Viljandi vonstatten, bei welchem es mir damals – noch im Range eines Meisters – gelang, den ersten Preis zu gewinnen, mit dem Ergebnis von 10 Siegen und 4 Remisen vor drei Großmeistern, unter ihnen auch Michail Tal.

Die gute sportliche Form macht keineswegs gegen Fehler gänzlich gefeit, aber sie ermöglicht es, die Fehlerquote zu vermindern. Aber, das Hauptsächliche ist, sie hilft dabei, ständig die Energie und die Klarheit der Gedanken aufrechtzuerhalten, kaltblütig den Kampf fortzusetzen bei jedweder Entwicklung der Ereignisse. Als ein Beispiel dafür mag die folgende Partie dienen. In ihr geriet ich schon ausgangs der Eröffnung in eine verzweifelte Stellung, und fast bis zum Ende des Spiels konnte ich mich nicht daraus befreien, aber dann endete doch alles glücklich für mich.

Heuer – Dworetski
Viljandi (Estland) 1972

1. e4 e6 2. d4 d5 3. Sc3 Lb4 4. e5 c5 5. a3 Lc3:+ 6. bc Se7

Fast immer war ich in der Eröffnung bestrebt, von langen zwangsläufigen Varianten Abstand zu nehmen, und daher ließ ich mich als Antwort auf 7. Dg4 nicht auf das gradlinige Spiel mittels 7. ... cd 8. Dg7: Tg8 ein, sondern beschränkte mich auf die bescheidenere Fortsetzung 7. ... 0–0 8. Sf3 Sbc6 9. Ld3 f5.

In einer Partie gegen B. Karlsson (Moskau 1969) war es mir gelungen meinen Gegner nach 10. ef Tf6: 11. Lg5 Tf7 12. Dh4 (genauer ist 12. Le7:, was das Schlagen mit dem Turm erzwingt) 12. ... h6 13. 0–0 in eine Falle zu locken, die ich mir am Brett ausgedacht hatte: 13. ... c4 14. Lg6? Tf3:! 15. gf (15. Le7: De7: 16. De7: Se7:, und der weiße Läufer ist angegriffen) 15. ... hg 16. Dh7+ Kf8 17. Dh8+ Sg8. Schwarz hat den Angriff abgeschlagen und konnte sein materielles Übergewicht umsetzen. Als ich nach der Partie in einem Eröffnungshandbuch nachschlug, stellte ich mit Erstaunen fest, daß dessen Autor in dieselbe Falle gegangen war – er hatte den taktischen Schlag

14. ... Tf3:! ebenfalls völlig außer acht gelassen und betrachtete als Entgegnung auf 14. Lg6? nur die schwächere Antwort 14. ... Sg6: 15. Ld8: Sh4: 16. Lh4:.

Zum besseren Verständnis der folgenden Ereignisse ist es nützlich anzumerken, daß im Falle von 10. Dg3 (anstelle von 10. ef) Schwarz ein Gegenspiel mittels 10. ... Db6 oder 10. ... Da5 11. Ld2 b6, mit der Absicht 12. ... La6 oder 12. ... Da4 zu starten pflegt.

In der zweiten Hälfte der 80er Jahre hat die Eröffnungstheorie in diesem System bedeutende Schritte nach vorn gemacht. Zuerst wurde festgestellt, daß nach 10. ef Tf6: 11. Lg5 Schwarz nicht gezwungen ist, mit dem Turm wegzuziehen, sondern daß die Verwicklungen, die er mittels 11. ... e5!? einleiten kann, ihm ein vollkommen befriedigendes Spiel versprechen. Alsbald fand Weiß eine für den Gegner bei weitem gefährlichere Zugreihenfolge 8. Ld3! (anstelle von 8. Sf3), und falls 8. ... Sbc6 dann 9. Dh5!. Schwarz versuchte auch 8. ... c4, 8. ... f5 und 8. ... Sd7, aber, soweit mir bekannt ist, ist eine zuverlässige Gegenmaßnahme bis heute noch nicht gefunden worden.

7. Ld3!?

Ein origineller Zug, der Beachtung verdient. Weiß behält sich die Möglichkeit zu einem Damenausfall nach g4 vor und kann bei sich bietender Gelegenheit selbst f2–f4 spielen und erst danach den Springer entwickeln. Ich entschloß mich, das Spiel in das mir bekannte und vertraute Schema zu überführen.

7. ... Sbc6 8. Dg4 c4

Auf 8. ... 0–0 ängstigte mich die Antwort 9. Dh5, und dies nicht ohne Grund, wie die späteren Beispiele mit dieser Eröffnung belegen sollten.

9. Le2 0–0 10. h4

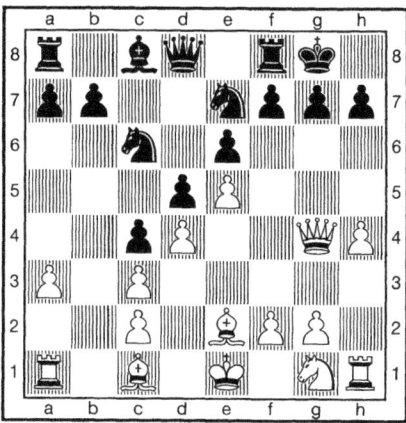

Diagramm 212

Frage 2–40 Was soll Schwarz jetzt unternehmen?

„Ich werde nun den weißen Flügelangriff mit einem Schlag im Zentrum beantworten," dachte ich mir und zog blitzartig:

10. ... f5??

Gleich als ich diesen Zug ausgeführt hatte, überfiel mich ein Schreck, als ich bemerkte, daß die schwarze Stellung nach 11. Dg3! kritisch wird. Bei einer Bauernstellung auf c5 konnte Schwarz sein Gegenspiel am Damenflügel oder im Zentrum ansetzen, aber jetzt, nachdem das Zentrum mittels der Züge c5–c4 und f7–f5 abgeriegelt ist, hat Schwarz kein Gegenspiel an anderer Stelle.

Zugunsten von Weiß schlägt auch noch zu Buche, daß er seine Springerentwicklung zurückgestellt hat – jetzt kann er den Springer auf der optimalen Marschroute g1–h3–f4 bewegen und bei Gelegenheit nach h5 stellen.

Natürlich war 10. ... f6! mit guter Stellung für Schwarz unbedingt notwendig. Das wäre dann wirklich der von mir beabsich-

tigte Gegenschlag im Zentrum gewesen. Warum habe ich denn nicht so gespielt, wie ich es doch eigentlich wollte?

Prinzipiell kann ein und derselbe Fehler auf die verschiedensten Ursachen zurückgehen, so daß es dann meist nicht möglich ist, eine verläßliche Diagnose zu stellen, wenn man nur eine einzige Episode zur Grundlage der Betrachtung macht; man muß eine ganze Testreihe zur Verfügung haben. Als Ursache für den Zug 10. ... f5 kann man etwa ein mangelhaftes Verständnis für die Stellung annehmen. Aber in diesem Falle trifft dies nicht zu, denn ich habe unmittelbar – in Sekundenbruchteilen – gemerkt, welch schwerwiegenden Fehler ich gemacht hatte.

Übrigens wird daraus klar, inwieweit es für einen Trainer wichtig ist, daß er sich bei der Diagnose der Unzulänglichkeiten eines Schülers nicht auf die tatsächlich geschehenen Partiezüge und auf deren Analyse beschränken darf. Man muß die Geschehnisse mit dem Partiespieler selbst genau erörtern, um dabei zu erfahren, wie er eine Stellung eingeschätzt hat, seine Meinung hören über die Ursachen der von ihm begangenen Fehler.

Sehr nützlich kann sich erweisen, die jeweils verbrauchte Zeit zu notieren. Dann würde sich zeigen, daß Schwarz seinen letzten Zug ohne Nachdenken gemacht hat. Dann gibt es noch eine andere Version: Schablonendenken (in dieser Eröffnungsvariante muß man fast immer den Zug f7-f5 spielen) und am allerwahrscheinlichsten Impulsivität, Neigung zur Übereilung, zu wenig durchdachten Entscheidungen, mit denen man sich im nachhinein nur sehr schwer abfinden kann.

11. Dg3! Da5 12. Ld2 Da4

Mit aller Kraft will ich den Gegner davon ablenken, seine Initiative auf dem Königsflügel zu entfalten, aber die Gegenangriffsressourcen sind äußerst unbedeutend, und nach dem kaltblütigen 13. Ld1! ist die schwarze Stellung nicht beneidenswert.

13. Sh3? Eine unprofessionelle Entscheidung. Obgleich Schwarz, sofern er den Bauern c2 nimmt, in einen gefährlichen Angriff gerät, so tauchen für ihn doch die ersten Gegenchancen auf, und es kann nicht mehr von einer Situation der totalen Hoffnungslosigkeit die Rede sein.

13. ... Dc2: Nachgrübeln ist nicht angesagt – man muß einfach den Bauern nehmen und sich denken: Komme, was da wolle.

14. Lh6

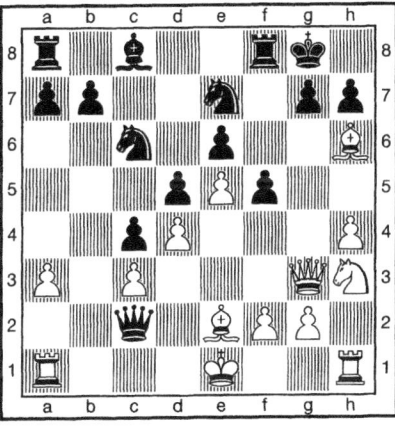

Diagramm 213

Frage 2–41 Wie verteidigt sich Schwarz am besten?

Im Falle von 14. ... Sg6 folgt offensichtlich 15. h5. Die einzige Möglichkeit ist dann 15. ... f4! 16. Sf4: Tf4: 17. hg (17. Lf4: Sf4:, und jetzt geht 18. Df4:? nicht wegen 18. ... Dc3:+) 17. ... gh. Der schwarze König ist zwar in einer schrecklichen Lage, aber immerhin hat Schwarz eine Figur mehr, und ein direktes Matt ist nicht zu entdecken.

Nach 14. ... Tf7 15. Lh5 muß man die Fortsetzungen 15. ... g6 und 15. ... Sg6 untersuchen.

Auf 15. ... g6 ist 16. Sf4! stark (schlechter 16. 0–0 f4!) mit nachfolgendem Wegzug des Läufers oder sogar unter Umständen Figurenopfer auf g6. Falls aber 15. ... Sg6, dann ist 16. Lg6: hg 17. Tc1 De4+ 18. Le3 (droht 19. Sf4 oder 19. Sg5) 18. ... Dg4 19. Dg4: fg 20. Sg5 möglich, danach Ke2 nebst h4–h5. Es entsteht eine weniger scharfe Situation als bei 14. ... Sg6, aber Schwarz hat auch keinen materiellen Vorteil (der Mehrbauer ist absolut nicht fühlbar). Folglich erhält Weiß seinen Vorteil im Falle von 14. ... Tf7 quasi kostenlos. Aber in der Variante 14. ... Sg6 muß er ausgesprochen genau und energisch agieren, jedwede Verfehlung im Hinblick auf die Angriffsführung erweist sich bei Figurendefizit als gravierend und verhängsnisvoll. Das heißt, daß man gerade so spielen muß.

14. ... Sg6! 15. h5 f4! 16. Sf4: Tf4: 17. hg gh
Falls jetzt 18. gh+ Kh7: 19. Df4: Dc3:+ 20. Dd2, dann nicht 20. ... Da1:+ 21. Ld1, und der weiße Angriff wird unwiderstehlich, sondern einfach 20. ... Dd2:+ 21. Kd2: Sd4: mit zwei Bauern für die Qualität.
18. Th6:

Diagramm 214

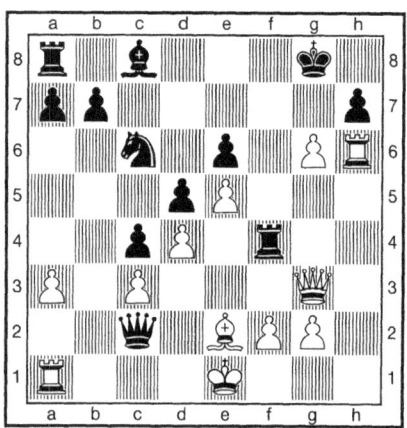

Frage 2–42 Wie soll Schwarz jetzt fortsetzen?

In derartigen Situationen wird sich eine Entscheidung häufig mit der Anwendung der Ausschlußmethode treffen lassen – man berechnet den besten Zug dabei gar nicht in allen Details, sondern wählt ihn, wenn man feststellt, daß alle anderen Möglichkeiten schlecht sind. Es droht 19. gh+ Kh8 20. Dg8 matt. Eindeutig unzulänglich ist sowohl 18. ... Tf8? 19. Th7:+ als auch 18. ... hg? 19. Tg6:+ Kf7 20. Tg7+ Kf8 21. Tg8+ Ke7 22. Dg5+ Kd7 23. Tg7+. Im Falle von 18. ... Se7? entscheidet effektvoll 19. gh+ Kh8 20. Dg7+!! Kg7: 21. h8D+.

Es verbleibt nur eine einzige Möglichkeit.

18. ... Ld7! 19. Kf1
Solange Heuer über diesen seinen Zug nachdachte, berechnete ich die Variante 19. Th7: Te4 20. Df3 (20. Th8+ Kg7! 21. Th7+ Kg8 führt zum Remis) 20. ... Te2:+ 21. Kf1 (21. De2:? Dc3:+) 21. ... Tf2:+ 22. Df2: Df2:+?! (fehlerhaft ist 22. ... Tf8? 23. Th8+, aber die Gewinnfortsetzung 22. ... Dg6:! fiel total aus meinem Blickfeld. Schachspieler übersehen oft lange Rückzüge von Figuren) 23. Kf2: Tf8+

Diagramm 215

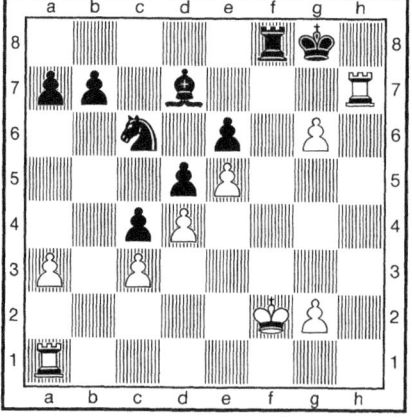

Frage 2–43 Wohin soll der König ziehen?

Eine typische Übung zum Trainingsthema: Erkennen gegnerischer Ressourcen. Offensichtlich will Schwarz 24. ... Le8 25. Tb7: Lg6: spielen. Ich fand aber die Idee 24. ... Le8 25. g7!, die zum Gewinn einer Figur führen kann. Aber im Falle von 24. Kg3(e3) Le8 25. g7 gibt es den Gegenschlag 25. ... Tf3:+!, und nach 24. Ke2 entsprechend 25. ... Tf2+!. Das bedeutet aber, daß allein 24. Kg1!! der richtige Zug ist, denn dann ist nämlich 24. Le8(c8) 25. g7! Tf1+ 26. Tf1: Kh7: 27. Tf8 für Schwarz schon schlecht möglich.

19. ... Taf8 20. gh+?!

Weiß läßt sich von seinem Angriffsspiel hinreißen. Er mußte das Remis erzwingen mit: 20. Th7: Tf2:+ 21. Kg1 De2: 22. Th8+! Kg7! 23. Th7+ Kg8 24. Th8+, aber nicht 24. Dg5? Tg2:+ 25. Dg2: De3+ (oder sogar 25. ... Dg2:+ 26. Kg2: Le8 27. g7?! Tf2+!).

20. ... Kh8 21. Tg6 Tf2:+ 22. Kg1

Frage 2–44 Wie spielt Schwarz jetzt?

Jetzt war es höchste Zeit, den gegnerischen Sturmangriff endgültig zu brechen und die Übermacht zu sichern mittels 22. ... T2f7! 23. Tg8+ Kh7: 24. Tg4 Kh8!, zum Beispiel 25. Tf1 Tf1:+ 26. Lf1: Tf1:+ 27. Kf1: Dd3+. Zum zweiten Mal in derselben Partie übersah ich einen langen Rückzug mit einer meiner Figuren (das erste Mal bei der Berechnung der Variante 19. Th7:). Mag es auch nur eine Kleinigkeit sein, aber ein Trainer muß bei seinen Schülern auch solche Kleinigkeiten korrigieren, indem er rechtzeitig seine Aufmerksamkeit darauf lenkt und spezielle Übungen zur Beseitigung dieser Schwäche benutzt.

Diese Unterlassung kommt Schwarz sehr teuer zu stehen. Erneut gerät er an den äußersten Rand des Abgrunds.

22. ... Se7? 23. Tg8+ Sg8: 24. hg+ Tg8: 25. Df2:

Diagramm 216

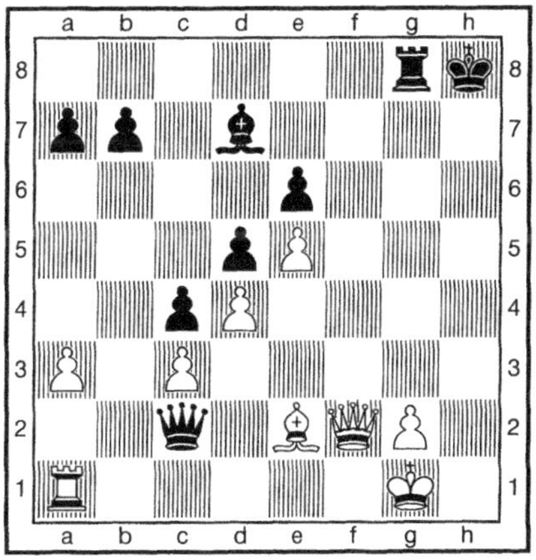

Frage 2–45 Soll man den Bauern c3 wegnehmen?

Das materielle Gleichgewicht ist wiederhergestellt. Mein König ist des Bauernschutzes vollkommen verlustig gegangen, daher ist der weiße Vorteil offensichtlich. Erneut hat Schwarz die Wahl zu treffen: entweder einen „normalen" Zug mit Verteidigungscharakter zu machen (zum Beispiel 25. ... Dg6) oder den Bauern c3 zu schlagen und damit gleichzeitig seinen König der Gefahr des Angriffs 26. Dh4+ auszusetzen.

Ich setzte wieder analog wie schon im 14. Zug fort, bevorzugte also das Risiko. Die Logik der getroffenen Entscheidung ist genau die gleiche wie damals: zunächst betrachtete ich die Stellung bei der ruhigen (nicht angenehmen) Fortsetzung, dann versuchte ich eine zwingende Widerlegung des Zuges 25. ... Dc3: zu finden, und, falls sich eine solche nicht finden läßt, dann gilt es den Mut zusammenzunehmen und sich dazu durchzuringen!

25. ... Dc3!? 26. Dh4+ (ungenau ist 26. Tf1 Dg3) **26. ... Kg7 27. Tf1 De3+** Dieses Schachgebot ist natürlich unverzichtbar. Welche der drei möglichen weißen Antworten – 28. Tf2, 28. Kh1 oder 28. Kh2 – ist jetzt am stärksten? Zu dieser Frage werden wir zurückkehren. Lange Zeit hindurch meinte ich, daß ich die Antwort auf diese Frage nicht wüßte, aber jetzt kann ich dies nicht mehr von mir behaupten.

28. Kh1 Le8! Wiederum ein Beispiel, in welchem der Zug mit der Ausschlußmethode gefunden werden konnte. Alle anderen Versuche sind schnell zu widerlegen: man sehe zum Beispiel 28. ... De2:?! 29. Dg5+; 28. ... Dh6? 29. Tf7+; 28. ... Th8? 29. Lh5 Le8 30. De7+ Kh6 31. Le8:.

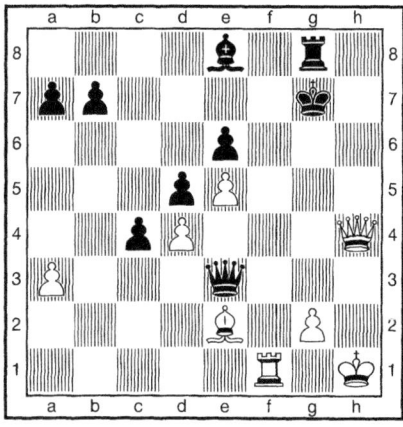

Diagramm 217

29. Tf3? Ein ernster Fehler, der zum Partieverlust führt. Aber konnte Weiß nicht irgendwie gewinnen? Zum Zeitpunkt der Partie sah ich die Variante 29. Df6+ Kh7 30. Tf3 De2: 31. Th3+ Lh5 32. Df7+ Kh6 33. Dg8: Df1+ 34. Kh2 Df4+ 35. Dg3 Dg3:+ (aber nicht 35. ... Dd4:? 36. Th4) mit einem schwierig einzuschätzenden Endspiel. Übrigens nimmt man auch aus dem Grund Bauern wie den auf c3, damit in derartigen Varianten, die zu einem gewissen materiellen Vorteil für den Gegner führen, dennoch der Ausgang nicht klar ist.

Kehren wir zurück und betrachten die anderen Möglichkeiten von Weiß anstelle von 28. Kh1. Kaum tödlich für Schwarz dürfte die Fortsetzung 28. Tf2 sein, denn mit einem gefesselten Turm erweist sich die weitere Angriffsführung für Weiß nicht mehr als so einfach. Hingegen könnte sich eine wichtige Verstärkung durch den Zug 28. Kh2 ergeben. Nach 28. ... Le8 29. Df6+ Kh7 30. Tf3 De2: 31. Th3+ Lh5 32. Df7+ Kh6 33. Dg8: hat Schwarz jetzt bereits kein Schachgebot auf f1 mehr und wird daher verlieren. Aber M. Dlugy und B. Gulko fanden für Schwarz den rettenden Gegenschlag 30. ... Tg2:+!! (anstelle von 30. ... De2:?!) 31. Kg2: De2:+.

Wir kommen also zu der Schlußfolgerung, daß der kühne und gewagte Materialgewinn sowohl im 14. als auch im 25. Zug nicht nur aus psychologischen Gründen, sondern auch ganz objektiv gerechtfertigt war.

29. ... Dh6!? Es bot sich der Zug 29. ... Df3: mit nachfolgendem 30. ... Th8 an. Aber mir schien es, als ob Weiß erst einmal ein Zwischenschach geben und danach meine Dame schlagen kann und daher habe ich den Zug 29. ... Df3: sofort verworfen. Aber Weiß kann mit den Schachgeboten, wo auch immer, nichts Zählbares erreichen: 30. De7+ Df7; 30. Df6+ Df6:; 30. Dg5+ Kf7.

Ich erinnere an die Episode in der Eröffnung: 10. ... f5??. Es scheint, als ob sich die Hypothese über den Schachspieler, der die schwarzen Steinen führt, daß er zur Impulsivität und zur Übereilung von Entscheidungen neigt, hiermit bestätigt. Bekräftigt wird sie auch noch dadurch, daß nach einer scharfen und anspruchsvollen

Partie die Schachuhr für Schwarz nicht viel mehr als eine Stunde Bedenkzeitverbrauch anzeigte. Leider begann ich erst später, als ich Trainer wurde, meine Aufmerksamkeit auf derartige Unzulänglichkeiten zu richten. Aber zu jener Zeit, obgleich ich schon damals meine Schwächen einsah, unternahm ich keine ernsthaften Versuche gegen diese anzukämpfen. Und vermutlich gerade daher konnte ich als aktiver Spieler meine Möglichkeiten nicht vollkommen zur Entfaltung bringen.

Übrigens: wenn eine Diagnose erstellt wird, dürfen sich Spieler und Trainer nicht so sehr von den offensichtlichen Fehlern in der Partie leiten lassen, sondern von Fehlern, die sich beim Nachdenken über den nächsten Zug, bei der Vornahme von Entschlüssen ereignen.

Im hier gegebenen Falle machte ich letztlich zum Beispiel gar keinen schlechten Zug. Er war von mir genau ausgerechnet und führte zwangsläufig zum Partiegewinn.
30. Tg3+ Lg6 31. Lh5 Kh7 32. Tg5 c3!
Der Freibauer entscheidet den Ausgang des Kampfes. Weiß gab die Partie auf wegen 33. Lg6:+ (33. Kg1 c2) 33. ... Tg6: 34. Th5 Dh5: 35. Dh5:+ Th6.

Die Partie ist bei weitem nicht mustergültig, aber kämpferisch und ganz lehrreich. Eine aufmerksame Analyse ermöglichte es, viele methodisch wichtige Momente aufzuzeigen, sowohl rein schachlicher als auch psychlogischer Art.
Ich gab meinen Schülern immer wieder den Ratschlag, die gehaltvollsten eigenen Partien auf diese Weise zu studieren, und diese Arbeit trug ohne Zweifel stets ausgezeichnete Ergebnisse ein.

Das positionelle Qualitätsopfer

„Wenn Sie sich hinsetzen, nachdenken und Stellungen dieses Typus spielen, werden Sie fühlen, daß sich ein Qualitätsvorteil absolut nicht bemerkbar macht."
Tigran Petrosjan

Martin Gonzalez – Dolmatow
Barcelona 1983
1. e4 e6 2. d4 d5 3. Sc3 Lb4 4. Se2 Sf6!?
Dies ist eine vernünftige Eröffnungstaktik. In einem Treffen mit einem spielstärkemäßig schwächeren Gegner ist es sinnvoll, daß man die Theoriediskussion in detailliert ausanalysierten Varianten (4. ... de) vermeidet, um so bald wie möglich eine eigenständige Auseinandersetzung am Brett zu führen.
5. e5
Zu bevorzugen war 5. Lg5 de 6. a3 Le7 7. Lf6: gf 8. Se4:.
5. ... Se4 6. a3 Sc3: 7. Sc3: Lc3:+ 8. bc 0-0 9. Dh5
Zu etwa ausgeglichenem Spiel führte 9. Ld3 f5 10. ef Df6: 11. 0-0 c5 12. dc Sc6.
9. ... f5 10. g4

Diagramm 218

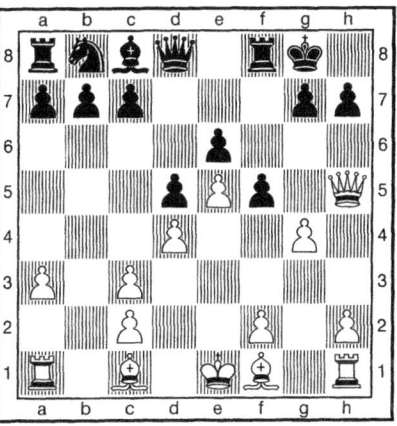

Frage 2–46 Wie soll Schwarz fortsetzen?

Der aggressive weiße Bauernvorstoß sieht auf den ersten Blick ebenso wenig zwingend aus wie 10. h4 in der vorangegangenen Partie. Aber diese hat auch gezeigt, wie gefährlich eine leichtsinnige Einstellung gegenüber den Angriffsmöglichkeiten des Gegners sein kann.

Dolmatow jedenfalls wiederholte meinen Fehler nicht, er beschäftigte sich genau mit der Stellung und fand eine hervorragende Lösung, um die vor ihm liegenden Probleme zu bewältigen, und diese Lösung war verbunden mit einem tiefgründigen, rein positionellen Qualitätsopfer.

Weiß beabsichtigt 11. Ld3 mit nachfolgendem 12. gf. Klar ungünstig ist 10. ... fg 11. Ld3. Falls man den Läufer d3 neutralisiert, indem man g7–g6 spielt, dann schwächt man die schwarzen Felder beträchtlich, so daß der schwarzfeldrige Läufer einen großen Kraftzuwachs erfährt. Verlockend mag der Zug 10. ... b6 erscheinen (mit der Idee 11. Ld3 La6!). Aber dann folgt 11. Lg5! De8 (11. ... Dd7 12. gf Tf5: 13. Ld3) 12. De8: Te8: 13. gf ef 14. Lg2, und Weiß hat Endspielvorteil.

Auch der Gegenschlag im Zentrum mittels 10. ... c5 vermag nicht alle Probleme zu lösen. Weiß setzt dann entweder fort mit 11. Ld3 c4 12. Le2 (erneut erinnert das Verfahren an die vorangegangene Partie) – oder noch schärfer 11. gf Tf5: 12. Dh3 cd 13. cd Sc6 14. c3 (aber nicht 14. Ld3 Sd4:! mit vorzüglichen Gegenwerten für die Qualität).

10. ... Ld7! 11. gf (11. Ld3 Le8 nebst 12. ... Lg6) **11. ... Tf5: 12. Dh3 Le8 13. Ld3 Lg6!** Schwächer ist 13. ... Th5 14. Dg2 oder 14. Dg3 mit nachfolgendem 15. Tg1. Schwarz opfert die Qualität und erhält dafür eine ausgezeichnete positionelle Kompensation. Sein Läufer wird unbestrittener Herrscher über die weißen Felder. Nicht von geringem Gewicht ist auch der psychologische Faktor: A. Martin Gonzalez war auf Angriff eingestellt, doch jetzt ist der weiße Angriff vorbei, ehe er richtig begonnen hat. Die Initiative hat Schwarz in der Hand, Weiß muß zur Verteidigung übergehen. Dies aber ist für die meisten Schachspieler psychologisch unangenehm und auch schwer.

14. Tg1 Df8

Frage 2–47 Wie muß Schwarz auf 15. c4 antworten?

Nach 15. c4 ist 15. ... dc? 16. Lc4: Df7 (16. ... Lf7 17. Lh6) 17. Db3 ungünstig. Aber es gibt einen ausgezeichneten Gegenschlag: 15. ... Sc6!.

15. Lf5: Lf5: 16. Df3 Aufmerksamkeit verdiente 16. Dh4 mit der hinterlistigen Falle 16. ... Kh8? 17. Tg7:!! Dg7: 18. Lh6, und Weiß gewinnt. Schwarz würde aber einfach 16. ... Sc6! spielen und 17. Lh6 gar nicht fürchten wegen 17. ... Lg6.

16. ... Sc6 17. De2 Damentausch war herbeiführbar: 17. Lh6 Lg6 18. Df8:+ Tf8:. Aber nach 19. Le3 Lc2: hat Schwarz schon einen Bauern für die Qualität und für die weißen Türme ist nirgends ein Durchkommen.

17. ... Kh8 18. a4

Diagramm 219

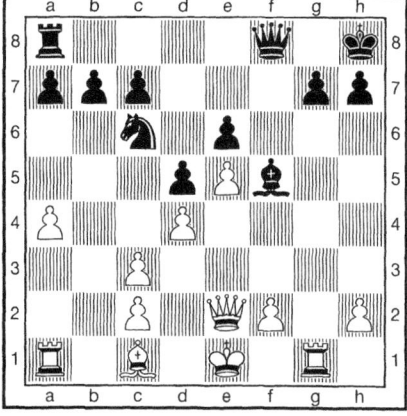

Frage 2–48 Was spielt Schwarz jetzt?

Es ist klar, daß man den Springer nach c4 überführen muß. Es bietet sich 18. ... Sa5 an, aber dann kann die weiße Dame unerwartet ins gegnerische Lager einbrechen: 19. Db5! b6 20. Dd7. Wenn aber 18. ... b6, dann ist nach 19. La3 Df7 20. Lb4! für den Springer kein Eindringen über a5 mehr möglich.

18. ... Df7!
Ein genauer positioneller Zug. Jetzt stellt Sc6–a5 schon eine konkrete Drohung dar, zum Beispiel: 19. La3 Sa5 20. Db5 b6, und das Feld d7 ist gedeckt. Auf 19. Db5 antwortet Schwarz mit 19. ... Tb8 mit dem Plan 20. ... Lc2: oder 20. ... Dh5. Möglich ist folgende interessante Variante: 20. a5 Lc2:! 21. a6 Df3 22. Le3 ba! 23. Dc6: Ld3 mit unausweichlichem Matt.

19. a5?!
Beträchtlich stärker war 19. f3 Sa5 20. Kf2.

19. ... b6
Der Springer gelangt trotz allem nach a5, desweiteren erhält Schwarz jetzt nach dem Bauerntausch auf b6 noch einen entfernten Freibauern in der a-Linie und die c-Linie für seinen Turm.

20. ab cb 21. Tg3 Sa5 22. f3
Nach Meinung Dolmatows mußte Weiß die Qualität zurückgeben mittels 22. Ta5: ba 23. c4 dc 24. Dc4:. Freilich bleibt die weiße Stellung nach 24. ... Db7 (als Vorbereitung von Tc8, Dh1+, Db1) besorgniserregend. Der Angriff bei ungleichfarbigen Läufern ist stets eine ernste Sache!

22. ... Sc4 23. Kf2 a5
Die Situation ist für Schwarz angenehm – er kann schrittweise seine Stellung verstärken, und der Gegner ist bar jeden Gegenspiels.

24. Kg1 a4 25. La3 Lg6 26. Kf2 Df5 27. Ta2 Ta7 28. Lc1 h6 29. Kg1 a3 30. Tg2

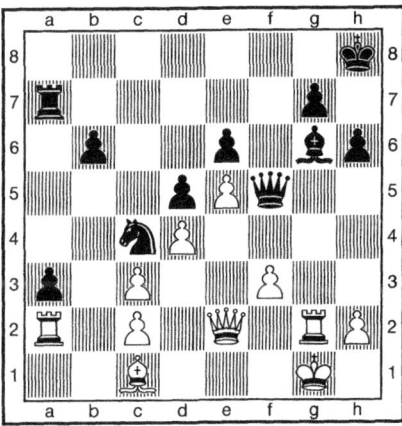

Diagramm 220

„An dieser Stelle verstand ich," – schreibt Dolmatow in seinen Kommentaren zur Partie –, „daß es gar nicht so leicht ist, den endgültigen Erfolg für Schwarz einzufahren. Man muß auf beiden Flügeln spielen, um die Verteidigung zu überfordern." Wie Sie also sehen, hat das Prinzip der zwei Schwächen, von dem im Teil II des Bandes *Geheimnisse gezielten Schachtrainings* die Rede war, nicht nur im Endspiel seine Gültigkeit.

30. ... Lh5 31. Tg3 Df8! (bereitet Ta7–f7–f5 vor) **32. Th3** Weiß ist es gelungen, dem gegnerischen Plan vorzubeugen. Daher beginnt Schwarz jetzt mit einem Durchbruch am Damenflügel.

32. ... Lg6 33. Tg3 Lf5 34. Dg2 b5 35. Df2 b4! 36. De1 Lc2:! 37. cb (ganz schlecht ist 37. Tc2: b3) **37. ... Lb1 38. Ta1?** Jetzt verbleibt Weiß ohne jede Rettungschance. Bei weitem hartnäckiger war 38. Ta3: Sa3: 39. La3:. Aber nach 39. ... Ld3! (schlechter ist 39. ... Ta3:?! 40. Db1:, zum Beispiel, 40. ... Df4 41. Dg6! Dd4:+ 42. Kg2 De5 43. De8+ Kh7 44. Dg6+ mit Dauerschach) 40. Dc3 Lc4 ist die weiße Stellung trotz des Bauern mehr schwierig. Und erneut wird dank des gewaltigen Einflusses der un-

gleichfarbigen Läufer die Kraft des Angriffs drastisch erhöht.
38. ... a2 39. f4 De8! 40. De2 Da4 41. De1 Tb7 42. Ld2 Sd2: 43. Dd2: Tb4: 44. Td3 Ld3: 45. Dd3: Tb3
Falls jetzt 46. Dd1, dann folgt 46. ... Db4. Weiß gab auf.

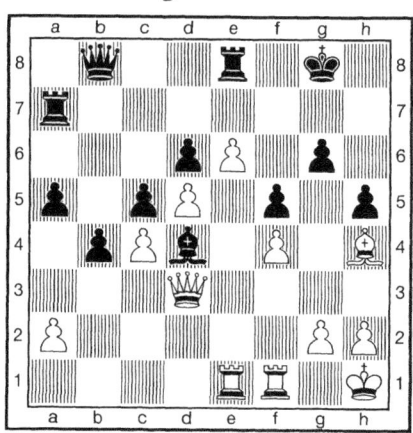

Diagramm 223

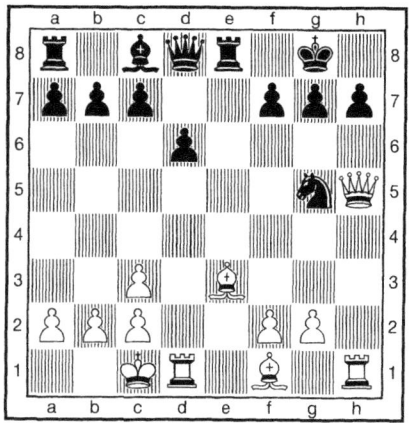

Diagramm 221

**Übung 2–5
Schwarz am Zug**

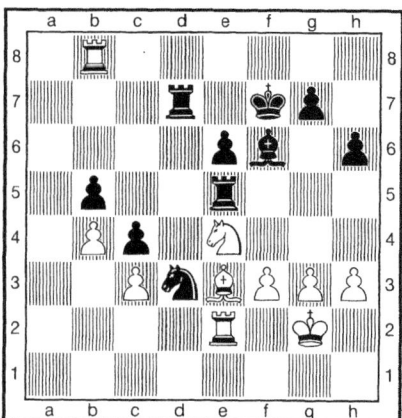

Diagramm 222

**Übung 2–6
Schwarz am Zug**

**Übung 2–7
Schwarz am Zug**

Zwei „französische" Endspiele

**Bakulin – Dworetski
Moskau 1974**
1. e4 e6 2. d4 d5 3. Sd2 c5 4. ed ed 5. Lb5+ Ld7 6. De2+ De7 7. Ld7:+ Sd7: 8. dc De2:+ 9. Se2: Lc5:
Gewöhnlich schlägt Schwarz mit dem Springer auf c5, aber ich strebte danach, so schnell wie möglich die ausgetretenen Pfade der Theorie zu verlassen.
10. Sb3 Lb6 11. 0–0 Se7
Dies scheint ein neuer Zug zu sein, früher wurde der Springer nach f6 entwickelt.
12. Lf4 0–0 13. Tad1 Tad8 14. Sc3 (ungefährlich für Schwarz ist 14. Ld6 Tfe8 15. Le7: Te7: 16. Sf4 Sf6) **14. ... Sc5** (14. ... Sf6? 15. Lg5) **15. Sc5:** (15. Tfe1 Se6) **15. ... Lc5: 16. Sa4** (16. Tfe1 Lb4!) **16. ... Ld6 17. Ld6: Td6: 18. Tfe1**

Diagramm 224

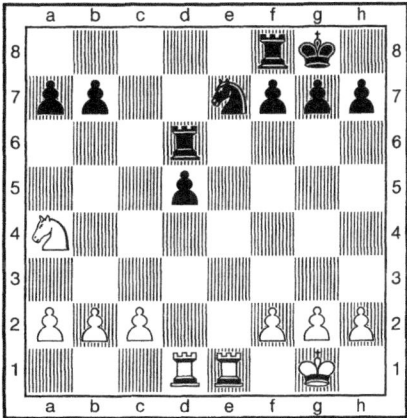

Diagramm 225

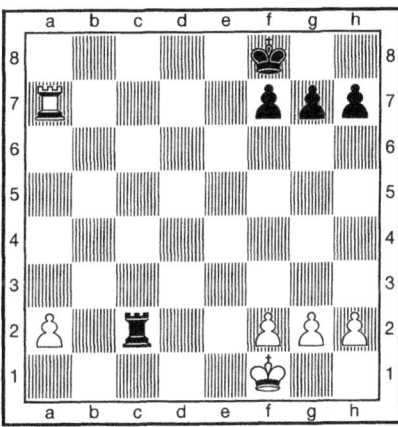

Frage 2–49 Berechnen Sie die Folgen des Zuges 18. ... Te6.

Nachdem ich festgestellt hatte, daß nach 18. ... Te6 die Entgegnung 19. Sc5 unangenehm für mich ist, wollte ich 18. ... Sc6 spielen. Aber ein Gefühl der Gefahr machte sich plötzlich in mir breit, und ich begann, an der Stellung zu zweifeln, die nach 19. c4 d4 20. Sc5 b6 21. Sd3 entsteht. Weiß hat eine Bauernmehrheit auf dem Damenflügel vorzuweisen, weiterhin hat er den schwarzen d4-Bauern zuverlässig blockiert und beherrscht die e-Linie. An seinem Vorteil ist somit nicht zu zweifeln, er mag zwar nicht sehr groß sein, dafür aber von Dauer.

Gerade die Erkenntnis, daß meine Stellung strategisch nicht ausbaufähig war, half mir dabei, schnell eine Abtauschkombination zu finden.

18. ... Te6! 19. Sc5 Te1:+ 20. Te1: Tc8! 21. Te7: Kf8! 22. Tb7: Tc5: 23. c3 d4 24. Kf1

(24. Tb3?? d3 25. Kf1 Te5!)

24. ... dc 25. bc Tc3: 26. Ta7: Tc2

Als ich meinem Freund Boris Gulko diese Partie zeigte, sagte er mit ironischem Lächeln: „Das ist das erste Mal, daß ich eine Kombination sehe, die dazu dient, aus einer Stellung mit gleichem Material in ein Endspiel mit einem Bauern weniger überzugehen."

Aber beim Verzicht auf diese Kombination müßte sich Schwarz Zug um Zug gewissenhaft verteidigen und stets die richtige Fortsetzung finden; nicht fern läge in diesem Falle ein Fehlgriff. Aber in dem Turmendspiel, das jetzt entstanden ist, sind Fehler nahezu ausgeschlossen, weil ich mit der Theorie des gegebenen Endspieltyps vertraut war und genau wußte, daß es bei richtiger Verteidigung nur remis enden kann und daß dieses Remis ohne besondere Mühe erreicht wird. An die Stelle des ungewissen Kampfes trat gesichertes Theoriewissen, und damit kann sich Schwarz seine Verteidigungsaufgabe deutlich erleichtern (übrigens ist dies kein schlechtes Beispiel für die Hilfe, die das Theoriewissen für einen Schachspieler darstellen kann). Vom praktischen Standpunkt aus gesehen war die von Schwarz vorgenommene Entscheidung somit vollauf berechtigt.

27. g3 g6 28. Kg2 Kg7 29. Kf3 h5 30. h4 Kf6 31. Ke3 Tc3+ 32. Ke4 Tc2 33. f3 Te2+ 34. Kf4 Tb2 35. Ta6+ Kg7 36. Ta3 Kf6 37. Ta6+ Kg7 38. Ta4 Kf6 (38. ... Tf2!?) 39. g4 hg 40. fg Tf2+ 41. Kg3 Tc2 42. Tf4+ (ungefährlich ist auch 42. g5+ Ke5) 42. ... Ke6 43. a4 (43. Tf2 Tc3+ 44. Kf4 f6) 43. ... f5 44. gf+ gf 45. Tf2 Tc4 46. Ta2 Tc3+ 47. Kf4 Tc4+ 48. Kg3 (48. Kg5 Tg4+ 49. Kh5 Kf6 50. a5?? Tg8) 48. ... Tc3+ 49. Kg2 Tc4 50. h5 Th4 Remis.

Heuer – Dworetski
Tallinn, 1976

1. e4 e6 2. d4 d5 3. Sc3 Sf6 4. Lg5 Lb4 5. e5 h6 6. ef (Zu gehaltvollerem Spiel führt 6. Ld2 oder 6. Le3)
6. ... hg 7. fg Tg8 8. h4 gh (es drohte 9. h5)
9. Dg4 Df6 10. Th4: Dg7: 11. Dg7: Tg7: 12. Th8+ Lf8 Keres empfahl 12. ... Kd7 13. Sf3 Sc6, und auf 14. Lb5 gibt es die zuverlässige Antwort 14. ... Ld6. Stärker ist aber 14. 0-0-0, zum Beispiel 14. ... b6 (auch nach 14. ... a6 15. g3 ist die weiße Stellung vorzuziehen) 15. Lb5 f6? (notwendig war 15. ... Ld6) 16. Th6 Le7 17. Sd5:!! mit Vorteil für Weiß: 17. ... ed? 18. Se5+ (Atjaschew – Abroschin, UdSSR 1954).
13. 0-0-0 Ld7 14. Te1!

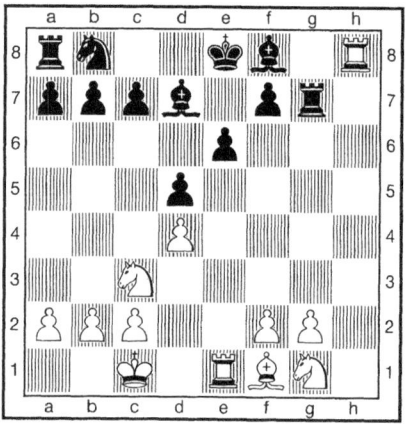

Diagramm 226

Ich hatte beabsichtigt 14. ... Sc6 nebst 15. ... 0-0-0 zu spielen. Indem er den Bauer d5 bedroht, versucht mein Gegner, diesen Plan zu stören.

Frage 2–50 Wie kann Schwarz seine Entwicklung erfolgreich zum Abschluß bringen?

Auf 14. ... Lc6 (mit der Idee Sd7 nebst 0-0-0), folgt offensichtlich f2-f4-f5. Man kann natürlich 14. ... c6 spielen, aber dann zeigt es sich, daß die Entwicklung des Springers auf Schwierigkeiten stößt, und der weißfeldrige Läufer (d7) würde zudem passiv bleiben.

Ich aber wollte keine derartigen Zugeständnisse machen, die Schwarz zu passiver Verteidigung in einer etwas schlechteren Stellung verurteilen. Aber was soll man dann tun?

Die Berechnung begann mit der Variante 14. ... Sc6 15. Sd5: 0-0-0 16. Sf6. Es ist nicht schwer, sich davon zu überzeugen, daß man den Bauern auf d4 nicht nehmen darf: 16. ... Sd4:? 17. Sd7: Kd7: 18. Td1. Aber auch mit 16. ... Tg6 (eine Empfehlung von A. Suetin) konnte man nichts erreichen wegen 17. Sd7: Kd7: 18. Th7, mit Angriff auf den Bauern f7 und der Absicht, den Bauern mittels c2-c3 zu verteidigen.

Als ich in meiner Berechnung zum Zug 14. ... Lc6 zurückkehrte, sah ich, daß ich den Bauern e6 opfern und dafür den gegnerischen Bauern angreifen kann. Dieser Plan erschien mir aussichtsreicher und erfolgversprechender als das rein passive 14. ... c6.

14. ... Lc6! 15. f4 Sd7 16. f5 0-0-0!
Schlechter ist 16. ... Ke7 17. Sh3! mit der Drohung 18. fe fe 19. Sf4. Auf 17. ... Tg4 andererseits ist 18. fe fe 19. g3! unangenehm.
17. fe fe 18. Te6: Tg4!

Diagramm 227

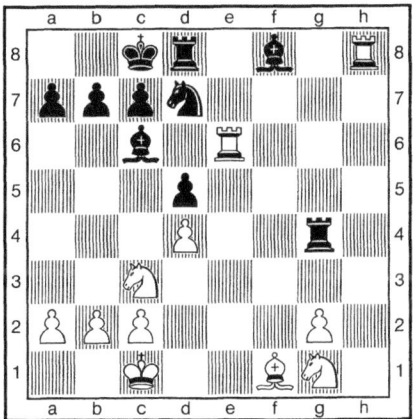

Diese Stellung wurde zwangsläufig erreicht. Falls jetzt 19. Sf3, dann folgt 19. ... Lg7 und der Bauer wird zurückgewonnen. Auch die Angriffszüge Sc3–b5, bzw. Lf1–b5 versprechen Weiß nichts.

Während der Partie fürchtete ich lediglich den Zug 19. Th5!?. Auf 19. ... Lg7 folgt dann 20. Sd5:, und falls 19. ... Td4:, so geschieht 20. Sf3 Tg4 21. Sd5: Sc5 22. Se7+ Le7: (sonst 23. Sc6:) 23. Te7:, und Weiß behält einen Bauern mehr (23. ... Lf3: 24. gf Tg1 25. Te1). Wie Sie sehen, ist die Entscheidung, die ich mit Schwarz im 14. Zug traf, keine Kombination, sondern ein echtes Opfer, dessen Folgen ich nicht genau auszurechnen vermochte.

Später zeigte A. Jussupow, daß man auf 19. Th5 mit 19. ... Sb6! 20. Sf3 (20. Sge2 Ld7 mit nachfolgendem 21. ... Lg7 oder 21. ... Tg6) 20. ... Lg7 21. Se2?! (21. Se5 Le5: 22. de d4 oder 22. Te5: Td4: mit Ausgleich) 21. ... Tf8! antworten muß, und Schwarz erhielte dann mehr als ausreichenden Stellungsdruck für den geopferten Bauern aufgrund der gebundenen gegnerischen Figuren.

19. Sf3 Lg7 20. Td8:+ (20. Th5 Sf8 nebst 21. ... Ld4:) **20. ... Kd8: 21. Sd1**

Es geht nicht 21. Se2? Sf8 22. Te3 Lh6. Nach 21. Sb5 Lb5: ist die schwarze Stellung zu bevorzugen, und nach 21. Lb5 Lb5: 22. Sb5: ist sowohl 22. ... a6 23. Sc3 c6 als auch 22. ... Tg2: möglich.

21. ... Ld4: 22. Sd4: Td4:
Es ist ein vollkommen gleichstehendes Endspiel entstanden, welches aber Weiß unerwartet schnell verlor. Walter Heuer, ein Schachspieler mit einem aktiven Stil, liebt es anzugreifen, aber bei weitem weniger wohl fühlt er sich in faden Endspielstellungen, was sich alsbald zeigte. Er konnte sich einfach nicht auf einen trockenen technischen Kampf einstellen.

23. Le2 Sc5
Schwarz will seine Stellung mittels Ld7 und c7–c6 konsolidieren.

24. Th6 Ld7 25. c3?!
Bei weitem genauer war 25. Lf3 c6 26. Se3, um 26. ... Tf4? nicht zuzulassen wegen der Möglichkeit 27. Th8+ Kc7(e7) 28. Ld5:.

25. ... Tf4
Aber nicht 25. ... Ta4? 26. Th8+ Ke7 27. Th7+ Kd6 28. b4! Se4 29. Td7:+.

26. g3?
Ein fehlerhafter Plan. Weiß beeilt sich damit, seinen Freibauern vorwärtszubringen, aber dabei schwächt er sein Hinterland, beraubt seinen Läufer des Stützpunktfeldes f3.

26. ... Tf8 27. g4 c6 28. Kd2 Se4+ 29. Kd3?
Der entscheidende Fehler. Unbedingt notwendig war 29. Ke3. Schwarz hätte vermutlich einfach mit 29. ... Kc7 geantwortet und die etwas besseren Aussichten behalten, denn die Fortsetzung 29. ... Sg3 30. Lf3 Sf1+ 31. Ke2 hätte ihm nichts eingebracht.

29. ... Sg3 30. Se3?! Besser war es, sich mit dem Verlust des Bauern g4 abzufinden.

30. ... Tf2 31. Th8+?! Wozu jagt Weiß den feindlichen König nach vorne?

31. ... Kc7 32. Ld1 Se4!? 33. Kd4
Auf 33. Le2 wäre ich offensichtlich mit dem Springer nach g3 zurückgegangen und hätte dann den Bauern b2 genommen.
33. ... Tb2: 34. Lc2 Sg5! 35. Tg8 Sf3+ 36. Kd3 Ta2: 37. Ke2 Se5 38. g5 Sg4! 39. g6 Se3:
Weiß gab auf.

Besser gibt man gleich einen Bauern her

„Bauernopfer sind meist tiefgründiger als Figurenopfer."

Siegbert Tarrasch

Ich empfehle Ihrer Aufmerksamkeit noch zwei Beispiele von „Notoperationen" in schlechten Stellungen, vielleicht die schwierigsten, die ich je unternommen habe.

Romanischin – Dworetski
Meisterschaft der UdSSR,
Höchste Liga, Leningrad 1974

1. c4 g6 2. d4 Lg7 3. Sc3 d6 4. e4 e5 5. de de 6. Dd8:+ Kd8: 7. f4 Sd7 8. Sf3 f6?!
Schwarz hat einen etwas zweifelhaften Eröffnungsaufbau gewählt und läßt sich jetzt auch auf noch eine Zugumstellung ein, wodurch er sofort in eine schwierige Lage gerät. Genauer war 8. ... c6 9. Le2 Ke8 10. 0–0, und erst dann 10. ... f6 mit der Absicht Sg8–h6–f7.
9. fe! Se5: 10. Se5: fe 11. Lg5+ Lf6 12. 0–0–0+ Ld7 (12. ... Ke8? 13. Lf6: Sf6: 14. Sb5) **13. Le3 c6 14. g4!**
Oleg Romanischin gewinnt Raum am Königsflügel und begrenzt damit die Beweglichkeit der gegnerischen Figuren.

14. ... h6 Aufmerksamkeit verdiente ein anderer Verteidigungsplan. 14. ... Lh4!? 15. g5 Ke8, gefolgt von Le6, und dann entweder h7–h6 oder Se7 nebst Tf8.
15. h4 Ke8 Der König geht nicht nach c7, weil er mithelfen muß, der Verdoppelung der weißen Türme in der f- oder h-Linie vorzubeugen.
16. Le2 Le7 Der Wegzug des Läufers nach g7 überließe Weiß das ausgezeichnete Feld d6.
17. g5

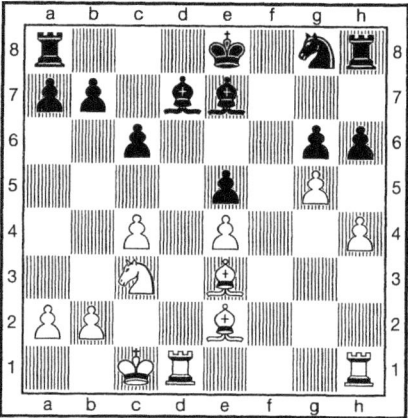

Diagramm 228

Die schwarze Stellung ist häßlich, weil die Türme nicht verbunden sind, der Springer und der schwarzfeldrige Läufer jeder Zukunftsperspektive entbehren.
Ich muß mich jetzt entscheiden und einen geeigneten Verteidigungsplan auswählen. Ich hätte gern 17. ... h5 gespielt mit dem Plan Le6 nebst Th8–g7–f7, aber wie soll man dann den Punkt e5 verteidigen, wenn Weiß 18. Lf2! (mit der Idee 19. Lg3) folgen läßt? Daher scheint der Zug 17. ... hg erzwungen zu sein, aber ich beeilte mich überhaupt nicht damit, ihn auszuführen, sondern dachte lange über Alternativen nach.

Schon einige Zeit zuvor hatte ich damit begonnen, die Position zu studieren, die jetzt nach 17. ... hg 18. hg Th1: 19. Th1: Kf8 20. Th7 (ansonsten 20. ... Kg7) 20. ... Le6 21. Sd1! entsteht, doch konnte ich kein befriedigendes Mittel zur Verteidigung gegen den offensichtlichen Plan meines Gegners Sf2, und dann je nachdem Lg4, Sg4 oder Sd3, finden. Zum Beispiel 21. ... Td8 22. Sf2 Td7 23. Kc2! (aber nicht 23. Lg4? Lg5:!) 23. ... Ld8 (zum Verlust der Qualität führt 23. ... Lg5: 24. Td7: Le3: 25. Td3 oder 25. Td1, aber womöglich ist das die vergleichsweise beste Chance) 24. Td7: Ld7: 25. Sd3! Lc7 26. La7:. Schwarz verliert einen Bauern, aber auch alle anderen Nachteile seiner Stellung bleiben erhalten.

Auf der Suche nach einem Ausweg widmete ich meine Aufmerksamkeit auch dem Zuge 17. ... Le6. Allgemein gesprochen ist er für Schwarz bei jedwedem Verteidigungsplan nützlich. Aber ihn zu machen ist schrecklich – kann doch mein Gegner meine Königsflügelstellung ruinieren mittels 18. gh Sh6: 19. Tdg1. Wie müßte man dann verfahren, um nach 19. ... Lf7 20. h5 den unglücklichen Springer h6 vor dem Untergang zu bewahren?

Nicht nur einmal mußte ich mir dann ins Bewußtsein rufen, daß es in verzweifelten Situationen schon zu spät ist, sich noch vor irgendetwas zu fürchten – die riskantesten Fortsetzungen dienen mitunter dazu, die besten praktischen Rettungschancen zu gewähren, mag dies auch seltsam erscheinen. So auch hier – ich setzte meine Berechnung der Variante fort und klärte die taktischen Feinheiten, um einer sofortigen Vernichtung zu entgehen.

17. ... Le6!! 18. gh Sh6: 19. Tdg1 Lf7
Es ging nicht 19. ... Sg8 20. Tg6: Lf7 21. Tg4 Le6 wegen 22. Tg7! Kf8 23. Tg6 Lf7 24. Tg4 Le6 25. Tf1+! Ke8 26. Tg6 Lf7 27. Tg7, und Weiß behält den Freibauern auf der h-Linie.

20. h5 (20. Kc2!?)

Frage 2–51 Wie muß sich Schwarz jetzt verteidigen?

Es versteht sich, daß 20. ... g5? 21. Lg5: hoffnungslos ist, denn es gelingt dann nicht, in irgendeiner Form eine Blockadestellung zu errichten.

20. ... gh 21. Lh5:
Es droht 22. Lh6: oder 22. Lf7:+ mit Gewinn einer Figur. Auf 21. ... Lf8 folgt 22. Lf7:+ Kf7: (22. ... Sf7: 23. Th8: Sh8: 24. Tg8 Sf7 25. Lc5) 23. Tg5 Lg7 24. Tf1+ Kg8 25. Tfg1 Th7 26. Te5: mit der Absicht 27. Te7. Schwarz hat einen Bauern eingebüßt und die Misere seiner Figuren auf dem Königsflügel nicht beseitigt.

21 ... Lh5: 22. Th5: Tg8!
Und dies ist die taktische Feinheit, die ich bereits mit dem 17. Zug vorbereitet hatte. Der Springer ist unantastbar: 23. Th6:? Tg1:+ 24. Lg1: Lg5+. Ungefährlich ist auch 23. Thh1 Sg4!.

23. Tg8:+ Sg8: 24. Te5: Kd7

Diagramm 229

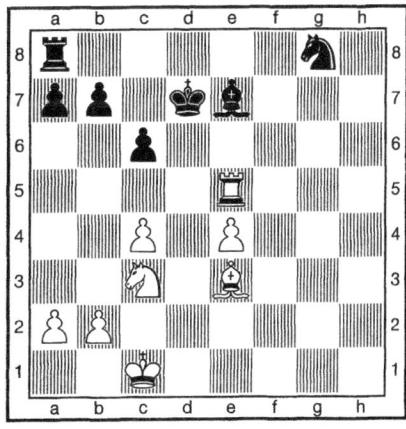

Diese Stellung hatte ich angestrebt. Ungeachtet des Bauernverlustes hat sich Schwarz gute Rettungschancen bewahrt, aber auf jeden Fall keine Verschlechterung seiner Chancen seit der Ausgangsstellung vor dem 17. Zug zu verzeichnen. Ihm ist es gelungen, eine Reihe von Bauern abzutauschen, was gewöhnlich der schwächeren Seite dienlich ist. Die schwarzen Figuren können nun sämtlich schnell ins Spiel gebracht werden und das weiße Hinterland ist etwas geschwächt.

Ich erwartete hier 25. Tf5 Sf6 26. Ld4, im Hinblick auf etwaiges 26. ... Ke6? 27. Se2, aber ich war entschlossen mit 27. ... Se8! zu antworten mit der Drohung 28. ... Sd6.

25. Kc2 Sf6 26. Tg5?!

Für Weiß ist es nicht einfach, seine Position zu verstärken. Im Falle von 26. Lg5 pariert Schwarz die Drohung 27. Te7:+ Ke7: 28. e5 mittels 26. ... Tg8, und falls 26. Tf5, dann folgt 26. ... Ke6. Aber der Zug, den Romanischin ausführt, erleichtert Schwarz seine Aufgabe, indem er ihm erlaubt, die Stellung weiter zu vereinfachen.

26. ... Se4: 27. Se4: Lg5: 28. Lg5: b6 29. Kd3 Th8 30. Lf4 c5

Das Endspiel ist offensichtlich remis.

31. a3 Th3+ 32. Le3 Th1 Genauer ist 32. ... a5 **33. Sc3 a5 34. Sd5** Zum Remis führte 34. b4 ab 35. ab cb 36. Sd5 Td1+ 37. Ke4 (37. Kc2 Td5:) 37. ... b5 (schlechter ist 37. ... b3 38. Sb6:+ Kc6 39. Sa4) 38. cb b3 39. Ld4 (39. Sc3 b2) 39. ... b2! 40. Lb2: Tb1 41. Sb6+ Kc7 42. Sc4 Tb2: 43. Sb2: Kb6.

34. ... Kc6 35. Se7+ Und jetzt hätte 35. b4 ernstliche Aufmerksamkeit verdient. Aber Weiß war entschlossen, vor dem Abbruch keine entscheidenden Handlungen mehr vorzunehmen.

35. ... Kb7 36. Sg6 Tb1 37. Kc2 Tf1 38. Se5 Tf5 39. Sg4 Tf3 40. Kd3 Th3 41. Ke4 Tg3 42. Kf4

Dies war der Abgabezug.

Vom weiteren Verlauf dieser Partie habe ich berichtet im Teil II meines Bandes *Geheimnisse gezielten Schachtrainings* im Kapitel „Die allerstärkste Figur ist der Turm".

Dworetski – Kupreitschik
Meisterschaft der UdSSR,
Erste Liga, Minsk 1976

Diagramm 230

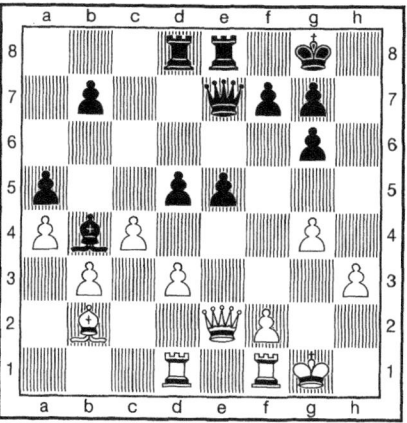

Weiß muß eine schwierige Verteidigung führen, weil seine Bauernstruktur gelockert ist und der Gegner über einen ziemlich fühlbaren Raumvorteil verfügt.

22. Kg2 Mit der Absicht gespielt 23. f4 ef 24. De7: Te7: 25. Tf4: folgen zu lassen und die Angriffe 25. ... Te3 oder 25. ... Te2+ mittels 26. Tf3 oder 26. Tf2 zu parieren.

22. ... Dc7 Schwarz beugt dem beabsichtigten f2–f4 vor. Er will weiterhin den Druck mittels Dc6 verstärken und im geeigneten Moment f7–f5 folgen lassen.

23. Df3! Da er sich nicht passiv verteidigen will, beginnt Weiß mit schwierigen Operationen, mit deren Hilfe die Stellung plötzlich dynamischer wird und er den Gegner zwingt, stets die genauesten Züge zu finden.

23. ... Dc6 Voreilig wäre 23. ... e4 24. de de 25. De2 Dc6 26. Kg1 mit nachfolgenden 27. Td8: Td8: 28. Td1.

24. cd!

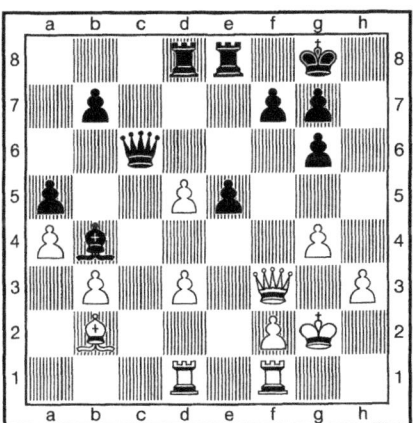

Diagramm 231

In rein positioneller Hinsicht ist dieser Abtausch absolut nicht wünschenswert, aber er ist mit konkreten Berechnungen verbunden. Schwarz muß nun eine schwierige Wahl treffen.

Am leichtesten ist der Zug 24. ... Dd5:?! zu widerlegen, weil dann 25. Dd5: Td5: 26. f4! (es ist sehr wichtig, den starken gegnerischen Zentrumsbauern zu beseitigen) 26. ... ef 27. Tf4: ein annähernd gleichstehendes Endspiel entsteht.

Auf 24. ... Td5: würde Weiß antworten mit 25. Tc1 Dd7 26. Tc7! (in genau diesem Sinne war der Tausch auf d5 notwendig) 26. ... Dc7: 27. Dd5: mit nachfolgendem 28. Tc1. Zum gleichen Ergebnis führt auch 26. ... Dd6 27. Tc7!, Auch nach dem besten Zug 26. ... De6! 27. Tc7 verspricht die aktive Aufstellung des Turms Weiß ein echtes Gegenspiel.

24. ... Dc2!? 25. Tb1 Db3: 26. Le5: Dd5:
Keinen Vorteil ergibt 26. ... Da4: 27. Lc7 Td7 28. d6, z. B. 28. ... Ld6: 29. Ld6: Td6: 30. Tb7: oder 28. ... Dc6 29. Dc6: bc 30. Tfc1 Ld6: 31. La5:.
27. d4! f6 28. Lc7 Df3:+ 29. Kf3: Td4: 30. Tfd1

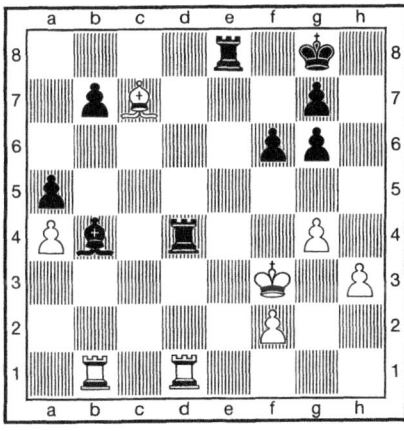

Diagramm 232

Indem er einen Bauern opferte, hat Weiß die Stellung vereinfacht, seine Streitkräfte aktiviert und echte Remischancen erhalten. Falls jetzt 30. ... Tc4, dann folgt 31. Td7 mit der Drohung 32. La5:! La5: 33. Tbb7:. Nach 30. ... Tde4!? hat man die Wahl zwischen 31. Ld6 und 31. Td7 T4e7 32. Tbd1.
30. ... Td1:?! 31. Td1: Kf7 32. Td5
Jetzt war es bereits an der Zeit sich auf Remis zu verständigen. Aber wie dies oft passiert, hat Kupreitschik nach dem Verlust seines objektiven Vorteils damit begonnen nachlässig zu agieren und gerät schnell in ernsthafte Schwierigkeiten.
32. ... Ke6 33. Tb5 Th8?! 34. Kg2 Kd7 35. Tb7:! Kc6 36. Ta7 Lc5 37. Ta5: Tc8?!
Zum Remis führte noch 37. ... Lf2:! 38. Kf2: Kc7: 39. Ta7+ Kd6! 40. Tg7: g5 41. Kg3 Ta8.
38. Lg3 Lb6 39. Tb5 Ta8 40. Tb4 Lc5 41. Te4 Ta7? (richtig war 41. ... Kd5 42. f3 Ld4) **42. f3 Kd5 43. Lf2 Lf2: 44. Kf2: g5 45. Kg3** Jetzt ist es für Schwarz schon äußerst schwierig remis zu erreichen. Leider geriet ich bei der Wiederaufnahme in eine listige Falle und ermöglichte es so dem Gegner die Partie zu retten. (Vielleicht erinnern Sie sich an die Übung zum Kapitel „Ein großer Meister des Endspiels" aus dem zweiten Kapitel des Buches *Geheimnisse gezielten Schachtrainings*).

Bilden Sie sich Ihre Meinung!

„Ein Unverständiger glaubt noch alles; aber ein Kluger gibt acht auf seinen Gang."
Altes Testament · Buch der Sprüche 14–15

Das Studium des klassischen Erbes ist eine unabdingbare und sehr wichtige Etappe in der Entwicklung eines Schachspielers. Wenn man sich mit den Partien der größten Meister der Vergangenheit bekannt macht, dann muß man seine besondere Aufmerksamkeit auf die starken Seiten ihres Spiels richten und zwar auf diejenigen Qualitäten, in denen sie sich unter ihren Zeitgenossen ausgezeichnet haben.

Dem zweiten Weltmeister Emanuel Lasker gebührt besonderer Ruhm für seinen psychologisch geprägten Zugang zum schachlichen Kampfgeschehen und auch für seine besondere Kunst auf dem Sektor der Verteidigung von schwierigen Stellungen. Als das charakteristischste Beispiel seines Schaffens zählt wohl einer seiner Siege aus dem Wettkampf um die Weltmeisterschaft gegen Siegbert Tarrasch. Ich schlage Ihnen vor, daß Sie diese Partie zunächst einmal am Brett für sich allein nachspielen, ohne jeden Kommentar. Dann sollten Sie ein wenig analysieren. Was hier interessiert, ist der Eindruck, den der Partieverlauf bei Ihnen hinterläßt.

Tarrasch – Lasker
4. Partie des Wettkampfes, Düsseldorf 1908

1. e4 e5 2. Sf3 Sc6 3. Lb5 Sf6 4. 0–0 d6 5. d4 Ld7 6. Sc3 Le7 7. Te1 ed 8. Sd4: Sd4: 9. Dd4: Lb5: 10. Sb5: 0–0 11. Lg5 h6 12. Lh4 Te8 13. Tad1 Sd7 14. Le7: Te7: 15. Dc3 Te5 16. Sd4 Tc5 17. Db3 Sb6 18. f4 Df6 19. Df3 Te8 20. c3 a5 21. b3 a4 22. b4 Tc4 23. g3 Td8 24. Te3 c5 25. Sb5 cb 26. Td6: Td6: 27. e5 Tf4: 28. gf Dg6+ 29. Kh1 Db1+ 30. Kg2 Td2+ 31. Te2 Da2: 32. Td2: Dd2:+ 33. Kg3 a3 34. e6 De1+ 35. Kg4 De6:+ 36. f5 Dc4+ 37. Sd4 a2 38. Dd1 Sd5 39. Da4 Sc3: 40. De8+ Kh7 41. Kh5 a1D Weiß gab auf

Natürlich dient diese Partienotation, eine Übernahme aus den Seiten eines Express-Bulletins, lediglich als Ausgangspunkt für den Versuch, die Ereignisse, die sich in der Partie vollzogen haben und die Probleme, die sich ergaben, zu verstehen. Bevor man bestimmte Schlußfolgerungen ziehen kann, ist es unbedingt erforderlich, daß man sich gewissenhaft in die Partie hineinvertieft und sie einer unvoreingenommenen Analyse unterzieht. Sonst würde nur der äußere Eindruck vom Spielgeschehen und das Endresultat bestimmenden Einfluß auf unsere Wahrnehmung von dieser Partie haben. Im Ergebnis erwiese sich das allgemeine Bild von der Partie als oberflächlich oder einfach falsch.

Wenn ein solches (Zerr-)Bild, von einem großen Schachmeister vorgezeichnet, veröffentlicht wird, so erweist es sich als unvermeidlich, daß fehlerhafte Schlußfolgerungen unkritisch übernommen werden, erneute Publizierung erfahren und ihren Weg in die Anthologien finden. Viele Partien führender Meister der Vergangenheit sind fälschlich als schachliche Meisterstücke gepriesen worden.

Wenn Sie sich mit den klassischen Partien vertraut machen, sollten Sie die vorhandenen Kommentare benutzen, aber man darf sich keinesfalls darauf beschränken, sondern man muß die Partien auch selbständig analysieren, insbeson-

dere die interessantesten Momente des Kampfes.
Die Ergebnisse einer solchen Analyse werden von Zeit zu Zeit von den Bewertungen in den Büchern abweichen. Aber fürchten Sie sich in solchen Fällen nicht davor, eine wohlbedachte, wenn auch abweichende Neubeurteilung vorzunehmen. Bilden Sie sich in jedem Falle Ihre eigene Meinung!
Aber selbstverständlich sollen Sie sich nicht mit Ihren Schlußfolgerungen übereilen. Überprüfen Sie Ihre jeweiligen Analysen sorgfältig! Gießen Sie nicht das Kind mit dem Bade aus, indem Sie etwa auf der Grundlage aufgefundener Ungenauigkeiten und Fehler gleich alles, was ihnen das Studium des klassischen Erbes an Erkenntniszuwachs bringen kann, ganz verwerfen.
Aber jetzt wollen wir zum konkreten Studium einer ganz bestimmten Auseinandersetzung zweier führender Großmeister, die zu Beginn unseres Jahrhunderts (1908) aufeinandertrafen, übergehen.
„Die Kommentare von Réti zu dieser vierten Partie des Wettkampfes Lasker – Tarrasch (1908), die in seinem Buch *Die neue Ideen im Schachspiel* veröffentlicht sind, dienen von jetzt an in unübertroffener Weise für dieses Genre der Schachliteratur als ein erhabenes Vorbild für andere Kommentatoren."
Einer solchen Meinung ist B. Wainstein, der Autor des gehaltvollen Buches über Emanuel Lasker „Der Denker". Mit dieser Meinung, oder genauer gesagt mit der Beleuchtung des Kampfverlaufs, welche uns Réti liefert, will ich mich im folgenden kritisch auseinandersetzen.
Hier ist ein Zitat, wie Réti seine Eindrücke über den Kampf zwischen Lasker und Tarrasch zusammenfaßt:
„Was gefällt uns in dieser Partie? Dem Laien, der sie ohne Erläuterungen nachspielt, wird höchstens die Überraschung 27. ... Tf4: einiges Interesse abgewinnen. Aber der Kenner wird mit größter Spannung die ebenso originelle wie tiefe Idee Laskers verfolgen, der, indem er seinen Turm auf anscheinend gefährdetes Terrain führt, sich aus einer beengten Stellung zu befreien sucht. Und wir wünschen, daß doch einmal nicht das Nüchterne, Prosaische, sondern diese kühne geniale Idee den Sieg davontragen möchte. Dann sehen wir, wie der Methodiker Tarrasch diesen eingedrungenen Turm systematisch zerniert. Wir sind nahe daran, die Sache des Schwarzen, der unsere Sympathien für sich gewonnen hat, verloren zu geben. Aber da kommt der überraschende 23. Zug Te8–d8 mit der Drohung, den Turm zu befreien und die weiße Stellung zu zersprengen; und dann die Gegenkombination von Weiß. Das Drama nähert sich seinem Höhepunkt. Und wenn dann die Lösung kommt (27. ... Tc4×f4), so freuen wir uns, daß das Wunderbare wirklich eingetreten ist, daß der geniale Gedanke, dem jeder Schachmeister sein böses Ende vorhergesagt hätte, doch triumphiert hat über alle Systematik, über alle Regel."

„Platon ist mir lieb, aber die Wahrheit ist mir noch lieber" (Aristoteles). Auch wenn es darum schade wäre, dieses eindrucksvolle Bild zurecht zu rücken, aber man muß dies tun.
Um die Freude zu erfahren, von der Réti spricht, muß man sich davon überzeugen, daß der Ausgang des Kampfes tatsächlich geprägt wurde durch die Überlegenheit der schöpferischen Originalität und der kühnen Konzeption des schwarzen Spiels gegenüber dem gewöhnlichen weißen Spiel. Daß nicht etwa nur ein grober Fehler Tarrasch den Untergang brachte, sondern daß Lasker seinen Gegner wirklich überspielt hat. Aber leider war dem nicht so.

Wir beginnen ganz am Anfang, doch brauchen wir uns bei der Eröffnung nicht lange aufzuhalten. – **1. e4 e5 2. Sf3 Sc6 3. Lb5 Sf6 4. 0–0 d6 5. d4 Ld7 6. Sc3 Le7 7. Te1**

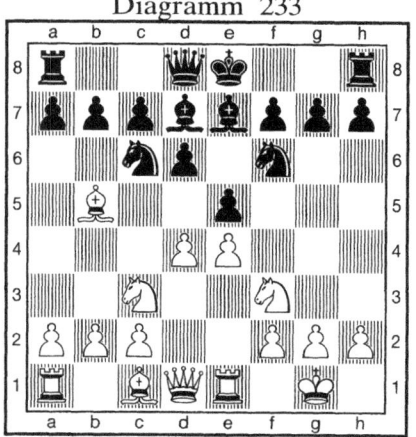

Diagramm 233

Übung 2–8 Darf man jetzt 7. ... 0–0 spielen?

7. ... ed 8. Sd4: Sd4: 9. Dd4: Lb5: 10. Sb5: 0–0 In der Partie Capablanca – Thomas (Hastings 1919) folgte 10. ... a6 11. Sc3 0–0 12. Lg5 Sd7 13. Le7: De7: 14. Sd5:, und Weiß erhielt die freiere Stellung.
11. Lg5 J. R. Capablanca empfahl 11. Dc3 c6 (11. ... a6!?) 12. Sd4.
11. ... h6 12. Lh4 Te8 13. Tad1 (es droht e4–e5) **13. ... Sd7 14. Le7: Te7: 15. Dc3**

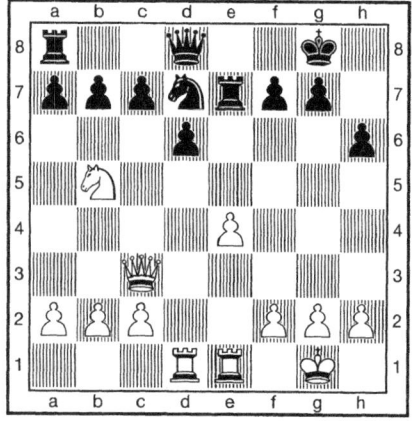

Diagramm 234

Wie soll man den Bauern c7 verteidigen? Natürlich nicht mit 15. ... Sf6? oder 15. ... Sc5? wegen 16. e5. Aber durchaus möglich war 15. ... Sf8, ohne sich fürchten zu müssen vor 16. e5?! a6!. Weiß würde dann mit 16. Sd4! geantwortet haben, womit er eine Schwächung des gegnerischen Königsflügels provoziert 16. ... g6. Dank seinem Raumübergewicht erhielte Weiß eine langandauernde Initiative, wenngleich man sich mit Schwarz natürlich erfolgversprechend verteidigen kann.
Lasker, der ein glänzender Taktiker war, findet eine andere scharfsinnige Methode zur Verteidigung des Bauern c7.
15. ... Te5! Jetzt geht 16. Sc7:?? Tc5 natürlich nicht, aber auch 16. Dc7:?! Tb5: 17. Dd6: Tb2: 18. Dd7: Dd7: 19. Td7: Tc8! würde zu einem für Schwarz besseren Endspiel führen.
16. Sd4! Weiß droht damit 17. Sf5 mit nachfolgendem 18. f4 zu spielen. Man könnte sich jetzt natürlich mit der etwas schlechteren Stellung nach 16. ... Sc5 17. f3 (17. Sf5? Se4:) 17. ... g6 (schwächer ist 17. ... Dd7 18. Sf5) zufriedengeben. Lasker findet aber eine originelle Methode, um den Gegner von der Druckausübung am Königsflügel abzulenken und gleichzeitig eine Schwächung seiner Bauernstruktur zu vermeiden.
16. ... Tc5! 17. Db3 (auf 17. Dg3 wäre 17. ... Dg5 möglich.) **17. ... Sb6** (Beachtung verdiente auch 17. ... a5).
Schwarz braucht sich jetzt um den Punkt g7 keine Sorgen mehr zu machen, aber dafür mußte er seinen Turm etwas plump aufstellen. Nach der Philosophie Laskers mußte man den Kampf auch gerade so führen: einen Erfolg auf einem Gebiet um den Preis eines Zugeständnisses auf einem anderen. Die höchste Meisterschaft des Schachspielers zeigt sich in der Fähigkeit des Einschätzens, des Fühlens, wel-

cher der Partner bei einem Tausch den Gewinn davonträgt, wessen Argument gewichtiger ist. Ganz besonders wichtig ist, wie wir bereits öfter als einmal festgestellt haben, die Fähigkeit, die Verhältnisse auf dem Brett scharf zu verändern, sobald man eine schlechtere Stellung zu verteidigen hat. In der Mehrzahl der zuvor gezeigten Fälle hat die schwächere Seite für diesen Zweck materielle Opfer in Kauf genommen, aber in der hier vorliegenden Partie des großen Meisters der Verteidigung, Em. Lasker, wurde lediglich ein positioneller Faktor, eine ungünstige Stellung seines Turms in Kauf genommen.

18. f4

„Die Spielführung Tarraschs steht in dieser Partie nicht auf der gleichen Höhe wie die seines Gegners. Er führt keine Gegenaktion durch, sondern tut das Nächstliegende, Selbstverständliche: Er schneidet dem Turm, den er deplaciert glaubt, die Rückzugsfelder, vor allem e5 ab. Und Lasker hatte doch sicherlich nicht die Absicht, den Turm, den er eben erst nach c5 geführt hat, wieder raschestens in die e-Reihe zurückzubringen" (Reti).

Diese Einschätzung gefällt mir überhaupt nicht. Indem er den Zug Tarraschs kritisiert (er urteilt dabei nicht aus positionellen Erwägungen heraus, sondern nur deshalb, weil der Zug sich quasi von selbst versteht), setzt Reti aber keinen anderen eigenen Vorschlag an dessen Stelle.

Indem er den Bauern nach f4 vorzieht, nimmt Weiß die Felder e5 und g5 unter Kontrolle, bereitet die Einengung des Gegners mittels Df3, b2–b3 und c3–c4 vor. Daraus, daß Tarrasch die Partie letztendlich verloren hat, kann man doch überhaupt nicht schlußfolgern, daß alle seine Entscheidungen am Brett fehlerhaft waren.

18. ... Df6 19. Df3

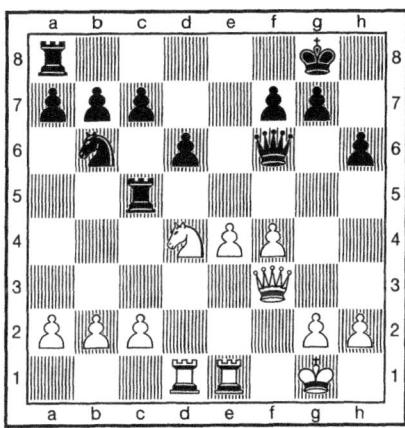

Diagramm 235

Frage 2–52 Wie soll Schwarz spielen?

19. ... Te8? Jetzt jedenfalls gab es einen ausgezeichneten Anlaß über die verderblichen Folgen von „natürlichen" Zügen nachzudenken. Genau in diesem Augenblick vergibt Lasker die Früchte seiner so glänzend begonnenen Verteidigungsoperation und gerät in eine äußerst schwierige Lage.

Er bezeichnete den von ihm ausgeführten Zug selbst als ungenau und schlug 19. ... a5!? vor. Nach 20. b3 a4 21. b4 Tc4 22. c3 hat Schwarz im Vergleich zum Partieverlauf einfach ein Tempo mehr. Und falls 21. c4 (anstelle von 21. b4), dann folgt 21. ... ab 22. ab Tca5 und der Turm ist auf a8 besser plaziert als auf e8. (was sich unter anderem in der Variante 23. Sb5 De7 24. Df2 Ta2 zeigt).

Trotzallem bleibt auch nach 19. ... a5 die weiße Stellung etwas besser. Einen zuverlässigeren Weg, der offensichtlich zu vollkommenem Ausgleich führt, fand ein junger Schachspieler der Dworetski-Jussupow-Schule, der Meisterkandidat Ilja Makariew. Er schlug den Zug 19. ... Sa4! vor. Jetzt ist die Antwort 20. b3 ungünstig, denn die

schwarzen Figuren nehmen das Feld c3 in ihren Besitz. Im Falle von 20. Db3 Sb6 21. Df3 Sa4 wird die Sache mit Zugwiederholung enden, und auf 21. Da3 gibt es die ausreichende Antwort 20. ... Tc4!?. Nichts würde Weiß auch nach 20. e5 de 21. Db7: Td8 22. Sb3 (22. Da7: Td4: 23. Td4: ed 24. Da4: Df4:) 22. ... Td1: 23. Td1: Tc2: 24. De4 Dg6! 25. f5 Dc6 erreichen können.

Womit erklärt sich der Fehler, den Schwarz begangen hat? Ich nehme an, daß er in gewissem Maße auf der Besonderheit des Lasker-Stils beruht. Lasker hatte eine Vorliebe für das Konkrete, war ein glänzender Taktiker, aber in der Strategie war er merklich schwächer (insbesondere zeigte sich dies beim Weiterspielen unmittelbar nach der Eröffnung einer Partie). Lasker glaubte, daß sich immer Möglichkeiten finden ließen, auf taktischem Wege irgendwelche strategischen Unzulänglichkeiten der Stellung auszugleichen, und in den allermeisten Fällen ist ihm dies in den Partien gegen seine Zeitgenossen sogar gelungen.

In der gegebenen Situation erkannte er wohl, daß sein Gegner b2–b3 nebst c2–c4 beabsichtigte; und der Weltmeister wurde vermutlich von der Versuchung verlockt, dem Gegner eine Falle zu stellen: 20. b3? Sd5!. Daher ist wohl der Zug geschehen, der mit seinem Plan nicht gänzlich übereinstimmte.

20. c3! a5 21. b3

Verlockend war 21. Sb3 Tb5 22. De2 mit Blick auf die Fortsetzung 22. ... c6 23. Sd4 Tc5 24. Df2 mit klarem Übergewicht. Aber Schwarz würde mit 22. ... Tf5! 23. g3 a4 antworten. Aufmerksamkeit verdiente auch 21. ... Tc4 (anstelle von 21. ... Tb5) 22. Sa5: Ta4.

21. ... a4

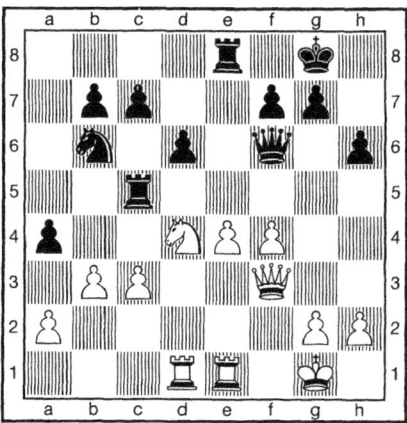

Diagramm 236

22. b4?! Réti erwägt nicht einmal den natürlichen Zug 22. c4, mit dem Weiß beträchtlichen Raumvorteil erringen konnte. B. Wainstein empfiehlt als Antwort auf 22. c4 die Fortsetzung 22. ... ab 23. ab c6 24. Sf5 d5, aber nach 25. Df2! Sd7 26. Sg3 sind die schwarzen Streitkräfte vollkommen gebunden, und der weiße Vorteil erweist sich als erdrückend. Stark ist auch 25. De3! Sd7 26. Dh3 Te4: 27. Te4: de 28. Sd6 (I. Makariew).

Vermutlich hätte Lasker mit 22. ... ab 23. ab Ta5 geantwortet, aber dann folgt 24. Sb5!, und falls 24. ... De7, dann nicht 25. e5?! d5, sondern 25. Df2. Es droht 26. Sd6:, bei sich bietender Gelegenheit ist auch e4–e5 oder Sb5–c3–d5 möglich.

Es ist klar, daß Schwarz eine schwierige Verteidigung bevorsteht, während Weiß absolut nichts riskiert hätte. Bereits diese Umstände sind vollauf ausreichend, um die Kritik an den bisherigen Handlungen Tarraschs aufzuheben.

Es kommt also heraus, daß Tarrasch gerade hier fehlgriffen hat, aber warum? Anstelle der natürlichen Raumnahme verfolgt er dogmatisch das Spiel auf die Jagd nach dem Turm und wurde dafür bestraft.

Eine sehr verlockende Schlußfolgerung, aber sie wäre allzu übereilt, denn sie wird durch die nachfolgende Analyse widerlegt. Es scheint, daß Tarrasch, indem er 22. b4?! spielt, in jedem Fall keinen geringeren Vorteil behielte als nach 22. c4. Wenn dem so ist, warum aber bezeichne ich dann den geschehenen Zug als fragwürdig (das Zeichen »?!« hat nämlich genau diese Bedeutung)?

Heute wissen wir recht gut (in großem Umfang gerade dank der Erkenntnisse Laskers), daß es, wenn wir die eine oder andere Stellung bzw. Entscheidung beurteilen, unabdingbar ist, daß wir nicht nur allein die objektive Stärke eines Zuges bewerten, sondern auch die psychologische Seite der Medaille berücksichtigen, d.h. die verschiedenartigsten nebenwirkenden Begleitumstände mit ins Kalkül ziehen.

Nach 22. c4 trägt die Stellung einen klaren, eindeutigen Charakter, für Weiß ist das weitere Spiel recht leicht zu führen. Nach 22. b4 wird das Spiel komplizierter, entfernt sich vom Gewohnten. Lasker war seinem Gegner auf dem Gebiet taktischer Verwicklungen überlegen, er konnte sich in dynamischen Stellungen besser zurechtfinden. Desweiteren war er gegenüber Tarrasch beträchtlich jünger, kräftiger und ausdauernder, konnte also kräftemäßig besser durchhalten. Es ist daher leicht erklärlich, wem eine weitere Verwicklung des Kampfes entgegenkommen mußte.

22. ... Tc4 23. g3

Bei dem von Weiß beabsichtigten Springerausfall nach b5 muß man mit dem Gegenschlag d6–d5 rechnen. In diesem Falle ist es wichtig, daß der Bauer f4 vorsorglich gedeckt ist.

23. ... Td8

Diagramm 237

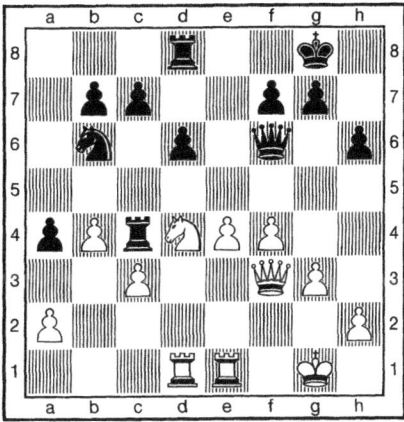

Lasker bereitet den Gegenschlag c7–c5 vor, die einzige echte Ressource (abgesehen vielleicht von a4–a3 nebst nachfolgendem Sa4), die er zu seiner Verfügung hat. Das sofortige 23. ... c5? wird widerlegt mittels 24. Sb5.

24. Te3?

Als Kommentar zu diesem Zug schreibt Réti:

„Weiß ist positionell überspielt, denn er hat gegen die Drohung c7–c5 keine positionsgemäße Verteidigung, daher versucht er es mit einer Kombination, welche jedoch, wie Verzweiflungskombinationen in der Regel, nicht durchdringt."

Wiederum handelt es sich um eine typische Meinungsbildung aus dem Ergebnis der Partie heraus. Welchen Grund sollte Weiß zum Verzweifeln haben? Angenommen, er spielt jetzt etwa 24. a3 c5 25. Sb5, was würde er dabei schon riskieren? Ganz im Gegenteil, gerade Schwarz wäre es, der noch zu zeigen hätte, daß er über einen Weg zum Ausgleich verfügt.

Vollkommen brauchbar war auch die Möglichkeit 24. e5 de 25. Te5:.

Auf jeden Fall stellt sich eine ganz andere Frage: Wie kann Weiß zu einem Vorteil kommen? Um diesen zu erlangen, muß er eine positionsgerechte Verteidigung gegen die Drohung c7–c5 finden.

Nach Meinung Rétis gibt es aber nicht eine einzige solche Verteidigung.

Einen interessanten und feinsinnigen Prophylaxezug schlug bereits Ludwig Rellstab vor: 24. De3!. Jetzt wäre 24. ... c5 ungünstig wegen 25. Sb5, und der Bauer c5 ist gefesselt. Aber Weiß beabsichtigt damit gleichzeitig auch die Fortsetzung seiner Operation, um den Turm zu fangen, indem er in der einen oder anderen Reihenfolge die Züge Sb5, Td3 und Sa3 ausführt. Auf 24. ... Te8 folgt 25. Dd3 Td8 26. Sb5 mit der Drohung 27. e5 oder 27. Te3. Im Falle von 24. ... a3 25. Sb5 Sa4 (25. ... c6 26. Db6: cb 27. e5) hat es keinen Sinn 26. Td4? zu spielen wegen des Qualitätsopfers 26. ... Sc3:! 27. Tc4: Sb5: mit einer starken Position für Schwarz. Stärker ist 26. e5! de 27. fe De7 28. Td8:+ Dd8: 29. e6 De7 30. Dd3 mit entscheidendem Vorteil (Turm und Springer von Schwarz befinden sich außer Spiel).

Eine andere Möglichkeit, um dem Bauernvorstoß c7–c5 entgegenzutreten, zeigte Alexander Tschernin. Es ist der bescheidene Zug 24. Tb1!, nach welchem 24. ... c5 25. bc dc 26. e5 für Schwarz keinesfalls günstig sein kann. Weiß aber plant Te3 (möglicherweise auch erst Dd3 und dann Te3) mit nachfolgendem Sd4–b5–a3. Es ist nicht leicht, irgendetwas Überzeugendes gegen diesen Plan zu erfinden. Auf 24. ... a3 folgt natürlich 25. Tb3.

Als letztes möchte ich den Vorschlag von Makariew erwähnen: 24. Td3!. Falls dann 24. ... c5, so folgt 25. bc Tc5: (25. ... dc 26. Sb5) 26. Tb1, mit Gewinn des Bauern b7. Also konnten wir uns davon überzeugen, daß Lasker bis zum Kulminationspunkt der Partie seinen Gegner nicht nur nicht überspielt hatte, sondern im Gegenteil in eine ganz und gar nicht einfache Stellung geraten war. Tarrasch aber agierte bis zu diesem Zeitpunkt hervorragend, aber jetzt veränderten bedauerlicherweise zwei Fehler von ihm den logischen Kampfverlauf vollends zu seinen Ungunsten.

24. ... c5 24. Sb5?

Tarrasch setzte seine fehlerhafte Kombination fort, die er im vorherigen Zug begonnen hatte. Beiläufig bemerkt sei, daß Weiß, wie Richard Teichmann zurecht anmerkte, wenn er jetzt 25. bc! Tc5: (schlecht ist 25. ... dc? 26. e5 oder 26. Sb5) 26. Tb1 Sc4 27. Td3 mit nachfolgendem Sd4–c2–e3 spielt, keinesfalls schlechter steht.

25. ... cb 26. Td6: Td6: 27. e5 Tf4:!

Tarrasch hat gewiß diesen Gegenschlag übersehen. Aber seine Kombination wäre auch dann inkorrekt gewesen, wenn es diese Form der Widerlegung nicht gegeben hätte. Ist doch auch 27. ... Td1:+!? 28. Dd1: Dc6 sehr stark für Schwarz.

Damit wollen wir zum Ende der Betrachtung der Partie kommen und uns überlegen, warum das Bild, das doch ein großer Experte, wie es Richard Réti war, von der Partie entworfen hat, derart irreführend war.

Jedem Schachspieler geht es persönlich so, daß er in dem von ihm untersuchten Material genau das sieht, wonach er sucht. Réti strebte in seiner Spielpraxis immer danach, ganzheitliche, folgerichtig ausgeführte und auf einem einheitlichen Plan beruhende Partien zu schaffen. Nach genau diesem Schlüssel kommentierte er nun auch gewöhnlich die Partien anderer Großmeister.

Ohne damit die pädagogische Bedeutung einer solchen Methode der Partiekommentierung verwerfen zu wollen, darf man dennoch nicht übersehen, daß sie auch offensichtliche Unzulänglichkeiten aufweist, auf welche übrigens Lasker bereits in seinem bedeutenden Werk *Lehrbuch des Schachspiels* hingewiesen hat:

„Man darf weite strategische Pläne nicht auf so leichten Unterbau stellen. Mit einem Motiv, wie dem von Reti angegebenen, kann man noch nicht den Plan einer ganzen Partie bestreiten, dazu ist es zu mager. Die Ausführungen Retis bleiben richtig und dankenswert, wo er sich auf das Analytische beschränkt; sie werden irreführend, wo er sich vom Boden der Analyse entfernt und dabei gar zu kühne, zu allgemeine Schlußfolgerungen ziehen will."

Was mich am meisten am Schach interessiert, ist das Problem der Suche nach dem besten Zug und die Vornahme von Entscheidungen. Die Partie Tarrasch – Lasker enthält nicht wenige gehaltvolle Abschnitte dieser Art, beispielsweise sollen nur folgende genannt sein:

1. Die kühne und außerhalb jeder Schablone liegende Überführung des schwarzen Turms auf die 5. Reihe mit dem Ziel, die Situation auf dem Brett radikal zu verändern, um Weiß von seinem Königsangriff abzubringen.
2. Die Verknüpfung des Fehlers, den Lasker in seinen 19. Zuge begangen hat, mit seinem Spielstil. Der logische Abgleich der verschiedenen Möglichkeiten bei der Berechnung der Varianten, der Schwarz dazu hätte verhelfen können, den Zug 19....a5!? dem Partiezug vorzuziehen.
3. Das Problem der Wahl des 22. Zuges für Weiß. Der Einfluß der psychologischen Faktoren bei der Auswahl des Plans. Richten Sie Ihre Aufmerksamkeit darauf: hier kann man nicht eindeutig sagen, was ist besser, was ist schlechter. Im Schachspiel beschäftigen wir uns beständig mit derartigen Problemen, bei denen es eine eindeutige, exakte Lösung nicht gibt. Gerade solche Probleme erweisen sich außerordentlich oft als die gehaltvollsten und lehrreichsten.
4. Die Gewohnheit des prophylaktischen Denkens, welche es Weiß hätte möglich machen können die richtige Entscheidung im 24. Zuge ausfindig zu machen.
5. Der taktische Schlußstrich, den der todgeweihte Desperado-Turm zieht. Der Begriff „Desperado" (jemand, der sich zu gefährlichen Verzweiflungstaten hinreißen läßt) wurde von Lasker eingeführt. Während einer Partie kann jede Figur oder jeder Bauer zu einem Schwachpunkt der Stellung werden, sich als verwundbar erweisen oder das Zusammenspiel eigener Streitkräfte stören. Diesen Figuren ist dann ein inneres Streben nach Selbstaufopferung zu eigen, sie werden Desperado-Figuren. Als Schachspieler muß man mit größter Aufmerksamkeit dem Auftauchen und den möglichen Aktivitäten solcher todesmutiger Kamikazekämpfer folgen, seien es Bauern oder Figuren. Tarrasch hat darauf zu achten versäumt.

Nach der Betrachtung dieser Partie und der Herausarbeitung der uns in ihr besonders interessierenden Ideen, ist es nun nützlich, wenn wir andere Beispiele zu gleichen und analogen Themenkreisen finden oder uns in Erinnerung rufen. Die Erkenntnisse aus dieser klassischen Partie Tarrasch – Lasker werden ganz besonders aktuell und interessant, wenn sie in den direkten Vergleich mit der folgenden Endspielsituation aus einer zeitgenössischen Partie gesetzt werden.

Lewitina – Alexandrija
11. Partie des Kandidatenwettkampfs, Dubna 1983

Diagramm 238

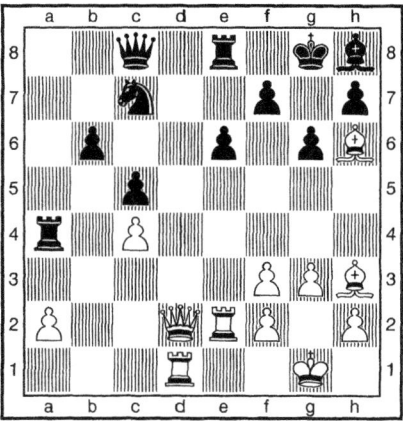

Der Bauer c4 ist angegriffen. Weiß (übrigens in Zeitnot) muß des weiteren mit der Springerwanderung Sc7–a6–b4(b8)–c6 rechnen, die, wenn sie durchzusetzen ist, Schwarz in Vorteil bringt.
Irina Lewitina spielte **22. Te4?!**, woraufhin ihre Gegnerin sofort alle derartigen Springerwanderungsmotive vergaß, denn es war ihr unmöglich, sich eines Manövers gegen den feindlichen Turms zu enthalten, der jetzt am Brettrand eingemauert wird.
22. ... f5!? (22. ... Sa6!?) **23. Th4 Lf6?**
Man sollte unbedingt den Springer heranführen. Der Läufertausch entspringt einer Standardlogik, die für derartige Stellungen oft Gültigkeit hat. Man muß gutstehende gegnerische Figuren abtauschen, so daß dem Gegner nur die schlechten Figuren übrigbleiben. Aber mit dem Verschwinden des Läufers wird der schwarze König verwundbar, und dies erweist sich als der gewichtigere Faktor.

Übrigens irrte sich nicht nur Nana Alexandrija bei der Stellungsbeurteilung. Genau das gleiche wie sie dachten in diesem Augenblick auch ihre Trainer, die als Augenzeugen im Turniersaal anwesend waren und den Kampfverlauf unter die Lupe nahmen, darunter der Autor dieser Zeilen, die Großmeister Wereslaw Eingorn und Semjon Palatnik. Es schien, als ob uns der Turm auf h4 alle hypnotisiert habe. Nach der Partie begann ich besser zu verstehen, wie es seinerzeit Tarrasch in seiner Partie gegen Lasker ergangen sein mag.
24. Lg5 Lg5:
Beide Rivalinnen übersahen die taktische Möglichkeit 24. ... Ta2:!? 25. Da2: Lg5:. Um der Gerechtigkeit willen möchte ich anmerken, daß die Fortsetzung 25. Dd7! (anstelle von 25. Da2:?) 25. ... Dd7: 26. Td7: Lg5: 27. Thh7: Lf6 28. Tc7: Ld4 28. Th6 Weiß doch noch ein Remis eingebracht hätte (Anmerkung d. Bearbeiters: nach 28. ... Ta8 29. Tg6:+ Kf8 hätte Weiß schwere Probleme).
25. Dg5: Ta7
Falls Schwarz dazu kommt Sa6 und Td7 zu spielen, würde die Stellung für Alexandrija sofort als gewonnen zu betrachten sein, aber ....
26. Td6! Sa8?
Prinzipiell gesehen ein falscher Zug: Schwarz braucht den Bb6 nicht! Logischer ist der Zug 26. ... Sa6. Aber es zeigt sich letztlich, daß ein solcher Unterschied keine besondere Bedeutung hatte. Schwarz hat zu ruhig gespielt, und nun muß die Vergeltung folgen.

Diagramm 239

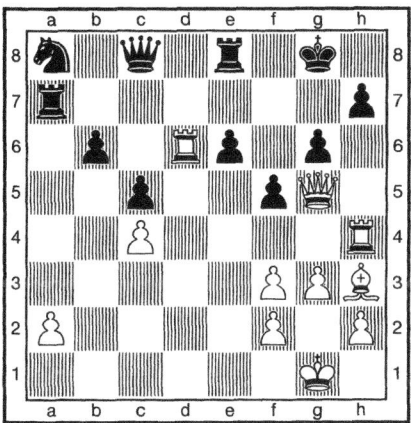

Frage 2–53 Wie soll Weiß fortsetzen?

Weiß hat unter seinen Streitkräften zwei Desperado-Figuren: den Turm h4 und den Läufer h3. Ihre Neigung zur Selbstaufopferung muß gewissenhaft untersucht werden und zwar von beiden Seiten. Leider waren weder Lewitina noch Alexandrija ausreichend auf der Höhe der Erkenntnis und ungenügend mit den Ideen Laskers vertraut, und daher nahmen sie nicht wahr, daß diesen Ideen als Ergebnis eine hübsche Kombination entspringen konnte. Übrigens sah niemand im Turniersaal diese Kombination; ich fand die Lösung erst nach dem Ende der Partie.

Zum Gewinn für Weiß führte in dieser Position 27. Lf5:!! ef 28. Th7:!! Th7: (28. ... Kh7: 29. Tg6: Kh8 30. Df6+ Kh7 31. Th6+) 29. Tg6:+ Kf8 30. Tg8+ Kf7 31. Dg6+ Ke7 32. Dh7:+. (Anm. d. Bearb.: Nicht ganz klar sind die Folgen von 32. ... Kd8, zum Beispiel 33. Tg7 De6 34. Ta7 Dc6:). Es leuchtet ein, daß die nämliche Kombination auch mit einem auf a6 befindlichen schwarzen Springer durchführbar wäre.

27. Dd2 In rein positioneller Hinsicht ist dies ein durchaus vernünftiger Zug, der dem Abtausch des Turms in der d-Linie vorbeugt.

27. ... Dc7 (mit der Drohung 28. ... Ta2:)
28. a4 Dg7 (mit der Absicht 29. ... Da1+ nebst 30. ... Da4:). Ungeachtet der exponierten Stellung des Turms h4 hat Schwarz nach 29. Lf1! keinen Vorteil. Dies ist ganz offensichtlich. Er kann weder das Spiel vereinfachen noch den Springer schnell auf günstigere Positionen überführen (hier sähe man, daß Schwarz mit dem Springer auf a6, wenn er dann im vorigen Zug 28. ... Sb4 oder 28. ... Sb8 gespielt hätte, eine Gewinnstellung erreichen konnte). Weiß hat – nebenbei bemerkt – ein nützliches, wenngleich ziemlich langwieriges Handlungsprogramm zu seiner Verfügung: g3–g4–g5, und danach entweder Th6 oder h2–h4–h5, oder f3–f4 nebst Th3.

In beiderseitiger Zeitnot folgte:
29. Kg2? Ta4:! 30. Td7 Te7 31. Td8+ Kf7 32. Te4

Weiß hat, obgleich sie es zuvor gekonnt hätte, den psychologischen Nutzen des „Lasker-Turms" nicht ausgenutzt, und jetzt nutzt sie die sich bietende Gelegenheit, sich mit dem Turm aus der Kampfzone davonzumachen und ihn nach Hause zu schicken.

32. ... Sc7! 33. Te1?! Tc4:

Schwarz hat in dieser Stellung entscheidenden Vorteil. Das Abenteuer war aber noch nicht zu Ende, denn in weiterhin großer Zeitnot kostete ein grober Fehlzug Alexandrija den ganzen Punkt.

Die Betrachtung dieses zeitgenössischen Endspiels beweist überzeugend die unbedingte Notwendigkeit des Vertrautseins mit dem klassischen Erbe. Situationen, die in den Partien der Koryphäen der Vergangenheit vorgekommen sind, wiederholen sich, wie Sie selbst hier anschaulich sehen konnten, in gleicher oder analoger Weise auch in Turnierpartien unserer Tage.

Übungen für die Analyse

Diagramm 240

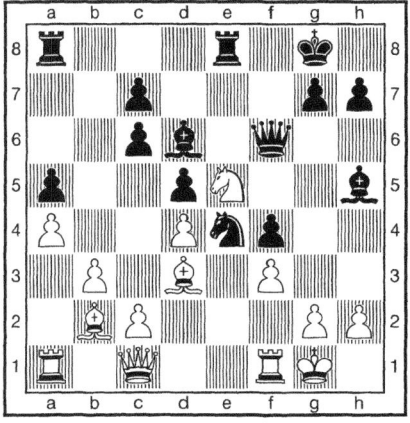

Der schwarze Springer ist angegriffen. Man kann ihn natürlich nach g5 zurückziehen, aber verdienen nicht auch andere Möglichkeiten Aufmerksamkeit?

Übung 2-9 Was würden Sie Schwarz anempfehlen?

Diagramm 241

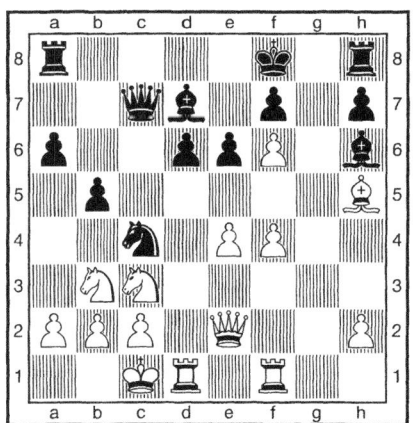

Weiß bereitet offensichtlich das Läuferopfer auf f7 vor.

Übung 2-10 Muß sich Schwarz mit dem Gegenangriff auf dem Damenflügel mittels 1. ... b4 beeilen, oder organisiert er besser zuerst seine Verteidigung mittels des Zuges 1. ... Le8? Was meinen Sie dazu?

Diagramm 242

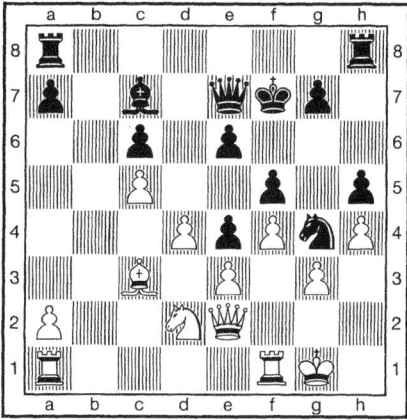

Schwarz sieht sich vor eine schwierige Wahl gestellt. Er kann zwar ruhig weiterspielen, aber äußerst verlockend ist der effektvolle Bauerndurchbruch 20. ... g5 auf dem Königsflügel.

Übung 2-11 Welche Entscheidung würden Sie in dieser Situation treffen? – Und wie müßte sich Weiß im Falle von 20. ... g5 am besten gegen den schwarzen Angriff verteidigen?

Lösungen der Übungen

Übung 1–1   Petrosjan – Dworetski
(Blitzpartie, Liepaja 1975)
Zunächst schien es mir, als könne sich Weiß verteidigen mittels 27. Ta8+ Kg7: 28. Da1+ Kh6 (28. ... Kf7 29. Tf8+!) 29. Dc1! e3 30. Se3: g5 31. Lf3, aber alsbald bemerkte ich nach 27. Ta8+ Kg7: 28. Da1+ den Gewinnzug 28. ... Tf6!.
Bei weitem stärker ist **27. Le5!! De5: 28. Ta8+**. Was soll Schwarz jetzt tun? Nach 28. ... Kg7 29. Da1 oder 28. ... Kf7 29. Sf4: Df4: 30. Tf1 werden die Damen getauscht. Es bleibt nur **28. ... Tf8**, aber danach folgt **29. Tf8:+ Kf8: 30. Tf1+ Kg8** (30. ... Kg7 31. Da1) **31. Tf4**, und der schwarze Angriff ist abgeschlagen – nach **31. ... c6 32. bc bc** geht Weiß bereits zum entscheidenden Gegenangriff über mittels **33. Da3! Kg7 34. Da8!**.
Zu meiner Schande muß ich gestehen, daß die schwarze Kombination abgewehrt werden konnte.

Übung 1–2 Dworetski – Wolowitsch
(Meisterschaft der UdSSR, Charkow 1967)
1. Th7+! Kh7: 2. Lf5+ Kg7 3. Le4:, und Schwarz bleibt mit einer Figur im Nachteil.

Übung 1–3 Dworetski – Rafalski (Blitzpartie, Moskau 1967).
1. Df6:! Td1:+ 2. Td1: gf 3. Td8+ Kg7 4. Sf5+ Kg6 5. Tg8+ Kh5 6. g4 matt.

Übung 1–4 Dolmatow – Plachetka
(Hradez Kralove 1981) **21. Sb5:! ab 22. Db5:**.
Weiß gewinnt die Figur zurück und verbleibt nach 22. ... Sd5: 23. ed Te3: 24. Le3: mit einem wertvollen zusätzlichen Bauern.

Übung 1–5 Kupreitschik – Jussupow
(Zonenturnier, Erewan 1982) **12. ... Sd5!!**
Der Springer strebt nach e3, und man darf ihn nicht schlagen wegen Matt: 13. ed Dd5: 14. Sf2 Tae8+ 15. Se4 Te4:+ 16. de De4:+.
In der Partie folgte 13. Dh5 Se3 14. Ke2 (hoffnungslos ist auch 14. Sg5 h6 15. Se6 Df6 16. Sf8: Tf8: 17. De2 Se5 18. c3 dc 19. De3: cb 20. Tb1 Sf3+) 14. ... g6! 15. Dh6 Dd7 16. Dh4 Ld2: 17. Kd2: Se5 18. Sg5: Tf2+ 19. Kc1 Sd3:+ 20. Kb1 Sb2:. Weiß gab auf.

Übung 1–6 Woloschin – Dworetski
(Moskau 1970).
Falls Schwarz nicht auf c3 nimmt, wird seine Bauernstruktur im Zentrum ruiniert. Schlägt er aber, dann stellt sich die Frage, wie man auf 27. Td5: antworten soll. Eine Kombination hilft aus der Klemme.
26. ... dc! 27. Td5: (27. bc Ke6 mit hervorragender Stellung für Schwarz) **27. ... Ke6** (ansonsten 28. bc) **28. Ted1 c2! 29. Td6+ Ke7!** Die Idee der Kombination! Schlecht ist 29. ... Kf5? 30. Tc1.
30. Td7:+ Ke8
Schwarz gewinnt den Turm zurück und erhält ein etwa ausgeglichenes Turmendspiel. Die Partie endete mit Remis.

Übung 1–7   Dworetski – Katalymow
(Freie Partie, Riga 1977)
22. Dd7:+!! Kd7: Oder 22. ... Td7: 23. Tc8+ Lc8: 24. Tc8:+ Td8 25. Lc6+ Kf8 26. Td8#.
23. Tc7+ Ke8 24. d7+! Td7: 25. Tc8+ Lc8: 26. Tc8:+ Td8 27. Lc6 matt.

Übung 1–8   Botwinnik – Smyslow
(18. Partie des Wettkampfes um die Weltmeisterschaft, Moskau 1958) In der Partie folgte 23. Lh3? Se5 24. Se5: fe 25. f4? (25. f3! Ld7! 26. T1e2 mit gleichem Spiel) 25. ... Lc6 26. Dg5?!, und hier ließ Smyslow, indem er 26. ... Tde8? spielte, die Gelegenheit aus, den Gewinn mit 26. ... Td2! 27. Le6+ Tf7! 28. Lf7:+ Kf7: zu erzwingen.

Aber zuvor hat bereits Weiß den Gewinn ausgelassen.

23. Sd4!! Sd4: 23. ... cd 24. Ld5+! Td5: 25. Te8! oder 24. ... Kh8 25. Te7.

24. Te7! Botwinnik machte nicht nur in der Partie einen Fehler, sondern auch in der Analyse. Er wies hin auf 24. Ld5+! (Zeichensetzung Botwinniks) 24. ... Td5: 25. Te7, aber in diesem Falle konnte sich Schwarz retten mittels 25. ... Se2+! 26. Kf1 (es geht nicht 26. T7e2:? Td1! oder 26. T1e2:? Td1+ 27. Kg2 Lc6+ 28. f3 Lf3:+) 26. ... Tf7 27. Tf7: Kf7: 28. Dh7:+ Kf8 (diese Variante wurde gefunden von den Schülern der Dworetski-Jussupow-Schule bei der Lösung ihrer Hausaufgaben).

24. ... Tf7 25. Ld5! Es gewinnt ebenfalls 25. Tf7: Se2+ 26. Te2: Td1+ 27. Lf1 Tf1:+ 28. Kf1: Dd1+ 29. Te1 Lb5+ 30. Kg2 Dd5+ 31. f3 (oder 31. Kh3) 31. ... Df7: 32. Df4, aber 25. Ld5! ist einfacher und überzeugender.

25. ... Sf3+ 26. Kh1 Df2: 27. Lf7:+ Kh8 28. Te8+! und gewinnt.

„Es zeigte sich hier eine alte Krankheit von mir, die Schwäche im kombinatorischen Sehen", resümierte M. Botwinnik.

Übung 1–9 Iwantschuk – Dolmatow (Interzonenturnier, Moskau 1990).

Die schwarze Stellung ist besorgniserregend. Schlecht ist 10. ... f6? 11. Dh5+ g6 12. Sg6:. Bereitet Schwarz f7–f6 vor, indem er 10. ... g6 spielt, folgt 11. Te1 f6 (auf 11. ... Lg7 folgt die nämliche Antwort) 12. Sc6:! Lc6: 13. Df1. Schließlich würde Weiß nach 10. ... De6 11. Te1 Le7 mit 12. Sb3 fortsetzen (möglich ist auch gleich 12. Df1) 12. ... c5 13. Df1 mit gefährlichen Drohungen.

Haben wir aber bereits alle Kandidatenzüge für Schwarz in Betracht gezogen? Nein, es gibt noch einen weiteren, den Iwantschuk bei seiner Analyse nicht beachtete, den aber Dolmatow am Brett fand.

10. ... Kd8!!
Schwarz hat jetzt die Drohung 11. ... f6 aufgestellt. Da das Endspiel, welches nach 11. Te1 f6 entsteht, dem Weißen wenig Aussichten bietet (der gewonnene Bauer wird mittels c6–c5 verteidigt), mußte Iwantschuk sich auf ein umstrittenes Figurenopfer einlassen.

11. Sb3 f6 12. Lg5 (Aufmerksamkeit verdient die Empfehlung Anands 12. f4!?)
12. ... fg 13. Sa5 (13. Sd4: Kc7)

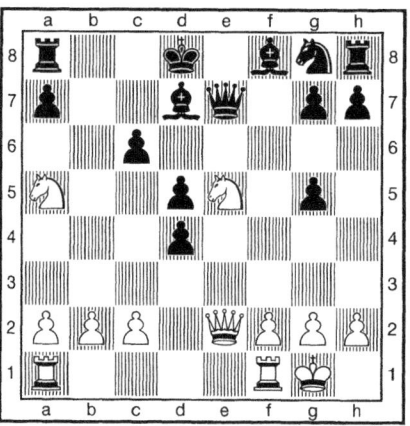

Diagramm 243

13. ... De8! Noch ein feinsinniger Verteidigungszug. Verfrüht wäre 13. ... Kc7? wegen 14. Da6, aber jetzt steht Schwarz bereit, 14. ... Kc7 15. Da6 Dc8! folgen zu lassen. Leider einigten sich die beiden Partner aber in dieser Stellung auf Remis. Es erscheint dennoch zweifelhaft, ob Weiß eine hinreichende Kompensation für die geopferte Figur besitzt.

Übung 1–10 Motschalow – Dworetski (Minsk 1972). Ich spielte unvorsichtigerweise nun den Zug 22. ... Kg8?, und unter-

schätzte 23. Tf6:! gf 24. Dd7. Falls jetzt 24. ... Se8, dann folgt 25. Db7 Td8 26. Db6:, um eine reiche Ernte an schwarzen Bauern einzufahren. Aber auch nach 24. ... Dd2 25. Dd6: (nicht weniger stark ist 25. Tf3) 25. ... Dc3: 26. Df6: erhielt Weiß eine Gewinnstellung.
Natürlich mußte ich dem Qualitätsopfer vorbeugend begegnen mittels **22. ... Th6!**, und die schwarze Stellung wäre dann vorzuziehen.

Übung 1–11 Gorelow – Dworetski (Moskau 1976). Schwarz beabsichtigte, die Züge Kd7, Dh5, Tg4 folgen zu lassen. Aber mit welchem davon soll man anfangen?
Fehlerhaft ist 21. ... Kd7? wegen 22. Se4!. Aber auch im Falle von 21. ... Tg4? kann Weiß den Spieß umdrehen mittels 22. Df3 Kd7 23. Se4! oder 22. ... Se7 23. b4!. Nachdem ich diese Varianten untersucht hatte, wählte ich die stärkste Zugreihenfolge: **21. ... Dh5!** gefolgt von Kd7, Tg4, Tbg8 und Stellungsvorteil.

Übung 1–12 Kusmin – Dolmatow (Minsk 1982). Zwischen Gewinn und Verlust liegt ein geringer Abstand – ein einziger Zug. Geradliniges Spiel auf Matt – 25. Td8:? Td8: 26. Dh6 führt genau zum entgegengesetzten Resultat: 26. ... Db1:+! 27. Kb1: Td1+ 28. Dc1 La2+!.
Aber auch nicht besser war der von Kusmin gewählte Zug 25. Thd3? wegen 25. ... La2!. Als er die Variante 26. Dh6 Db1:+ 27. Kd2 Td3:+ 28. cd Db2:+ mit nachfolgendem 29. ... Df6 berechnet hatte, gab Weiß die Partie auf.
Aber der Zug **25. T1d3!!** (mit der unabweislichen Drohung 26. Dh6) hätte Schwarz zur Aufgabe genötigt.

Übung 1–13 Klowski – Dworetski (Spartakiade der Völker der UdSSR, Moskau 1979) Schwarz steht besser. Wenn der Gegner auf 26. ... Dd6 gezwungen wäre mit 27. De2 zu antworten, dann könnte ich, indem ich 27. ... Dc6 spiele, meine positionelle Herrschaft vergrößern. Aber man muß auch mit der geradlinigsten Antwort 27. e4! rechnen. Verlockend sieht dann 27. ... fe 28. fe Sf6 29. e5 Dd5 30. Dd3+ De4 mit klarer schwarzer Vorherrschaft aus. Aber anstelle von 29. e5? spielt Weiß 29. Dd3!, und falls 29. ... Dc6, dann 30. d5. Auf das sofortige 27. ... Sf6 folgt ebenfalls 28. Dd3!, zum Beispiel 28. ... Dh2: 29. ef mit unklarer Stellung. Also, nach 26. ... Dd6?! 27. e4! gelingt es Schwarz nicht, die gegnerischen Bauern zuverlässig zu blockieren, der Kampf verschärft sich und das heißt, daß man nicht so spielen darf. Wir benötigen also eine geeignete Alternative, die den Forderungen der Stellung entspricht.
In der Partie geschah **26. ... Sf6! 27. b3?! Dd6! 28. De2 Dc6,** und Schwarz erhielt erdrückende positionelle Überlegenheit.

Übung 1–14 Dworetski – Alburt (Halbfinale der Meisterschaft der UdSSR, Woronesch 1973) Es sieht verlockend aus, die verbundenen Bauern im Zentrum zu erhalten, aber eine zielbewußte Überprüfung veranlaßte mich, von diesem Gedanken Abstand zu nehmen
– 24. d6? Tf5 25. b4 a5, und die weiße Bauernkette wird zerstört;
– 24. e4? ed 25. ed (25. Sd5: Tf7 nebst 26. ... Te8) 25. ... Tf4! mit nachfolgendem Tc4 oder Td4.
Da auch 24. Se4 Tf5 keinen besonderen Sinn hat, bleibt Weiß nur ein einziger Weg: So rasch wie möglich muß er mit dem Turm den Bauern d3 beseitigen.
24. Td1! ed 25. Sd5: Tf7 26. Td3: Es ist ein schwieriges Endspiel mit beiderseitigen

Chancen entstanden. L. Alburt wählte einen fehlerhaften Plan, und es gelang mir deshalb, den Sieg davonzutragen:
26. ... Te8? (richtig war 26. ... Taf8) 27. Td4! (um den Zug 27. ... Te4 nicht zuzulassen) 27. ... Kg7 28. b4 Tf5 29. b5 Tfe5? (29. ... Te6) 30. c6 bc 31. bc Tc8 (31. ... Te4 32. Sc7!) 32. c7 Kf7 33. e4 Tee8 34. Ta4 Ta8 35. Ta6! Te6 36. Ta7: Tc8 37. Kf2 Ke8 38. a4 Kd7 39. a5 Kd6 40. Ta6+ Ke5 41. Te6:+ Ke6: 42. a6 Kd6 43. a7 Tf8+ 44. Ke3 Kc6 45. c8D+ Schwarz gab auf.

Übung 1-15 Jussupow – Lputjan (Meisterschaft der UdSSR, Erste Liga, Frunse 1979)
Der einfache Zug **23. Sc3:!** war auch der beste. Weiß erhielt ernsthaftes Übergewicht. Auf 23. ... Te5 ist sowohl 24. e4 mit der Absicht Sd5, als auch 24. De2!? (es droht 25. Dg4+) mit nachfolgendem 25. Dc4 stark.
Jussupow wollte aber mehr erreichen und spielte 23. De4?, mit gleichzeitigem Angriff auf den Läufer und die beiden Türme. Er rechnete nur mit 23. ... Dd8 und zu seinem Pech unterschätzte er den Gegenangriff seines Rivalen mittels 23. ... Tcd8! 24. De7: (24. Sc3: Dc3: 25. De7: ist lediglich für den Ausgleich ausreichend) 24. ... c2 25. Sb2 Dc3. Weiter folgte 26. Db7 T5d7 27. Db5 a6 28. Db6 (falls 28. Dc4?, dann nicht 28. ... Db2:? 29. Ta2 mit Vorteil für Weiß, sondern 28. ... Dc4:! 29. Sc4: Td1 30. Sb2 Ta1: 31. Ta1: Tb8) 28. ... Td6. Remis wegen der ewigen Verfolgung der Dame: 29. Db7 T6d7 30. Db6 Td6.

Übung 1-16 Gutman – Dworetski (Tiflis 1979) Entfernt Schwarz seine Dame von der Schrägen h3–c8 (zum Beispiel 22. ... De7) verfügt Weiß über den taktischen Schlag 23. Sf6! gf (23. ... Lc1: 24. Sh7:; 23. ... Se6 24. Le6:) 24. Lf4: mit der Drohung 25. Td7. Das bedeutet, daß man zwischen den Feldern e6 und f5 wählen muß.
In der Partie folgte 22. ... Df5? 23. gh Dg6 (23. ... gh 24. Lf4: Df4: 25. De3) 24. Td7! Se6 25. hg+ Sg7: 26. Ld2! Ld2: 27. Dd2: Tf3 28. Kh2 mit unklarer Stellung.
Notwendig war stattdessen **22. ... De6!**, um die f-Linie freizulassen für den Turm. In diesem Fall hätte sich Schwarz Stellungsvorteil gesichert, man sehe zum Beispiel: **23. gh gh 24. Ld2 Ld2: 25. Dd2: Tf3!**.

Übung 1-17 Jussupow – Gulko (Reykjavik 1990) Zum Remis führte **31. ... Kh8! 32. Sg6:+! fg** (möglich ist auch 32. ... Kg8 33. Se7+ Kh8) **33. Lf6! Tb7 34. Le2: Te2: 35. Lg7:+ Tg7: 36. Df4!**.
Gulko überschätzte jedoch seine Chancen und spielte auf Gewinn (aber wie sich schließlich zeigte auf Verlust) 31. ... Kf8?. Es folgte 32. Dh7: Sf4+ 33. Kh2 Ke8 34. Dg8+! (34. Dg7:? Tf1:, und Schwarz würde tatsächlich gewinnen) 34. ... Lf8 (34. ... Kd7 35. Df7: Tf1: 36. Sc6+! Kc6: 37. Dc4:+ Kd7 38. Db3:).

Diagramm 244

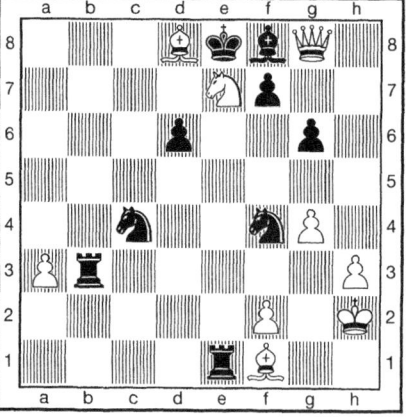

35. Sg6:!!
Gerade dieser taktische Schlag war Schwarz nicht ins Blickfeld gekommen. Schlecht ist jetzt 35. ... Sg6: 36. Lc4:.
35. ... fg 36. Dc4: Tf1: 37. Df4:! (nicht so überzeugend ist 37. Db3: Kd8: 38. Dc4 Tf2:+ 39. Kg3 Sh3:!) 37. ... Ta3: 38. Lh4?!. Eine Ungenauigkeit in Zeitnot. Bei weitem stärker war 38. Lf6!. Übrigens erwies sich das Läuferendspiel, das in der Partie nach 38. ... Taa1 39. De4+ Kf7 40. Df3+ Kg8 41. Dd5+ Kg7 42. Db7+ Kg8 43. Lg3 Th1+ 44. Dh1: Th1:+ 45. Kh1: entstand, als gewonnen.

Übung 1–18 Gutman – Razuwajew
(UdSSR-Pokal, Tiflis 1976)
Schwarz darf nicht auf b4 nehmen, denn nach **10. ... Lb4:? 11. Lf6: gf** (11. ... Df6: 12. Sd5: ±) gewinnt Weiß den Bauern mit einer kleinen Kombination, die auf einem Doppelangriff beruht, zurück: **12. Sd5:!! Dd5: 13. Da4**, und es geht nicht 13. ... Lh3 14. Sf4 oder 13. ... Le7 14. De8: Lh3 15. Sf4!.
In der Partie nahm Gutman diese taktische Chance nicht wahr und spielte schwächer 12. Db3?, und nach 12. ... Lc3: 13. Sc3: c6 14. Dd1 f5 15. Dh5 Df6 erhielt er keinen wirklichen Gegenwert für den geopferten Bauern.

Übung 1–19 Chodos – Mikenas
(Meisterschaft der UdSSR, Erewan, 1962).
In der Partie folgte 25. ... La8? 26. f3 Te5: 27. Tc7 und im weiteren Verlauf konnte Weiß seinen positionellen Vorteil in einen Sieg ummünzen.
Zum Remis führte ein vorübergehendes Läuferopfer: **25. ... Te5:!**, zum Beispiel 26. Sb7: Td5 27. g3 Td7 oder 26. f3 Td5! 27. Sf7: Kf7: 28. Tc7+ Kf6 29. Tb7: Td1+ 30. Kf2 Td2+ 31. Kg3 Tb2:.

Übung 1–20 Dolmatow – Jurtajew
(Ausscheidungsturnier zur Juniorenweltmeisterschaft, Sotschi 1978)
31. e6! Le6: 32. Tae1 Ld7 33. Te8:+ Le8: 34. Te1 Lc6 35. Ld4
Weil jetzt 35. ... Td7?? 36. Te8 matt nicht geht, hat Weiß die Qualität gewonnen, wofür der Gegner keinen reellen Gegenwert besitzt.
Leider spielte Dolmatow weniger stark und erreichte den Partiesieg lediglich dank eines nachfolgenden gegnerischen Fehlers: 31. c4? dc 32. bc Lf5 33. Le2 Sf7? (33. ... Lg4! ergäbe eine unklare Lage) 34. g4! Sg5: 35. gf Se4 36. f6! Td7 37. Lf2 Td2 38. Tae1 Sf6: (38. ... g5 39. Kg1 gf 40. Lf3) 39. Lf3 Sh5 (hartnäckiger war 39. ... Sfd7) 40. Lh5: gh 41. f5 Sc4: und Schwarz gab auf.

Übung 1–21 Barejew – Dolmatow
(Meisterschaft der UdSSR, Höchste Liga, Kiew, 1986)
Die schwarzen Figuren stehen auf dem Sprung, die feindliche Dame, die sich verlaufen hat, zu erjagen. Aber diese wirklich zu fangen, erweist sich als gar nicht so einfach. In der Partie folgte 26. ... Ta8? 27. Db7 Lc6 (27. ... Tcb8? 28. Sf5!; 27. ... Lg6? 28. Db5:) 28. Db6 Ta2: 29. Ta1 mit unklarem Spiel.
Um mit den Türmen die Dame mit Erfolg angreifen zu können, muß man zunächst dem weißen Springer den Punkt f5 streitig machen. Dolmatow berechnete 26. ... Ld7?, nahm aber von diesem Zug Abstand wegen 27. e4! Ta8 28. Db7 Tcb8 29. e5! De6 30. Dc7.
Zum Sieg führte **26. ... Lg6!!**. Jetzt könnte nach 27. e4 Ta8 28. e5 oder 28. Db7 Tcb8 29. e5 bereits die schwarze Dame nach d8 wegziehen, und dann wäre für die weiße kein Entrinnen. Ebenfalls hoffnunglos ist 27. Da5 Sc6 28. Da6 Tc7! 29. e4 Ta7 30. e5 De6(d7).

Übung 1–22 Jussupow – Timman (Reykjavik 1988).
Zwangsläufig gewann **38. e6! Td6: 39. e7 Lc6 40. Tf8+ Kh7 41. Lf5+! g6 42. Td8 Tf6 43. Ld7 Ld7: 44. Td7:.**
Jussupow erkannte nicht das Zwischenschach 41. Lf5+! und spielte statt dessen 38. g3? Kh7 39. Lg2 Lg2:+ 40. Kg2: Kg6 41. Tf8, aber Timman fand die Verteidigung 41. ... Sb2!, nach der es sich als unmöglich erwies, den zusätzlichen Bauern in einen Sieg umzumünzen.

Übung 1–23 Dworetski – Alburt (Meisterschaft der UdSSR, Höchste Liga, Erewan 1975). Weiß muß irgendetwas unternehmen, plant doch der Gegner 36. ... d3 zu spielen. Verlockend sieht 36. Df5 Tc7: 37. Tb1 aus, aber für Schwarz findet sich dann die hübsche Verteidigung 37. ... Td7!! 38. Dd7: (38. Tb8+ Td8) 38. ... Da2:+ 39. Kh3 Db1: mit gewonnenem Damenendspiel.
Nachdem ich diese Variante gefunden hatte, wurde die Lösung klar: man muß den König aus dem Schachbereich wegziehen:
36. Kh3! Wenn jetzt 36. ... d3, dann folgt 37. Df5!, und es verliert jetzt schon 37. ... Tc7:? 38. Tb1 g6 39. Tb8+ Kg7 40. De5+ f6 41. De8. Schwarz muß das Remis erzwingen mit 37. ... Da6! 38. Tb1 (38. Dd5: De6+; 38. Tc6 Db7 39. Dd5: d2, aber nicht 39. ... Tf8? 40.Tc5!) 38. ... g6! 39. Dd5: (39. Dd7 d2 40. Tb8 d1D) 39. ... Kg7 40. Tb8 d2!.
Auf 36. ... g6 folgt 37. Tc6 mit der Drohung 38. Tg6:+.
Die Partie endete wie folgt: 36. ... Db6 37. Dd5: De6+ 38. De6: fe 39. f4 Kf7. Remis. Ich riskierte es nicht, mit 40. Kh4 auf Gewinn zu spielen wegen 40. ... e5! 41. fe Ke6 42. Tc5 Kf5.

Übung 1–24 Dolmatow – Lputjan (Interzonenturnier, Manila 1990).
Weiß hat einen Bauern gewonnen, aber Schwarz verfügt über aktive Figuren und die unangenehme Drohung Db2. Dolmatow fand ein Mittel, um die Wogen zu seinem Vorteil zu glätten.
25. Sd4! Db2 26. Te1 Sd4: 27. Td4: Td4: Schlecht ist 27. ... Dc2: 28. Tc4:+ dc 29. Tc1.
28. Dd4: Dc2:

Diagramm 245

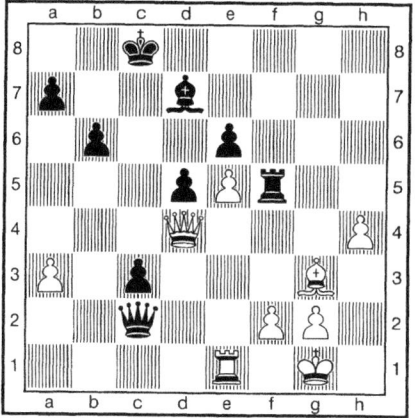

29. Kh2!!
Die Pointe der von Dolmatow erdachten Operation. Das voreilige 29. Te3? führt zu einer unklaren Stellung nach 29. ... Db1+ 30. Kh2 c2 31. Tc3+ Kb7, und falls jetzt 32. Dd2, dann 32. ... La4.
Aber jetzt droht 30. Te3 mit Gewinn des wichtigen Bauern c3 wirklich, zum Beispiel 29. ... Kb7 30. Te3 Tf2: (30. ... Dd2 31. Td3) 31. Lf2: Df2: 32. Dc3: Dh4:+ (es geht nicht 32. ... d4 33. Dd4: Lc6 wegen 34. Te4!) 33. Th3, und Weiß hat ausgezeichnete Gewinnchancen.
29. ... Dd2 30. Dd2: cd 31. Td1 Kb7 32. Td2:, und Dolmatow hat sein Übergewicht erfolgreich zum Sieg ummünzen können.

Wie Sie sehen, kann man nicht nur vor dem Beginn einer Kombination den König vor gegnerischen Schachgeboten in Sicherheit bringen, sondern mitunter auch direkt auf dem Höhepunkt einer Kombination.

Übung 1–25 Simic – Dworetski (Match UdSSR – Jugoslawien, Tallinn 1977) Schwarz möchte gern die Türme tauschen, um danach den König in die Brettmitte dirigieren zu können. Aber der sofortige Turmtausch nützt nicht viel – zunächst muß man den weißen b-Bauern nach vorne locken.
24. ... Ta4! 25. b5 Falls 25. fe, dann folgt nicht 25. ... Tb4:?! wegen 26. Sf5+, sondern zunächst das Zwischenschach 25. ... Lg4+! und erst nach 26. Sf3 geschieht vorteilhaft 26. ... Tb4:.
25. ... Ta2+ 26. Td2 (schlecht ist auch 26. Kf1 ef) **26. ... ef+ 27. gf Td2:+ 28. Kd2: Kd6.**
Mit dem jetzt auf b5 befindlichen weißen Bauern ist das Leichtfigurenendspiel elementar gewonnen.
29. b6 Kc5 30. Kc3 Kb6: 31. e4 (31. Kc4 Le6+; 31. Kb4 g5; 31. Sb3 Le6) 31. ... g5 (genauer als 31. ... Kc5 32. Sb3+ nebst 33. Kd4) 32. Kb4 Le6 33. Se2 Kc6 34. f4 Kd6! 35. fg hg 36. Kc3 Ke5 37. Kd3 Ld7! 38. Sd4 Kf4 39. Sb3 Kf3 40. Sc5 Lc8 41. e5 g4. Weiß gab auf.

Übung 1–26 Dworetski – Kremenetski (Moskau 1976)
Weiß muß die schwarzfeldrigen Läufer tauschen. Auf 22. Ld6 ist 22. ... Lc8 die beste Verteidigung. Das Feld c8 kann man dem Läufer nehmen durch den *Zwischenzug* **22. Lc7!**, welcher genauer ist als das unmittelbare 22. Ld6.
22. ... Tc8 23. Ld6 Die einzige annehmbare Antwort lautet jetzt 23. ... b6, aber auch dann ist Schwarz nach 24. Le7: in einer mißlichen Lage.
Der Versuch, für den Läufer das jetzt freie Feld d8 zu nutzen, erleichtert mir lediglich meine Aufgabe: 23. ... Ld8? 24. Sc5 Lc7 25. Sg5+! (stärker als 25. Sb7: Tb8 26. Sc5 Ld6: 27. Sd7: – Weiß will dem Gegner nicht den schwarzfeldrigen sondern den weißfeldrigen Läufer belassen) 25. ... Kg8 26. Sge4 f5 27. Lc7: Tc7: (27. ... fe 28. Lg3) 28. Sd6 Te7 29. Scb7:, und Weiß gewann.

Übung 1–27 Wahls – Drejew (Europäische Juniorenmeisterschaft, 1988/89)
Schwarz würde gerne g5–g4 spielen, um dann den Bauern h5 zu schlagen. Aber falls er sofort 31. ... g4? spielt, dann folgt 32. Sg4:! fg 33. Lg4: und die weißen Bauern sind gefährlich, denn jetzt funktioniert 33. ... Sg7? nicht wegen 34. Lc5.
31. ... Ta2! 32. Lf3 (andere Züge sind auch nicht besser) **32. ... g4.** Jetzt wäre nach 33. Sg4: fg 34. Lg4: Sg7! der Angriff 35. Lc5 schon ungefährlich und die weißen Bauern werden erfolgreich aufgehalten.
33. Lg2 Lh5: 34. Sf1 Le8 35. Lf2 Lc6 36. Se3 Ta3! 37. Le1 Sc5 38. Lf1 Kf7 39. Sc2 Ta8 40. Sd4 Sb3 41. Sb3:? (hartnäckiger war 41. Tb1 Sd4: 42. cd) 41. ... cb 42. Tb1 La4! 43. c4 Tc8 44. Ta1 b2 45. Tb1 dc 46. Tb2: c3 47. Tb4 c2 48. Ld2 Td8! 49. Le3 Td1! 50. Ta4: Sd5! 51. Ta7+ Kg6 52. Ta6+ Kh5 53. Kf2 (die letzte Hoffnung ist: 53. ... Se3:? 54. Lb5 Td8 55. Tc6) 53. ... Tf1:+. Weiß gab auf.

Übung 1–28 Dolmatow – Kusmin (Kislowodsk, 1982).
Es bot sich 27. Se4 an, aber Schwarz könnte den schwachen Punkt d6 mittels 27. ... Sf5 verteidigen, ohne sich vor 28. Seg5: Sd4: 29. Sd4: hg mit annehmbarer Stellung fürchten zu müssen.

Dolmatow fand ein diabolisches Zwischenschach.
27. Lh7+!! Kh8 28. Se4
Jetzt entscheidet auf 28. ... Sf5 die Antwort 29. d5. Schlecht ist sowohl 28. ... Kh7: 29. Sf6+, als auch 28. ... f5 29. Sd6:.
28. ... dc 29. dc
Falls jetzt 29. ... Sf5, dann folgt 30. Seg5: (der weiße Bauer d4, den zu schlagen der schwarze Springer nicht abgeneigt war, ist ja nun vom Brett).
29. ... Sd5 30. Sd6 Dd6: 31. cd Tc2: 32. Lc2: Lb2 33. Tcd1, und Weiß konnte den Mehrbesitz der Qualität leicht in einen Sieg ummünzen.

Übung 1–29 Paunovic – Tschernin (Pula 1988).
Schwarz machte hier den in positioneller Hinsicht ungemein nützlichen Zug **14. ... Sb6!**. Er will den Läufer von der Diagonale a2–g8 verjagen: 15. Lb3 a4. Ansonsten könnte der Gegner ihm nämlich mittels 15. a4 ein Rückzugsfeld verschaffen oder er hätte vielleicht auch 15. Ld4 gespielt. Der Abtausch des Läufers für den Springer – 15. Lb6: Db6: 16. Sg5 Tf8 – ist für Schwarz günstig.
Gleichzeitig provoziert Tschernin seinen Gegner zum Läuferopfer, welches ganz vielversprechend aussieht.
15. Lf7:+? Kf7: 16. Sg5+ Kg8
(16. ... Kf6?? 17. Lb6: Db6: 18. Df4 matt)
17. Se6 Sc4! Die genaue Zugreihenfolge! Ein Fehler wäre 17. ... Dc8? (oder 17. ... Dd7) 18. Sg7: Sc4 (18. ... Kg7: 19. Dd4+, aber nicht 19. Lb6:? c5) wegen 19. Dd4! Se3: 20. Se8: (es droht Matt mit der Dame auf g7) 20. ... De8: 21. De3:, und Weiß behält Bauer und Qualität mehr.
18. De2 Nach 18. Sd8: Sd2: 19. Sb7: Sc4 (oder 19. ... Se4:) kann sich der weiße Springer nicht mehr aus der Falle befreien. Auf 18. Dd3 sind sowohl 18. ... Se5, als auch 18. ... Dc8 19. Sg7: Se5 20. Dd4 c5 (oder 20. ... Kg7: 21. f4 c5) stark.
18. ... Dc8 19. Sg7: (19. Dc4: La6 20. Db3 a4 oder 20. ... Tb8) **19. ... Se3: 20. Se8: Sd1: 21. Dd1:**
In der Partie folgte 21. Sd6: ed 22. Td1: De6, und Weiß gab auf.
21. ... Dd7!
Natürlich nicht 21. ... De8:? 22. Db3+ nebst 23. Db7:. Ebenfalls nicht überzeugend ist 21. ... Kf7?! 22. Sd6:+ ed 23. Dd6:.
22. Db3+ Kf8(h8) Weiß bleibt mit einer Figur im Rückstand und hat dafür nur zwei Bauern vorzuweisen.

Übung 1–30 Smyslow – Spasski (Moskau, 1959).
In der Partie wurde folgendermaßen gespielt 37. e5?! Dc7? (nach 37. ... Dc5! konnte sich Schwarz erfolgreich verteidigen) 38. Dd4: Da5 39. Te1! g6 40. Te2 Tc5 41. Df4! Td5 (41. ... Tce5: 42. Df6! Td5 43. Tde6:) 42. c4!, und Weiß gewann.
Die Kombination, mit der Weiß zwangsläufig gewinnen konnte, fand Dolmatow: **37. Te6:! fe 38. h4! Ta5 39. Df7+ Kh8 40. e5** (es droht 41. Df8+) **40. ... Dc5 41. Dg6 De5:+ 42. Kh1.**

Übung 1–31 Tschernischow – Ostriwnoi, Stawropol, 1967)
Für den Bauern hat Schwarz keine hinreichende Kompensation. Bestreiten konnte er diese Einschätzung nur mit dem scharfsinnigen taktischen Schlag **23. ... Ld2+!?**. Der Gegner verlor sofort den Kopf und sogar die Partie nach 24. Kb1? Dd6: 25. Dd2: Dd2:. Selbstverständlich ist 24. Ld2:? (oder 24. Kd2:?) 24. ... Dd6: schlecht, aber auch 24. Td2:? Ta1: mit den Drohungen 25. ... Dd2:matt und 25. ... Ta1 matt.
24. Dd2: Ta2:

Diagramm 246

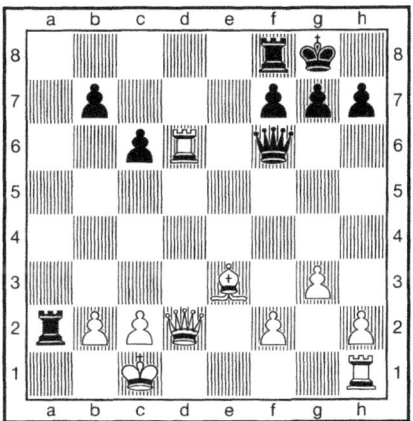

In den Büchern und Zeitschriftenaufsätzen, in denen dieses Schlußspiel angeführt wird, wurde bislang angesichts des bedrohten Punktes b2 nur der natürliche Zug 25. Db4?! betrachtet, der zwangsläufig zum Remis führt: 25. ... Td8! (25. ... Df3? 26. Te1) 26. Kb1! (fehlerhaft ist 26. Td8:+? Dd8: 27. Kb1 Da8) 26. ... Tda8! 27. Kc1! Td8!. Schwarz kann nicht auf Gewinn spielen: 27. ... Df3? 28. Te1; 27. ... c5? 28. Dc5:! (aber nicht 28. Lc5:? Df3 29. Te1 Ta1+ 30. Kd2 Te1: 31. Ke1: Ta1+ 32. Kd2 Td1 matt) Aber mit dem kaltblütigen **25. Dd3!** pariert Weiß alle Drohungen und behält einen Läufer mehr. (Anm. d. Bearb.: Die zwei Bauern, die Schwarz sich mit 25. ... Db2:+ 26. Kd2 Db4+ 27. Ke2 Tc2:+ holt, reichen wohl nicht zum Remis.) Aber wenn die Kombination von Schwarz inkorrekt ist, so war folgerichtig auch die Ausgangsstellung für ihn ungünstig.

Übung 1–32 Marshall – Pillsbury (Wien 1903)
Mit beiden Fortsetzungen kann Weiß bei exaktem Spiel ein Remis erreichen.
1) **32. Dc6:+ Kb8** (32. ... Ka6 33. Db5+ Kb7 34. Dc6+) **33. Sb5 Tc8.** Falls 33. ... Td7, dann folgt 34. Sd6 Td8 35. Sb5 oder 34. ... Td6: 35. Dd6:+ Kb7 (35. ... Kc8 36. Dc6+) 36. Dc6+, und auf 36. ... Ka6 sind die Züge 37. c4 und 37. Dc8+ möglich.
34. Dd6+ Kb7 (falls 34. ... Ka8, so kann Weiß mindestens 35. De7 Sb7 36. d6 spielen).
35. De7+ Ka6 36. c4! Sb7 37. Db4!.
Aber nicht 37. Da3+? Sa5. Jetzt droht 38. Sc7+! Tc7: 39. Db5 matt.
37. ... Sa5 38. Sd6 Tc4:+! (38. ... Tc5 39. Db5+!!) **39. Sc4:.**
Weiß beabsichtigt 40. Sa5: oder 40. Sd2. Die Stellung ist etwa ausgeglichen.
2) **32. Dd8: Df1!**
Indem er die Mattdrohung 33. ... De2+ aufstellt, nimmt Schwarz gleichzeitig auch dem gegnerischen Springer die Felder b5 und c4.
33. dc+ Kc6: 34. Dc8+!
Nach 34. Dd5+? Kc7 35. De5+ Kb7 versteckt sich der schwarze König leicht vor den Schachgeboten. Es verliert auch das passive 34. Sb1? g3 35. Dd5+ (35. Sd2 g2) 35. ... Kc7 36. De5+ Kb7 37. Dg3: De2+ 38. Sd2 Dd2:+! 39. Kd2: Se4:+.
34. ... Kd6 35. Dd8+
Jetzt funktioniert 35. ... Sd7? nicht wegen 36. e5+. Nicht gut ist ebenfalls das Nachvornegehen mit dem König: 35. ... Ke5? 36. De8+! (36. De7+? Se6; 36. Dd4+? Ke6 37. Dd5+ Kf6) 36. ... Se6 37. Dh5:+ Ke4: 38. Dg4:, und Schwarz verbleibt mit einem Bauern weniger. Und das heißt, daß er mit dem König nach c6 zurückgehen und dem Remis zustimmen muß.

Übung 1–33 Olafsson – Keene (Reykjavik 1976). Nichts käme bei 31. Sc7? Le4:+ oder 31. Le7? Sh7 heraus.
31. Ld8! Schwarz kann nicht gleichzeitig zwei Drohungen parieren: 32. Dh6+ und 32. Sc7.
In der Partie folgte 31. ... Kg7 (31. ... Ld5: 32. cd Tc1:+ 33. Tc1: Dd7 34. Dh6+ mit Matt) 32. Sc7 Dh3 33. Sa6: ba 34. Dd6:, und Schwarz gab auf.

Ebenso stark war **31. Le3! Ld5: 32. Lc5:**, zum Beispiel 32. ... Lc4: 33. Ld6: oder 32. ... Le4:+ 33. fe dc 34. Dh6+ Kg8 35. Td8 De7 36. Tcd1 nebst 37. T1d7.

Übung 1–34 Ivanović – Bednarski (Balaschina, 1977)
Die hauptsächlichen Nachteile der schwarzen Position sind die verwundbare Stellung seiner Dame und die Schwäche des Punkte e6. Die Dame kann er sofort gewinnen, aber die Variante 18. Sf3? Sf3: 19. Lc5+ Kg8 20. Te5: Se5: ist eindeutig nicht für Weiß günstig.
18. Lb5! Lc6 (18. ... Lb5: 19. Sb5:) **19. Dh4! Sg4 20. Ld4:,** und es geht nicht 20. ... Dd4: 21. Se6:+. Nach 20. ... Df4+ 21. Le3 Dh2: 22. Se6:+ konnte Ivanović seinen Vorteil Schritt für Schritt zur Geltung bringen.
Aber auch das unmittelbare **18. Dh4!** versprach Weiß entscheidende Überlegenheit: **18. ... Sg4 19. Lg1! Df4+ 20. Kb1 Sc6** (es drohte 21. h3 oder 21. Sh3) **21. h3 h6 22. Se6:+ Le6: 23. Te6:**.

Übung 1–35 Kavalek – Martinović (Sarajevo, 1968).
Nicht überzeugend ist 24. Dh2?! Kf7 25. Lf4: Df4:+ 26. Df4: ef (mit der Absicht 27. ... Th8). Lubomir Kavalek brach den Widerstand des Gegners durch ein effektvolles Turmopfer:
24. Tg6:!! Sg6: 25. Lg5
Die Hauptvariante der weißen Kombination ist folgende: **25. ... Df7 26. Dh2 Lh8** (nach 26. ... Tfe8 27. Dh7+ Kf8 28. Lg6: Df3: ist 29. Ld3, was 30. Tf1 vorbereitet, am einfachsten) **27. Lg6: Dg6:** (27. ... Dg7 28. Lh7+ Kf7 29. Dh5+) **28. Dh8:+ Kf7 29. Th7+ Ke8 30. Te7+**.
Slobodan Martinović trennte sich sofort von seiner Dame, aber auch diese Radikalkur vermochte ihm nicht zu helfen: 25. ... Df3: 26. Lf3: Tf3: 27. Dh2 Taf8 28. Dh7+ Kf7 29. Th6 Sf4 30. Tf6+ Ke8 31. Dg7:. Schwarz gab auf.
Dem Weißen stand aber auch noch ein ganz anderer Plan zur Verfügung, der übrigens auch mit Materialopfern verbunden ist:
24. Tg4! g5 25. Thg1 Lh6 26. Tf4:! ef 27. Ld4 De7 28. Dh2 Tf6 29. Th1 Taf8 (29. ... Lg7 30. Dh7+ Kf7 31. Th5).

Diagramm 247

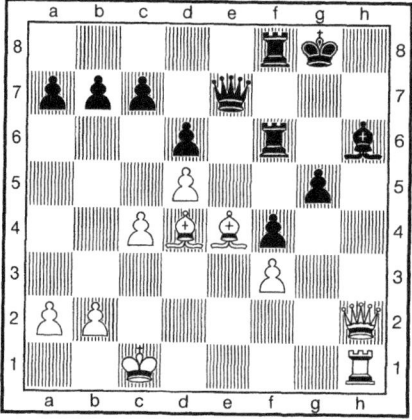

30. Dh6:! Th6: 31. Th6: mit entscheidenden Drohungen. Es beeindruckt die hervorragende Zusammenarbeit des Läuferpaares mit dem Turm.

Übung 1–36 Cvitan – Short (Mexiko, 1981). Schwarz besitzt einen gewaltigen materiellen Vorteil, aber sein König fühlt sich außerordentlich unwohl. Es droht 22. Tf7: Sf7: 23. Sf6+ nebst 24. Df7: matt. In der Partie folgte 21. ... Kf8? 22. Tf7:+! (schlechter ist 22. Dh6:+ Kg8 mit unklaren Verwicklungen) 22. ... Sf7: 23. Sf6!, und Schwarz gab auf.
Ognjen Cvitan betrachtet **21. ... Db8!** als den besten Verteidigungszug, der das Feld d8 für den König freimacht und zu folgender hübschen Variante führt: **22. Tf7: Sf7: 23. Se7:!** (aber nicht 23. Sf6+ Kd8) **23. ... Kd8!?** (oder 23. ... Ke7: 24. Df7:+ mit

Remis) **24. Lf7:!** (mit der Drohung 25. Dh4; es ging nicht 24. Df7:? De5:) **24. ... Ke7: 25. Dh4+! Kf7: 26. Df6+** mit ewigem Schach.

Wir wollen des weiteren **21. ... Ld5:! 22. Ld5:** prüfen. Nach der Meinung Cvitans erhält Weiß jetzt Vorteil: 22. ... Db8 23. Tf7:! Sf7: 24. Df7:+ Kd8, und jetzt nicht 25. La8:? De5:, sondern 25. Dg7!!, und erst danach 26. La8:, mit Rückgewinn des Turms. Aber Jussupow stellte fest, daß nach **22. ... Dc7! 23. Tf7: 0–0–0! 24. Te7: c4! 25. Te8 Dc5+** die schwarze Stellung ebenbürtig ist.

Übung 1–37 Maranz – Dworetski
(Belzi, 1972)

Im Bestreben, mich so schnell als möglich vor den Schachgeboten zu verstecken, spielte ich unvorsichtig 60. ... Kc2?. Nach der unvorhergesehenen Antwort 61. Kf3! zeigte es sich, daß der Bauer e3 verloren geht. Weiter folgte 61. ... Df2+ 62. Ke4 De2 63. De3: Dc4:+ 64. Kf5. Remis.

Ein altes Sprichwort lautet: „Eile mit Weile!" Zum Gewinn führte **60. ... Ke2! 61. Dg4+ Kd3 62. Df5+** (62. Dg6+ Kc3) **62. ... Kd2 63. Da5+** (63. Dd5+ Kc1) **63. ... Kd1 64. Da4(a1)+ Ke2 65. Dc2+ Dd2.**

Übung 1–38 Gaprindaschwili – Alexandrija
(Kislowodsk, 1982).

Die schwarze Überlegenheit steht außer Zweifel, aber sie konnte ausgeglichen werden nach dem in der Partie geschehenen hastigen Zug **29. ... h4?**. Zum Glück für Alexandrija antwortete Weiß in beiderseitiger Zeitnot ungünstig mit 30. f3?, was zum Untergang für Gaprindaschwili führte: 30. ... Td1+ 31. Td1:Dd1:+ 32. Kf2 (32. Kg2 De2+ 33. Lf2 h3+ 34. Kh3: Df3: mit der Drohung 35. ... Sf4+) 32. ... Dc2+ 33. Kf1 Dc3: 34. gh Sh4: 35. Kf2 g5! 36. Dc8+ Kg7 37. Dg4 Dc2+ 38. Kf1 Dd1+ 39. Kf2 f6. Weiß überschritt die Zeit.

Unumgänglich notwendig war **30. Db5:! Td1+ 31. Kg2 Sf4+** (31. ... Dg4? 32. f3; 31. ... h3+ 32. Kf3 Dd3 33. De8+ Kh7 34. Tb8) **32. Lf4:!** (32. gf?? Dg4 matt; 32. Kf3? Dd3 33. gf Tb1: 34. De8+ Kh7, und dem Weißen droht ein Matt in zwei Zügen) **32. ... h3+ 33. Kf3 Dd3+ 34. Kg4! Tb1: 35. De8+ Kh7 36. Df7:,** und die Stellung wird remis.

Sobald Schwarz bemerkt hatte, daß Weiß in der Ausgangsstellung nicht 30. Db5:? spielen konnte wegen 30. ... Td1+ 31. Kg2 Sh4+!, mußte sich Nana Alexandrija für den Vorbereitungszug 29. ... Kh7 entscheiden, oder, noch besser den Zug 29. ... Td3! wählen, womit man die Dame von der Verteidigung des Turms befreit und den Angriff Dg4 beabsichtigt. Zum Beispiel 30. Kg2 Dg4 (mit den Drohungen 31. ... Sh4+, 31. ... De4:+), oder 30. h4 Dg4 31. Db5: De4: 32. De8+ Kh7 33. Df7:? Te3:. Und falls 30. f3, dann gewinnt 30. ... h4 schon erheblich an Kraft und schlecht ist 31. Tb5:? Td1+.

Übung 1–39 Dworetski – Zichelaschwili
(Belzi, 1972)

20. Sd7: Sd4: 21. Tc8: Sb3: 22. Tf8:+! Tf8:! (22. ... Lf8:? 23. Ta3) **23. Ta6:!** (jetzt wäre 23. Ta3 nutzlos wegen 23. ... Td8) **23. ... Td8 24. Tb6:!**. Offensichtlich schwächer ist 24. Ta7 Lb2: 25. Lh6: Ld4 26. Tb7 (26. Tc7 Ta8) 26. ... Sc5 27. Sc5: Lc5: 28. Tb1 f6!? und Schwarz hat ausgezeichnete Remischancen.

24. ... Td7: (nach 24. ... Sd4 25. Tb8 oder 24. ... Sa5 25. b4 Sc4 26. Tb8 wird Weiß sicher das Leichtfigurenendspiel gewinnen) **25. Tb3: Td1+ 26. Kh2 Tb1 27. Tb8+ Kh7 28. Tb7** (28. b4?? Le5+) **28. ... Tb2: 29. Te7: Kg8**

Diagramm 248

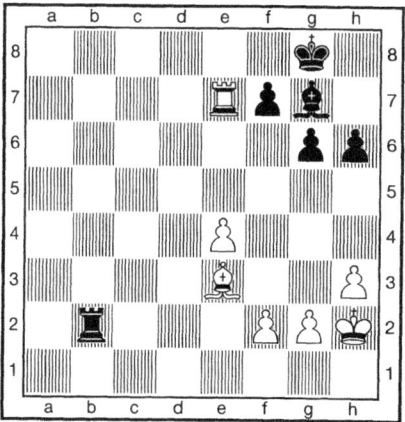

Diese Stellung ergab sich mehr oder weniger zwangsläufig. Kann Weiß den eroberten Bauern in einen Sieg ummünzen? Ich bin nicht sicher, denke aber, daß die schwarzen Aussichten auf ein Unentschieden nicht geringer sind als die weißen Chancen, zu gewinnen. Aber in der Diagrammstellung, von der wir ausgingen, gab es für mich dennoch nichts Besseres als die in der Partie gespielte Abtauschoperation.

Genaue Empfehlungen für das Weiterspielen derartiger Stellungen gibt es nicht – es gibt allenfalls ungefähre Hinweise, die ihre Grundlage aus Erfahrungswerten aus Partien mit ähnlichen Stellungen beziehen. Gewöhnlich pflegt es für Schwarz zweckmäßig und günstig zu sein, wenn er seine Bauern in eine Linie bringt, in der sie sich gegenseitig decken, also h6–h5 spielt, für Weiß seinerseits, wenn er dieses mittels g2–g4 stört.

30. g3 Ich nahm Abstand von 30. g4 wegen 30. ... Tb5! mit nachfolgendem 31. ... h5, wonach man entweder ein Bauernpaar abtauschen muß oder seinen Bauern nach g5 vorschieben – und beide Möglichkeiten waren unerwünscht.

Jetzt oder in einem der folgenden Züge mußte Schwarz h6–h5 spielen, er war aber offensichtlich mit der oben angeführten Regel nicht vertraut.
30. ... Ta2 31. Kg2 Ta6 32. Td7 Ta4 33. Kf3 Tb4? (33. ... h5!) 34. g4! g5 (34. ... Tb5 35. Td5) 35. Td5 (es droht 36. h4 gh 37. Th5) 35. ... Tb3 36. e5! (36. h4? gh 37. Th5 Ld4 38. Th6: Le3: mit vermutlichem Remis) 36. ... Tb4 37. Ld4 Kh7 (37. ... Tb3+ 38. Ke4 Th3: 39. e6!) 38. Ke4 Lf8 39. Td7 (fehlerhaft ist 39. Kf5?? wegen der Antwort 39. ... Lc5!!, aber ernstliche Aufmerksamkeit verdiente 39. Td6!?) 39. ... Kg6 40. Tc7 Ta4 41. Tc8 La3? (Jussupow stellte fest, daß es nach 41. ... Lg7! für Weiß keineswegs einfach wäre, die gegnerische Verteidigungslinie zu durchbrechen) 42. Tc6+ Kh7 43. Tc7 Kg8 (43. ... Kg6 44. e6! Lb2 45. e7) 44. Ta7! Ta7: 45. La7: Lb4 (hartnäckiger war 45. ... Kh7 46. Kf5 Le7, aber auch dann ist die Stellung für Weiß gewonnen, wie eine Analyse zeigte) 46. Kf5 Le7 47. e6!. Schwarz gab auf. Auf 47. ... fe+ entscheidet 48. Kg6!.

Übung 1–40 Popov – Makaritschew (Rostow am Don, 1976)
22. ... Tab8! 23. Ka1 (23. Kc1 Sf4 24. ef Le4: und Schwarz gewinnt) **23. ... Sb4 24. Sg5 Le4! 25. Le4: De4:!**, und Weiß ist ohne Verteidigung. In der Partie geschah 24. Sc3 Le4 (leicht gewonnen hätte auch 24. ... Lf3) 25. Td2 (25. Le4: De4:! 26. a3 Dc2 27. Tc1 Db3) 25. ... Lg6: 26. Tg6: Tf2:! 27. Tf2: De3: 28. Tg8+ Tg8: 29. Df3 Tg1+ 30. Kb2 Df2:+. Weiß gab auf.

Wenn Sie sofort ihre Berechnungen mit dem Zug 22. ... Tab8! begonnen haben, dann haben Sie vermutlich ohne größere Mühe auch die gesamte Gewinnvariante gefunden. Bei weitem mehr Zeit war not-

wendig für den Versuch, die anderen schwarzen Angriffsmöglichkeiten auszuarbeiten, wenn es diese waren, die Ihre Aufmerksamkeit zuerst auf sich gezogen haben.
22. ... Sf4? 23. ef Le4: 24. Le4: De4: 25. Dg5 Tf7 26. Td2 Tab8+ 27. Ka1, und der Kampf wird in ein für Schwarz kaum besseres Endspiel übergehen mittels 27. ... Df4: 28. Df4: Tf4:; oder 22. ... Se3:? 23. fe Le4: 24. Le4: De4:

Diagramm 249

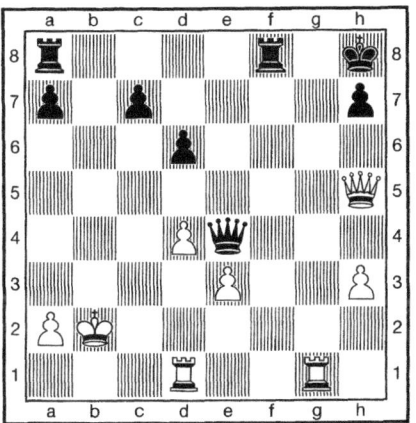

Zusätzliche Aufgabe (für diejenigen, die diese Stellung bei der Lösung der ursprünglichen Aufgabe nicht betrachtet haben): **Stellen Sie den Unterschied zwischen den Zügen 25. Dh6 und 25. Dg5 fest!**

Es zeigt sich, daß 25. Dh6? direkt verliert: 25. ... Tf2+ 26. Ka1 Ta2:+! 27. Ka2: Dc2+ 28. Ka3 Dc3+. Jetzt folgt auf 29. Ka2 nicht 29. ... Da5+? 30. Kb2 Tb8+ 31. Kc2, und es gelingt nicht mattzusetzen, sondern 29. ... Dc4+! 30. Ka3 Da6+ 31. Kb2 Tb8+ 32. Kc3 (32. Kc2 Dc4+!) 32. ... Da3+ 33. Kd2 Tb2+ 34. Ke1 Db4(a5)+ mit unausweichlichem Matt. Falls aber 29. Ka4, dann folgt 29. ... Dc4+ 30. Ka5 Da2+ 31. Kb5 Tb8+ 32. Kc6 Dc4+ 33. Kd7 Df7+ 34. Kc6 Tb6 matt.

Erst dann, wenn man die letzte Variante bis zum Ende durchgerechnet hat, kann man die Vorzüge der Damenstellung auf g5 feststellen. Nach 25. Dg5! Tf2+ (25. ... Tf7 26. Td2 ∓) 26. Ka1 Ta2:+ 27. Ka2: Dc2+ 28. Ka3! Dc3+ 29. Ka4! Dc4+ 30. Ka5! Da2+ 31. Kb5 Tb8+ 32. Kc6 Dc4+ 33. Kd7 würde der schwarze Angriff ins Leere laufen, zumal auf 33. ... Df7+ bereits die Antwort 34. De7 existiert.

Versuchen Sie, nicht nur alle Kandidatenzüge zu finden, sondern bestimmen Sie auch, welcher von ihnen zuerst untersucht werden soll!

Übung 1–41 Chandler – Christiansen (Hastings 1981/82).

Es droht f4–f5. Man darf natürlich weder 16. ... Se4? 17. Sg6: noch 16. ... Le4? 17. g5 spielen. Schwarz muß die Kombination, die mit dem Zug 16. ... Sg4: beginnt, gewissenhaft prüfen. Und falls sie nicht zu einem befriedigenden Resultat führt, dann muß er einfach mit dem Springer nach e8 zurückgehen.

16. ... Sg4:?! 17. hg (17. Sg6:? Se3:)
16. ... Lh4: 17. f5 ef 18. gf.

Jetzt gewinnt auf 18. ... Lg5? die Entgegnung 19. Dd2!, und auf 18. ... Lg3? 19. Kg2! Bei weitem gefährlicher ist **18. ... Te8!**. Im Falle von 19. Sd5? ist dann 19. ... Lg5! stark. Ungünstig ist auch 19. Dd2? Te3:! 20. De3: Lg5 21. Dg3 (21. Dh3 Lc1: 22. fg hg! 23. Tc1: Dg5+) 21. ... Lf5:! (möglich ist auch 21. ... Lc1:) mit ausgezeichnetem Spiel für Schwarz.

Aber der einfache Zug **19. Ld2!** wehrt den Angriff ab und verspricht Weiß Vorteil. Zum Beispiel 19. ... Db6(f6) 20. fg Dd4:+ 21. Kg2 hg 22. Tf4. Oder 19. ... Lg3 20. Kg2! (20. fg? Dh4! 21. gf+ Kh8 22. feD+ Te8: 23. Kg2

Dh2+ 24. Kf3 Dh3!) 20. ... Dh4 21. Th1 Dd4: 22. Kg3:!? (möglich ist auch 22. fg Df2+ 23. Kh3) 22. ... Lf5: 23. Lf4, und der eroberte Läufer macht sich stärker bemerkbar als die drei Bauern des Gegners. Nach vollständiger Berechnung dieser Varianten muß man von der Kombination notgedrungen Abstand nehmen und mit Hilfe der Ausschlußmethode die Fortsetzung **16. ... Se8! 17. Sg2 f5** wählen, um eine annehmbare Stellung zu erhalten.

Übung 1–42 Kusmin – Jussupow
(Rostow am Don, 1980).
Die Drohungen gegen den schwarzen König sind gefährlicher, als es auf den ersten Blick erscheinen mag.
In der Partie folgte 26. ... Da3? 27. Lc4+ Kh7 (27. ... Kh8 28. Th4! mit der Drohung 29. Th6:+) 28. Dd7: Sb1: 29. Ld3 f5 30. Df5:+ Kg8 31. De6+ Kh8 32. Dg6 Dd3: 33. cd Sc3 34. Te7 Tg8 35. Tb7: b1D 36. Tb1: Sb1: 37. Dc6: Sd2 38. Kg2 Schwarz gab auf.
Verloren hätte auch 26. ... Dc5? 27. Lc4+ Kh7 (27. ... Le6 28. Le6:+ Kh8 29. Th4) 28. Dc3:! Df2+ 29. Kh1 Lh3: 30. Te2.
Nur der bescheidene Zug **26. ... b6!** rettete Schwarz. Es ist wichtig, nicht nur den Springer loszubinden, sondern auch die Dame auf der 5. Reihe zu behalten.
27. Lc4+
Falls 27. Te7, dann folgt 27. ... Dc5! (nicht 27. ... Sb1: 28. Lc4+ Kh8 29. Dd7: mit den Drohungen 30. Tg7: und 30. Te8+) 28. Lc4+ Kh7(h8) 29. Dd7: Df2:+, und die Sache endet mit ewigem Schach.
27 ... Kh7! (27. ... Kh8? 28. Th4)
28. Dd7: (28. Th4 Sb1: 29. Th6:+ gh 30. Dd7:+ Kh8 31. Ld3 f5 32. Lf5: Df5: 33. Df5: Sc3 remis) **28. ... Se4!** Nur nicht 28. ... Sb1:? 29. Te7 Dg5 30. f4.
29. Ld3 f5 30. Dc6: Tf8, und die Chancen beider Seiten sind annähernd gleich.

Übung 1–43 Sturua – Dworetski
(Kutaisi, 1978)
Schwarz möchte seine Türme auf der zweiten Reihe verdoppeln oder nach der Eroberung des Bauern b2 seinen c-Bauern vorrücken. In der Partie folgte 29. Sg5?! Tb2: 30. Se6: Tdd2 31. Sc5: Th2:+ 32. Kg1, und die Partner einigten sich auf Remis.
Die Drohung 29. ... Tb2: kann man abwehren mittels 29. Tab1, zum Beispiel: 29. ... Tc2 30. Sg5 Tdd2 31. Sf3 Tf2 32. Te5! Tf3: 33. f7 Tff2 34. Tc5:+ Kb6 35. Th5 oder 29. ... Tf2 30. Se5 Tdd2 31. Sg4. Aber zu einer unklaren Stellung führt 29. ... Ld4! 30. Se5 Lb2: 31. f7 Td8.
Während der Partie sah ich keine zufriedenstellende Verteidigung nach dem unerwarteten Schach **29. a4+!! ba** (der König hat kein geeignetes Fluchtfeld zur Verfügung) **30. ba** Die Hauptvariante: **30. ... c3 31. Sg5!** (31. a4+!?) **31. ... c2 32. Se4 Td1 33. Sc3+.**

Übung 1–44 Rawinski – Antoschin
(Moskau, 1958).
Ganz schlecht ist 20. ... Lf6? 21. Sf6:+ (dies ist einfacher als 21. Dg3 Le5 22. gf Se2+, was übrigens auch für Weiß günstig ist) 21. ... Tf6: 22. Lf4: Tf4: 23. Te7:. Das verlockende 20. ... Sh3:+? 21. Dh3: Th5 (im Hinblick auf 22. Df1?? Lh2+ oder 22. Dg2? Th2 23. Dh2: Lh2:+ 24. Kh2: Dg4: mit unklarem Spiel) wird widerlegt durch den *Zwischenzug* 22. Sc5!. In der Partie folgte: 22. ... Dc8 23. Dg2 Th4 24. Dd5+ Kh8 25. f3 Lh2+ 26. Kg2 dc 27. Dg5 Dc6 28. Dh4: Tf3: 29. Kh2: Dc7+ 30. Kg2 Dc6 31. Kg1. Schwarz gab auf.
Bedeutet das, daß man ohne längere Überlegung den Turm nach f7 zurückziehen soll? Nein, die Anwendung der Ausschlußmethode empfiehlt sich hier nicht, denn nach 21. Sg5 muß der Qualitätsver-

lust in Rechnung gestellt werden. Man muß sich deshalb zunächst davon überzeugen, daß Schwarz dafür eine hinreichende Kompensation erhält im Zusammenhang mit der ungünstigen Stellung der gegnerischen Dame.
20. ... T5f7! 21. Sg5 Tg7!
Schlechter ist 21. ... Dc6? 22. Lf4: Lf4: 23. Sf7: Tf7: 24. Te7:! g5 25. Tf7: gh 26. Tf4: mit für Weiß gewonnener Stellung.
22. Lf4 Lf4: (22. ... Tf4:? 23. Te5:) **23. Se6 Tf6! 24. Sg7: g5!** (aber nicht 24. ... Kg7:? 25. f3 nebst 26. Df2) **25. Dh5 Kg7: 26. Td5** (ansonsten 26. ... Th6) **26. ... Tg6.**
Schlecht ist 26. ... Th6? 27. Tg5:+; nach 26. ... e5? hat Weiß die angenehme Auswahl zwischen 27. T1e5: und 27. Ted1 De7 28. c4 (28. ... Th6 29. Dh6:+ Kh6: 30. Td6:+). Und jetzt droht 27. ... e6. Für Weiß ist es am besten die Qualität zurückzugeben: **28. Tf5 e6** (schwächer ist 28. ... e5 29. c4 b6 30. b3, mit der Absicht f3, h4 und auf 30. ... De7 – 31. Tf4:) **29. Tf4: gf 30. Da5** mit beiderseitigen Chancen.

Übung 1–45 Georgadse – Jussupow
(Meisterschaft der UdSSR, Höchste Liga, Wilna 1980/81)
Schwarz muß eine von zwei Kombinationsmöglichkeiten auswählen. Beide sind ziemlich schwierig und hübsch, die Frage ist, welche von beiden die stärkere ist.
1) 25. ... Sd5:!? 26. Td4: Sf4
Scheinbar pariert Weiß nach 27. Lf4: Td4: 28. Le5: Td2 29. Dg4 Tf7 30. Te2? die gegnerischen Drohungen und gewinnt Material. Aber genau an dieser Stelle erwartet ihn der entscheidende taktische Doppelschlag 30. ... h5! 31. Dh5: Tc2:! 32. Tc2: De4:.
Als fehlerhaft erweist sich der naheliegende Zug 30. Te2? – unumgänglich notwendig ist 30. Tc1! (um auf 30. ... h5 mit 31. Dg6 zu antworten). Wie soll man die nach 30. ... Tdf2: entstehende Stellung einschätzen?
Georgadse nahm Abstand vom Gewinn zweier Figuren für den Turm, spielte **27. Dd1!? Td4: 28. Dd4: Sd7!,** und jetzt konnte er mittels 29. Lf4: offensichtlich das Gleichgewicht aufrechterhalten. Aber er ließ den Übergang des schwarzen Springers nach d4 zu: 29. Kh2? e5 30. Da7 Ta8 31. De3 Se6, und Schwarz kam in Vorteil. Nach einem bei weitem nicht fehlerfreien Kampfverlauf entstand ein interessantes Endspiel, welches wir im ersten Teil des Bandes *Geheimnisse gezielten Schachtrainings* im Kapitel mit dem Titel „Eine Analyse, die nicht zu Ende geführt wurde." betrachtet haben.

2) 25. ... Td5:!! 26. ed Dd5: 27. Df1 (27. Le4? Se4: 28. De4: De4: 29. Te4: Le4: 30. Td4: c2, und der Bauer wandelt sich um) **27. ... Sf3+!** (aber nicht 27. ... Sh5? wegen 28. Te5:!) **28. gf Df3: 29. Kh2 Sh5! 30. Td4:** (30. Dh1 Dg3:+! 31. fg Tf2+ 32. Kg1 Td2+; 30. Td3 Sg3: 31. Tf3: Sf1: – in beiden Fällen würde Schwarz gewinnen) **30. ... Sg3: 31. fg** (31. Dg1? Se2) **31. ... Df1: 32. Tf1: Tf1: 33. Td8+ Kf7 34. Td7+ Kf6 35. Tb7: Tf2+ 36. Kg1 Tc2:**

Diagramm 250

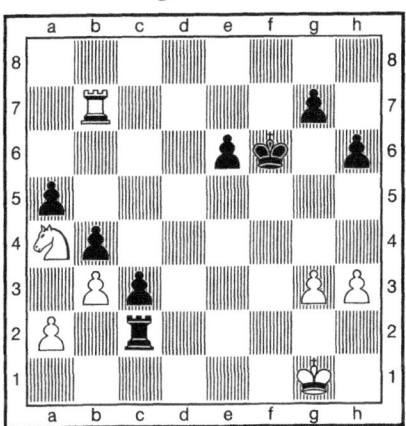

Zwölf Zwangszüge führten zu einem interessanten Endspiel, in welchem Schwarz momentan nur zwei Bauern für den Springer hat, aber im nächsten Zug erobert er noch einen dritten Bauern, und danach, wenn es erforderlich sein sollte, auch noch einen vierten (auf b3). Der bedrohliche Freibauer auf c3 und die unglückliche Stellung des weißen Königs, der auf der 1. Reihe abgeschnitten ist, versprechen Schwarz deutlichen, vermutlich spielentscheidenden Vorteil.

Jetzt wird verständlich, warum sich Jussupow nach der Partie darüber grämte, daß er nicht diese Kombination gewählt hat.

Übung 2–1 Knaak – Reeh (Balatonberenyi, 1987)

Zunächst wollen wir uns anschauen, wozu der geradlinige Bauerngewinn führt.

17. Le7: De7: 18. ef Schwächer ist 18. Sf5: – als Antwort darauf müßte man sogar mit dem positionellen Qualitätsopfer 18. ... Tf5:!? 19. ef e4 20. f3 Df6 rechnen.
18. ... e4! 19. f3! Auf 19. Se4: ist durchaus möglich 19. ... Se4: 20. Le4: De5 oder 20. De4: Df6!? mit Gegenspiel. Aber stärker ist 19. ... Lc4:! 20. Lc4: (20. Sd6: Dd6:) 20. ... De4: 21. De4: Se4: – Schwarz gewinnt den Bauern zurück und erhält eine ausgezeichnete Stellung.
19. ... Tae8 Falls 19. ... e3, dann folgt 20. f4!, danach a2–a4, 0–0 nebst Tf3. In der Variante 19. ... De5 20. Se4: Sf5: 21. 0–0 oder 20. ... Se4: 21. fe Dc3:+ 22. Kf2 hat Schwarz keine hinreichende Kompensation für den geopferten Bauern.
20. Se4: (20. fe Dg5) **20. ... De5**
Es funktioniert nicht 20. ... Se4: 21. fe Lc4:? 22. Lc4: De4: wegen 23. Kd1! Df4 24. Tf1. Schwarz hat vielleicht etwas bessere Gegenchancen nach 20. ... Sf5:.

21. g4!? Se4: 22. fe Dc3:+ 23. Kf2
Weiß hat einen Bauern mehr und Angriffschancen auf dem Königsflügel (g4–g5). Er ist im Vorteil.

Rainer Knaak ist ein sehr aggressiver Spieler. Wenn er auch nur kurze Zeit die Führung an den Gegner abgeben müßte, verzichtet er auf Materialgewinn, sondern opfert lieber selbst. Er spielte so:
17. ef hg Im Falle von 17. ... e4 hätte Weiß nicht umhin gekonnt, auf e7 zu nehmen und damit in die Varianten überzugehen, die wir oben gezeigt haben. Es ginge nämlich nicht 18. Se4: Se4: 19. De4:? hg 20. f6 Tf6:.
18. h6

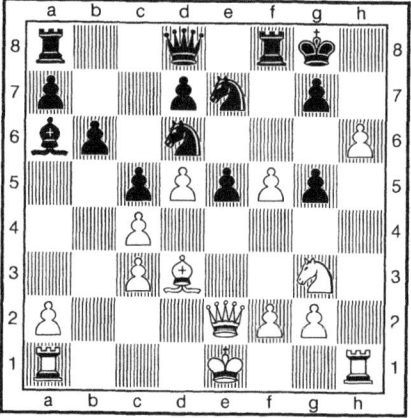

Diagramm 251

Weiß öffnet die h-Linie und will seine Dame über das Feld h5 in den Angriff einschalten. Nach der Meinung Knaaks war das vom ihm gebrachte Opfer vollkommen korrekt. Zum Matt führt 18. ... gh? 19. Th6: Sf7 20. Th2 (droht nicht nur 21. Dh5, sondern auch 21. f6 oder 21. 0–0–0 mit nachfolgendem Tdh1) 20. ... Kg7 21. f6+! Kf6: 22. Sh5 matt. Schlecht ist auch 18. ... Sef5:? 19. hg Sg7: (20. ... Kg7: 21. De5:+ oder

21. Lf5: Sf5: 22. Dh5) 20. Lh7+ Kf7 (20. ... Kh8 21. 0-0-0 Df6 22. Th2 oder 21. ... Tf4 22. Se4. Anm. d. Bearb.: Hier ist die Entgegnung 22. ... Lc4 zu untersuchen) 21. Th6 De7 22. Se4!, und der weiße Angriff wird unwiderstehlich.
In der Partie folgte 18. ... Tf6? 19. hg Sf7 20. 0-0-0 Sc8 21. Th8+! Sh8: 22. ghD+ Kh8: 23. Th1+ Kg7 24. Dh5 Dg8 25. Se4!. Schwarz gab auf wegen 25. ... Tf5: 26. Sg5: Tf6 27. Sh7.
Als ich die Partie zusammen mit Sergej Dolmatow betrachtete, fand er die stärkste Fortsetzung für Schwarz leicht, indem er sich von dem alten Prinzip: *„Die beste Entgegnung auf einen Flankenangriff ist ein Gegenschlag im Zentrum"* leiten ließ.
18. ... e4! Wie soll Weiß jetzt seinen Angriff fortsetzen? Schlecht ist 19. Se4: Se4: 20. De4: Sf5: (oder 20. ... Te8 21. 0-0-0 Sg6!). Falls 19. Le4: (in Erwartung von 19. ... Lc4: 20. Dh5 mit Angriff), verteidigt sich Schwarz auf analoge Weise entweder mit 19. ... Sef5: 20. hg Kg7:, oder mittels 19. ... Se4: 20. De4: Te8 (schlechter ist 20. ... Sf5: 21. hg) 21. 0-0-0 (auf 21. hg folgt die nämliche Antwort) 21. ... Sg6!.
Im Falle von 19. Dh5 hat man die Wahl zwischen 19. ... De8 20. hg Dh5: 21. gfD+ Tf8: 22. Th5: ed und 19. ... g6 20. fg ed.
Letztlich wäre nach 19. hg Kg7: die Fortsetzung 20. f6+ Tf6: 21. Sh5+ Kf7 22. Sf6: Kf6: (möglich ist auch 22. ... ed) nutzlos; nichts ergibt auch 20. Dh5 Th8 21. Dg5:+ Kf7 22. Le2 Th1:+ 23. Sh1: Sef5: 24. Lh5+ Kf8. Und auf 20. Le4: Se4: 21. De4: steht die ausgezeichnete Entgegnung 21. ... Sg8! 22. f6+ (22. 0-0-0 Sf6) 22. ... Tf6: zur Verfügung, um das Feld f8 für den König freizumachen.
Die Schlußfolgerung ist offensichtlich: das Läuferopfer ist außerordentlich zweifelhaft. Ein erfahrener Gegner hätte vermutlich den Gegenschlag 18. ... e4! gefunden, der den Angriff pariert. Außerdem gab es für die Kombination gar keinen zwingenden Grund – eine Reihe genauer Züge hätte Weiß materielle Überlegenheit eingebracht. Savielly Tartakower äußerte sich einmal treffend: „Es ist immer besser eine Figur zu opfern ..., die dem Gegner gehört!"

Übung 5-2 Dworetski – Balaschow
(Meisterschaft der UdSSR, Höchste Liga, Leningrad 1974)
Auf 12. Sbd2 folgt 12. ... Sf4, das den wichtigen weißfeldrigen Läufer tauscht und Schwarz den Vorteil des Läuferpaars verschafft. In diesem Falle wird Weiß die ganze Partie über auf die Verteidigung einer schlechteren Stellung festgelegt.
Analog dazu sind auch die Folgen des Abtausches nach 12. b4 Sb3 13. Ta2 Sc1: 14. Tc1: Sf4.
Auf 12. Sd4 ist 12. ... Lc5 oder 12. ... Db6 stark. Falls 12. Lc2, dann folgt 12. ... Tc8 13. b4 Dc7 (oder sofort 13. ... Sc4). Erneut liegt die Initiative in den Händen von Schwarz.
Um nicht in eine Lage zu geraten, in der ich auf untätigen und passiven Widerstand beschränkt bliebe, entschloß ich mich, Bauernschwächen in meinem Lager in Kauf zu nehmen und erforderlichenfalls sogar einen Bauern zu opfern.
12. Sc3!? Sc3: (12. ... Sb3 13. Sd5:) **13. bc Sb3** Ein verlockender Einfall des Springers. Schwarz zielt auf den Gewinn des Bauern a3 ab, aber Weiß verfügt über ausreichende taktische Ressourcen.
14. Tb1 Sc1: 15. Tfc1: Lc6?! Der scharfe Umschwung im Charakter des Kampfes hat Schwarz sofort zu einem Fehler veranlaßt, nach welchem sich das Spiel vollkommen ausgeglichen gestaltet. Nichts hätte ihm auch 15. ... La3: eingebracht,

man sehe: 15. ... La3: 16. Td1 Dc7 (16. ... Dc8 17. Lb5 Lc6 18. Sd4 0-0 19. Lc6: bc 20. Dc4) 17. Lb5 Lc6 18. Sd4 (stark ist auch das sofortige 18. Lc6:+) 18. ... 0-0 19. Lc6: bc 20. Da6. Hinreichenden Gegenwert hat Weiß auch im Falle von 15. ... b6 16. Td1 0-0 (16. ... Dc7? 17. Lb5) 17. Lh7:+ (oder zunächst 17. Le4). Aber selbst bei der besten Fortsetzung 15. ... Dc7 16. Lb5 (16. Td1 a6 17. Le4 Tb8) 16. ... 0-0 17. a4 ist das schwarze Stellungsübergewicht unbedeutend.

16. Sd4 0-0 Auf 16. ... La3: folgt 17. Sc6: bc 18. Le4 Tc8 (18. ... Dc7 19. Da6!) 19. Td1 Dc7 20. Da6.

17. Sc6: bc Remis.

Übung 2-3 Smyslow – Mestel
(Hastings 1972/73)

Die weißen Figuren haben sich bedrohlich auf den schwarzen König eingeschossen. Das einzige, was den Weißen etwas behindert, ist die Fesselung des Läufers. Gelänge es ihm, den gegnerischen Turm von der 5. Reihe zu verjagen, indem er 22. a4 spielt, würde der Angriff sicherlich durchdringen.

Das bedeutet, daß Schwarz sein Heil in einer zwingenden Variante suchen muß, die mit **21. ... c6!** beginnt, und worauf Weiß mit **22. Dh6!** antwortet (aber nicht 22. Lf7:+? Kg7).

W. Smyslow gibt folgende Varianten an:
- 22. ... Sh4: 23. Lf7:+ Kf7: 24. Dh7:+ Kf8 25. Dh8+ Kf7 26. Dd8: Sf3+ 27. Kh1 Se1: 28. Dd7+ mit entscheidendem weißen Übergewicht;
- 22. ... Td5: 23. Lf6: Df8 24. Te8! Td1+ 25. Kg2 Lf1+ 26. Kf3 Td3+ 27. Kg4 Le2+ 28. f3 Lf3:+ 29. Kh3, und der König ist vollkommen von den Schachgeboten abgeschirmt.

In der zweiten Variante könnte man die Alternative 26. ... Le2+!? (anstelle von 26. ... Td3+) 27. Ke2: De8:+ 28. Kd1: Df8 vorschlagen, aber nach 29. De3 bleibt die schwarze Stellung trotzdem schwierig.

Aber es gibt eine vollkommen zuverlässige Verteidigung, die ziemlich einfach ist.

22. ... Df8! 23. Df8:+ (erzwungen) **23. ... Kf8: 24. Lc6: Tc5.**

Mit seinem nächsten Zug tauscht Schwarz auf h4 ab und seine Stellung wird im entstehenden Endspiel nicht schlechter sein.

Es bleibt noch nachzutragen, was in der Partie tatsächlich folgte:

21. ... Kg7? 22. a4 Tb4 (22. ... Ta5 23. Dd1 Sh4: 24. gh mit der schrecklichen Drohung 25. b4) 23. Lf7:! Dd7 (23. ... Sh4: 24. Te8 Sf3+ 25. Df3: Dd7 26. Tg8+ Kf7: 27. Dd5+ De6 28. Tg7+) 24. Lg6: hg 25. Lf6:+! Kf6: 26. Dh8+ Kg5 27. f4+ Kg4 28. Te3 g5 29. Dh6 Tf4: 30. gf Kf4: 31. Kf2 Dc6 32. Df6+ Kg4 33. Tg3+ Kh4 34. Dg5: matt.

Übung 2-4 Beljawski – Dorfman
(Wilna, 1978).

Schwarz steht schlechter. In der Partie folgte 23. ... Kg7?! 24. Lc3 Dc7 25. Dd2 Tb8 26. Sf5+! gf 27. Dg5+ mit klarer weißer Überlegenheit.

Der Übergang des Springers nach c5 sieht logisch aus und liefert Schwarz beträchtliche Gegenchancen. Warum aber hat Dorfman nicht **23. ... Sd7** gespielt? Er hatte den Gedanken des Gegners erraten und hierbei eine für ihn vorbereitete schöne Kombination entdeckt.

24. Sf5!? gf (erzwungen: es drohte 25. Se7+ und 25. Sd6:) **25. ef Lf5: 26. Lc6: Tc6:** (im Falle von 26. ... Ld3: 27. Ld7: Td8 28. Dd3: Td7: 29. Te2 hat Weiß großen Vorteil) **27. Tg3+ Lg6** (ansonsten entscheidet der Doppelschlag 28. Df3) **28. h4!**

Diagramm 252

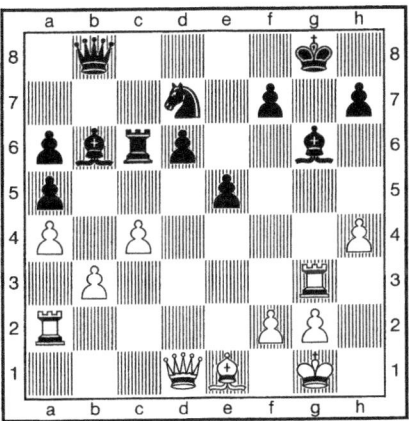

Es gelingt nicht, den h-Bauern zu stoppen: 28. ... h5 29. Dd5 oder 29. Tg6:+ fg 30. Dd5+. Schlecht ist 28. ... Sf6 29. h5 (schwächer ist 29. Df3 d5) 29. ... Se4 30. hg Sg3: 31. gf+. Es geht auch nicht 28. ... Kh8 29. h5 Lf5 (29. ... Le4 30. Dg4) 30. Df3. Schließlich gewinnt nach 28. ... Dd8 29. h5! (29. Df3 e4! 30. De4: Tc5) 29. .... Dh4 30. hg (fehlerhaft ist 30. Dg4? Dg4: 31. Tg4: Sf6, aber durchaus möglich ist 30. Th3) 30. ... Dg3: 31. Dd5!.

Und trotzallem würde man sehr gerne 23. ... Sd7 spielen, da die Stellung ansonsten schwierig wird. Sobald man das klar erkannt hat, versucht man immer wieder den wunden Punkt in der auf den ersten Blick unerschütterlichen gegnerischen Gedankenkette zu finden, und wie es der Zufall will, er findet sich.

28. ... Kf8! 29. h5 Le4! 30. Dg4 Sf6, und Schwarz hat den Angriff abgewehrt (Angaben von A. Tschernin). Das bedeutet, daß man den Zug 23. ... Sd7! letztlich wählen muß.

Übung 2-5 Kupreitschik – Jussupow (Meisterschaft der UdSSR, Höchste Liga, Wilna 1980/81) Es bietet sich 14. ... h6 an, aber wie soll man sich nach 15. Ld4 gegen das Läuferopfer auf g7 verteidigen? Falls beispielsweise 15. ... Se6, dann folgt 16. Lg7:! Sg7: 17. Dh6: f5! (der einzige Zug) 18. Td3!? mit der Drohung 19. Tg3. Von einer solchen scharfen Zuspitzung der Stellung könnte Kupreitschik, ein glänzender Angriffsspieler, nur geträumt haben. (Anm. d. Bearb.: Nach 18. ... Kf7 stünde Weiß auch vor keiner leichten Aufgabe.)

14. ... Te3:! 15. fe De7
Für die Qualität hat Schwarz vollwertige Kompensation: einen Bauern, die bessere Bauernstruktur, Stützpunktfelder für den Springer in der e-Linie. Objektiv ist die Stellung annähernd gleich, aber rein psychologisch gesehen hat Schwarz eine sehr günstige Position inne – der Angriff ist zum Stehen gekommen, und Kupreitschik muß sich auf den ungeliebten positionellen Kampf, den er gar nicht mag, einlassen.

16. Lc4! h6! Das Nehmen des Bauern e3 würde dem weißen Turm aktive Möglichkeiten auf der sich öffnenden e-Linie einräumen.

17. The1 Le6 18. Dh4 Te8 19. Dd4 a6 20. Ld5 c5!? 21. Dd3 Ld5: 22. Dd5: Se4 23. Tf1 Dc7! 24. Tf5 g6 25. Tf4 Te5 26. Dd3 De7 27. a4?
Weiß mußte jetzt das Remis anstreben mittels 27. Tdf1 Sg5 28. Td1.

27. ... De6 28. Kb1 (28. c4!?) **28. ... h5 29. c4 g5! 30. Tf3 h4 31. Db3 Dd7 32. Db6 Kg7 33. Td3 Te7 34. Tf1! f6 35. Tfd1 Dg4!? 36. Td6:! Sd6: 37. Dd6: Tf7 38. Td2?** In beiderseitiger Zeitnot begeht Weiß den entscheidenden Fehler. Unbedingt notwendig war 38. Dd5!.

38. ... Dc4: 39. b3 Dc3 40. Td3 De5 41. Dd8 Dc7 42. Dd5 Dc6 43. Kc1 Dd5: 44. Td5: g4 45. Kd1 (45. Tc5: h3 46. gh g3, und der Bauer ist nicht zu halten) **45. ... Kg6 46. Ke2 Th7 47. Kf2 Th5! 48. e4 Te5 49. Ke3 h3 50. gh gh 51. Kf2 Tg5! 52. Td3 h2 53. Td1 Tg1.** Weiß gab auf.

Übung 2-6 Dolmatow – Jussupow

(1. Partie des Kandidaten-Wettkampfs, Wijk aan Zee 1991) „Das ist wie ein langsamer Tod!" Weiß droht damit den Turm von e2 nach a5 zu überführen und somit großen Vorteil zu erlangen. Die beste Chance für Schwarz besteht daher in einem Qualitätsopfer.

30. ... Te4! 31. fe Lc3: 32. Tb5: Lb4: 33. Kf1 (mit der Absicht 34. Tc2 nebst 35. Ke2) **33. ... Ld6!** (die rechtzeitige Überführung des Läufers in eine aktivere Stellung) **34. g4 Le5 35. Tc2 c3**

Der starke Bauer c3, die günstige Aufstellung der schwarzen Figuren und schließlich die nur noch geringere Menge des auf dem Brett verbliebenen Materials geben Jussupow allen Grund auf Remis zu rechnen.

36. Ke2 Lf6 37. h4 Kg6 38. g5 hg 39. hg Le5 40. Tb6 (40. Ta2 Lf4 ±) 40. ... Kf7 41. Ta2 Sf4+ 42. Kf3 Td3 43. Tc6 Ld4 44. Kf4: Le3:+ 45. Kg4 Td1 46. Tc7+ (46. g6+!? Kg6: 47. Te6:+ Kf7 48. Tc6) 46. ... Kg6 47. Ta6 Tg1+ 48. Kf3 Ld4! 49. Td6 Tf1+ 50. Ke2 Tf2+ 51. Kd3 Td2+ 52. Kc4 c2 (52. ... Kh5!?) 53. Kb3 Kg5: 54. Tc2: (54. Te6: Kf4 55. Tc2: Tc2: 56. Kc2: Ke3 mit Remis) 54. ... Tc2: 55. Kc2: e5 56. Kd3 Kh5 57. Ke2 g5 58. Tf6 g4 59. Kf1 Kh4 60. Kg2 Le3 61. Tf5 Lf4 Remis.

Übung 2-7 Jussupow – Dolmatow

(6. Partie des Kandidaten-Wettkampfs, Wijk aan Zee 1991).
Weiß will 31. e7, 32. Te6 spielen und dann entweder Dg3 oder h3 nebst g4, um einen schrecklichen Angriff auf den gegnerischen König zu entwickeln.

30. ... Tee7!! Die einzige Verteidigung. Viele Jahre früher opferte auch Tigran Petrosjan in analoger Weise die Qualität um den gegnerischen e-Bauern zu blockieren gegen Samuel Reshevsky (Kandidatenturnier 1953). Übrigens war das positionelle Qualitätsopfer ein „Markenzeichen" des neunten Weltmeisters.

31. Le7: Te7:

Diagramm 253

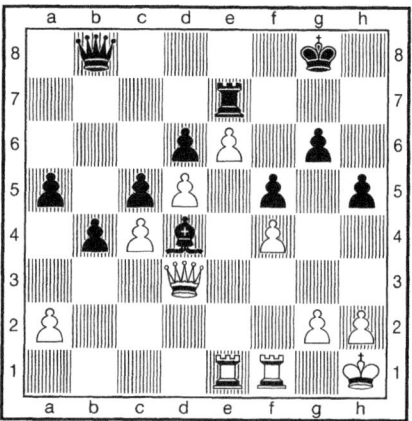

Die Türme lieben die offenen Linien, aber hier gibt es keine einzige davon. Daher steht der Läufer von Schwarz dem weißen Turm an Kampfkraft nur wenig nach. Die Aussichten auf ein Remis sind ganz beträchtlich.

32. Db3 De8 33. a4! (sonst wäre a5–a4 gefolgt) 33. ... Df8 34. g3 Df6 35. Tf3 Kf8 36. Kg2 Th7 37. h3 Ke7.

Der einzige Plan, um noch auf Gewinn zu spielen, steht im Zusammenhang mit dem Bauernzug g3–g4. Ihn durchzusetzen ist jedoch sehr schwierig.

38. Td1 Tg7 39. Dc2 Tg8 40. Tfd3 Lb2 41. De2 g5!

Jetzt zeigt sich, daß Schwarz durchaus berechtigt ist, selbst am Königsflügel vorzugehen.

42. Kh2 gf 43. gf Dh4 44. Tf1?!

Genauer war 44. Tf3, um 44. ... Ld4? nicht zuzulassen wegen 45. Td4: cd 46. c5.

44. ... Ld4 45. De1 De1: 46. Te1: h4 47. Te2 Lc3 48. Tg2 Tb8!
Jetzt wäre es viel zu gefährlich mit dem Turm nach vorne zu gehen – Schwarz hat ein kraftvolles Gegenspiel auf dem Damenflügel vorbereitet.
49. Tg1 Ld4 50. Tb1 Tg8 51. Tdb3 Lf2
Die Überführung des Läufers nach g3 erlaubt es Schwarz, eine uneinnehmbare Festung zu errichten.
52. Tf1 Lg3+ 53. Kh1 Tg7 54. Tb2 Tg8 55. Tb3 Tg7 56. Tb2 Tg8 57. Tbb1 Tg7 58. Tf3 Tg8 59. Tbf1 Tg7 60. Te3 Tg8 Remis.

Übung 2–8 Seger – Mabillus (Breslau 1889).
Gerade in dieser Partie wurde der Zug 7. ... 0–0? erstmals widerlegt.
8. Lc6: Lc6: 9. de de 10. Dd8: Tad8:
Falls 10. ... Tfd8:, dann folgt 11. Se5: Le4: 12. Se4: Se4: 13. Sd3 f5 14. f3 Lc5+ 15. Kf1!
11. Se5: Le4: 12. Se4: Se4: 13. Sd3 f5 14. f3 Lc5+ 15. Sc5:!
Jetzt brächte 15. Kf1 schon nichts mehr ein wegen 15. ... Lb6 16. fe fe+ 17. Sf4 g5 18. Te4: gf 19. Ke2 (19. Lf4: Td2; 19. Tf4: Td1+ 20. Ke2 Tf4:) 19. ... Tfe8 20. Te8:+ Te8:+.
15. ... Sc5: 16. Lg5 Td5 17. Le7!
(nicht sofort 17. c4 Td7 18. Le7 Sd3). Schwarz gab auf wegen 17. ... Te8(f7) 18. c4.

Übung 2–9 Estrin – Gusew (Moskau 1959).
Zieht Schwarz mit dem Springer nach g5 weg, würden nach Sc6: oder Dd2 (mit nachfolgendem Tae1) die weißen Aussichten offensichtlich besser sein. Gewöhnlich macht man einen solchen Zug wie 1. ... Sg5 nur dann, wenn man sich vorher davon überzeugt hat, daß alle anderen aktiveren Versuche widerlegt werden können. Also wollen wir dies prüfen!
Fehlerhaft ist 1. ... Sc5? wegen 2. Sg4! Lg4: 3. dc Lc5:+ 4. Kh1, und Schwarz büßt eine Figur ein.
Eindeutig inkorrekt ist 1. ... c5? allein schon wegen 2. fe cd 3. Sf3 de 4. Ld4: (oder zuerst 4. Lc4+).
Bei weitem interessanter ist die Möglichkeit 1. ... Te5:?!. Im Falle von 2. fe? Te4: 3. Le4: de erhielte Schwarz hervorragende Kompensation für die von ihm geopferte Qualität. Die geradlinigste Variante stand in der Partie zur Debatte:
2. de! Lc5+ 3. Kh1 Sg3+ 4. hg Dh6 5. Df4: g5.

Diagramm 254

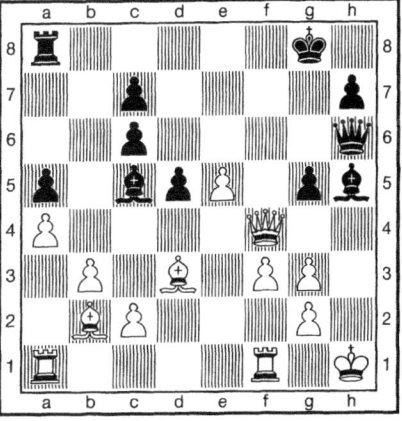

Da jetzt weder 6. Df6?? Lg6 matt, noch 6. Df5?? Lg4 matt spielbar ist, könnte es scheinen, daß Weiß dazu gezwungen ist mit 6. Dd4 fortzusetzen, was zu einer vollkommen unklaren Stellung führt. Eine solche Entwicklung der Dinge würde Schwarz vollkommen zufriedenstellen, aber seine Kombination wurde durch einen unerwarteten taktischen Gegenschlag widerlegt: 6. Lh7:+!!. Weiter folgte 6. ... Kh7:

(6. ... Dh7: 7. Dg5:+ Lg6+ 8. Dh4) 7. Df5+ Lg6+ 8. Dh3 Th8 9. e6 d4 10. Tfd1 Kg8 11. Td4:! Df8 12. Dh8:+ Kh8: 13. Th4+ Schwarz gab auf.

Uns verbleibt nun noch eine weitere Möglichkeit zu prüfen, die in der Tat die stärkste ist – **1. ... Sg3!!**. Natürlich ist das Figurenopfer mit einigem Risiko verbunden, die Ausrechnung seiner genauen Folgen ist außerordentlich schwierig, aber auch Weiß riskiert nicht weniger, wenn er das Opfer annimmt, denn der schwarze Angriff erweist sich als außerordentlich gefährlich.

2. hg?! fg 3. De3 Dh4 (schwächer ist 3. ... c5? 4. Tfe1!) **4. Tfe1** (im Falle von 4.Tfd1 gewinnt die Antwort 4....c5! an Kraft).

Diagramm 255

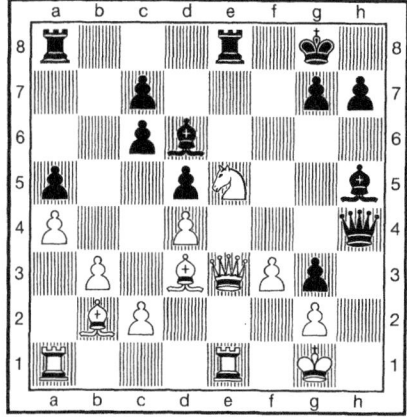

4. ... Tf8!

Der wunde Punkt des Gegners ist der Bauer f3. Befestigt ihn Weiß mittels 5. Le2, dann verstärkt Schwarz seine Stellung in aller Ruhe mit 5. ... Tf4. Und auf **5. Kf1** entscheidet **5. ... Le5: 6. de Lf3:! 7. gf Dh2!** mit der tödlichen Drohung 8. ... g2+.

Offensichtlich sollte Weiß die Figur auf g3 nicht nehmen. Zweifelhaft ist auch 2. Te1?! wegen 2. ... Te5:! 3. Te5: De5:! 4. hg (4. de? Lc5+) 4. ... Dg5 mit einer aussichtsreichen Stellung für Schwarz. Und nach 2. Tf2?! kann man wählen zwischen 2. ... Dh4 und der Fortsetzung 2. ... Sf5 3. Df4: Sd4: 4. Df6: gf 5. Sd7 Le5 mit unklarem Spiel. Die Aussichten von Schwarz sind jedenfalls nicht schlechter als nach 1. ... Sg5.

Übung 2–10 Cholmow – Petrienko (Pensa 1980). Wenn Weiß als Antwort auf **18. ... b4** gezwungen wäre 19. Sb1 zu ziehen, würde Schwarz die Initiative ergreifen mittels 19. ... Lb5 20. Sd4 e5. Das bedeutet, daß die Bewertung dieses Zuges in der Hauptsache abhängig ist von der Korrektheit des Figurenopfers, welches Weiß jetzt bringen kann.

19. Lf7:!

Schwächer ist 19. Sd5 ed 20. Lf7:. Zwei Figuren sind ein zu hoher Preis, für Schwarz muß sich eine Verteidigung finden lassen. Zudem hätte Weiß nach dem offensichtlichen 20. ... Kf7: 21. Dh5+ Kf6: 22. Dh6:+ Kf7 bestenfalls ein ewiges Schach; Aufmerksamkeit verdient auch 20. ... Lg4!? 21. Dg4: Se3 (gefährlich ist 21. ... Df7: 22. Dh4) 22. De2 Sf1: 23. Ld5: Lf4:+ 24. Kb1 Se3 25. La8: Sd1: 26. Dd1: Dd8!? 27. Ld5 (oder 27. Dg4) 27. ... Df6:.

19. ... Se5!

Das Nehmen des Läufers oder des Springers erlaubt es Weiß einen starken Angriff zu entwickeln, zum Beispiel 19. ... bc 20. Dh5 cb+ 21. Kb1 Sa3+ 22. Kb2 Dc2+ 23. Ka3:, und der weiße König hat sich vor weiteren Schachgeboten verborgen, für den schwarzen jedoch gibt es kein Entrinnen.

Aber was soll Weiß jetzt unternehmen?

Schlecht ist sowohl 20. Dh5 Sf7: als auch 20. Lh5 bc. Es bleibt nur kompromißloses Vorgehen.
20. Sd5!
Nach 20. ... ed 21. Ld5: Tc8 22. Sd4 oder 22. Td2 wäre der schwarze König nicht zu beneiden. Aber das mitreißende Duell wird in anderer Form fortgesetzt.
20. ... Dd8!
Falls jetzt 21. Lh5, dann folgt 21. ... ed mit der Drohung 22. ... Lb5. Hiermit endet die Analyse von R, Cholmow. Nach seiner Meinung ist der Angriff erfolgreich abgewehrt und die Überlegenheit auf der Seite von Schwarz. Wir aber wollen die Untersuchung der Variante fortsetzen.
21. Se7! Sf7: 22. Dh5

Diagramm 256

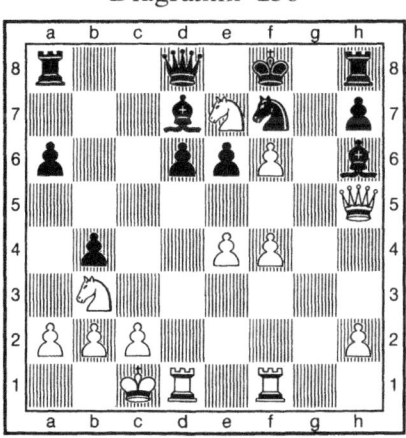

Diese Stellung würde ich lieber mit Weiß spielen. Weiß hat zwei Bauern für die geopferte Figur, die Streitkräfte des Gegners arbeiten schlecht zusammen. Sobald er den König nach b1 zurückgezogen hat, kann Weiß seinen Druck mittels e4–e5 oder Tg1 weiter verstärken.
Sofern Sie mit dieser meiner Einschätzung einverstanden sind, läßt sich die Schlußfolgerung ziehen, daß der Zug 18. ... b4?! für Schwarz zu gewagt ist. Zuverlässiger ist **18. ... Le8**, was auch in der Partie gespielt wurde. Weiter folgte 19. Sd2?! (stärker ist 19. Sd4!, mit der Vorbereitung von 20. Sf5 oder 20. Sd5 ed 21. Sf5) 19. ... Sa3! 20. ba (20. Dd3? b4 21. ba bc 22. Sc4 Lb5!) 20. ... Dc3: 21. Dd3 Da1+ 22. Sb1 Df6:! (schwächer ist 22. ... Td8 wegen 23. Dc3) 23. Dd6:+ De7 24. e5 Tg8 mit beiderseitigen Chancen.

Übung 2–11 Brinckmann – Kmoch
(Kecskemet, 1927)
Der Bauerndurchbruch **20. ... g5!?** brachte Schwarz nicht nur den Partiesieg ein, sondern auch den Schönheitspreis. Zunächst untersuchen wir, was in der Partie geschah.
21. d5 cd! (aber nicht 21. ... ed? 22. fg mit der Drohung 23. Tf5:+) **22. Lh8: Th8: 23. hg** (23. fg Lg3:) **23. ... h4 24. Tfc1** Im Falle von 24. Kg2 wäre gefolgt 24. ... Dc5: 25. Tfe1 (25. Tfc1 Se3:+; 25. Tae1 Lb6) 25. ... hg 26. Sf1 (26. Kg3: Th2) 26. ... Lb6 27. Tac1 Dd6! (es geht nicht 27. ... De7 28. Kg3: Kg6 29. Tc6 Th1 30. Kg2 Dh7? 31. Te6:+) 28. Kg3: (es drohte 28. ... Se3:+) 28. ... e5! 29. Db5 Le3: 30. Db7+ Kg6 31. Tc6? ef+ 32. Kg2 f3 matt (Analyse von Kmoch).
24. ... hg 25. Sf1 d4! 26. Db2
Auf 26. Tab1 gibt Kmoch folgende Variante an: 26. ... Se3: 27. Se3: Lf4:! 28. Sc4 (28. Sf5: ef 29. Dc4+ Kg6 30. Dd4: Th1+!) 28. ... Lc1: 29. Tc1: (29. Tb7 Db7: 30. Sd6+ Kg6 31. Sb7: Le3+; 29. Sd6+ Dd6:!) 29. ... Dg5:, und Schwarz steht auf Gewinn.
26. ... Kg6 27. Tab1 (27. Dd4: Dh7; 27. Sg3: Th3) **27. ... g2! 28. Dg2:** (28. Kg2: Dh7) **28. ... Se3:! 29. Se3: de 30. Tb7** (30. Dg3 e5!) **30. ... Th4! 31. Kf1 Tf4:+ 32. Ke1 La5+** Weiß gab auf.

Ich denke, daß bereits der erste Zug von Weiß nicht der beste ist. Er gewinnt zwar die Qualität, aber dafür stärkt er die Stellung des Gegners im Zentrum, eine wichtige Bedingung für den Erfolg eines Flügelangriffs.
Ungünstig ist auch 21. fg?! Lg3: 22. Se4: Lh4: 23. Sd6+ Kg8 24. e4 Dg5: mit sehr starkem Angriff (Kmoch). Auf 25. Ld2 folgt einfach 25. ... Se3+ 26. Kh1 Sf1: 27. Tf1: Dg4.
Anstelle von 24. e4? ist 24. Tf3! Dg5: 25. Kh1 hartnäckiger, und falls 25. ... Th6, dann 26. Ld2! Tf8 27. Taf1 mit der Drohung 28. e4. Schwarz erhält aber dennoch Übergewicht mittels 25. ... Th7!? 26. Taf1 Tg7 27. d5 Lg3! 28. Tg3: Dh4+ 29. Kg2 f4!!.

Nach der Meinung von A. Jussupow war Weiß genötigt, folgendermaßen zu spielen: **21. hg! h4** und jetzt nicht 22. Kg2? hg 23. Kg3: Dg5:, sondern **22. Se4:! hg 23. Sg3:**.

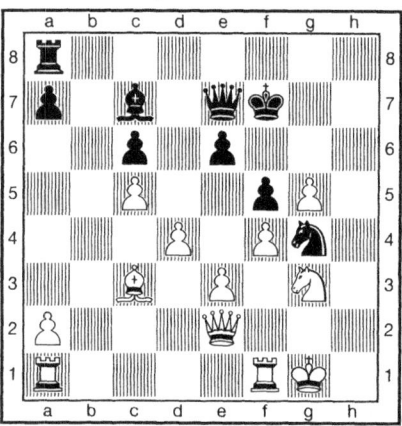

Diagramm 257

Wie soll man diese Stellung beurteilen? Natürlich hat Schwarz einen gefährlichen Angriff in der h-Linie behalten, aber auch Weiß, der zwei Bauern mehr hat, hat Gegendrohungen im Zentrum: d4–d5 und insbesondere e3–e4. Ich habe mit Jussupow diese Stellung ziemlich lange untersucht und verschiedene schwarze Möglichkeiten geprüft, aber in keinem Fall hat sich das Spiel zugunsten von Schwarz entwickelt.
Zum Beispiel **23. ... Th3** (23. ... Th2 24. Df3) **24. Dg2 Tah8**, und jetzt nicht 25. d5? ed! 26. Sf5: (26. Lh8:? De3:+) 26. ... Th1+ 27. Dh1: Th1:+ 28. Kh1: De4+, sondern einfach **25. Tae1!** mit der starken Drohung 26. e4.
Aber selbst dann, wenn unsere Schlußfolgerungen richtig sind und Weiß tatsächlich den gegnerischen Angriff abschlagen kann, wäre es dennoch unangebracht, den Gedanken von Kmoch als inkorrekt abzustempeln. Fast in allen Varianten führte sein Angriff zum Erfolg: unter den Bedingungen des praktischen Spiels den richtigen Weg für Weiß aufzufinden und alle Konsequenzen richtig zu bewerten, ist nahezu unmöglich.
Hier trifft etwa das zu, was schon Tarrasch richtig bemerkte: „Für derartige ‚wilde' Angriffe, die mit Opfern verbunden sind, ist es charakteristisch, daß sie fast immer erst nach der Partie widerlegt werden können."
Natürlich konnte man auch ruhig fortsetzen mit 20. ... Thb8. Schwarz würde in diesem Falle keine Niederlage riskieren, aber könnte auch nicht auf einen Sieg hoffen. – Die Auswahl ist hier eine Geschmacksfrage. Die kühne Entscheidung, die Schwarz in der Partie vorgenommen hat, ist ganz nach meinem eigenen Herzen.